난세에 답하다

난세에 답하다

사마천의 인간 탐구

김영수 지음

alma

사마천의 초상. '역사 쓰기'의 새로운 경지를 개척한 비운의, 그러나 위대한 역사가.

프롤로그
천명과 인간 세상을 통찰한 3,000년 통사

'잎사귀 하나가 가을을 알린다一葉知秋'는 속담이 있다. 《사기史記》를 쓴 사마천司馬遷(기원전 145년~기원전 90년?)이 바로 '가을을 알리는 잎사귀 하나' 같은 존재였다. 그의 작업은 '역사 쓰기'에 신기원을 알린 신호탄이었다. 역사학을 전공한 필자는 20여 년 전 《사기》를 처음 접하고 사마천의 인품에 깊이 매료되었다. 그리고 《사기》야말로 중국을 알기 위한 필수 교양서라는 사실을 깨달았다. 1998년 처음으로 사마천의 고향을 방문했을 때에도, 두 번째로 방문한 이듬해에도 사마천과 《사기》에 관한 새로운 영감을 얻었다. 2008년 8월까지 모두 여덟 차례에 걸쳐 방문했는데, 2007년 1월에는 '사마천장학회'를 설립하고 그의 고향 사람들로부터 '명예촌민증'까지 받았다(사마천의 고향은 오늘날의 중국 섬서성陝西省 한성시韓城市 서촌徐村이다). 영광스럽게도 사마천과 동향이 된 것이다.

1999년 이후 한국 사회에서 선풍적인 인기를 얻은 사상이 있다. 바로 노장사상이다. 노자나 장자의 사상은 대단히 '냉소적'이다. 그런 이유로 노장사상과 관련된 책들은 현실을 벗어나 사회를 비판하는 경향이 있다. 독설을 퍼붓고 권력을 비웃고 권력자를 조롱한다. 이 때문에 일상에 지친 독자들에게는 매우 통쾌하게 다가온다. 권력자를 마음 놓고 비웃고 조롱하는 대목이 시원스러운 것이다. 그래서 일상생활에 지친 현대인에게 노장사상은 유토피아 같은 역할을 한다. 땀 흘리고 난 뒤 마시는 시원한 맥주나 청량음료 같은 역할이랄까.

새로운 역사서 탄생의 신호탄

하지만 일상으로 돌아오는 순간 어쩔 수 없이 허망한 느낌이 든다. 가정과 직장 그리고 사회생활에서 갖가지 문제와 부딪힐 수밖에 없는 현실로 돌아오면 노장사상은 절박하게 다가오지 않는다. 그래서 어떤 학자들은 노장사상을 '현실도피적'이라고 비판한다. 반면 사마천과 《사기》는 철저하게 현실적이다. 인간에 관한 이야기이기 때문이다. 권력자나 제왕의 이야기에 그치지 않는다. 깡패도 있고 자객도 있고 심지어 코미디언, 동성연애자도 있다. 온갖 부류의 인간 군상을 총망라하고 있는 것이다.

배에 비유하자면, 노장사상은 마음 맞는 사람들끼리 와인 잔을 기울이며 세상을 비웃고 욕하는 럭셔리한 유람선인 데 반해 《사기》는 온갖 잡동사니와 시정잡배가 모인 화물선 같다. 두 배가 가고자 하는 종착지도 다르다. 노장사상은 결국 무인도에 닿는다. 아무것도 없다. 다시 현실로 돌아가야만 한다. 갑작스레 외로워지고 고독해진다. 그에 반해 사마천의 《사기》는 보물섬에 닻을 내린다. 물질적 · 경제적 보물을 말하는 것이 아니다. 인간의 본질, 세상인심을 비롯한 인간 세상 전반을 아우르는 통찰력이라는 보물을 얻을 수 있다. 이 과정에서 인간과 세태의 추악한 면도 접하게 된다. 《사기》가 편안하게 즐길 수 있는 해피엔

드 멜로드라마가 아닌 이유다. 생로병사라는 인간의 한계와 기쁨·슬픔·기대·원망·사랑·질투·분노·후회·회한 같은 복잡한 감정의 한 면도 놓치지 않은 이야기가 '역사'라는 저류低流 위에 펼쳐지는 것이 바로 《사기》다.

《사기》는 그 분량부터 방대하다. 권수만 130권이고 글자 수는 52만 6,500자에 이른다. 130권을 다시 체제로 분류하면 본기本紀, 표表, 서書, 세가世家, 열전列傳으로 나누어져 있다. 이런 역사서 체제를 '기전체紀傳體'라고 부른다.

'본기'는 황제에 관한 기록이다. 그러나 《사기》에는 〈항우 본기〉가 〈한고조 본기〉에 앞서 서술되었다. 황제는 아니지만 한때 중원의 패주였던 항우(기원전 232년~기원전 202년)를 유방보다 먼저 위치시킨 점이 흥미롭다.

'표'는 연표다. 어느 해에 어떤 중요한 사건이 일어났는지 엑셀 프로그램처럼 세로에는 연대, 가로에는 인명을 배열하고 연도별 관직 임명과 파면, 좌천 등을 기록했다. 사마천의 천재성이 드러나는 부분이다.

'서'는 국가 제도와 문물에 관한 전문적인 논문이라 할 수 있다.

'세가'는 황제를 보필했던 인물, 즉 제후에 관한 기록이다. 하지만 제후가 아니었던 공자와 진승(진섭)을 〈공자 세가〉〈진섭 세가〉로 다룬 것은 그들에 대한 사마천의 평가가 남달랐음을 보여준다. 특히 평민인 진승을 은殷나라 시조 탕왕湯王과 주나라 시조 무왕武王에 비유했다. 한편 한漢나라의 개국공신인 한신韓信, 경포鯨布, 팽월彭越 등은 반란을 일으켰다는 점을 들어 '세가'에 두지 않고 '열전'으로 내려 보냈다. 《사기》의 백미라는 열전은 유명 인물만을 다루지 않았다. 열전은 말 그대로 '모든 사람'에 관한 기록이다.

각각의 분량을 보면 본기 12권, 표 10권, 서 8권, 세가 30권, 열전 70권이다. 열전 70권 가운데 맨 마지막 권은 〈태사공자서太史公自序〉로 사마천 자신의 가

계와 《사기》의 나머지 129권에 대한 요약이 주요 내용이다. 8권의 서, 10권의 표를 합한 18권을 제외한 112권이 모두 사람에 관한 기록이다. 《사기》의 약 86 퍼센트가 사람에 관한 이야기인 셈이다.

《사기》를 읽는 보람 14가지

이렇듯 방대한 역사책을 일반의 사람들도 읽어낼 수 있을까. 물론이다! 필자 나름대로 그 이유에 대해 정리해보니 무려 14가지나 되었다. 먼저, 무엇보다 재미있다. 특히 《사기》 130권 가운데 무려 절반이 넘는 분량을 차지하는 열전 70권의 재미가 특별하다.

두 번째, 진한 감동이 있다. 작은 이익에 흔들려 손바닥 뒤집듯 신의를 저버리는 오늘날의 세태를 비웃기라도 하듯 신의를 위해 죽음도 불사한 예양과 형가 같은 이들의 이야기는 현대인에게 잊고 지내던 어떤 기억과 진한 감동을 선사한다.

세 번째, 세상을 살아가는 데 있어 나아가야 할 때와 물러나야 할 때를 알려주는 '진퇴의 지혜'가 있다.

네 번째, 부조리한 세상에 대한 통렬한 비판이 있다. 이는 2,000여 년간 이어온 《사기》의 생명력이기도 하다. 권력자에 대한 찬양 대신 부당한 권력이나 부패에 대해 강렬한 저항과 울분을 터뜨린 이가 바로 '태사공太史公 사마천'이었다.

다섯 번째, 능력과 재능은 있지만 인정받지 못한 사람들의 이야기가 있다. 흔히 역사를 승자의 것이라고 하지만 그런 사람들에게 연민을 느끼고 역사로 남긴 이가 바로 인간 사마천이었다. 그런 점에서 그는 휴머니스트였다.

여섯 번째, 참된 복수관이 들어 있다. 사마천은 부당하게 핍박받거나 희생당한 뒤 발분하여 통쾌하게 복수한 사람들의 이야기를 크게 평가했다. '은혜와 원수는 대를 물려 갚는다'는 중국 사람들의 은원관 恩怨觀의 뿌리를《사기》에서 확인할 수 있다.

일곱 번째, 다양한 인물을 만날 수 있다.《사기》를 넘기다 보면 별별 사람을 다 만날 수 있다. 인간 군상의 만화경이다. 온갖 부류의 사람들이 펼치는 생생한 언행이 마치 대하드라마처럼 다가온다. 때문에 독자들은 언제든지 자신의 처지에 대입시켜 삶의 지혜를 얻을 수 있다. 국내《사기》전문가 한양대 이인호 교수는《사기》를 '맥가이버 칼'에 비유하기도 했다.

《사기》를 완성하는 사마천의 모습.《사기》는 사마천의 피로 쓰인 기록이다. 그런 만큼《사기》에 나오는 한 글자 한 글자가 베일 것 같은 날카로운 칼날처럼 다가선다.

여덟 번째, 미신을 철저하게 부정한다. 또한 자기 스스로 노력해서 얻지 않은 것은 정당한 것이 아니라고 단언한다. 과학적이고 합리적인 사고방식이 드러났다는 점에서 근대적이다.

아홉 번째, 실용적이면서도 윤리적인 경제관이 잘 드러나 있다. 〈화식貨殖 열전〉이 잘 말해주듯 사마천의 경제관을 한마디로 압축하면 '열심히 돈 벌어 부자 되세요'라고 할 수 있다. 또한 사마천은 직업에 귀천이 따로 없다고 했다. 하지만 '개처럼 벌어 정승처럼 쓰라'고 권하지 않는다. 정승처럼 벌어 정승처럼 쓰라고 말한다! 열심히 노력해서 부자 되라고 했지만 부조리하게, 불법으로 돈을 벌지 말라는 뜻이다.

열 번째, 세태에 대한 통렬한 풍자, 그것도 세상을 보는 눈을 새로이 틔울 만한 풍자가 들어 있다. 〈화식 열전〉에 "천금을 가진 부잣집 자식은 저잣거리에서 죽는 법이 없다"는 말이 나온다. 굉장히 의미심장한 말이다. 돈을 많이 가진 사람들이 큰 잘못을 저지르고도 어떻게 빠져나가는지를 지켜보면 딱 맞아떨어지는 이야기다. 그래서 사마천은 "보통 사람은 자기보다 열 배의 부자에 대해서는 욕을 하고, 백 배가 되면 무서워하고, 천 배가 되면 그 사람 일을 해주고, 만 배가 되면 그 사람의 노예가 된다"고 꼬집었다.

열한 번째, 인간의 천재성과 창의력을 오롯이 맛볼 수 있다. 《사기》는 독창적인 기전체의 효시다. 본기, 그다음에 오는 표, 서, 세가, 열전, 이 다섯 체제는 사마천 이전에 그 누구도 시도해본 적이 없는 역사서 편집 체제다. 사마천의 천재성과 창의력이 번뜩이는 체제가 아닐 수 없다.

열두 번째, 《사기》를 읽지 않으면 중국을 알 수 없다. 그런 점에서 《사기》는 학문적 차원뿐 아니라 국가적 차원에서 연구되어야 할 중요한 중국 입문서다. 동북공정을 비롯한 역사 분쟁의 근원과 해결의 실마리를 제공할 수 있는 책이 바로 《사기》다.

열세 번째, 《사기》가 없었다면 중국의 학술사와 중국 역사에 큰 공백이 생길 뻔했다. 잘 알려진 대로 진시황은 분서갱유라는 만행을 저질렀다. 법가法家와 농가農家 외의 책은 불태워졌고 유학자들은 생매장되었다. 고대사 최대의 사상 탄압이었다. 하지만 《사기》가 쓰인 덕분에 유실되고 소실되었던 수많은 기록과 사상에 대한 실마리가 보존되었다. 미싱링크missing link, 즉 잃어버린 고대사의 고리를 찾아준 게 바로 사마천의 《사기》다.

마지막으로 《사기》에는 '인간 사마천'이 있다. 발분의 역사가 사마천의 기구한 삶과 인간 승리의 드라마를 접하는 것도 《사기》를 읽는 것 못지않게 깊은 감동을 준다.

중국 25사의 서막을 열다

《사기》는 2,100년 전쯤에 태어났다. 그리고 이후 2,000여 년 동안 중국 학술계를 이끌어온 '절대 역사서'라고 할 수 있다. 중국 근대문학의 대부 노신魯迅은 《사기》를 일컬어 "역사가의 절창, 산문의 이소史家之絶唱, 無韻之離騷"라고 했다(《이소》는 초나라의 굴원屈原[기원전 340년~기원전 278년]이 쓴 시로 중국 문학사의 요람 노릇을 한 걸작이다).

중국 정사正史를 흔히 25사二十五史라고 부른다. 새 왕조가 설 때마다 앞의 왕조사를 정리하는 게 관례였고 25종의 역사책이 편찬되었다. 첫 번째가 《사기》이고 그 뒤를 이어 《한서漢書》《후한서後漢書》《삼국지三國志》《송서宋書》《수서隋書》《구당서舊唐書》《신당서新唐書》《요사遼史》《금사金史》《원사元史》《명사明史》 등이

양계초. 양계초는 사마천을 역사학계의 태조대왕이라 극찬했지만 정작 사마천은 남성을 제거당한 비극적인 '태조대왕'이기도 했다.

나왔다. 하지만 모든 책이 《사기》 체제를 벗어나지 못했다. 《사기》 이후의 24사란 《사기》 모방의 연속이라고 할 수 있다.

중국 근대의 석학이자 계몽사상가인 양계초梁啓超(1873년~1929년)는 사마천을 "역사학계의 태조대왕"이라고 했을 뿐 아니라 "역사학의 조물주"라고까지 했다. 그러나 안타깝게도 이 또 다른 조물주의 일생은 참으로 기구했다. 그는 한 무제에 의해 궁형宮刑(남성의 성기를 제거하는 형벌)까지 당했다. 봉건 시대임을 생각하면 치욕도 그런 치욕이 없다.

그는 왜 그토록 무지막지한 형벌을 받아야만 했던 것일까. 더 놀라운 사실은 이 무서운 형벌을 사마천 스스로 선택했다는 점이다. 도대체 무슨 내막이 숨겨져 있는 것일까. 이제부터 그런 선택을 해야만 했던 한 인간을 만나보기 위한 긴 여행을 떠나보자.

차례

| 프롤로그 | 천명과 인간 세상을 통찰한 3,000년 통사 _ 007

【제1부】 사기의 탄생

| 제01강 | 태산보다 무거운 죽음 _ 021
| 제02강 | 사성을 찾아서 _ 038

【제2부】 와신상담의 변주곡 오월춘추

| 제03강 | 섶에 눕고 곰쓸개를 빨며 _ 057
| 제04강 | 원수를 재상으로 기용한 제환공 _ 069
| 제05강 | 낙천과 유머로 고난을 이겨낸 진문공 _ 080
| 제06강 | 외부 인재 기용의 선구자 진목공 _ 097
| 제07강 | 귀 열린 지도자 초장왕 _ 105
| 제08강 | 오자서, 백발로 국경을 넘다 _ 120
| 제09강 | 어복장검과 무간도 _ 128

【제3부】 천하를 통일한 진제국의 비밀

| 제10강 | 진시황의 지하 세계 _147
| 제11강 | 진시황릉의 비밀 _160

【제4부】 세상을 꿰뚫는 《사기》의 통찰력

| 제12강 | 고사성어에 담긴 삶의 지혜 _181
| 제13강 | 세태와 인심을 비판하다 _194
| 제14강 | 살아 있는 형상에 담은 깊은 뜻 _201
| 제15강 | 웃음에서 우러나는 지혜 _214

【제5부】 살아남는 자와 사라지는 자

| 제16강 | 영원한 시대의 요구 _229
| 제17강 | 부국강병을 위하여 _242
| 제18강 | 개혁파 대 수구파 대논쟁 _254

【제6부】 통찰의 인간 경영

| 제19강 | 우정의 인간 경영 _269
| 제20강 | 배신과 복수의 인간 경영 _280
| 제21강 | 조직에서 살아남는 인간 경영 _295
| 제22강 | 약자 생존의 인간 경영 _309

【제7부】 두 얼굴의 관료

| 제23강 | 《사기》가 제시하는 이상적 관료상 _ 325
| 제24강 | 혹리와 대쪽 정신 _ 336

【제8부】 사마천의 경제 철학

| 제25강 | 곳간에서 인심난다 _ 351
| 제26강 | 윤리 없는 경제는 악이다 _ 362
| 제27강 | 부자의 길 _ 370

【제9부】 흥망을 좌우하는 인재의 조건

| 제28강 | 인재 획득의 조건 _ 383
| 제29강 | 기용한 이상 의심하지 마라 _ 395
| 제30강 | 권력은 나누는 것이다 _ 404
| 제31강 | 대권의 향배 _ 418

| 에필로그 | 난세를 건너는 법 _ 435

【제1부】

사기의 탄생

제1장
태산보다 무거운 죽음

로버트 카파라는 전설적인 종군기자가 있다. 그는 사진으로 분쟁 지역의 뉴스를 생생하게 전달하는 포토저널리스트였다. 분쟁이 있는 곳이라면 어느 곳이든, 또 어떤 어려움을 무릅쓰고라도 달려가 사진을 찍었다(그는 1954년 인도차이나 분쟁 때 지뢰를 밟고 41세의 나이로 세상을 떠났다). 그가 남긴 말 가운데 이런 것이 있다. "당신이 찍은 사진이 충분하지 않다고 생각한다면 당신은 충분히 가까이 가지 않은 것이다." 자신이 찍은 사진이 마음에 들지 않으면 그것은 현장에 충분히 접근하지 않았기 때문이라는 말이다. 사마천에 대한 필자의 감정도 그렇다. 사마천을 존경하고 그의 《사기》를 연구하는 입장에서 현장에 가보고 싶은 것은 당연하다.

　IMF 관리 아래 경제가 어려웠던 1998년 필자는 사마천의 고향을 방문했다. 당시에는 그것이 처음이자 마지막 방문이 될 것으로 생각했다. 무덤과 사당을 몇 번씩 방문할 이유가 없다고 생각했기 때문이다. 그런데 1999년 우연히 기

사마천의 고향. 평화롭고 평범한 시골 마을이다.

회가 닿아 사마천의 고향을 다시 방문하게 되었고 사마천과 관련된 유적지를 좀 더 상세히 살피면서 많은 충격을 받았다. 그러고는 거의 매년에 한 번씩 그의 고향을 방문하게 되었다.

사마천의 출생 연도를 둘러싼 논쟁

현재 중국 당국은 사마천의 출생 연도를 기원전 145년으로 공식화하고 있다. 그렇다면 비공식도 있다는 말인가. 그리고 '기원전 145년'이 공식 연도로 인정받았다면 사마천의 출생 연도를 둘러싼 논쟁도 있었다는 말인가. 그렇다. 무려 한 세기에 가까운 논쟁이 있었는데 기원전 145년에 맞선 설이 기원전 135년 설이다. 한 사람의 출생을 두고 정확하게 '10년'이라는 간격이 생겼다. 흥미롭게도 사마천은 자신의 자서전 격이라고 할 수 있는 〈태사공자서〉에 자신의 출생 연도를 밝히지 않았다. 반면 조상에 대해서는 소상히 기록해놓았다. 왜 그랬을까. 사관의 신분이었기에 굳이 자신의 출생 연도를 밝힐 필요가 없었던 것이다.

한자로 기록된 고서들은 숫자를 '二十八' '四十二' 식으로 쓴다. 사마천의 나이를 기록해놓은 후대의 주석서들도 마찬가지인데, 어느 주석서는 28二十八세라고 기록한 반면 다른 주석서는 42四十二세라고 기록했다. 42세로 기록한 주석서에 따르면 사마천의 출생 연도는 '기원전 145년'이 된다. 하지만 28세로 기록한 주석서를 따르면 그의 출생 연도는 '기원전 135년'이 된다. 그런데 두 주석서의 저자가 거의 동시대인이라는 점으로 미루어 둘 다 같은 자료를 참고했을 가능성이 매우 높다. 후대에 가면 이 두 사람의 주석이 《사기》 본문 밑에 작은 글씨로 나란히 인쇄되어 있다. 그래서 후대 사람들은 '이二'를 '삼三'으로 잘못 읽지 않았을까, 또는 '사四'를 '삼三'으로 잘못 쓰지 않았을까의 가능성을 두고 논쟁을 벌였다. 이를테면 28二十八세가 아니고 38三十八세라면 기원전 145년이 맞다. 또 42四十二세가 아니고 32三十二세라면 기원전 135년이 맞다. 여기서 질문. 한자를 쓸 때 이二와 삼三을 혼동하기 쉬울까 사四와 삼三을 혼동하기 쉬울까? 당연히 이二와 삼三을 혼동하기 쉽다.

결국은 판본의 문제였다. 목각으로 한자를 새겨 찍을 때 또는 한자를 읽을 때 이二와 삼三은 가끔 혼동이 되고 찰나에 착각을 일으켜 잘못 읽을 수 있다. 그런 점 때문에 숫자 20을 쓸 때 '二十' 대신 아예 '卄'으로 쓰는 경우도 있었다. 결국 이二와 삼卅을 혼동해 주석을 단 사람 때문에 두 출생 연도설이 논쟁을 벌여 온 것이다. 그럼 중국 당국은 어떤 이유로 '기원전 145년'설을 공식화하는 것일까. 그 점을 밝히기 위해서는 《사기》의 내용을 살펴볼 필요가 있다.

〈유협遊俠 열전〉에 등장하는 '유협'이라는 존재는 전문 킬러라고 할 수 있는 자객과 달리 조폭 두목 같은 존재였다. 혼자 활동하지 않았으며 추종자를 거느렸다. 하지만 힘없는 사람을 괴롭히거나 나쁜 행동을 일삼는 형편없는 무리가 아닌 약한 사람을 돕는 의리의 협객이었다. 그런 유협 가운데 사마천이 가장 존경하고 가장 많은 기록을 남겨 놓은 이가 바로 곽해郭解다. 사마천은 곽해를 직접 만난 후 이렇게 기록했다.

> 그의 얼굴 생김새는 보통 이하였고 언변도 어눌했다.
> 곽해는 몸집이 작았지만 매우 용맹스러웠고 술은 마시지 않았다.

곽해의 인상을 기록한 곳은 이 두 군데가 전부다. 그런데 사마천은 과연 몇 살때 곽해를 만난 것일까. '기원전 135년 설'과 '기원전 145년 설'에 따르면 각각 9세와 19세가 된다. 곽해의 생김새와 언행을 비교적 소상히 묘사한 점으로 볼 때 사마천은 9세가 아닌 19세에 그를 만났을 가능성이 크다. 9세의 어린아이가 세상을 얼마나 안다고 이런 인물 평가를 내렸겠는가. 하지만 사마천의 출생 연도를 둘러싼 논쟁은 100년이나 이어졌다. 상식적으로 생각하면 전혀 논쟁거리가 아닌데도 말이다. 이二와 삼卅을 혼동할 가능성과 삼卅과 사卌를 혼동할 가능성, 둘 중 어느 쪽이 큰지만 따져보았어도 쉽게 풀릴 수수께끼였다.

한성시. 최근 시내 전체가 활기에 넘쳐 있다.

잉어가 용이 된다는 사마천의 고향

사마천의 고향은 하양夏陽(오늘날의 섬서성 한성시)이다. 당나라 시절 국제도시로 큰 번영을 누렸던 장안長安(현재의 서안西安)에서 동북쪽으로 220킬로미터 정도 떨어진 곳이다. 전체 인구는 40만, 시내 인구 15만으로 13억 인구가 사는 땅이라는 점을 생각해보면 궁벽한 시골이라고 볼 수 있다.

사마천이 태어난 곳은 한성시에서도 고문원촌高門原村으로 '용문龍門'이라고 불렸다. 과거에 급제하거나 출세했을 경우 '등용문登龍門에 오르다'는 표현을 하는데 이 말의 유래가 바로 용문이다. 또한 용문은 중국에서 두 번째로 긴 강인 황하黃河(약 5,600킬로미터)가 흘러내려 오다 5분의 3이 끝나는 지점이다. 물살이 굉장히 세서 강물을 거슬러 오르기가 쉽지 않은데, 급류 오르기에 성공하면 잉어가 용이

황하와 용문. 황하는 사마천을 잉태했으며 용문은 사마천을 길렀다.

된다고 해서 용문이라고도 한다. 위대한 역사가가 '용'처럼 역사학계에 날아오른 일이 결코 우연만은 아니라고 느껴지는 대목이다.

사마천의 아버지를 비롯해 그의 6대조 할아버지까지 이곳 용문에 묻혔다. 물론 사마천의 무덤과 사당도 한성시에 위치해 있다. 한성시 전체에 '사마천의 향기'가 퍼져 있다고 해도 지나친 말이 아니다. 한성에 가면 바람에서도 사마천 냄새가 난다고 할 수 있을 정도다. 사마천 광장, 시청 앞의 사마천 동상, 사마천 도서관 등 사마천과 관련된 곳이 즐비하다. 이곳 사람들은 사마천을 사성史聖, 즉 '역사학의 성인'이라고 부르며 그를 영웅으로 대접해왔다.

사마천의 천하 여행

사마천은 19세까지 용문에서 살았다. 농사를 짓고 가축을 키우며 주경야독했는데 사마천의 고향에 가면 '경독제耕讀第'를 볼 수 있다. '농사를 지으며 공부 하는 집'이란 뜻이다. 지금도 대문 위에 문패를 걸듯이 가로로 '경독제'라고 써 붙여놓은 집이 꽤 있다.

사마천은 태사령太史令(정부의 문서를 보관하거나 제사를 관장하는 관직)이었던 아버지 사마담司馬談(?~기원전 110년)을 따라 19세가 되던 해 장안으로 이주했다. 황제인 무제의 명에 의한 것이었다. 이는 사마천 일생에서 중요한 의미를 갖는다. 유협 곽해를 만난 것도 이 무렵이다.

한무제는 사마천이 19세 되던 해에 자신의 무덤인 '무릉茂陵'을 조성하게 한다. 지금은 이해가 잘되지 않지만 고대 중국의 제왕들은 즉위 순간부터 자신들의 무덤을 조성했다(이는 우리나라 역시 마찬가지였다). 한무제는 16세에 즉위해 70세까지 황제 자리에 있었다. 그러니까 54년 동안 무덤을 만든 셈이다.

황제의 무덤을 만드는 일은 보통 일이 아니었다. 인력, 돈, 기자재, 각종 기구 등 필요한 것이 한두 가지가 아닌 국책 사업이었다. 워낙 큰일이고

한성시 시청 앞 광장에 서 있는 사마천 동상. 이곳에서는 바람에서도 사마천 냄새가 난다.

많은 인원을 동원해야 하는 사업이라 무덤 주위에 신도시를 조성했는데, 무제는 자신의 무덤 축조를 위한 신도시 건설을 위해 몇 가지 조치를 단행했다. 먼저 부자들을 이주시켰고, 유협 곽해처럼 말썽 많은 요주의 인물들을 이주시켰다. 또한 명망 있는 사람들도 이주시켰다. 이렇게 여러 계층을 이주시켜 하나의 도시를 만

들었다. 사마천 집안도 명망 있는 집안에 포함되어 무릉으로 이주했다. 사마천은 19세에 장안에서 멀지 않은 무릉으로 이주한 덕에 새로운 문물을 접하면서 견문을 넓혔다.

본인 스스로도 역사책을 쓰고 싶어 했던 사마담은 아들에게 역사가로서의 자질을 길러주기 위해 사마천이 20세 되던 해에 여행을 권유했다. 중국 전역을 돌아보는 대장정이었다. 당시에는 교통수단이 지금처럼 발달하지 못한 탓에 그의 여행은 무척이나 고생스러웠을 것이다. 아버지도 말단 관리였기에 여비도 충분하지 않았다. 무뢰배에게 붙잡혀 목숨이 위험했던 적도 있다. 이때의 경험은 《사기》의 마지막 권인 〈태사공자서〉를 비롯해 군데군데 언급되어 있다. 결국 '젊어서 사서 한 고생'이《사기》저술의 밑거름이 되었을 뿐 아니라 사마천의 정신세계를 형성하는 데도 지대한 영향을 미쳤다.

2, 3년에 걸친 사마천의 여행 경로를 오늘날 중국 영토로 추적해보면 동북쪽으로는 내몽골 자치구, 동북 3성(길림성吉林省, 흑룡강성黑龍江省, 요녕성遼寧省), 서쪽으로는 신강성新疆省 위구르 자치구, 서남쪽으로는 감숙성甘肅省 일부와 서장성西藏省(티베트 자치구), 동쪽으로는 광서성廣西省 일부를 제외한 오늘날의 중국 영토 거의 전 지역에 걸쳐 광대하다. 당시 한나라의 영토는 한반도의 16배나 되는 약 320만 제곱킬로미터였다. 이 광활한 땅의 대부분을 답사한 사마천이야말로 로버트 카파의 '현장주의' 원칙을 철저하게 지킨 셈이다. 역사를 쓰기 위해서는 역사 현장을 직접 가보는 게 중요하다는 아버지의 교육이 사마천을 역사가의 자질을 제대로 갖춘 인물로 성장시킨 것이다.

《사기》를 읽다 보면 옛날부터 내려오던 자료만을 인용해 쓴 단순한 책이 아님을 실감할 수 있다. 실제로《사기》에는 현장에 가보지 않고서는 도저히 기록할 수 없는 대목이 많이 나온다. 몇 가지를 소개해본다.

한나라 개국공신 가운데 한신이라는 유명한 장군이 있다. 한신은 가난하게 살던 젊은 시절 하릴없이 빈둥대다 동네 건달과 싸움이 날 뻔한 일이 있다. 건달이 한신에게 한판 붙어보자고 하지만 한신은 싸우기 싫다며 건달이 시키는 대로 그의 가랑이 사이를 지나갔다. '가랑이 밑을 기어가며 치욕을 참고 훗날을 기약하다'는 뜻의 고사성어 '과하지욕胯下之辱'의 유래다. 그 어떤 기록에도 나오지 않는 이 이야기는 한신이 젊은 날을 보낸 지방을 직접 답사한 사마천의 생생한 리포트에서만 볼 수 있는 '젊은 한신에 관한 르포'다.

한고조 유방은 성격이 야멸치고 독한 사람이었다. 배짱도 두둑했다. 서초패왕西楚覇王 항우에게 연전연패하면서도 좀 과장되게 말하면 마지막에 딱 한 번 이기고 천하의 주인이 된 인물이다. 사실 유방은 허구한 날 항우에게 쫓겨다니는 신세였다. 한번은 항우의 기병에게 쫓기다 오직 제 한 목숨 부지하기 위해 아들(한나라 2대 황제인 혜제惠帝)과 딸을 버리고 도망쳤다. 정말이지 야멸친 아비였다. 유방은 또 짐승보다 못한 불효자라는 소리를 들을 정도로 독했다. 항우가 유방의 아버지와 유방의 아내(여태후)를 사로잡은 적이 있다. 항우는 유방에게 항복하지 않으면 아버지를 삶아 죽이는 팽형烹刑에 처하겠다고 했다. 그러자 유방은 "다 삶거든 나도 국물 한 그릇 다오" 하고 응수했다. 그런 유방에게 항우는 그만 질려버렸다.

학자마다 유방의 성공 비결을 다양하게 드는데 중국 근대의 리종우李宗吾란 사람은 '후흑학厚黑學'이라는 독특한 주장을 내세웠다. 즉 '유방의 독함'을 성공 비결로 든 것이다. 권력자는 독해야 한다! 후흑론厚黑論이다. '두꺼울 후厚, 검을 흑黑', 얼굴은 두꺼워야 하고 심장은 시커매야 한다는 것이다. 유방이 그랬다.

유방에 대한 사마천의 생생한 기록은 현장 탐방 없이는 생각할 수 없다. 사진 속 그림은 항우가 유방의 아버지를 삶아 죽이겠다고 위협하는 모습을 그린 것이다. 유방의 고향인 강소성 패현의 유방 사당에 걸려 있다.

그렇다면 사마천은 유방의 이런 면모를 어떻게 알 수 있었을까. 당연히 공식 기록에는 없었을 것이고, 20대 답사 여행의 취재 현장 파일에 그 답이 있었을 것이다.

이후 사마천은 기원전 118년, 28세가 되어서야 녹봉 300석을 받는 낭중郞中이 되어 처음으로 벼슬살이를 시작했다. 당시 낭중은 재주가 있는 인재를 우선 선발했다가 자리가 나면 임명하는 예비 관료였다. 공무원 임용 대기자였던 셈이다.

그리고 30대 중반까지 별다른 기록이 없던 사마천의 생애는 기원전 111년인 35세 때부터 풍부해진다. 학자들은 사마천이 그 사이 공백기에 주로 학업을 연마했을 것으로 추정한다. 그는 당대의 유명한 유학자이자 사상가인 동중서董仲舒나 공안국孔安國(공자의 후손)에게 학문을 배우고 닦았다. 그리고 35세 때 한무제의 명을 받아 서남이西南夷(지금의 사천성四川省, 귀주성貴州省, 운남성雲南省) 지방의 민정을 시찰하면서 문물을 관찰할 수 있는 기회를 얻었다. 그 경험은 훗날 〈서남이열전〉 기술에 토양이 되었다.

울화병으로 세상을 뜬 아버지

사마천은 서남이에서 임무를 마치고 산동성 태산에서 열리는 봉선제封禪祭에 참가하기 위해 길을 재촉하던 중 아버지가 위독하다는 전갈을 받는다. 36세 무렵이었다. 사마천은 낙양으로 급히 달려가 아버지의 임종을 지켰다. 그런데 아버지의 사망 원인이 참으로 딱했다.

당시 봉선제는 중국에서 가장 큰 국가 행사였다. 봉封은 하늘에, 선禪은 땅에 지내는 제사로 중국 황제는 자신의 절대 권력을 봉선제를 통해 만천하에 과시하려 했다. 진시황도 한무제도 그랬다. 역사와 천문, 역법을 책임지던 태사령 사마담은 당연히 자신이 봉선제에 참석할 것으로 생각했다. 하지만 한무제는 사마담의 봉선제 참석을 허락하지 않았다. 절차를 두고 유학자들과 방사들이 너무나 시끄럽게 싸우는 통에 조정에 일대 소란이 벌어진 일 때문이었다. 울화가 치민 한무제는 마음 맞는 방사 몇 명만 데리고 태산으로 가버렸다. 이 때문에 사마담이 화병으로 자리에 누워버린 것이다.

대대로 사관史官을 지낸 가문의 후손이었던 사마담은 아들 사마천에게도 자

계절마다 다른 모습의 태산. 역대 제왕의 절대 권력을 상징하는 봉선제가 거행되었던 곳이다. 사마천의 아버지 사마담은 이 봉선제에 참석하지 못해 울화병으로 세상을 떴으며 사마천은 정신적 지주를 잃었다.

신의 뒤를 이어 반드시 태사령이 되어달라는 유언을 남겼다. 가업을 잇고 천고에 길이 남을 역사책을 쓰라는 뜻이었다. 정신적 지주였던 아버지를 창졸간에 잃은 사마천의 충격은 실로 컸다. 하지만 삼년상을 마친 뒤 사마천은 아버지의 뜻을 이어받아 기원전 108년 38세의 나이로 태사령에 올랐다. 이로써 필생의 역작인 《사기》를 편찬할 수 있는 중요한 조건이 마련되었다.

 기원전 104년 42세 때에는 한 해가 10월부터 시작되는 전욱력顓頊曆의 개정을 담당하여 1월부터 새해가 시작되는 태초력太初曆을 완성했다. 사마천이 40대에 이룬 업적 가운데 가장 큰 일이다. 고대에는 달력을 만드는 일이 매우 중요했다. 또한 역사는 시간과 공간의 학문이다. 태초력을 주도적으로 담당한 사마천은 역사가에게 시간에 대한 관념이 얼마나 중요한지 몸소 경험했다. 그리고 이 역법 개정을 계기로 《사기》 집필에 본격적으로 착수해 답사여행의 결과와 아버지의 글 등 여러 자료를 정리하기 시작했다. 그러나 이때까지의 《사기》 쓰기는 한제국과 한무제를 찬양하는, 즉 관변 교향곡 작곡과 별반 다를 바 없었다. 하지만 기원전 99년, 47세의 사마천은 '하나의 사건' 때문에 일생일대의 중대한 전환기를 맞는다. 그리고 기원전 97년, 사마천은 49세의 나이로 자신의 남성을 자르는 궁형을 자청한다.

황제를 거스르다

사건의 발단은 한나라의 라이벌인 흉노였다. 정치적·경제적 안정을 바탕으로 야심차게 굴기하던 한무제는 그전까지 열세였던 흉노와의 대외관계를 역전시키기 위해 대흉노 정책을 공세로 전환했다. 이에 따라 대대적인 흉노 정벌이 단행되었다. 무인 집안 출신의 이릉李陵 장군도 흉노 정벌에 나섰다. 그러나 장수들

사이의 알력과 충돌 탓에 이릉 장군의 5,000결사대가 그만 적진 깊숙한 곳에서 고립되고 말았다. 당시 흉노의 군사는 3만 명이었다('중과부적衆寡不敵'이라는 고사성어가 여기에서 나왔다). 이릉 장군의 군대는 몇 차례 승리를 거두었지만 결국 중과부적으로 5,000결사대 가운데 400명만이 살아남았다. 흉노에 포로로 잡힌 이릉 장군도 항복하고 말았다. 사마천의 나이가 47세에서 48세로 넘어가는 시점이었다.

한나라 조정은 매국노 이릉을 성토하는 장으로 변했다. 하지만 사마천은 이릉은 중과부적으로 어쩔 수 없이 거짓 항복한 것이며 훌륭한 장수라고 변호했다. 이 발언이 한무제를 분노케 했다. 당시 사마천은 여느 관리와 달리 잔머리를 쓰지 않는 벼슬아치였다. 사마천은 이릉이 고립될 수밖에 없었던 까닭도 이릉의 무능이 아닌 한나라 군의 작전 실패라는 점을 지적했다. 책임의 일부는 군 최고 사령관에게도 있다는 논리였다. 문제는 군 최고 사령관이 한무제의 처남인 이광리李廣利라는 점이었다. 한무제의 애첩 이부인李夫人의 오빠인 이광리 장군에 대한 비판은 곧 한무제에 대한 비판이었다. 결국 괘씸죄에 걸린 사마천은 한무제에 의해 '황제를 무고한 죄'로 옥에 갇히고 만다. 사마천의 나이 48세 때 일이었다.

이후의 상황도 사마천에게는 불리하게만 돌아갔다. 이릉이 흉노에게 병법을 가르치고 있다는 헛소문이 돌았던 것이다. 한무제는 먼저 이릉의 가족을 몰살시키고 사마천에게도 사형을 명했다. 당시 한나라 법에 따르면 사형을 면하는 방법은 두 가지뿐이었다. 먼저 목숨 값으로 50만 전을 내는 속전贖錢이 있었다. 하지만 말단 관리인 사마천에게 그런 큰돈이 있을 리 만무했다. 황제의 심기를 건드리기 싫은 지인들도 못 본 체했다. 다른 방법은 궁형이었다. 한마디로 남성을 잃고 내시가 되는 것이었다. 궁형은 중국의 10대 혹형 가운데 하나였다. 궁형 외에 다른 여타의 혹형은 육체적인 형벌에 그쳤지만 궁형은 심리적·정신적 고통까지 수반하는 치욕의 형벌이었다.

　옛날에는 전 세계 어느 나라든 궁형이 존재했는데, 중국의 경우에는 생식기를 고환까지 단칼에 잘라냈다. 그러면 요도만 남는데 소변이 나오는 구멍밖에 남지 않는다는 이야기다. 그런 다음 요도에 큰 거위 털을 박아 잠실蠶室(궁형을 받은 사람들을 수용하는 난방)로 내쳤다. 궁형을 당하고 나면 몸이 몹시 차가워지기 때문에 체온을 유지시켜주기 위해서였다(그래서 궁형을 받은 죄수들을 '잠실로 내쳐졌다'는 말로 표현하기도 했다). 하지만 거위 털을 박아넣은 데서 오줌이 나와야만 살 수 있었다. 그렇지 않으면 요독증에 걸려 죽고 말았다. 끔찍하다고밖에 표현할 수 없는 형벌이었다.

　사마천은 그런 궁형을 자청했다. 왜 그랬을까. 왜 그토록 치욕스러운 궁형을 감수하면서까지 목숨을 부지하려고 했을까. 다름 아닌 아직 완성하지 못한 《사기》 때문이었다.

치욕을 견딘 까닭

그때 사마천의 나이 49세였다. 기원전 91년, 사마천이 51세 때 쓴 친구 임안에게 보내는 편지 〈보임소경서報任少卿書〉를 읽노라면 당시 그가 얼마나 치욕스러워했는지 짐작이 간다. "무슨 면목으로 다시 부모님 묘소를 참배할 수 있을지, 하루에도 아홉 번 오장육부가 뒤틀리고 가만히 집에 앉아 있으면 멍하니 무엇인가를 잊은 듯 어처구니가 없고 자꾸만 부끄러워져 언제나 등골에 땀이 흘러 옷을 적신다네." 하지만 그러면서도 사마천은 자신의 의지를 친구 임안任安에게 다음과 같은 명언으로 남겼다. "사람의 죽음 가운데는 아홉 마리 소에서 털 하나를 뽑는 것같이 가벼운 죽음이 있는가 하면 태산보다 훨씬 무거운 죽음도 있다네."

아홉 마리의 소에서 털 하나를 뽑는다는 '구우일모九牛一毛'의 죽음이란 얼마나 보잘것없는가. 사마천은 같은 죽음일지라도 태산처럼 무거운 죽음을 택했다. 궁형의 치욕으로 이미 죽은 육신이지만 정신만은 오롯이 살아 청사에 길이 빛날 사서史書를 쓰겠다는 결심이 '대장부 사마천의 태산과 같은 선택'이었다. 사마천 스스로 운명을 선택했을 뿐 아니라 운명이 사마천을 선택한 결과이기도 했다.

엄청난 대가를 치르고 50세에 풀려난 사마천은 황제 옆을 쫓아다니며 뒤치다꺼리나 하는 중서령中書令(비서실장) 직을 맡았다. 녹봉은 조금 올랐지만 사마천에게는 구우일모처럼 하찮은 일에 지나지 않았다. 오로지《사기》의 완성을 위해 혼신의 힘을 다하는 것만이 사마천의 전부가 되었다.

요즘이야 컴퓨터 자판을 두두둑 치면 되지만 당시에는 52만 6,500자의《사기》를 대나무를 얇게 오린 죽간이나 나무를 얇게 오린 목간에 일일이 붓으로 써야만 했다. 그것을 끈으로 연결하면 책冊이 되고, 이 책을 둘둘 말면 권卷이 된다. 영화〈영웅〉을 보면 주인공이 목간을 쌓아둔 도서관에서 칼을 휘둘러 둘둘 말려 있던 두루마리 목간이 우르르 무너져 내리는 장면이 나오는데,《사기》라는 책 하나가 그 정도 도서관 규모였을 것이다.

사마천은 태초력을 완성한 42세 이후 본격적으로《사기》편찬에 들어갔다. 대략 기원전 90년, 56세의 나이로 죽을 때까지 물경 14년에 걸쳐《사기》를 완성한 것으로 추정되는데, 궁형을 계기로《사기》의 세계관이 상전벽해가 된다. 궁형 전까지는 앞서 말한 대로 한제국과 한무제를 찬양하는 교향곡이었다. 하지만 궁형 이후《사기》에는 한제국과 한무제를 비판하는 시각이 들어가기 시작한다.

특히 사회의 곪아 터진 부분과 권력층의 문제점을 신랄하게 지적하며 세태를 통찰하게 되었다. 그런데 불멸의 《사기》를 완성한 사마천은 어떻게 죽었을까. '편안하게 자연사했다, 행방불명되었다, 자살했다, 처형당했다'는 설 가운데 지금까지 어느 것도 명쾌하게 밝혀진 것이 없다. 그렇다면 사마천의 죽음에 관한 미스터리를 풀 수 있는 실마리도 사마천의 고향에 있는 것은 아닐까.

제2장
사성을 찾아서

사마천의 죽음을 둘러싼 미스터리를 푸는 열쇠는 사마천의 고향이다. 인천국제공항에서 비행기를 타고 약 세 시간 넘게 비행하면 서안에 도착한다. 다시 서안에서 동북쪽으로 세 시간 동안 고속도로를 타고 달리면 서안에서 약 220킬로미터 떨어져 있는 사마천의 고향 섬서성 한성시에 도착한다. 사마천의 무덤과 사당은 황하가 바로 내려다보이는 곳에 위치해 있는데, 어떤 역사학자는 사마천이 황하를 베개 삼아 누워 있다고 표현했다.

문사의 고향

사마천의 고향인 한성시를 '문사의 고향文史之鄕'이라고 한다. 하지만 사마천을 빼면 그다지 내세울 만한 게 없어 보인다. 다만 두 가지가 유명하다. 하나는 중국 요리에 들어가는 독특한 향신료인 화초華椒다. 중국 음식을 먹을 때 혓바닥을 아리게 하는 게 바로 화초인데 후추보다 더 독하다. 세계에서 화초가 가장 많이

사마천 사당에서 내려다본 황하. 황하를 베개 삼아 잠들어 있는 사마천은 새로 놓인 대교 때문에 편히 쉬지 못할 것 같다.

나는 곳이 바로 사마천의 고향 한성이다.

다른 하나는 교통의 요지라는 점이다. 황하가 지나가는 곳이기 때문이다. 등용문의 유래인 용문에서 서남쪽으로 240킬로미터를 내려가면 서안이 있다. 서안은 관중평원이 있는 곳이기 때문에 중국을 엿보는 자라면 반드시 차지해야 하는 요충지였다. 농민이 봉기했든 군대가 봉기했든 천하를 얻으려면 반드시 황하를 건너야 했는데 꼭 지나야 할 곳이 용문의 나루터였다. 그래서 용문의 옛 별

서안성의 오늘날.

명이 '하진河津'이었으며 지금도 나루터가 남아 있다. 당태종 이세민의 아버지 당고조 이연도 이 용문을 건너 장안으로 진격해 당나라를 세웠으며 명나라 말기 농민 봉기군 수장이었던 틈왕闖王 이자성도 이곳을 건넜다(지금도 한성시에는 틈왕행궁闖王行宮이 남아 있다). 국공내전 때도 홍군(팔로군)은 용문을 건너 한성시를 해방시켰는데, 1949년 장개석 정권이 대만으로 쫓겨가고 그해 10월 1일 중화인민공화국이 건국되었다.

한성시의 별명은 소북경小北京이다. 인구 40만밖에 되지 않은 시골을 왜 '작은 북경'이라고 불렀을까. 재미있는 일화가 전해진다. 청나라 건륭乾隆 연간에 한성시에서 배출된 유명한 천재가 한 사람 있었다. 장원급제한 명재상 왕걸王杰이 주인공으로 중국 사극에도 심심찮게 등장하는 유명 인사다(한성시는 장원급 인재를 많이 배출했다. 한성시 박물관인 문묘文廟에 가보면 한성시가 배출한 급제자 명단을 새긴 비석이 있다. 그 가운데서도 가장 유명한 사람이 바로 왕걸이다).

웃음보따리 명재상

건륭제의 총애를 받던 왕걸은 농담도 잘하고 입담도 센 사람이었다. 어느 해인가, 황제가 아이의 머리통만한 '장군 감'을 선물로 받았다. 황제가 "오, 정말 대단한 감이로구나. 잘 보관해두었다가 먹어야겠다"고 하자 옆에 있던 왕걸이 "폐하, 그 정도 '장군 감'은 저희 고향에 가면 돼지도 먹지 않습니다"라고 큰소리를 쳤다. 그러자 황제는 놀란 표정으로 바로 흠차대신欽差大臣을 보내 진위를 조사하도록 지시했다. 아뿔싸, 진하게 농담 한 번 했다가 졸지에 황제를 능멸한 죄로 죽음을 면키 어려운 신세가 되고만 왕걸. 황제한테 거짓말한 사실이 들통 나면 보나마나 사형이었다.

과거 급제자 명단을 새긴 비석. 역대 한성이 배출한 과거 급제자들의 마음 한구석에는 늘 사마천이 자리 잡고 있었는지 모른다.

안절부절못하는 왕걸의 모습에 그의 막료가 기발한 아이디어를 냈다. 떫고 단단한 감을 돼지한테 강제로 먹이는 연습을 시키자는 것이었다. 그는 곧장 한성으로 달려가 자신의 복안을 실행했다. 돼지들은 감이 단단하고 떫은 줄도 모르고 마구 달려들었다. 하지만 이내 토해냈다. 채찍을 휘두르며 억지로 또 감을 먹게 했다. 강제로 감을 먹이려 할수록 돼지들은 고개를 돌리며 감을 쳐다보지도 않고 도망치기 바빴다.

왕걸. 한성이 배출한 천재 왕걸은 재치와 유머로 살벌한 정치판에 활력을 불어넣었다.

며칠 뒤 흠차대신이 한성에 도착했다. 흠차대신은 한성의 돼지들이 감만 보면 고개를 외로 꼰 채 줄행랑치기 바쁜 모습을 두 눈으로 똑똑히 확인했다. 북경으로 돌아간 그는 황제에게 이렇게 보고했다.

"정말 왕걸의 말이 맞습니다! 한성의 돼지는 맛있는 홍시도 결코 먹지 않습니다."

흠차대신의 보고를 들은 황제는 왕걸에게 상을 내리며 소원을 물었다. 왕걸은 한성에도 북경처럼 귀족의 대가족이 거주하는 사합원四合院을 짓게 해달라고 청했다. 당시 북경은 수도였기 때문에 집은 몇 칸으로 지을 것인지, 무슨 색을 칠할 것인지, 심지어 집에 붙일 글귀에 대한 규정까지도 엄격했다. 이에 황제는 특별히 한성만큼은 '한성 마음대로' 북경 귀족의 사합원처럼 집을 지을 수

제1부 사기의 탄생 **43**

있게 허락했다. 또한 북경의 제왕과 장상이 혼례 때 사용하는 용과 봉황을 수놓은 예복을 입게 하고 장례도 북경 귀족의 예에 따르고 관도 북경식을 모방해 쓸 수 있도록 허락했다. 이것이 오늘날 "세계 민간의 주택 보배" "인류 주거의 살아 있는 화석"이라는 수식어가 붙은 한성의 별명이 '소북경'이 된 연유다.

지금도 한성시에 가보면 서장진西庄鎭에 당가촌薰家村이 있다. 명·청 시대의 건축이 가장 잘 간직된 곳이다. 한성시 당국은 당가촌을 세계문화유산으로 지정하려고 애쓰고 있다. 하지만 세계문화유산으로 지정된 명·청 시대의 건축물이 이미 서너 군데 있기 때문에 유네스코가 한성시 당국의 소원을 들어줄 가능성은 적어 보인다. 대신 필자는 한성시 당국에 다른 제안을 했다. 사마천의 사당과 무덤 그리고 사마천의 아버지 사마담의 무덤과 사마천 고향 곳곳에 산재해 있는 관련 유적지를 세계문화유산으로 신청해보는 것이 어떤가 하고 말이다. 이 일로 한성시 문물관광국에서는 몇 해 전 필자에게 홍보대사를 제안했다. 그리고 2007년 1월 영광스럽게도 섬서성 한성시 서촌 마을의 명예촌민이 되어 사마천과 한 고향 사람이 되었다.

동씨 노인이 푼 사마천의 4대 미스터리

이왕 서촌徐村이 나온 김에 이야기를 하자면 서촌 입구에는 '법왕행궁法王行宮'이라고 쓰인 돌로 만든 대문이 있다. 중국에서는 이런 문을 패방牌坊이라고 부른다. 신성한 구역으로 들어가는 입구다. 우리 식으로 말하자면 향교나 서원에 들어갈 때 맨 먼저 만나는 붉은 기둥의 홍살문 같은 것이다. 이 패방에 매우 흥미로운 수수께끼가 숨어 있다.

1999년 두 번째로 사마천의 고향을 찾았을 때 필자를 안내해준 분 가운데

당가촌. 명청 시대 전통 가옥의 원형을 보존하고 있는 소중한 문화유산이다.

당시 서촌 마을의 촌장이 계셨다. 노인은 자신을 사마천의 18대손인 동영영이라고 소개했다. 동영영의 '동'은 '동同' 자를 썼다. 당시 퍼뜩 떠오른 두 가지 의문이 있었다. 왜 사마천의 후손이 사마司馬씨가 아니고 동씨인가. 그리고 후손이라고 주장하는 노인과 사마천 사이에는 2,100여 년의 시간차가 나는데 한 세대를 대략 30년으로 따져도 70세대 이상 차이가 나는데 어째서 18대손이라고 하는가. 노인이 노망이 난 것이 아닌 바엔 정말 희한한 일이었다.

한성시에는 사마천이 어린 시절에 공부했던 서원이 있다. 사마담이 세운 것으로 추정되는데 열쇠를 가지고 있는 사람이 출타 중이어서 어쩔 수 없이 돌

법왕행궁法王行宮 패방. 사마천의 죽음에 관한 미스터리를 압축하고 있는 신비한 유적이다.

로 자물통을 깨고 간신히 들어갔다. 안에는 사마천 상이 가운데 모셔져 있었고 제사를 지내는 건물이 하나 있었다. 사마천 상 좌우로 위패가 둘 모셔져 있었는데 '동' 씨 시조 외에 '풍馮' 씨 시조 게 하나 더 있었다. 사마천을 가운데 모셔두고 양쪽으로 동씨와 풍씨 시조의 위패가 모셔져 있던 것이다. 동씨와 풍씨는 틀림없이 사마천과 무슨 연관이 있겠구나 하는 생각이 들었다. 결국 동영영 노인이 그 의문을 풀어주었다. 동 노인은 나무 그늘에 앉아 사마천이 왜 궁형을 자청했는지, 사마천이 궁형을 얼마나 억울해했는지 등을 알 수 있는 여러 이야기를 풀어냈다. 사마천의 고향에 오늘날까지 전해 내려오는 이야기이다.

우선 법왕행궁부터 풀어보자. 나는 동 노인에게 법왕행궁의 의미와 저렇듯 화려한 돌 패방이 왜 마을 입구에 서 있는지부터 여쭈었다. 동 노인은 필자에게 중국어로 법왕행궁을 읽어보라고 했다. 나는 '파왕싱궁法王行宮'이라고 읽었다. 그러자 동 노인은 옛날처럼 오른쪽에서 왼쪽으로 읽지 말고 왼쪽에서 오른쪽으로 읽어보라고 했다. '궁싱왕파宮行王法!' 순간 커다란 망치로 뒤통수를 얻어맞은 듯한 기분이 들었다. 사마천이 받았던 궁형의 중국어 발음도 '궁싱'이다. 전통적인 글자 쓰기 순인 오른쪽에서 왼쪽으로 쓰지 않은 것도 심상치 않았지만 왼쪽에서 오른쪽으로 써서 의미를 숨긴 것도 심상치 않았다. 틀림없이 궁형과 관계가 있다는 확신이 들었다. 동 노인에게 '왕파王法'는 무엇이냐고 다시 물었다. 동 노인이 대답했다.

"'왕王' 자에 '나무 목木' 자를 붙이면 '억울할 왕枉' 자가 됩니다. 무엇인가 잘못 적용시켰다고 할 때 이 '왕枉' 자를 씁니다. 어떤 진실을 왜곡할 때에도 '왕枉' 자를 쓰지요. 그러니까 사마천이 궁형을 받은 것은 법을 잘못 적용시킨 것이고 사마천은 억울한 벌을 받았다는 뜻입니다."

사마천의 고향에 들어설 때 생겼던 의문이 비로소 풀렸다. 동 노인은 이에 덧붙여 한나라 때 사마천을 위해 저런 식으로 변론했다면 대역죄를 짓는 일이므로 당시에는 세울 수 없었다며 복권이 되고 명·청 시대에 와서 세워진 패방이라고 설명해주었다.

동씨와 풍씨로 갈라진 사마씨의 비극

중국인 외에 서촌을 고향으로 가진 이는 필자밖에 없을 것이다. 1999년 당시 동 노인께 서촌의 의미를 여쭈었다. 그러자 그는 '서徐' 자를 나눠보라고 했다. '두인변彳'에 '남을 여余'였다. 두 사람이 남았다는 뜻이었다. 아하, 두 성씨가 남았는데 위패 양쪽의 동씨와 풍씨를 가리키는 것이었다. 사마천은 죽었지만 그 후손은 성씨를 둘로 나누어 대를 이어가고 있다는 뜻이었다.

동 노인은 또 '서徐' 자를 중국어로 읽어보라고 했다. '쉬'였다. 그런데 '이어나갈 속續'과 발음이 같았다. 그러니까 서촌은 풍씨와 동씨 두 성을 가진 후손이 사마천의 피를 계속 이어오고 있다는 뜻을 지닌 마을이었다.

동 노인은 두 성씨가 사마천의 후손이 틀림없다고 했다. '사司' 자에 작대기 하나만 그으면 '동同' 씨가 되고 '마馬' 자에 '이수변冫' 하나만 붙이면 '풍馮' 씨가 되었다. 복성인 '사마司馬'를 떼어 하나는 동씨, 또 하나는 풍씨로 만든 것이다. 그런데 왜 성씨를 바꾸어야만 했을까. 죄인의 후손이었기 때문이다. 궁형을 받은 것도 무제의 심기를 건드려 그렇게 된 것이고, 죽을 때는 더 큰 죄를 받았을 가능성을 보여주는 대목이다. 가장 개연성 있는 가설은 임안에게 보냈던 편지 내용 때문에 무제의 심기를 건드려 하옥되었다가 처형당했을 가능성이다. 그리고 사마천이 처형당하자 후손들은 고향 땅을 떠나 성씨를 바꿔 숨어 살다가 사건이 잠잠해지자 다시 고향으로 돌아왔을 가능성이 크다.

"동씨와 풍씨는 지금도 서로 결혼하지 않습니다. 동성동본이니까요."

동 노인은 이렇게 말하고 나서 자신이 왜 사마천의 18대손밖에 되지 않은지에 대한 수수께끼도 풀어주었다.

사마천 집안은 죄인의 집안이었기 때문에 족보를 만들지 못했다. 그러다 명나라 때 와서야 비로소 족보를 재정리했다. 명나라는 지금으로부터 약

사마천의 고향에서 만난 사마천의 후손들.

600년쯤 전에 세워진 나라니까 18대손이면 540년 정도 된다. 여기에 아들 하나를 얹으면 19대손이고 손자를 더하면 20대손, 얼추 맞아떨어졌다. 결국 동 노인은 명나라 때 족보를 재정비한 이후부터 따진 사마천의 18대손으로 정확하게 말하면 중시조 동씨의 후손이었던 것이다.

혹 궁금해할 독자들을 위해 덧붙이자면, 사마천은 49세에 궁형을 받았지만 부인 양씨와의 사이에서 이미 아들 둘, 딸 하나를 두고 있었다. 전설에 의하면

저수량의 몽비. 사마천에게 수청오라는 첩이 있었다고 전하는 묘지명이다.

사마천은 그의 유골을 거두어 안장한 뒤 영춘화迎春化(봄맞이꽃)를 심어준 유천랑柳倩娘이라는 여성과도 관계가 있었고, 당나라 때의 저명한 문인이자 대서예가인 저수량楮遂良이 남긴 묘지명(일명 '몽비夢碑')에 나오는 수청오隨淸娛라는 첩도 있었던 것으로 보인다.

영춘화가 전하는 사마천의 영험

전설에 의하면 사마천의 두 아들은 사마임司馬臨과 사마관司馬觀이다. 딸은 대사농大司農 양창楊敞에게 시집을 가 외손자 운惲을 두었는데 바로 《사기》가 세상에 빛을 보게 만든 장본인인 양운이다. 사마천은 《사기》〈태사공자서〉에 "정본正本 한 부는 명산에 숨겨두고 부본副本인 다른 한 부는 세상에 널리 알려 많은 사람이 읽었으면 좋겠다"고 썼는데, 적어도 두 질의 《사기》를 만든 셈이다. 그 한 부를 세상에 알린 주인공이 바로 외손자 양운이다. 최근 한성시와 중국의 CCTV는 사마천 탄신을 축하하는 축제와 대규모 학술대회를 열었는데 사마천이 정본을 숨긴 명산을 찾았다는 보도가 있었다.

이 밖에도 사마천의 고향에는 사마천 유적지가 많다. 우선 일본인 학자가 "스무 살 여행의 아름다운 공범자"라는 이름을 붙여준 사마천의 아버지 사마담의 무덤이 있다. 6대조를 비롯한 사마천 선조들의 선영도 남아 있다. 또한 사마천의 억울함을 아로새긴 지명, 장소도 전해온다.

'야작와野雀窩'라는 이름의 동굴 비슷한 조그만 구덩이가 있다. 그 이름이 아주 재미있는데 야작野雀이 멧참새를 뜻하므로 곧 '멧참새가 재잘거리는 장소'라는 뜻이다. 이광리 장군의 여동생 이부인이 한무제의 총애를 이용해 베갯머리송사로 오빠를 대장군으로 앉힌 사실을 비꼰 지명이다.

'첨치구添齒口'라는 곳도 있는데 이 지명 역시 재미있다. 첨치添齒는 '입이 뾰족하다'는 뜻으로 듣기 좋은 소리를 쏟아내며 권력자한테 아부를 일삼는 존재를 가리킨다. 이광리가 곧 첨치라는 뜻이다. 이 두 곳은 사마천이 당한 억울한 형벌에 빌미를 제공한 인물들에 대한 조소와 야유를 담고 있다.

고향 사람들이 사마천에게 바친 존경은 보통 사람들의 소박한 소망에서도 엿볼 수 있다. 그들은 풍습에 따라 사마천의 무덤을 찾을 때 유천량이 사마천의 유골을 안장한 뒤 심었다는 영춘화를 들고 간다. 이 꽃을 바치면 시험에 합격한다고 믿는 것이다. 지금은 외지 사람들도 많이 찾아와 합격을 기원한다.

제1부 사기의 탄생 51

'사성'의 혼이 잠들어 있는 역사학의 성지 사마천 사당.

사마천 무덤. 무덤 위에 자라고 있는 다섯 그루의 측백나무 때문에 무덤에 심한 균열이 생겨 대대적인 보수가 필요하다.

【제2부】

와신상담의 변주곡 오월춘추

제3장
섶에 눕고 곰쓸개를 빨며

사마천은 49세에 궁형의 치욕을 받았다. 남성의 생식기가 잘리는 궁형을 받고 나면 몸에 변화가 온다. 먼저 몸에서 분비되는 남성 호르몬이 억제되면서 여성 호르몬의 분비가 많아진다. 수염이 없어지는 게 가장 뚜렷한 증상이다. 하지만 사마천 사당에 모셔져 있는 사마천 상은 수염을 덥수룩하게 기르고 있다. 차마 궁형을 당한 이후의 모습을 모실 수 없어 형을 당하기 이전의 모습을 걸어놓았을 것이다. 또한 목소리도 변한다. 사극을 보면 환관(내시)의 목소리가 여성의 목소리에 가깝다. 궁형을 당하면 저절로 이런 변화가 일어난다. 자발적인 트랜스젠더의 삶을 산 것도 아닌데 이렇듯 모욕적인 역경을 겪으면서까지 《사기》를 완성한 사마천의 삶을 생각하면 안타까움을 넘어 경건해지기까지 한다.

드라마틱한 인간 군상의 만화경
사마천의 인생은 드라마틱했다. 그래서일까. 《사기》에도 역사의 드라마틱한 장

오월동주, 와신상담의 두 주역 부차(왼쪽)와 구천(오른쪽).

면들이 수두룩하다. 그 대표 격이 '와신상담臥薪嘗膽'이다. 익히 잘 알려진 바와 같이 와신상담은 '장작더미에 누워臥薪' 과거의 치욕을 생각하며 '곰쓸개를 핥으며 복수를 다짐한다嘗膽'는 뜻이다. '원수지간이 같은 배에 탄다'는 고사성어 '오월동주吳越同舟'의 주역인 오나라와 월나라 그리고 초나라가 엮인 이야기다. 이 이야기는 그저 옛이야기에 그치지 않고 오늘날에도 몸을 바꾸어 여러 형식으로 세계인을 만나고 있다. 그 예를 잠깐 살펴보자.

류더화(유덕화)와 량차오웨이(양조위)가 주연을 맡은 〈무간도無間道〉라는 영화가 있다. 무간도는 원래 지옥, 저승을 뜻하는 말이다. 대강의 줄거리는, 경찰

조직에 범죄자 집단이 첩자를 침투시키고 경찰도 범죄자 집단에 첩자를 심어두었다. 이들은 짐짓 서로가 서로에게 정보를 흘려가며 물고 물리는 승부를 벌인다. 영화가 끝나도 최후의 승자는 분명치 않다.

〈무간도〉의 메시지는 '과연 무엇이 진짜이고 무엇이 가짜인가' 하는 것이다. 경찰에 침투해 있던 범죄자는 자기가 진짜 경찰인 줄 착각하고 범죄자 조직에 침투해 있던 경찰은 자기가 진짜 범죄자인 줄 착각한다. 문득 장자의 호접몽胡蝶夢이 떠오른다. 이처럼 살다 보면 자신의 역할을 혼동하는 경우가 많다. 한마디로 정체성의 혼란을 겪을 때가 많다는 말이다. 그렇다면 〈무간도〉는 어디서 모티브를 얻었을까. 바로 중국 후한의 조엽趙曄이 쓴《오월춘추》에서다. 오나라와 월나라의 쟁패 과정에 등장하는 한 자객이 모티브를 제공했다. 물론 오리지널 원전은《사기》다!

《사기》는 문학 작품에도 영화에도 많은 소재와 영감을 제공했다. 김희선과 청룽(성룡) 주연의 〈신화〉 역시《사기》의 〈진시황 본기〉와 〈몽염蒙恬 열전〉에서 모티브를 빌려왔다. 북쪽 변경을 경비하는 진秦의 총사령관이었던 몽염(?~기원전 209년)은 기원전 221년에 제齊나라를 멸망시킨 일등 공신이다. 기원전 215년에는 흉노 정벌에서 큰 활약을 했으며 이듬해에는 만리장성을 완성했다. 진시황이 죽자 환관 조고趙高와 승상 이사李斯의 흉계로 투옥되었다가 자살로 생을 마감한 명장이다. 바로 이 몽염 장군(청룽 분)과 고조선 공주(김희선 분)의 러브 스토리를 그린 영화가 바로 〈신화〉다.

춘추 시대를 연 한 미인의 웃음

기원전 770년부터 시작되는 춘추 시대를 기점으로 이전의 주나라 왕조를 '서주

만리장성.

西周', 이후를 '동주東周'라고 부른다. 말하자면 동주의 시작이 춘추 시대의 시작인 것이다. 서주의 마지막을 장식하는 대표적인 미인이 한 사람 있었는데 바로 포사褒姒다. 그녀는 주나라 12대 유왕幽王 때 옥에 갇힌 자신들의 지도자를 구하기 위해 포褒나라(오늘날의 섬서성陝西省 포성褒城 남동쪽)가 바친 미인으로 알려져 있다. 이후 유왕의 총애를 한 몸에 받으며 아들 백복伯服을 낳았다.

　　포사는 웃지 않는 미인이었다. 어쩌다 한 번 웃기라도 하면 유왕은 완전히 넋이 나갈 정도였다고 한다. 유왕은 그녀를 웃게 하기 위해 별의별 방법을 다 동원했다. 하지만 소용이 없었는데 실수로 피어오른 봉화로 인해 주변 제후와 군사 들이 황급히 수도로 달려와 허둥대는 모습과 잘못 피운 봉화임을 알고 허탈해하는 사람들을 보고는 그만 피식 한 번 웃었던 모양이다. 그런 자신의 모습이 어색했던지 그녀는 다시 큰 소리를 내며 웃었다고 한다. 이 모습을 본 유왕은 포사가 한 번 웃으니 눈썹이 다 살아 있는 것 같다며 호들갑을 떨었고 그 후로 심심찮게 봉화를 올려 포사를 웃겼다.

포사에게 넋이 빠진 유왕은 조강지처인 왕비 신후申后와 태자 의구宜臼를 폐하고 포사와 그녀가 낳은 백복을 왕비와 태자로 삼았다. 그러자 폐비의 아버지인 신후申侯가 격분하여 견융犬戎을 이끌고 주나라 수도인 호경鎬京(지금의 서안)으로 쳐들어왔다. 유왕은 위급함을 알리기 위해 '진짜로' 봉화를 올렸으나 누구 하나 달려오지 않았다. 결국 유왕은 견융에게 살해되고 포사는 견융의 전리품이 되었다. 〈주周 본기〉와 〈흉노 열전〉에도 전하는 포사 이야기는 이솝 우화에 나오는 '늑대와 양치기 소년'의 오리지널 버전이라고 할 수 있다. 이때가 기원전 771년이다. 다음 해인 기원전 770년부터 춘추 시대가 시작되는데, 유왕의 아들 평왕平王이 도읍을 동쪽 성주成周(오늘날의 하남성河南省 낙양洛陽 부근)로 옮겼기에 '동주 시대'라고도 부르는 것이다. 그리고 동주 시대는 다시 춘추와 전국 시대로 나누어진다.

춘추 시대는 주 왕조가 도읍을 옮긴 때로부터 진晉나라의 대부大夫 한韓·위魏·조趙 세 성씨가 기원전 403년 진晉나라를 세 나라로 분할하여 각각 제후국으로 독립할 때까지의 시대를 일컫는다(이 밖에도 몇 가지 설이 있다). 전국 시대는 기원전 403년부터 진秦나라가 중국을 통일한 기원전 221년까지다. 춘추 시대는 공자가 엮은 노魯나라의 역사서 《춘추春秋》에서 유래되었고, 전국 시대는 한漢나라 유향劉向이 정리한 《전국책戰國策》에서 유래되었다.

춘추 시대에는 제후들 간의 회맹會盟을 통해 맹주로 추대된 제후가 실질적으로 천하를 호령했는데 다섯 명의 제후가 크게 활약했다. 때문에 이들을 통칭하여 흔히 '춘추오패春秋五覇'라고 한다. 춘추오패는 주 왕실을 인정하되 실질적인 권력은 자신들이 휘둘렀다. 제齊나라 환공桓公, 진晉나라 문공文公, 진晉나라 목공穆公, 초楚나라 장왕莊王, 오吳나라 합려闔閭 또는 월越나라 구천勾踐을 가리킨다.

전국 시대에는 동쪽의 제齊나라, 남쪽의 초楚나라, 서쪽의 진秦나라, 북쪽의 연燕나라 그리고 중원의 한·위·조 나라 등 일곱 나라가 자웅을 겨루게 되는데 흔히 '전국칠웅戰國七雄'이라고 부른다.

춘추전국 시대의 과도기, 오월춘추 시대

《오월춘추》의 배경이 되는 오월춘추 시기는 춘추 시대에서 전국 시대로 넘어가는 과도기라고 할 수 있다. 춘추 시대에는 명분과 실리를 모두 중요시했다면 전국 시대에는 오직 실리만을 쫓는 약육강식의 정글이었다. 최근에는 과도기였던 오월춘추 시기를 춘추전국 시대에 포함시키지 않고 따로 오월춘추 시대로 독립시켜야 한다고 주장하는 학자들도 생겨났다.

오월춘추 시대에는 유명 인물도 많이 등장하고 그들이 만든 스토리와 고사성어도 화려하다. 가장 먼저 떠오르는 인물이 초나라 출신의 오자서伍子胥(기원전 526년~기원전 485년)다. 그는 초나라(초나라는 오늘날의 호북성과 호남성쯤 된다) 출신이지만 오월동주에 매우 중요한 역할을 했다. 그와 관계된 고사성어인 '일모도원日暮途遠'은 "날은 저물었는데 갈 길은 바쁘다. 그러니 도리를 역행할 수밖에"(《오자서 열전》)라는 대목에서 나온다. 또 '굴묘편시掘墓鞭屍'는 '무덤을 파헤쳐 시체에 채찍질을 가한다'는 뜻으로 오자서의 복수를 상징적으로 대변하는 고사성어다. 《사기》는 오자서의 이미지를 복수의 화신 그 자체라고 할 정도로 실감 나게 그리고 있다.

오자서는 아버지 오사伍奢를 시기한 비무기費無忌의 음모로 초나라 평왕平王에게 아버지와 형이 살해당하자 죽음을 피해 오나라로 도망쳤다. 자신을 뒤쫓는 초나라 추격병을 따돌리고 어떻게 하면 오나라로 도망칠 수 있을까 고민하다 밤새 머리가 하얗게 쉬어 절로 변장한 모습으로 무사히 초나라 관문인 소관을 넘는 이야기는 손에 땀을 쥐게 한다. 오자서는 몇 나라를 전전하다 훗날 오나라 왕으로 즉위하는 태자 광光(오나라 왕 합려闔閭)을 도와 입신출세한 다음 결국 아버지와 형의 원수를 갚는다.

오월춘추 시대에는 특히 자객이 많이 나온다. 그중 가장 독창성이 뛰어난 인물로 〈자객 열전〉에 나오는 요리사 전제專諸를 들 수 있다. 그는 오자서에게 기용되어 오나라 왕 요僚를 죽이고 태자 광을 왕으로 추대하는 데 절대적인 공을 세운 인물이다. 전제가 철통같은 방어막을 뚫고 요를 암살할 수 있었던 것은 요의 일거수일투족을 철저히 조사한 취재 정신 덕이 컸다. 전제는 요가 물고기 요리를 좋아한다는 사실을 알아내고 몇 달 동안 최고 요리사에게 물고기 요리를 배운다. 그러고는 물고기 배 속에 칼을 감추고 물고기 요리를 바치는 척하다 칼을 꺼내 오나라 왕 요를 찔러 죽인다. 그 칼이 바로 '어복장검魚腹藏劍'이다. "물고기 배에 숨긴 검"이란 뜻이다.

가장 유명한 고사성어 '와신상담臥薪嘗膽'은 오나라 왕 부차夫差와 월나라 왕 구천과 관련 있다. 기원전 496년 오나라 왕 합려는 구천에게 패했다. 화살을 맞고 중상을 입은 합려는 아들 부차를 불러 아비의 원수를 갚아달라는 유언을 남겼다. 부차는 가시가 많은 섶에 누워 자며 아버지의 복수를 다짐했다. 부차가 와

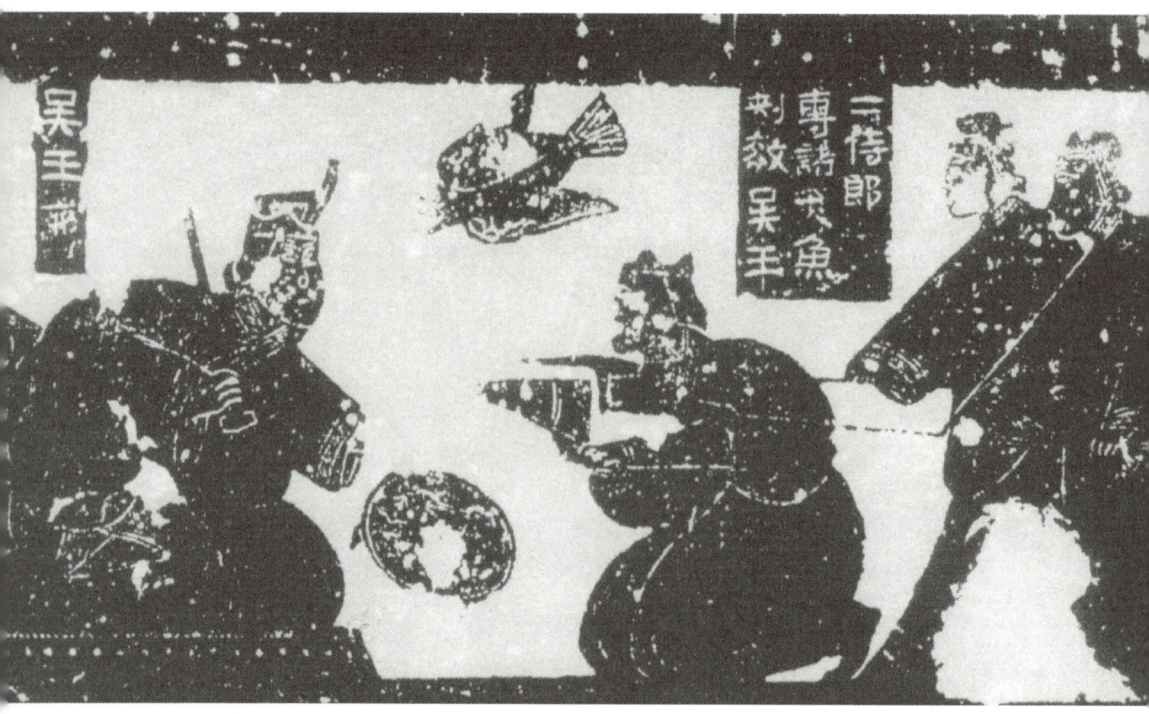
어복장검. 자객 전제의 어복장검 스토리는 《사기》에서도 가장 흥미진진한 부분이다.

신臥薪하고 있다는 첩보를 받은 구천은 오나라를 먼저 쳐들어갔으나 오히려 대패하고 말았다. 월나라의 수도 회계會稽(오늘날의 절강성 소흥紹興)마저 포위되고 결국 회계산會稽山에서 농성하다 항복하고 만다.

구천과 신하 범려范蠡는 3년 동안 부차의 종이 되고 구천의 아내는 부차의 첩이 되었다. 또한 구천은 중국의 4대 미녀 가운데 한 명인 서시마저 부차에게 바쳤다. 그리고 부차가 서시에게 빠져 있는 틈을 타 월나라가 영원히 오나라의 속국이 될 것을 맹세하고는 목숨만 겨우 부지하여 월나라로 돌아왔다. 그 후 구

오월동주의 역사 현장인 절강성 소흥의 현재 모습.

천은 침상 곁에 쓸개를 매달아놓고 항상 쓸개를 핥으면서 '회계의 치욕會稽之恥'을 잊지 않았다. 구천의 상담嘗膽은 20년에 걸친 철저한 재기의 몸부림으로 승화되어 결국 또 하나의 역전 드라마를 연출한다. 오나라 부차가 제나라를 공격하는 등 온통 중원의 대권에만 신경을 쏟고 있는 틈을 타 구천은 오나라를 항복시켰고 부차는 오자서에게 면목이 없다며 자신의 얼굴을 천으로 덮게 한 다음 자살한다. 그와 함께 오나라도 멸망했다.

오월동주의 매력남 범려

오월동주에서 가장 매력적인 인물이라고 하면 범려를 꼽을 수 있다. 사냥할 때 '토끼를 잡고 나면 토끼를 쫓던 사냥개는 삶아 먹는다'는 고사성어 '토사구팽兎死狗烹'. 우리가 흔히 알고 있는 이 말은 월나라 재상이었던 범려가 오나라를 멸

월왕성 유지와 유지 내 '와신상담' 그림.

망시키고 맹주가 된 구천과 더 이상 함께할 수 없다고 판단하고 가족을 데리고 월나라를 떠나면서 친구인 문종文種에게 남긴 말이다. 한신이 유방에게 죽음을 당하며 이 말을 인용한 것으로도 유명하다.《사기》에는 범려의 경우를 비롯해 토사구팽이 세 군데나 나온다. 토사구팽이라는 말이 당시의 유행어였던 셈이다.

범려의 매력은 최고의 절정기에 스스로 물러난, 즉 '박수 칠 때 떠날 줄 아는 사람'이라는 데 있다. 오나라를 멸망시킨 구천은 범려에게 강산을 반반씩 나눠 가지자고 제안했다. 하지만 범려는 아무런 미련도 없이 짐을 챙겨 떠나버렸다. "떠나야 할 때를 아는 사람의 뒷모습은 얼마나 아름다운가"라는 시 구절이 생각나는 대목이다. 반면 제나라로 떠난 범려가 편지를 보내 떠날 것을 권유했던 친구이자 정치적 동지 문종은 범려의 권유에 뜨끔했지만 결국 망설이다 구천이 내린 칼로 스스로 목숨을 끊어야만 했다. 범려가 남긴 말 가운데 '어려울 때 생사를 걸고 같이할 수 있는 사람과 잘될 때 같이할 수 있는 사람을 구별을 해야 된다'는 취지의 말도 새겨볼 만하다. 결국 범려는 오너였던 구천의 본색을 파악했지만 문종은 그러지 못했다. 문종은 범려를 발탁한 뛰어난 안목을 지닌 인물이었지만 떠나야 할 때를 놓치는 바람에 토사구팽당했다. 유방의 건국 공신 가운데 장량張良이 범려라면 한신은 문종에 해당된다고 할 수 있다.

범려에 대한 기록은 부자 30명을 기록한 〈화식 열전〉에도 등장한다. 정치가, 군사가, 장사꾼으로 세 번 변신한 범려는 모든 것에 성공한 입지전적인 인물이었다. 사마천의 기록에는 나와 있지 않지만 전설이나 설화에 따르면 범려는 서시도 데리고 떠났다고 한다. 둘은 연인 사이였다. 범려는 부차에게 미인계로 바친 서시를 구해내 행복하게 살았다고 전해진다.

오월춘추 시대에《손자병법孫子兵法》을 남긴 손무孫武도 매우 뛰어난 인물이

문종의 무덤.

었다. 하지만 어찌된 일인지 사마천의 기록에는 손무에 대한 분량이 야박할 정도로 짧다.

《사기》가 오월춘추 이야기를 통해 던지는 메시지는 원한, 사랑, 애정, 배신, 분노, 복수, 음모, 간신배, 지사의 이야기를 단순히 버무려놓은 것이 아니다. 음모를 꾸며 누군가를 죽이고 다시 그 누군가가 복수를 했다는 '무협 활극식 교훈'은 더더욱 아니다. 글자 하나하나, 한 사람 한 사람의 캐릭터가 보여주는 선명한 개성과 자기 철학, 이것이 《사기》의 진정한 매력이라고 할 수 있다. 원수를 한 배에 태운 '오월동주'는 그 대표적 예라고 할 수 있다.

제4강
원수를 재상으로 기용한 제환공

《사기》의 두드러진 특징 가운데 하나는 복수 관념이다. '은혜와 원수는 대를 물려 갚는다'는 중국 속담은 복수관이 강한 중국인의 특성을 잘 설명해준다. 이러한 중국인들의 전통적인 의식은 《사기》의 영향을 크게 받았다.

대를 이어 복수하다

중국인의 복수 관념을 대표하는 인물이 바로 오자서다. 또한 오자서를 이해하지 않고서는 오월춘추 시대에 대한 이해가 불가능할 만큼 그는 중요한 인물이다. 그 외에도 《사기》에는 손자의 후손인 손빈孫臏이 〈손자오기 열전〉에 등장하는데 그의 복수담 역시 통쾌하다. 또한 〈범수채택范雎蔡澤 열전〉에는 젊은 날 범수가 억울하게 물건을 훔쳤다는 누명을 쓴 채 죽도록 두들겨 맞고 간신히 살아나온 뒤 복수하는 장면이 생생하게 그려져 있다. 이처럼 《사기》에는 치욕을 견디고 원수에게 복수하는 복수관이 매우 강하게 깔려 있는데 역시나 오자서의 복수가 단연 압권이다.

　　오자서의 복수 대상은 초나라 평왕이었다. 하지만 오자서가 복수할 무렵 그는 이미 죽은 뒤였다. 보통의 경우라면 대개 거기서 끝나게 마련이다. 그러나 오자서는 평왕의 무덤을 파헤쳐 시체를 꺼낸 뒤 300번이나 채찍질을 가했다. 그 유명한 '굴묘편시'가 나온 배경이다.

　　오월춘추의 지리적 배경은 오늘날로 말하면 중국 강남 지방에 해당된다. 하지만 장강 중류의 초나라도 중요한 역할을 했다. 오자서가 바로 초나라 출신이기 때문이다. 오자서는 평왕으로부터 도망쳐 여러 나라를 떠돌다 오나라로 와 장차 오나라 왕이 되는 합려를 키운 장본인으로 초나라와 오나라의 싸움, 오나라와 월나라의 싸움에서 중요한 역할을 했다. 만약 오자서가 없었다면 오월동주라는 대하드라마 자체가 무미건조해졌을 것이다.

　　비록 50년 정도밖에 되지 않지만 학자들이 따로 '오월춘추 시대'로 구분해야 한다고 주장할 만큼 오월춘추는 독특한 시기다. 그리고 오나라가 망한 기원전 470년, 이 해를 기점으로 춘추 시대는 막을 내리고 전국 시대의 막이 오른다. 앞서 이야기한 대로 춘추 시대는 유왕과 포사의 봉화 놀이로 인해 주나라가 동쪽으로 천도한 기원전 770년부터다. 한 여자를 웃게 하기 위해 시작된 어처구니없는 놀이의 산물인 셈인데, 이처럼 역사는 가끔 어이없이 바뀌는 경우가 있다. 오월춘추 시대에 등장하는 자객들의 암살 이야기도 그런 경우다. 특히 역사가 한순간에 극적으로 바뀌는 상황은 고대일수록 더 심하다.

　　초나라는 중원의 진나라, 제나라, 노나라 입장에서 보면 남쪽 오랑캐에 지나지 않았다. 오나라, 월나라도 마찬가지였다. 하지만 최근 발굴된 고고학 유물들을 조사한 결과 장강 유역의 초나라, 오나라, 월나라는 고도로 발달된 청동기 문화를 보유했던 문명국으로 결코 오랑캐 땅의 야만국이 아니었다. 초나라는 성왕成王 때 사방 1,000리의 영토를 확장했는데, 사방 1,000리는 16만 제곱킬로미터로 남한보다도 훨씬 넓은 땅이다. 장강 중류의 초나라는 초강대국이었다.

둘째도 서자도 왕위를 넘보다

《사기》〈초楚 세가〉에 따르면 초나라 성왕은 죽는 순간까지도 잔머리를 굴렸던 인물이다. 아들 상신商臣이 쿠데타를 일으키자 시간을 벌기 위해 곰 발바닥 요리를 먹고 싶다고 눙을 쳤다. 곰 발바닥 요리는 며칠이 걸리는 고급 요리로 행여 다른 수가 생기지 않을까 시간을 벌기 위해 잔꾀를 부렸던 것이다. 하지만 이를 간파한 아들에 의해 목을 매고 자결할 것을 강요받고 죽었다.

사방 1,000리로 영토를 키운 성왕의 초나라에 왜 이런 문제가 발생했을까. 절대 권력을 가진 제왕은 권좌에 오래 앉아 있을수록 판단력이 흐려지게 마련이다. 성왕도 무려 47년간이나 자리를 지켰다. 20대쯤 왕위에 올랐다면 70세 가까운 노인이다. 판단력이 흐려지는 것은 어쩌면 당연한 일이었다. 이때 아들이 정치에 개입하고 권력 갈등과 재산 상속 문제가 불거졌다.

보통 이런 문제는 젊은 첩이나 후궁을 총애하는 데서 발생하는 경우가 많다. 특히 고대에는 처첩 제도가 매우 일반화되어 손쉽게 젊은 첩을 얻었다. 첩을 얻어 둘만 오순도순 잘 살면 그만이겠지만 그 사이에서 생기는 자식이 탈이었다. 남자들은 나이가 들수록 어린 자식이 예뻐 보인다. 여기에 젊은 첩은 밤마다 베갯머리송사를 벌이고 늙은 아비의 판단력은 갈수록 흐려진다. 결국 왕은 나이든 태자를 폐위시키고 어린 아들을 후계자로 삼으려 한다(이것을 '탈적奪嫡'이라고 부른다). 반대로 태자가 왕을 폐위시키는 경우도 발생한다. 어느 쪽이든 그

끝은 적자인 태자와 첩의 자식인 서자 간의 권력투쟁으로 치달아 나라가 벌집을 쑤셔놓은 꼴이 되고 만다.

중국 봉건제의 가장 큰 특징은 '적장자嫡長子 계승 원칙' 이다. 본부인에게서 태어난 아이들은 적자고 첩이나 두 번째, 세 번째 부인에게서 태어난 자식은 모두 서자다. 하지만 적자라고 해서 모두 아버지의 자리를 물려받는 것은 아니다. 장자여야만 한다. 즉 적장자여야만 자리를 물려받을 수 있었다. 그것이 오랜 관례였다. 그 적장자의 자리를 빼앗는 것, 그것이 이른바 탈적이다. 동양사에서 대부분의 궁중 암투는 왕위 계승을 둘러싸고 벌어졌다. 바로 탈적의 문제였다.

조선 시대에도 태조 이성계가 조선을 건국하고 얼마 지나지 않아 그의 다섯째 아들인 태종 이방원이 쿠데타를 일으킨 전례가 있다. 당나라를 실질적인 반석 위에 올려놓은 당태종 이세민도 둘째 아들이었다. 적자지만 대권 계승권이 없었던 그는 '현무문의 정변玄武門之變' 을 통해 적장자인 형(태자)과 동생을 죽이고 아버지 당고조 이연마저 태상황의 자리로 밀어낸 다음 황제에 올랐다.

초나라에서도 이런 사태가 벌어졌다. 성왕이 늙어가면서 태자도 당연히 나이가 들었다. 중년이 다 된 것이다. 자연스럽게 태자의 측근 세력이 형성되었고 태자는 자기만 바라보는 측근들에게 어떤 형태로든 보상을 해야 했다. 오직 바라는 것은 아버지가 얼른 죽어 하루라도 빨리 왕위를 계승하는 것이었다. 이때 태자 상신은 이상한 소문을 들었다. 아버지가 자신을 폐위시키고 자식뻘 되는 젊은 첩에게서 난 어린 서자를 태자로 앉히려고 한다는 소문이었다. 탈적 문제가 불거진 것이다. 상신은 참모 반숭潘崇에게 자문을 구했다. 반숭은 성왕이 총애하는 상신의 고모 강미江羋를 식사에 초대해 고의로 불손하게 대하라고 조언했다. 상신이 반숭의 말대로 하자 화가 난 강미는 대왕이 태자를 다시 봉하려는

초장왕. 말을 좋아했던 장왕은 말과 관련된 흥미로운 일화를 많이 남겼다.

것도 당연하다며 단단히 벼르면서 술자리를 박차고 나갔다.

반숭의 전술은 격장술激將術, 즉 상대편 장수나 병사를 자극해 약을 올리는 책략이었다. 소기의 목적을 이룬 상신과 반숭은 선수를 쳐 쿠데타를 일으켜 성공을 거둔다. 그리고 성왕에 이어 상신이 제위에 오르니, 그가 초나라 목왕穆王이다. 만약 아버지 성왕의 요구대로 상신이 곰발바닥 요리를 마지막으로 대접했다면 초나라의 정쟁에 어떤 변수가 발생했을까. 독자의 상상에 맡긴다.

제2부 와신상담의 변주곡 오월춘추 73

아버지의 주검을 밟고 제위에 오른 상신을 거쳐 장왕莊王(목왕의 아들 웅려熊侶) 때가 되면 초나라는 일약 초강대국으로 부상한다. 기원전 7세기로 이 시기부터 오자서의 할아버지가 등장하고 오자서의 아버지 오사도 등장한다.

초나라 장왕은 춘추오패 가운데 네 번째 주자였다. 먼저 춘추오패에 대해 간단하게 알아보자.

춘추오패의 첫 번째 패자

춘추오패의 첫 번째 주자는 제나라(오늘날의 산동성) 환공桓公이다. 제나라 환공 때 가장 유명한 인물로는 관중과 포숙이 있다. 〈관안管晏 열전〉에 나오는 관포지교의 주인공이 이들이다. 두 번째 주자는 진晉나라 문공文公이다. 진晉나라는 진시황의 진秦나라와 다른 나라다. 진晉나라는 산서성山西省 지역에 있던 제후국이고 진秦나라는 섬서성陝西省과 감숙성甘肅省 지역에 있던 나라다. 춘추오패의 세 번째 주자가 바로 진秦나라 목공穆公이다. 네 번째가 초나라 장왕이고 다섯 번째가 오월춘추의 주인공 가운데 한 명인 오나라 왕 합려였다(마지막 다섯 번째 패주에 대해서는 이런저런 이설이 많다).

앞의 네 주자는 기원전 7세기 사람인 데 비해 오나라 왕 합려만 기원전 6세기 사람이었다. 초나라 장왕은 기원전 7세기에서 기원전 6세기로 막 넘어갈 무렵을 살았다. 초장왕은 중요한 인물인데 기원전 7세기와 기원전 6세기는 같은 춘추 시대지만 전혀 다른 시대 상황을 연출했다. 전쟁 형태도 달라지고 사람들의 의식이나 가치관도 달라졌다. 그러한 시대적 배경에 맞춰 춘추오패 가운데 앞의 네 사람을 '춘추 시대 4인방'이라고 부른다. 문화대혁명을 주도했던 네 명의 인물, 즉 '4인방'을 본 따 지은 이름이다. 사마천은 《사기》에서 춘추 시대 4인방에 대해 상당히 긴 분량을 할애했다. 제나라 환공은 〈제태백 세가〉, 진 문공은 〈진 세가〉, 진 목공은 진시황이 중국을 통일했기 때문에 〈진 본기〉, 초나라 장왕은 〈초 세가〉에 기록되어 있다. 이들이 수십 명이 넘는 제후와 왕을 기록한 세가에서 차지하는 비중은 거의 3분의 1에 가깝다. 사마천은 이들의 리더십과 인재 경영론에 깊은 관심을 갖고 그들의 행적을 서술하고 있다. 먼저 춘추 시대 첫 번째 주자였던 제나라 환공부터 알아보자.

제나라 환공의 이름은 강소백姜小白으로 그가 왕위에 오르기 전 형님인 강제아姜諸兒가 제나라 양공襄公으로 재위하고 있었다. 양공은 정치

제환공. 춘추 시대는 제후국들이 패주 자리를 차지하기 위해 활발히 정치·외교를 전개했던 시대이다. 첫 패주인 제환공은 관중과 포숙의 보좌를 받으며 화려하게 춘추 시대 무대에 등장했다.

를 제대로 하지 않았으며 춘추 시대를 시끄럽게 만든 엽기적 스캔들까지 일으켰다. 여동생과 간통한 것이다. 비록 이복 여동생이기는 했지만 말이다. 여동생 이름은 문강文姜으로 노魯나라 환공桓公에게 시집갔기 때문에 노부인魯夫人으로 불렸다. 문강은 시집가기 전에 오빠인 양공과 사통하는 사이였다. 시집간 뒤 관계가 정리되는 듯했는데 노환공과 함께 제나라를 국빈 방문한 차에 또다시 간통을 저질렀다. 결혼한 부인이었으니 그야말로 간통이었다. 노환공이 이 사실을 알고는

양공에게 따지자 도리어 양공은 자신의 추문을 막기 위해 역사力士 팽생彭生을 시켜 노환공을 부축하는 척하다 갈비뼈를 부러뜨려 죽였다.

국빈 방문 중이던 최고 지도자를 어이없이 잃은 노나라로부터 외교적 항의가 빗발쳤다. 제양공은 팽생을 죽여 사태를 적당히 무마하려 했다. 하지만 그렇게 해서 무마될 스캔들이 아니었다. 비난 여론은 갈수록 확산되었고 결국 제나라 대신 연칭連稱과 무지無知 등이 공모해 쿠데타를 일으켜 강제아를 죽이고 무지가 왕위에 오른다. 신하가 군주를 죽이고 왕위에 오른 춘추 시대 대사건이었다. 이를 시발점으로 기원전 7세기 100년 동안 신하가 군주를 내쫓거나 죽인 이른바 '축군살군逐君殺君 사건'이 40차례가 넘었다.

한편 강제아가 폭정을 일삼는 동안 그의 동생들은 재앙을 피해 타국을 전전하며 망명 생활을 하고 있었다. 제환공 강소백 역시 거莒(산동성 거현莒縣에 있던 소국)나라로 몸을 피했는데 포숙鮑叔이 보좌하고 있었다. 둘째 형님인 규糾는 노魯나라에서 관중과 소홀召忽의 보필을 받으며 망명 생활을 하고 있었다. 노나라는 현재의 산동성 서쪽, 당시 대국이었던 제나라 옆에 붙어 있는 소국이었다.

소백과 규는 제나라의 새 임금 무지가 제나라 임치성 근처 옹림雍林에 놀러 갔다가 옹림 사람들에게 시해당한 사실을 알게 되었다. 이제 누가 더 빨리 제나라 수도인 임치臨淄로 입성하느냐가 보좌의 주인공을 가르는 기준이 되었다. 관중과 포숙은 자신들이 모시고 있는 공자를 상대보다 더 빨리 귀국시키려고 안간힘을 다했다.

소백이 한 발 앞서 나갔다. 규는 초조했다. 규는 관중에게 단기필마로 재빠르게 앞질러 가 소백의 길을 가로막고 그를 죽이라고 명령했다. 관중은 규의 말대로 소백에게 화살을 날렸다. 소백이 죽은 줄만 알고 느긋하게 임치에 도착한 규와 관중은 그만 아연실색하고 말았다. 죽었다고 생각했던 소백이 이미 제나라 국군國君의 자리에 앉아 있는 것이었다. 소백을 맞힌 줄 알았던 관중의 화살은 소백의 허리띠 쇠 부분에 맞았는데 이때 소백이 기지를 발휘해 피를 토하는 것처럼 연기하여 규 일행을 방심하게 만들었던 것이다.

낳아준 분은 부모지만 알아준 이는 포숙이었다

제환공이 가장 관심을 가졌던 분야는 인재 등용이었다. 이는 춘추 시대 4인방 모두의 관심사이기도 했다. 그런데 사마천은 제환공의 참모였던 포숙 대신 규를 보필하던 관중이 제환공을 춘추오패의 첫 번째 패자로 등극시켰다고 하니 어찌 된 영문인가.

공자 규가 제위에 오르지 못하자 노나라는 제나라와 전쟁을 벌이지만 패하고 만다. 승리한 제환공은 두 가지 조건을 달았다. 공자 규를 죽이라는 것과 관중을 소환하라는 것이었다. 자신이 직접 죽이기 위해서였다. 결국 관중은 죄수용 수레에 실려 제나라로 들어왔다. 그런데 관중이 제나라 국경으로 들어서자 포숙은 관중을 좋은 수레에 바꾸어 태우고 신속히 임치로 돌아왔다. 포숙이 환공을 설득해 사전에 안배해놓은 것이다. 당시 포숙이 환공을 설득한 유명한 말이 있다.

"제나라만 다스리시려면 저나 습붕隰朋 정도로 충분하지만 패자가 되어 여러 제후를 통솔하는 우두머리가 되고 싶다면 관중 없이는 안 됩니다. 그러니 지난 원한은 잊어버리고 관중을 과감하게 발탁하십시오."

환공은 포숙의 말을 받아들여 지난날의 묵은 원한을 깨끗이 청산하고 관중을 발탁했다.

포숙. 관중이 환공의 영혼이었다면 포숙은 관중의 영원한 멘토였다. '관포지교管鮑之交'라는 최고 경지의 우정은 누군가의 진면목을 믿고 알아주는 가장 기본적인 배려에서 출발한다.

관중의 말 가운데 곳간에서 인심, 예절, 명예가 나온다는 것이 있다. 사마천이 관중의 말을 빌려 〈화식열전〉에서 다시 인용함으로써 더욱 유명해진 말이다. 관중은 정치가이자 경제 전문가였다. 관중이 가장 중시한 분야는 상공업이었다. 농업을 중시하던 당시 풍토와는 많이 달랐다.

제나라는 바닷가 쪽에 위치한 나라였기 때문에 제염업, 어업, 무역업 등이 특히나 중요했다. 이렇듯 관중은 나라의 모든 입지 조건을 종합적으로 검토해 국책을 설정하고 그를 통해 획기적인 발전을 이룩했다. 환공을 춘추오패의 첫 챔피언으로 만들어준 것이다. 그런데 제환공의 원래 참모였던 포숙은 어떻게 되었을까. 토사구팽이라도 당한 것일까. 아니다. 뒷전으로 물러났다. 친구인 관중에게 재상 자리를 양보한 것이다. 그래서 사마천은 이렇게 기록했다.

> 세상 사람들은 관중의 재능과 덕을 칭찬하기보다는 사람을 알아본 포숙아를 더 칭찬했다.

사마천 역시 포숙의 사람 보는 식견과 안목을 더 높이 평가했다. 한편 대만 민주화 운동의 대부 보양柏楊은 10년 가까운 옥고를 치르며 쓴《중국인사강》(국내에는《맨얼굴의 중국사》라는 제목으로 번역 출간되었다)에서 이렇게 말한다.

환공이 육신이었다면 관중은 영혼이었다. 환공이 위대한 것은 관중을 기용했기 때문이다.

춘추오패 제환공 뒤에는 관중이 있었다. 그리고 그런 관중 뒤에는 포숙이 있었다. 관중은 자신의 입으로 이렇게 고백한 적이 있다.
"나를 낳아주신 분은 부모지만 나를 알아준 사람은 포숙이었다." 史記

제5강
낙천과 유머로 고난을 이겨낸 진문공

사람은 감성의 동물일까 이성의 동물일까. 감성과 이성 사이에서 오락가락하는 것이 인간의 본질일 것이다. 때론 감정적이고 때론 이성적이고, 이성적이어야 할 때 감성적이거나 그 반대인 경우도 허다하다. 하지만 인간은 감성과 이성을 최대한 조화시키려고 애쓸 때 비로소 행복한 삶을 누릴 수 있다. 이성만 가지고 또는 감성만 가지고 살 수 없다. 두 가지가 조화를 이루어야 한다. 균형이 맞지 않을 때는 살아나가기란 쉽지 않다.

바로 이 부분을 정확하게 인식하며 쓴 책이 바로 《사기》다. 인생의 약점을 극복한 사람과 그러지 못한 사람의 이야기가 《사기》에 가득 차 있다. 《사기》의 매력이다. 감성과 이성의 조화가 《사기》의 주된 정조다. 21세기에 사마천과 《사기》가 줄 수 있는 지혜 가운데 하나가 바로 여기에 있다. 《사기》는 감성과 이성 사이의 조화를 이루고 있을 뿐만 아니라 감성과 이성 사이의 모순을 정확하게 간파하고 있다.

구구셈하는 노인을 발탁한 제환공

춘추오패의 첫 챔피언은 제환공이었다. 그를 보좌한 이가 관중이고 관중을 적극적으로 추천한 이가 포숙이다. 관중과 포숙은 관포지교管鮑之交라는 유명한 고사성어를 남겼다. 두 사람은 젊었을 때부터 같이 사업을 했다. 이윤이 남으면 늘 관중이 많이 가져갔는데 포숙은 관중의 집이 가난해서라며 한 번도 그를 원망하지 않았다. 관중이 사업에 실패하여 부도를 낸 적이 있다. 그때도 포숙은 관중이 운이 없어서일 뿐 어리석어 그런 것은 아니라며 관중을 위로했다. 관중이 세 번이나 탈영했을 때도 마찬가지였다. 집에 계신 노모 때문이라며 관중을 위로했다.

결국 포숙은 제환공에게 한때 정적이었던 관중을 추천하고 제환공은 이를 받아들여 관중을 과감하게 기용했다. 포숙의 우정도 대단하지만 자신을 죽이려던 인물을 재상으로 삼은 제환공의 개방적 인재 기용도 감탄스럽다.

제환공의 열린 인사 정책을 잘 설명해주는 고사성어가 '정료지광庭燎之光' 이다. '정료'는 '뜰에 횃불을 매달아 밝혀놓는다'는 뜻이다. 제나라 국군의 자리에 오른 후 제환공은 인재를 끌어들이기 위해 자신의 집무실, 즉 궁전 뜰에 횃불을 환히 밝혀놓고 24시간 개방했다. 인재라면 언제든지 찾아와라, 그러면 만나주겠다는 의지를 만천하에 천명한 것이다. 덕분에 1년 동안 상당히 많은 인재를 발탁할 수 있었다. 그러나 1년이 지나자 인재들의 발길이 뚝 끊어졌다. 제나라 군주에 만족하지 않고 천하 맹주가 되고 싶었던 제환공은 늘 인재에 목말라 했다. 그런 그였기에 인재의 발길이 끊어지니 마음이 초조해졌다. 그러던 어느 날 한 노인이 찾아와 면담을 요청했다. 제환공은 노인에게 무슨 재주가 있냐고 물었다. 노인은 구구셈을 할 줄 안다고 대답했다. 제환공은 어이없어 하며 어린아이도 능히 할 수 있는 재주가 무슨 재주냐며 따졌다. 그러자 노인이 말했다.

"주군께서 과감하게 인재를 등용하시고 1년쯤 지났습니다. 그런데 이제 인재들이 찾아오지 않는 까닭이 무엇이겠습니까. 내 재주를 가지고 주군께 봉사하지 못하면 어쩌나 하는 걱정이 앞서기 때문입니다. 주군의 눈높이가 너무 높은 까닭입니다. 이런 마당에 구구셈밖에 모르는 저를 발탁하시면 적어도 저보다 더 나은 인재들이 얼마든지 찾아올 것 아니겠습니까."

깊이 깨달은 제환공은 그에게 자문역을 맡겼다.

박수 칠 때 떠날 줄 아는 지혜

제환공은 통도 그릇도 큰 사람이었다. 한번은 이런 일이 있었다. 노나라가 다른 나라의 침입으로 고전하고 있을 때 제환공이 구원병을 보내준 적이 있는데, 이에 노나라가 그를 국빈으로 초대해 노나라를 방문하게 되었다. 성대한 대접을 받고 귀국하려는데 노나라 국군이 멀리까지 배웅을 나왔다. 제환공과 헤어지기 아쉬웠던 노나라 국군은 계속 배웅을 하다 자기도 모르는 사이 제나라 국경을 넘고 말았다. 당시엔 오직 천자만이 국경을 넘어 배웅할 수 있었다. 제환공은 노나라 국군의 체면을 생각해 그가 넘어온 만큼의 땅을 떼어주었다. 아직은 낭만적인 춘추 시대였다.

춘추 시대의 정치와 외교를 아우르는 명분은 '존왕양이尊王攘夷'였다. 주나라 천자를 떠받들고 오랑캐를 물리친다는 뜻이다. 당시 오랑캐는 남쪽의 초나라였다. 그런데 초나라가 점점 강대해져 중원의 나라들을 넘보기 시작했다. 때문에 초나라를 상대하기 위해 내세운 구호가 존왕양이였다. 이를 처음 내세운 이가 제환공이다.

인재를 잘 활용하며 상공업을 장려해 제나라를 최초의 패주국으로 우뚝 세운 그는 42년간 재위했다. 20대에 공자 규와 왕위 계승 전쟁을 벌일 때부터 70세 가까이까지 통치했다. 하지만 아무리 현군이라고 해도 최고 권력자 자리에 너무 오래 있으면 말년에 문제를 일으키게 마련이다. 통계 수치를 봐도 그렇다. 중국의 제왕이 600여 명쯤 되는데 그들의 재위 연수, 수명, 즉위할 당시의 나이 등을 통계로 내보았더니 매우 흥미로운 사실이 밝혀졌다. 중국 역사 약 5,000년 동안 존재했던 600여 명의 제왕 가운데 명군으로 평가받는 제왕의 조건은 '이렇다'는 사실이다.

결론적으로 말해 20대 전후에 즉위해 20년 안팎 정도를 재위하다 50대 중반 이전에 사망하는 것이 최고의 제왕 반열에 오를 수 있는 명군의 조건이었다. 인간의 자연적인 수명과 명군의 함수관계를 알려주는 재미있는 통계다. 세종대왕도 20세에 즉위해 50대에 세상을 떠났다. 하지만 이런 명군의 조건을 보다 확실하게 밝히려면 오랫동안 황제 자리에 있었던 사람들의 문제점이 드러나야 한다. 40년, 50년씩 황제 자리에 있던 제왕들은 대부분 말년에 문제를 일으켰다. 부자지간의 권력 다툼, 탐관오리와 간신배의 득세, 부정부패, 사치 향락 같은 문제가 발생했다. 그러니 자연이 준 수명이란 선물도 잘 누려야 명군 소리를 들을 수 있는 것이다. 물론 너무 일찍 요절해버리는 것도 문제다. 중국 역사에서 명군으로 꼽히는 당태종, 송태조, 청나라의 옹정제와 건륭제가 앞서 말한 명군의 즉위, 재위, 생존 조건에 딱 맞는 수치를 보여준다. 이 수치는 결국 인간의 의지가 건전하게 작용할 때, 또 그 의지가 살아 있고 판단력도 살아 있을 때 자신의 미래에 대해 고민해야 한다는 교훈을 준다. 자신이 물러날 때를 잘 아는 것이 현명한 사람의 조건이라는 것이다.

42년간 최고 통치자였던 제환공도 말년에 정치를 망치고 말았다. 안타깝게도 포숙도 관중도 먼저 세상을 떠난 뒤였다. 말년의 제환공 주위에는 요주의 인물이 세 사람 있었다. 역아易牙, 개방開方, 수조豎刁, 세 명의 간신이었다. 관중은 세상을 떠나면서 환공에게 신신당부했다. 제발 이 세 사람을 가까이 하지 말라는 것이었다. 하지만 제환공은 "그들 모두 나를 기쁘게 해주는 사람들인데 어떻게 물리칠 수 있겠느냐"고 했다.

역아는 요리사였다. 어느 날 제환공이 먹어보지 않은 것이 없는데 사람 고기만 먹어보지 못했다고 하자 그는 다음 날 새로운 요리를 들고 왔다. 환공이 너무 맛있어 무슨 고기냐고 묻자 그는 자신의 어린 아들이라고 대답했다. 개방은 어머니를 떠나 15년 동안이나 외지에 있으면서 한 번도 돌아가지 않을 만큼 천륜의 정이 없는 매정한 사람이었다. 수조는 제 스스로 생식기를 잘라 환관이 된 다음 제환공 곁에서 아부를 일삼으며 군주의 총기를 흐린 인물이었다.

춘추의 첫 패자 굶어 죽다

관중의 유언에도 말년의 제환공은 귀를 닫고 말았다. 그리고 제환공이 병석에 눕자 간신 3인방은 마음껏 제환공을 농락했다. 그들은 병든 환공과 통하는 모든 통로와 언로를 차단했다. 세 사람을 거치지 않고는 어느 누구도 환공을 만날 수 없었다. 환공의 병이 죽을 고비를 넘겼는데도 세 사람은 환공이 굶어 죽도록 방치했다. 그들은 거기서 끝내지 않고 제환공을 별궁에 숨겨놓았다. 그 바람에 시체에 구더기가 들끓어 별궁 담장을 기어나올 때까지 아무도 몰랐다. 춘추 시대를 호령하던 패주의 죽음치곤 너무나 비참했다.

레임덕이란 말도 있듯이 권력은 늘 막판이 문제다.《채근담》에도 "말년을 보면 그 사람을 제대로 알 수 있다"는 말이 나온다. 제환공이야말로 말년에 충신의 말을 듣지 않고 간신배에게 둘러싸여 나라를 망친 전형적인 최고 지도자였다. 다행히 관중이 이룩해놓은 합리적인 국가 시스템 덕분에 제나라는 환공이 죽은 지 얼마 지나지 않아 다시 강대국이 되었다.

서양 근대 경제학의 아버지인 영국의 윌리엄 페티는 이런 말을 했다. "노동은 재부財副의 아버지며 토지는 재부의 어머니다." 재부는 경제력을 뜻한다. 그런데 2,600여 년 전 사람인 관중은 이미 그런 혜안을 지니고 있었다.

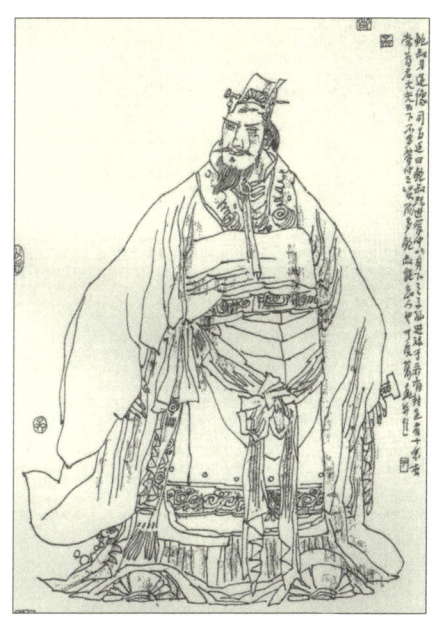

관중. 경제와 인성의 관계를 이토록 명쾌하게 간파한 사람도 드물다. 그것도 무려 2,600여 년 전의 일이니 더욱 놀랍다.

> 노동이 없고 노동과 토지의 결합이 없으면 재부를 창조할 수 없다. 천하의 모든 생산물은 모두 노동력의 사용에서 나온다.《관자管子》

윌리엄 페티가 관중을 베낀 것일까.

춘추 시대 두 번째 패자 진문공

춘추 시대 두 번째 패자인 진晉나라 문공文公의 이름은 중이重耳로 기구하고 파란만장한 삶을 산 사람이다.

진나라는 지금의 산서성山西省 쪽에 위치한 나라였다. 7세기 초반 헌공獻公 때 국력이 신장되기 시작했는데 나라가 강대해질 무렵 헌공이 그만 문제를 일으키고 말았다. 역시 탈적 문제가 발생한 것이다. 헌공은 헌공 5년에 진나라 주변에 있던 융적戎狄계의 여융驪戎을 정벌해 여희驪姬와 여희의 여동생을 얻고 그 둘을 매우 총애했다. 그리고 헌공 12년 젊은 여희는 늙은 헌공에게 아들 해제奚齊를 낳아주었다.

문제는 헌공에게 장성한 아들이 셋이나 있었다는 점이다. 태자 신생申生, 공자 이오夷吾 그리고 중이重耳였다. 모두 능력 있는 젊은이들이었다. 적장자 원칙에 따르면 당연히 태자가 왕위에 올라야만 했다. 그리고 이오와 중이 순이었다. 하지만 헌공은 해제를 얻은 뒤 태자를 폐할 마음을 먹었다. 게다가 여희 또한 막후 공작을 폈다. 그녀는 영악하게도 늘 헌공 앞에서 신생을 칭찬했다. 이미 남편의 마음을 파악했던 것이다. 남편이 해제를 태자로 세우고 싶어 한다는 것을 눈치채고 역이용해 신생을 칭찬한 것이다. 그럴수록 헌공은 여희를 더욱 신임하고 총애하게 되었다.

여희는 사전 공작을 마무리한 후 신생에게 거짓 편지를 보냈다. 당시 신생은 진나라 수도에서 떨어진 곡옥이라는 중요한 지역의 책임자로 가 있었다.

> 어젯밤 군왕께서 꿈에 돌아가신 제강齊姜(제환공의 딸로 헌공의 조강지처이자 신생의 어머니)을 보셨다 하니 태자는 어머니를 위해 제를 올리고 제사 음식을 아버지님께 보내시오.

제사를 지낸 신생은 관례대로 제사에 사용한 고기를 아버지 헌공에게 보냈다.

그러나 마침 헌공이 사냥을 나가고 없어 고기를 궁중에 보관하게 되었다. 여희는 그 틈을 타 고기에 독약을 넣었다. 이틀 후 헌공이 사냥터에서 돌아왔다. 헌공이 제사 고기를 맛보려 하자 여희는 고기가 먼 곳에서 왔으니 한번 살펴보고 먹으라고 권했다. 그러고는 고양이에게 먹이고 환관에게도 먹였다. 고기를 먹은 고양이와 환관은 즉사했다. 여희는 태자가 너무 잔인하다며 눈물을 흘렸다. 헌공은 분을 참지 못하고 신생을 잡아들이게 했다. 신생은 독약을 넣은 사람이 여희라는 걸 알았지만 젊은 애첩에 빠진 늙은 아버지가 자신의 말을 들을 리 없다는 것을 알고 자살해버렸다.

태자 신생을 제거한 여희는 그래도 마음을 놓지 못했다. 공자 이오와 중이가 살아 있기 때문이었다. 이들마저 제거하지 않고서는 마음이 편할 수 없었다. 여희는 헌공에게 신생이 독약을 넣은 사실을 이오와 중이도 알고 있었다고 모함했다. 헌공은 아들들을 소환했다. 하지만 결과가 뻔히 보이는데 순순히 소환에 응할 아들들이 아니었다. 두 아들은 다른 나라로 망명했다.

이때부터 진문공 중이의 19년 망명 생활이 시작된다. 일단 어머니의 나라인 적狄나라로 도망을 간 중이는 다시 위나라, 제나라, 조나라, 송나라, 정나라, 초나라, 진秦나라를 전전하며 말 그대로 동가숙 서가식했다. 진晉나라로 돌아와 왕위에 올랐을 때는 이미 61세였다. 노인이 되어 국군의 자리에 오른 것이다. 하지만 문공은 산전수전 다 겪은 경험을 바탕으로 진나라 개혁에 박차를 가했고 9년 만에 세상을 떠났기 때문에 다행히 판단력이 흐려지는 우를 범하지는 않았다. 말년의 실정을 면할 수가 있었던 것이다.

한편 태자 신생의 비극적 삶은 고구려 왕자 호동과 매우 흡사하다. 아버지 대무신왕을 대신해 낙랑국을 멸하는 등 큰 공을 세웠던 호동 왕자도 자살했다.

진문공. 19년간의 망명 생활, 그 고난의 세월에도 문공은 절망하지 않고 긍정의 힘을 믿었던 유별난 리더였다.

계모가 아버지에게 호동이 자신을 희롱했다고 모함한 탓이다. 계모는 자신의 아들에게 왕위를 물려주기 위해 호동 왕자를 탈적 대상으로 삼고 제거하려 했던 것이다. 호동 왕자는 저간의 사정을 알면서도 계모를 사랑하는 아버지를 위해 자살했다.

언제 돌아오실 건데요

19년 만에 귀국해 국군의 자리에 오른 문공 중이는 망명 생활 중에 벌어진 재미있는 에피소드가 많이 남아 있는 인물이다. 우선 중이의 신체 조건이 남달랐다. 갈비뼈 사이가 나란히 붙은 통뼈 늑골이었다. 한자로 '변협駢脇'이라고 한다. 이 때문에 조曹나라 임금은 중이를 대접하기는커녕 갈비뼈를 구경하고 가버리는 무례를 범했다. 중이의 심경이 어떠했을까. 정말 치욕스러웠을 것이다. 하지만 중이는 낙담하지 않았다.

이런 일도 있었다. 중이가 위衛나라 오록五鹿을 지나는데 배가 너무 고팠다. 어느 농부에게 밥을 구걸했다. 농부는 그릇에다 흙덩어리를 숨긴 채 갖다주었다. 중이가 버럭 화를 냈다. 그러자 참모인 조최趙衰가 이렇게 말했다.

"흙을 가진다는 것은 토지를 가진다는 것을 상징합니다. 장차 주군이 된다는 뜻입니다. 오히려 농부에게 절을 하고 받으셔야 합니다."

중이가 19년간의 망명 생활을 무사히 끝내고 임금의 자리에 올라 인생 역전의 주인공이 될 수 있었던 원동력은 그의 인간적인 매력이 크게 작용했기 때문이다. 중이 곁에는 늘 사람이 모여들었다. 기록에 따르면 어릴 적부터 선비를 좋아해 나이 17세에 이미 현사 다섯을 곁에 둘 정도였다. 조최와 외삼촌인 호언狐偃, 가타賈佗, 선진先軫, 위무자魏武子 등이었다. 망명을 시작할 때가 42세였는데 진문공을 수행한 이들은 이들 다섯 현사 외에도 이름이 드러나지 않은 사람만 수십 명에 이른다.

중이의 인간적인 매력을 한번 살펴보자. 우선 중이는 낙천적이었다. 모든 리더의 공통점이라고 할 수 있다. 유머도 있었다. 인생의 깊이를 느끼게 하는 페이소스가 담긴, 그렇지만 입가에 빙그레 미소를 머금게 하는 그런 유머였다. 이런 일화가 전해져 온다. 중이가 아내에게 자신이 떠나면 재가해서 팔자를 고치라고 말했다.

"나, 떠나야 되겠네."
아내가 말했다.
"기다릴게요."
중이가 얼마나 기다릴지 물었다. 그러자 부인이 되물었다.
"언제나 돌아오실 건데요?"
중이는 한 25년은 걸리겠다고 대답했다. 부인이 대답했다.
"기다릴게요."

참으로 낙천적인 부부다. 부창부수, 천생연분이다. 중이는 여복도 많았다. 가는 곳마다 로맨스를 뿌리고 다녔다. 제나라에 갔을 때도 한 여인을 만나 사랑에 빠졌다. 쉰이 넘은 나이에 제나라 여자와 사랑에 빠진 것이다. 하지만 제나라에 내란이 일어나자 중이의 목숨이 위태로워졌다. 측근들이 중이에게 떠나기를 재촉했다. 하지만 중이는 제나라 여자와 헤어지기 싫다며 한사코 떠나기를 거부했다. 제나라 여자의 몸종이 그런 사실을 알렸다. 제나라 여자는 비밀을 알고 있는 몸종을 죽이고 중이를 술에 취하게 한 뒤 조최 등에게 들쳐 업고 제나라를 떠나게 했다.

중이는 또 신의가 있는 사람이었다. 초나라에 갔을 때 초나라 성왕成王이 크게 환대했다. 감격한 중이는 훗날 진나라와 초나라가 싸우게 되면 3사舍, 즉 사흘 거리를 양보하겠다고 맹세했다. 사舍는 옛날 군대가 보통 하루에 행군하는 거리인 30리를 말한다. '물러나 90리를 피하다'는 고사성어 '퇴피삼사退避三舍'

의 유래다. 그런데 기원전 633년, 정말로 두 나라가 성복城濮에서 전투를 벌이게 되었다. 진문공은 초성왕과 했던 약속대로 사흘 거리를 물러났다. 하지만 초나라의 장군은 문공의 뜻도 모르고 겁을 먹고 후퇴한 것이라고 판단하여 만만하게 보다가 대패했다.

제환공과는 다른 진문공의 매력이다. 낙천적이고 로맨틱하고 유머러스하고 타고난 인복을 지녔다. 망명 19년의 모진 고난을 헤치고 진나라를 패주의 자리에 앉힐 수가 있었던 진문공만의 힘이라고 할 수 있다.

겨울이 와야 소나무의 푸르름을 아네

우리나라 속담에 '집안이 어려워지면 현모양처가 생각나고 나라가 어지러워지면 충신이 생각난다'고 했다. 이 속담의 원형이 《사기》〈위魏 세가〉에 나온다.

> 집안이 어려워지면 양처가 생각나고 나라가 어지러우면 좋은 재상이 난다家貧則思良妻, 國亂則思良相.

시대가 어렵고 세상이 어렵고 집안이 어려울수록 좋은 사람이 생각나는 것은 당연하다. 열전의 첫 번째 권인 〈백이伯夷 열전〉에도 그런 의미의 글이 나온다.

> 차가운 겨울이 온 뒤라야 소나무와 잣나무의 푸르름을 알 수 있다歲寒然後知松柏之後凋.

온 세상이 혼탁해졌을 때라야 청렴한 사람이 드러나고 깨끗하게 사는 사람이 더

더욱 돋보이게 마련이라는 《사기》의 명언이다. 《논어》〈자한子罕〉에 나오는 이야기를 사마천이 인용했는데, 추사 김정희의 〈세한도歲寒圖〉에 나오는 글귀이기도 하다.

19년 동안 곤궁하고 궁색한 망명 생활을 보낸 뒤 환갑이 넘어서야 진晉나라 국군 자리에 오른 중이의 장점 가운데 하나가 '인복'이었다는 것은 앞서 말했다. 다시 말해 진문공에게는 '사람을 따르게' 하는 재주가 있었다. 그가 가진 장자長者 기질 때문이다. 큰 그릇은 사소한 것에 매이지 않는다. 잔머리 굴리지 않고 사람을 대했기 때문에 많은 사람이 그를 따랐다. 또 유머가 있고 낙천적인 성격이라 여성도 많이 따랐을 것이다. 그는 훗날 망명 생활 중 인연을 맺은 여인들을 모두 부인으로 삼았다.

한편 진문공의 망명 기간 동안 가장 극적인 도움을 준 사람이 바로 개자추介子推다. 기원전 4세기의 초나라 애국 시인 굴원이 단오절과 관계된 사람이라면 개자추는 24절기 가운데 한식과 관련이 있는 인물이다. 개자추는 중이가 굶어 아사 직전까지 갔을 때 자신의 허벅지 살을 베어 삶아서 바친 사람이다. '할고봉군割股奉君'이란 유명한 고사성어가 여기서 나왔다. '할割'은 '떼어낸다'는 뜻이고 '고股'는 '허벅지'라는 뜻이다.

허벅지 살을 베어 주군을 먹이다

논공행상에는 원칙이 있어야 한다. 기업을 예로 들자면 큰 이익을 남겼다고 해서 아무에게나 성과급을 줄 수는 없는 노릇이다. 진문공은 논공행상과 관련하여 네 가지 원칙을 내세웠다. 이 대목은 오늘날의 정치가들도 충분히 본받을 만한 가치가 있다.

첫째, 인仁과 의義로 나를 이끌고 덕德과 은혜恩惠로 나를 지켜준 사람이라면 일등 공신이다. 둘째, 행동으로 나를 보좌하여 공을 이룬 이는 실무를 한 사람이다. 셋째, 위험을 무릅쓰고 땀을 흘린 자는 행동대원이다. 넷째, 최선을 다했으나 나의 잘못을 보완해주지 못한 이도 공신이다.

실제로 어떤 일을 성사시킨 데 공이 있는 사람이 일등 공신이 되어야 할 것 같지만 진문공은 바른 소리를 한 사람을 더 높이 평가했다. 추상적이지만 주군이 잘못된 길로 빠져나가는 것을 막아

굴원 상.

주는 브레이크 역할을 눈여겨본 것이다. 오늘날 적용해도 전혀 손색이 없는 기준이라 하겠다. 열심히 힘을 다해 일을 한 것은 인정되지만 자신의 잘못을 고쳐주지 못한 사람은 4등급이다. 하지만 4등급도 자기가 1등급이라고 빡빡 우기는 경우가 많다. 최선을 다했고 죽을힘을 다했는데 대접을 받지 못했다며 배신도 서슴지 않는다. 그렇다면 개자추는 어디에 속했을까. 그 어디에도 속하지 못했다. 자신의 몸을 베어 아사 직전에 몰린 주군을 살린 것은 대단한 일이었지만 네 등급 어디에도 넣기가 애매했다. 결국 논공행상에서 개자추는 빠지게 되었다.

자기 허벅지 살을 베어 굶어 죽을 처지에 놓인 주군을 구해준 개자추가 상을 받지 못했으니 당시로는 심각한 문제였다. 그러자 이를 풍자하는 노래가 떠

굴원 사당. 단오의 기원은 전국 시대 초나라의 애국 시인 굴원의 죽음과 관련이 있다.

돌기 시작했다. 옛날 사람들은 권력자를 풍자하거나 비꼴 때 노래를 만들어 퍼뜨렸다. 선화 공주를 꼬이려던 〈서동요〉도 마찬가지다. 누군가 개자추가 억울하다 생각하여 노래를 만들어 아이들한테 부르게 한 것이다. 아이들은 노래의 의미도 모른 채 동네방네 부르고 다녔다. 내용은 이러했다.

> 용이 하늘에 오르고자 하니 다섯 마리 뱀이 보필했네. 마침내 용이 승천하니 네 마리의 뱀은 각자 자신의 집으로 들어갔으나 한 마리는 홀로 제 집을 찾지 못하고 헤매고 있네.

개자추 모자 상. '할고봉군'의 당사자인 개자추의 행적은 창업에 따른 논공행상과 관련해 많은 것을 생각하게 한다. 개자추의 뜻을 끝까지 지켜주지 못한 문공은 그의 일생에 옥의 티를 남겼다는 평가를 면하기 어렵다.

그 한 마리가 바로 개자추였다. 결국 노래는 돌고 돌아 진문공의 귀에까지 들어갔다. 뒤늦게 깨달은 진문공은 개자추를 찾았다. 한편 개자추에게는 노모가 있었다. 젊었을 때 개자추는 어머니와 짚신을 엮어 시장에 내다 팔아 생계를 유지했다. 노모도 개자추에 관한 소문을 듣고 아들에게 이렇게 말했다. "아들아, 너는 임금을 그렇게 모시고 다녔는데 왜 이렇게 되었느냐?" 개자추가 대답했다. "부귀와 영화를 노린 게 아니라 그저 진심으로 주군을 모셨을 뿐입니다. 공신들은 자리 때문에 서로 싸우고 있습니다. 저는 그러고 싶지 않습니다."

개자추 모자는 세상을 피해 면산縣山(오늘날 산서성 개휴현介休縣 동남부)으로 숨어버렸다. 지금도 면산에 가면 개자추 무덤이 있고 개자추 모자 상이 있다. 경관도 절경이다. 한편 문공은 자신의 잘못을 뉘우치고 개자추를 불렀으나 나오지 않았다. 문공은 그를 나오게 하기 위해 산에다 불을 질렀다. 그러나 끝내 나오지 않았고 어머니와 함께 타 죽었다. 개자추의 심정이 어떠했을까. 아들의 지조를 끝까지 지켜주기 위한 어머니의 심정은 또 어떠했을까.

한식寒食은 개자추를 기리기 위한 명절이다. 개자추가 불에 타 죽은 날을 기념하기 위해 그날은 데운 음식이나 뜨거운 음식을 먹지 않는다. 그게 한식(찰 한寒, 먹을 식食)이 뜻하는 바다. 또 개자추가 부여안고 죽은 나무를 깎아 신발을 만들어 신었다. 그러면 소리가 딱딱딱 났다. 개자추를 기억하자는 의미다. 지금도 중국 사람들은 개자추를 굉장히 존경한다. 그럴 수밖에 없다. 의리를 중시하고 부귀영화를 헌신짝같이 버리기가 어디 그리 말처럼 쉬운 일인가. 부귀영화를 포기할 줄 알았던 개자추였기에 그는 후세 사람들에게 존경받는 인물이 되었다. 특히 세태가 어지러울수록 개자추의 선택은 더욱 돋보인다. 개자추를 위한 시도 많이 남아 있다. 당나라 때 유명했던 시인들 대부분이 개자추와 한식에 대한 시를 남겼다. 史記

제6강

외부 인재 기용의 선구자 진목공

진秦나라 목공穆公(?~기원전 621년)의 이름은 영임호嬴任好로 춘추오패의 세 번째 주자다. 여기서 잠깐 재미있지만 씁쓸한 이야기를 하나 해보자.

백제, 신라, 고구려 사람들이 일본으로 건너가 교토, 오사카, 나라를 중심으로 일본의 고대 문화를 화려하게 꽃피운 게 아스카 문화다. 교토에 가면 고류지廣隆寺란 고찰이 있다. 우리나라 국보 제78호와 제83호인 금동으로 만든 미륵보살반가사유상과 똑같은 일본 국보 제1호가 모셔져 있다. 적송으로 만든 95센티미터 반가사유상이다. 고류지는 이 불상 하나로 1년 내내 재정을 걱정하지 않는다. 고류지는 신라에서 건너온 하타노 가와카쓰秦河勝가 창건했다고 《일본서기日本書記》는 기록하고 있다. 일본 국보 제1호인 미륵보살반가사유상도 그가 희사했다는 것이 전문가들의 공통된 의견이다. 이 하타노 가와카쓰를 우리 식대로 읽으면 진하승秦河勝이다.

일본 사람들은 이 절과 불상을 소개하면서 한반도의 도래인이 창건했다고 하면 자존심이 상하기 때문인지 진하승의 족보를 바꿔버렸다. 돌로 된 안내석에 진하승을 진시황의 후손이라고 소개한 것이다. 하지만 진시황은 진秦씨가 아니다. 영嬴씨다. 진하승이 원래 영하승이었다면 어느 정도 개연성이라도 있겠지만 그렇지 않다. 전문가들로부터 호된 비판을 받고 난 뒤에야 안내판에서 그 내용이 지워졌다. 지금도 고류지에 가면 그 지운 흔적을 볼 수 있다.

미인의 봉화 놀이 덕을 본 진나라

진나라는 서쪽 변방에 있었던 탓에 야만국 취급을 당했다. 중원에 자리한 나라들은 진나라를 제후의 나라로 끼워주지도 않았다. 그런데 주나라 유왕이 포사와 봉화 놀이를 하다 견융을 침입을 받자 진나라 양공襄公이 군대를 이끌고 와 힘껏 싸워 공을 세웠다. 이후 유왕의 아들 평왕이 도읍지를 동쪽의 낙읍洛邑(성주)으로 옮길 때도 진양공이 호위를 맡았다. 이러한 공을 인정받아 주나라 평왕으로부터 기산岐山의 서쪽 땅을 하사 받으면서 진양공이 제후로 봉해졌다. 다른 제후들과 사절을 교환하고 제후가 천자에게 토산품을 헌납하는 빙향聘享의 예를 비로소 행할 수 있게 되었다. 기원전 770년 이후 춘추 시대가 되어서야 진나라가 비로소 중국 역사 전면에 등장하게 된 것이다.

    진나라에는 재미있는 풍습이 있었다. 기록에 따르면 기원전 675년에 왕위에 오른 진나라 덕공德公은 다음 해 처음으로 복일伏日을 정해 개고기를 먹고 열독을 다스렸다. 중국을 최초로 통일한 진나라가 이미 2,600여 년 전부터 개고기를 먹었던 것이다. 실제로 중국인들은 개고기를 상당히 즐겨 먹는 편이다. 그런데 당시 진나라는 중원의 나라들에 비해 문화가 상당히 뒤떨어져 중원의 선진 문물이 필요했다. 요즘 식으로 얘기하면 아웃소싱Outsourcing 또는 글로벌 인재를 영입하지 않고서는 나라를 제대로 다스릴 수가 없었다. 이런 인재 기용 방식을 최초로 그리고 공식적으로 제도화한 사람이 바로 진목공이다. 그는 우선 외국으로부터 인재를 초빙해왔다.

양 가죽 다섯 장으로 천하의 인재를 얻다

산서성 진나라 주변에는 우虞(오늘날의 산서성山西省 평륙현平陸懸 북쪽)나라, 괵虢나라 같은 소국이 있었다. 진晉나라 헌공獻公이 괵나라를 정벌하려 하니 우나라에 길을 내어달라고 했다. 고사성어 '가도벌괵假途伐虢'의 유래다. 당시 우나라 대부였던 백리해百里奚는 우나라 임금에게 길을 내어주면 안 된다며 한사코 말렸다. '바퀴의 덮개나무와 수레는 서로 의지하고輔車相依, 입술이 없어지면 이가 시리다脣亡齒寒'는 논리였다. 하지만 우나라는 길을 내어주었고 괵을 정벌한 진은 내친김에 우까지 정복했다.

진목공이 스카우트하게 되는 백리해는 우나라가 망할 때 진晉나라에 포로로 잡혀왔다. 그의 능력을 높이 사 진晉나라 헌공이 우왕에게 백옥白玉과 좋은 말을 뇌물로 주고 데려왔다는 기록도 있다. 나중에 진헌공은 진秦나라와 결혼 동맹을 맺을 때 백리해를 시종으로 삼아 진秦나라로 딸려 보냈다. 혼수품으로 보낸 것이다. 하지만 백리해는 도중에 도망쳐 초나라 완宛(하남성河南省 남양南陽)으로 갔다.

진秦나라에서는 모두들 이 일을 대수롭지 않게 생각했다. 하지만 공손지公孫 支만이 백리해가 뛰어난 인재임을 파악하고 꼭 데려와야 한다고 주장했다. 그 말에 다급해진 목공은 어떤 대가를 치르더라도 백리해를 꼭 데려오고 싶어 했다. 그러자 공손지가 만류했다. 그렇게 하면 초나라도 백리해가 인재라는 것을 알아차리기 때문에 안 된다는 것이었다. 그래서 대수롭지 않다는 듯 '아무짝에 쓸모없는 노인 하나가 도망갔는데 좀 돌려보내 달라'고 요청했다. 초나라는 공짜로는 안 된다며 검은 숫양의 가죽 다섯 장을 요구했다. 결국 검은 숫양의 가죽 다섯 장을 주고 백리해를 데려오는 데 성공했다. 그 일로 백리해의 별명은 '오고대부五羖大夫'가 되었다. '고羖'는 '검은 숫양'이란 뜻이다. 당시 백리해의 나이 70세가 넘은 때였다.

　진목공은 백리해와 사흘 밤낮 이야기를 나눈 끝에 천하의 일대 기인을 만났다며 기뻐했다. 그는 백리해에게 원하는 자리를 주겠다고 제안했다. 하지만 백리해는 자신은 망국의 신하라며 벼슬을 마다하고 대신 친구 건숙蹇叔을 추천했다. 《사기》를 읽을 때마다 '인재가 인재를 알아본다'는 사실을 상기하게 된다. 하지만 자신보다 나은 사람을 추천하기란 결코 쉽지 않다. 그래서 관중에게 재상 자리를 양보한 포숙이 만고에 칭송을 받는 것이다. 백리해도 마찬가지였다. 그는 친구 건숙을 추천했다. 이로부터 진나라는 외부 인재 초빙을 당연하게 여기게 되었다. 누구든지 와서 자신을 소개할 수 있었고 능력이 있으면 자리를 줘 그가 원하는 개혁 정치를 할 수 있도록 마당을 깔아주었다. 바로 이것이 진나라가 훗날 천하를 통일하게 되는 결정적인 원동력이 아니었나 싶다.

　경제력도 있고 군사력이 강하다고 해도 그것을 요리할 인재가 없으면 말짱 헛일이다. 결국 사마천이 《사기》에서 하고 싶은 이야기를 한마디로 압축하면 '역사는 인간의 작용에 의해 움직인다'는 것이다.

　건숙이 진나라로 온 것을 계기로 진목공은 많은 외부 인재를 영입했다. 이로써 진나라는 웅비할 기반을 마련했다. 백리해의 사심 없는 인재 추천이 진나라 역사를 바꾸기 시작한 것이다.

진晉과 진秦의 천하 쟁패

그런데 진秦목공은 이 과정에서 두 가지 실수를 한다. 하나는 무모하게 진晉나라를 공격한 것이다. 두 나라에 가뭄이 들어 굶어 죽는 사람이 많이 생겨나자 진晉이 진秦에게 식량을 요청한 것이 발단이었다. 두 나라는 패주 자리를 놓고 다투는 맞수였기 때문에 진秦의 대신들은 도와줘서는 안 된다고 주장했다. 이참에 군대를 동원해 진晉을 공격하자고 했다. 공손지와 백리해만이 원조해야 한다고 충언했다. 목공은 공손지와 백리해의 의견을 받아들여 결국 진晉에게 식량을 원조해주었다. 남이 힘들 때 등 뒤를 치는 것은 대의명분에 어긋나기 때문이었다. 적어도 춘추 시대, 기원전 7세기만 하더라도 이런 예의가 살아 있었다.

이번에는 진秦에 기근이 들었다. 진秦도 진晉에 식량을 요청했다. 하지만 진晉혜공惠公은 진秦의 요구를 묵살해버린다. 그래서 전쟁이 터졌다.

목공과 혜공은 한韓(오늘날의 섬서성 한성현韓城縣 서남쪽) 땅에서 싸웠다. 진晉나라 군대에게 포위당한 목공은 부상을 당했다. 그런데 목공은 자신의 말을 훔쳐 먹고 체포된 300여 명의 시골 사람을 짐승 때문에 사람을 해쳐서는 안 된다며 사면해준 적이 있었다. 그들이 진목공이 포위당한 것을 보고는 무기를 들고 필사적으로 싸워준 덕에 목공은 전세를 역전시켜 도리어 혜공을 사로잡을 수 있었다. 막판에 승리하긴 했지만 고전을 면치 못한 전투였다.

진목공은 정鄭나라를 습격할 때도 백리해와 건숙의 충언을 듣지 않고 진晉을 공격했다가 효산殽山(오늘날의 하남성 낙녕현洛寧縣 서북쪽) 계곡에서 진晉의 습격을 받고 대패했다. 백리해의 아들 맹명시孟明視와 건숙의 아들 서걸술西乞術 그리고 백을병白乙丙 등 세 명의 장군이 포로로 잡혀갔다. 당시 진晉문공文公의 부인인 문영文嬴이 살아 있었는데 그녀는 진秦나라 여자였다. 그녀는 모국의 세 장수를 위해 기지를 발휘하여 혜공을 설득했다.

"포로로 잡힌 세 장수는 패장이기 때문에 진秦나라 목공은 이들에 대한 원망이 골수에 사무쳐 있을 것입니다. 그들을 돌려보내 목공으로 하여금 직접 통쾌하게 삶아 죽이도록 하십시오. 하지만 여기서 죽으면 영웅 대접을 받을 것입니다."

문영의 기지로 세 장수는 살아서 진秦나라로 돌아갈 수 있었다. 뒤늦게 자신의 잘못을 뉘우친 목공은 상복을 입고 이들을 맞이했다. 백리해와 건숙의 말을 듣지 않은 자신의 죄를 뉘우치고 효산 계곡에서 죽은 병사들을 위로하겠다는 의지의 표현이었다. 목공은 세 장수의 관직과 봉록을 회복시켜주고 더욱 후대했다. 몇 년 뒤, 힘을 비축한 목공은 진晉나라를 공격해 대승을 거둔다. 그는 효산에서 죽은 군사들을 위해 위령탑과 무덤을 세우고 삼일 동안 곡을 했다.

출신도 학벌도 따지지 않은 진목공

과감하게 외국의 인재를 스카우트하여 국력을 키워 주변을 병합함으로써 국토를 무려 1,000리나 넓힌 목공이었지만 그 역시 막판에 결정적인 실수를 남겼다. 진나라에 뿌리 깊이 남아 있던 순장殉葬 습속을 버리지 못한 것이다. 그는 자신이 죽을 때 아까운 인재들을 포함하여 무려 177명을 산 채로 순장해버린다. 그중에는 충신 엄식俺息, 중항仲行, 침호鍼虎 그리고 백리해의 아들인 맹명시도 포함되어 있었다. 그러니까 진목공은 자신이 가장 아끼는 신하와 비첩을 거의 순장시킨 셈이었다. 이로써 힘들게 일군 패권이 다른 나라로 넘어가버리고 말았다. 인재의 중요성을 알고 관례를 깨는 파격적 발탁을 실행했지만 또 다른 관습을 깨지 못하는 자기모순을 보인 것이다. 하지만 진목공의 외부 인재 영입이라는 참신한 정책만은 길이 남아 훗날 진나라의 천하 통일의 밑거름이 되었다.

〈이사 열전〉을 보면 '간축객서諫逐客書'라는 글이 나온다. '유세객을 쫓아내는 것에 대해 간언하는 글'이다. 초나라 출신이던 이사가 진시황 밑에서 출세가도를 달리던 때 치수를 맡고 있던 정국鄭國이란 자가 한韓나라 첩자라는 첩보가 날아들었다. 이 일로 진秦에서는 타국 출신 인사의 추방 분위기가 고조되었는데, '간축객서'는 말하자면 추방될 위기에 놓였던 이사가 진시황에게 올린 상소문이다.

진목공 상. 목공의 인재 기용은 극과 극을 오갔다. 달리 말하면 리더의 철두철미한 자기 혁신이 얼마나 어려운가를 역설적으로 반증하고 있다.

목공께서는 널리 인재를 구해 서쪽 융 땅에서 유여由余를 구하였고, 동쪽 초나라 완宛 땅에서 백리해를 얻었으며, 송나라에서는 건숙을 맞아들였고, 진晉나라에서는 비표丕豹와 공손지公孫支를 초빙했습니다. 이 다섯 사람은 외국인이지만 목공께서는 그들을 등용하여 20여 나라를 합병했고 마침내 서융을 제패했습니다. 태산泰山은 한 줌의 흙도 버리지 않아 저렇게 높이 솟아올랐고 바다는 한 줄기의 강도 가리지 않아 저렇게 깊은 것입니다.

아마 이때 진나라가 이사의 간언을 무시하고 진목공 이후 면면히 이어온 '국적 불문, 능력 우대'의 전통을 버렸다면 천하 통일은 불가능했거나 한참 뒤로 밀렸을 것이다.

    지난 시절 우리가 냉대해 떠나보냈으면서 이제 와서 다시 차이나타운을 만든다고 야단법석이다. 더 일찍 진목공의 아웃소싱을 배웠어야 했다. 시오노 나나미도 《로마인 이야기》에서 로마 제국 굴기의 원동력을 개방성에서 찾았다. 또한 고대 일본의 아스카 문화도 한반도에서 건너간 도래인이 없었다면 그 화려한 꽃을 피우지 못했을 것이다. 史記

제7강

귀 열린 지도자 초장왕

'이게 다 운명이야.' 우리는 운명運命이라는 말을 자주 쓴다. '움직일 운運' 자를 쓰는 운명은 움직일 수, 즉 바꿀 수가 '있는' 것이다. 하지만 '본디 숙宿' 자(잠을 잔다는 뜻도 있다)를 쓰는 숙명宿命은 바꿀 수가 없다. 운명과 숙명을 혼동해서는 안 되는 이유다. 운명을 숙명으로 생각하지 않고 '내 운명을 내가 더 좋은 방향으로 발전시킬 수 있다'고 생각하면 용기가 생긴다. 사마천은 자신의 운명을 인정했고 그로써 용기를 얻어 《사기》를 완성할 수 있었다. 이것이 바로 진정한 용기다. 진정한 용기는 자신의 운명을 인정하고 그로써 얻은 용기로 세상에 이바지하며 인간으로서의 고귀한 존엄성을 획득하는 데서 생기지 않을까. 《사기》는 그런 존엄한 인간의 모습을 여러 인물을 통해 소개하고 있다.

춘추 시대의 네 번째 패자 초장왕

춘추 시대의 네 번째 패자 초나라 장왕莊王(재위 기원전 613년~기원전 591년) 역시 자신의 운명을 스스로 바꾼 인물이다. 그와 관련된 유명한 고사성어로 '불비불명不飛不鳴'이라는 게 있다. 오자서 집안은 초나라 지역에서 대대로 고위 관료를 지내면서 왕을 보필했는데, 그의 할아버지 오거伍擧가 초장왕에게 낸 수수께끼가 불비불명이다. '날지도 않고 울지도 않는 새'라는 뜻이다. 오거는 장왕에게 왜 이런 수수께끼를 냈을까.

초장왕은 즉위 후 3년 동안 아무 일도 하지 않고 밤낮으로 술과 여자에 젖어 살았다. 바른 소리로 간하는 신하들은 용서치 않고 죽음으로 다스리겠다는 엄포까지 놓았다. 참다못한 오거가 장왕을 찾아가 수수께끼를 냈다.

"새 한 마리가 언덕에 앉아 있는데 3년을 날지도 울지도 않았습니다. 이 새는 어떤 새입니까."

오거는 충고의 테크닉이 뛰어났다. 대놓고 직설적으로 충고하지 않았다. 그랬다면 장왕은 화가 나서 오거를 처벌했을지도 모른다. 그러나 현명한 오거는 적절한 우화로 장왕을 깨쳤다. 장왕이 대답했다.

"3년을 날지도 울지도 않은 새라면 한 번 날았다 하면 천하를 뒤엎을 기세로 날고 한 번 울었다 하면 세상이 깜짝 놀랄 만큼 큰 소리로 울 새다."

이심전심이었다. 장왕도 오거도 서로의 마음을 읽었다. 장왕은 오거를 책망하지 않았고 오거도 더 이상 아무 말 않고 물러났다. 하지만 장왕의 황음荒淫은 몇 달이 지나도록 계속되었다. 대부 소종蘇從이 입궐해 간하였다. 그러자 장왕이 버럭 소리를 질렀다.

"그대는 금지령을 알지 못하는가!"

하지만 소종은 왕을 깨우칠 수만 있다면 자기 한 목숨 아깝지 않다며 한 치의 양보도 보이지 않았다. 그제야 장왕은 비로소 기나긴 황음의 터널을 빠져나와 국사를 챙기기 시작했다. 그리고 오거와 소종에게 중책을 맡겨 국정을 책임지게 했다. 그렇다면 장왕은 주색과 음주에 빠진 3년 동안 정말 아무 일도 하지 않았을까. 그렇지 않다. 장왕은 3년 동안 조용하고 치밀하게 정보를 수집했다. 겉으로는 놀고먹는 척했지만 자기 나름대로 주변 상황에 대한 식견을 쌓아갔던 것이다. 리더는 사람을 알아보고 간파할 수 있는 능력을 갖추어야 한다. 장왕은 바로 리더십을 연마하고 있었던 것이다.

초장왕이 리더로서 뛰어난 식견을 보여준 몇 가지 일화가 있다. 당시 진陳이라는 소국이 있었다. 장왕이 진나라를 정벌하기 전에 사람을 몰래 보내 진의 상황을 염탐했다. 첩자는 진 나라 성이 단단하고 높을 뿐 아니라 강과 해자가 깊고 식량 비축이 완벽해 공격하기 힘들겠다고 보고했다. 그러자 장왕은 선뜻 충분히 공격할 만하다며 공격을 명령했다. 깜짝 놀란 신하들이 그 이유를 물었다. 장왕이 대답했다.

"진나라는 작은 나라인데 높고 단단하게 성을 쌓고 많은 식량을 비축하고 있다. 이는 백성을 가혹하게 부려먹고 세금을 많이 거둬들였다는 이야기다. 진나라의 민심은 이미 진나라를 떠났을 것이다."

결국 장왕은 진나라를 공격해 정벌에 성공했다. 상황 분석 능력이 남달랐던 것이다. 물질적 기반만 가지고 한 나라의 실력을 제대로 평가할 수 없다는 수준 높은 관찰력과 안목을 지닌 리더가 초장왕이었다.

나만 못한 신하가 걱정이라네

두 번째 일화는 더욱 의미심장하다. 리더가 빠지기 쉬운 착각 가운데 하나가 자신이 가장 잘났다고 생각하는 자가당착이다. 이런 리더는 과대망상증에 빠져 누구라도 이겨야 직성이 풀린다.

위魏나라 군주 무후武侯(재위 기원전 386년~기원전 371년)의 경우를 한번 보자. 당시 무후는 여러 나라를 돌아다니면서 구조 조정만 전문적으로 해주던 개혁 전문가 오기吳起의 도움을 받아 정치를 개혁하고 있었다. 그런데 무후는 조정에서 대신들과 회의만 하고 나면 기고만장 우쭐해서는 오기에게 자기 자랑을 늘어놓기 일쑤였다.

이번에도 회의석상에서 자신의 논리를 당할 사람이 없었고 자신의 뛰어난 식견으로 신하들의 코를 납작하게 만들었다고 자랑했다. 그러자 오기는 "큰일 났습니다. 위나라가 망하게 생겼습니다" 하며 한숨을 내쉬었다. 깜짝 놀란 무후가 그 까닭을 물으니 오기가 이유를 들려주었다.

옛날에 초나라 장왕은 회의를 하고 나서 자기 논리를 꺾지 못하는 신하가 있으면 돌아와서 밥도 안 먹고 고민했다. 이 큰 초나라에 자신의 논리를 반박할 인재가 없어서야 큰일 아니냐는 것이었다. 이 때문에 장왕은 더욱 인재를 갈망했다,는 이야기다.

초장왕의 식견을 보여주는 또 다른 사례가 있다. 장왕이 놀고먹던 시절 대부인 두월초斗越椒가 반란을 일으켰다. 장왕이 친히 진압에 나섰다. 그런데 두월초는 신궁이 무색할 정도로 활 솜씨가 뛰어났다. 아주 먼 거리에서 쏜 화살로 장왕의 수레를 정확하게 맞힐 정도였다. 간담이 서늘해진 장왕의 군사들은 사기가 떨어졌다. 그날 밤 장왕은 야간 불침번을 맡고 있는 장수에게 이렇게 지시했다.

"옛날 우리 초나라 문왕文王께서 가지고 계시던 신기한 화살 세 대 가운데 두 대를 얼마 전에 잃어버렸다. 두월초가 훔쳐갔는데 오늘 그 두 대를 다 써버렸으니 더 이상 걱정할 것 없다고 병사들에게 전하라."

예상대로 병사들의 사기는 올라갔고 다음 날 반란군을 어렵지 않게 진압할 수 있었다.

장왕은 확실치 않은 옛날이야기를 꺼내 동요하던 군심을 재치 있게 안정시켰다. 그러나 장왕은 상당한 위험 부담을 감수한 셈이다. 만의 하나 두월초의 화살이 다시 날아왔다면 병사들의 사기는 걷잡을 수 없이 무너졌을 것이다. 장왕은 두월초가 화살을 쏘지 못하도록 원천봉쇄할 자신이 있었던 것이다. 어떻게 원천봉쇄했는지에 대한 기록은 없지만 결과를 놓고 볼 때 두월초의 공격을 효과적으로 막은 것은 틀림없는 것 같다.

이런 것이 지도자의 자질이라고 할 수 있을 것이다. 지도자는 결코 백성을 불안하게 해서는 안 된다. 편안하고 안정적으로 나라를 끌고 나갈 수 있다는 믿음과 신뢰를 주어야 한다. 초장왕의 리더십에는 안정감과 신뢰가 깃들어 있었다.

소통할 줄 알았던 초장왕

지도자가 갖추어야 할 요소 가운데 하나는 남의 말을 잘 듣는 것이다. 장왕은 특히 충고를 잘 들었다. 하찮고 보잘것없어 보이는 사람의 충고도 잘 받아들였다. 〈골계滑稽 열전〉에 나오는 이야기다.

초장왕은 말을 아주 좋아했다. 옛날에는 말이 전쟁에 절대적으로 필요한 동물이었기 때문에 당연히 귀한 대접을 받았지만 장왕의 경우는 심하다 할 정도로 말을 아꼈다. 사람도 먹기 힘든 대추와 마른 고기를 먹이로 주고 비단옷을 입히고 침대에서 자게 했다. 그러니 말馬이 말語도 안 되게 비만증으로 죽고 말았다. 장왕은 관을 잘 짜 대부大夫의 예로써 장사를 지내주라고 명령했다. 신하들이 들고 일어났다. 하지만 장왕은 막무가내로 '감히 말馬을 가지고 말語을 하는 자는 참하겠노라'고 엄포를 놓았다.

키가 8척이며 변설에 능하고 언제나 담소로 풍자를 즐기던 악공 우맹優孟이 그 이야기를 듣고 조정에 뛰어 들어와 하늘을 우러러 통곡했다. 장왕이 그 연유를 묻자 우맹이 말했다.

"말은 폐하께서 정말 좋아하신 영물인데 이 막강한 초나라에서 무엇을 얻지 못하겠습니까. 대부의 예로 장사를 지내는 것은 너무 야박합니다. 임금의 예로 장사를 지내야만 합니다."

장왕은 우맹에게 그 방도를 물었다. 그러자 우맹은 이렇게 청했다.

"폐하, 옥을 다듬어 속 널을 만들고 무늬가 있는 가래나무로 바깥 널을 만들며 단풍나무, 느릅나무, 녹나무 등으로 횡대를 만드십시오. 군사를 동원하여 큰 무덤을 파고 노약자로 하여금 흙을 지게 하여 무덤을 쌓고, 제나라와 조나라의 조문단을 앞에 오게 하고 한나라와 위나라의 조문단을 뒤에서 호위하게 하십시오. 사당을 세워 태뢰太牢(소·양·돼지 한 마리씩을 바치는 최고의 제사)를 지내고 만호萬戶의 읍으로 받들게 하소서. 제후들이 이런 모습을 보고 듣게 되면 너나 할 것 없이 대왕께서 사람보다 말을 더 귀하게 여긴다는 것을 확실하게 깨닫게 될 것입니다!"

이 통렬한 풍자에 장왕은 '과인의 잘못이 이토록 크단 말인가' 후회하면서 죽은 말은 평범하게 묻어주고 천하 사람들이 이 일을 알지 못하도록 했다.

장왕과 우맹 가운데 누가 더 매력적인가. 장왕도 부럽고 우맹도 부럽지만 더 부러운 것은 그 시절 보잘것없던 코미디언까지 나서 최고 권력자와 소통할 수 있었던 분위기다. 상하가 서로 소통되는 민주적 분위기가 결국은 초나라를 부강하게 만들었다. 언로가 막혀 있거나 최고 지도자가 귀를 닫고 있으면 그 나

초장왕 상. 춘추 시대 4인방에게서 발견되는 공통된 리더십 가운데 하나는 충고에 귀를 기울일 줄 아는 자세였다. 장왕은 특히 그랬다.

라의 미래는 암울할 수밖에 없다.

춘추 시대를 뒤흔든 하희의 섹스 스캔들

초장왕 때 거의 모든 나라에 영향을 미치고 엄청난 파란을 몰고 온 세기의 섹스 스캔들이 터졌다. 초장왕이 즉위한 해 진陳나라에서도 영공靈公이 즉위했는데, 영공 14년에 진나라에서 희대의 사건이 터진 것이다.

진의 대신 가운데 하어숙夏御叔이라는 사람이 있었다. 그의 처는 정鄭나라 목공穆公의 딸인 하희夏姬였다. 둘 사이엔 하징서夏徵舒라는 아들이 있었다. 남편 하어숙이 죽자 외롭던 하희는 진의 고위층 관료인 대부 공녕孔寧과 의행보儀行父와 눈이 맞았다. 공영과 의행보는 진영공까지 끌어들여 하희와 돌아가며 간통했다. 영공 15년 세 사람이 하희의 집에서 술을 마시다 '하징서가 누구와 닮았네' 하는 따위의 저질스러운 농담을 지껄였다. 그 말을 들은 징서가 분기탱천하여 영공을 활로 쏘아 죽였다. 공녕과 의행보는 초나라로 도망을 가고 태자 오午는 진晉나라로 도망쳤다. 징서는 진후陳侯가 되어 권력을 쥐었다.

진에서 국군을 살해하는 살군 사건이 터지자 초나라는 이 사건에 개입하여 진을 정벌한 다음 진을 현으로 강등시키고 초나라로 귀속시켰다. 이때 하희의 나이 30대 초반이었다. 초나라로 잡혀온 하희를 본 장왕은 한눈에 그녀의 미모에 반하고 말았다. 장왕은 볼 것도 없이 그녀를 첩으로 삼고 싶었다. 이때 굴무屈巫라는 신하가 나서 장왕을 말렸다.

"초나라가 진나라를 정벌한 이유는 신하가 국군을 시해했다는 명분 때문인데 만약 폐하께서 하희를 차지하면 여자가 탐이 나서 진나라를 공격했다는 비방이 일 것입니다."

귀가 열려 있던 초장왕은 깨끗하게 하희를 포기했다. 그러자 이번에는 장왕의 아들인 자측子側이 하희를 탐냈다. 굴무가 다시 나서 천하의 요물을 탐내면 상스럽지 못하다며 태자를 설득했다. 결국 초나라 장왕은 얼마 전 아내를 잃은 신하 연윤양공連尹襄公에게 하희를 시집보냈다. 그런데 그만 연윤양공이 기원전 597년 필성 전투에서 전사했다. 그러자 기막히게도 하희는 연윤양공의 아들과 바람이 나고 말았다. 점점 소문이 좋지 않자 굴무는 장왕을 설득해 하희를 친정인 정나라로 돌려보냈다.

얼마 뒤 초나라와 제나라가 패주 자리를 놓고 싸웠고 결국 초나라가 승리했다. 초나라는 전후 문제를 처리하기 위해 제나라로 사신을 보내야 했는데 굴무가 자청하고 나섰다. 그런데 굴무는 가야 할 제나라로 가지 않고 정나라로 가서는 돌아오지 않았다. 이유인즉 이 굴무란 자가 내내 하희에게 눈독을 들이고 있었던 것이다. 기원전 584년의 일이다. 그러니까 굴무는 장장 15년 동안이나 하희에게 눈독을 들이고 있다가 마침내 정나라로 가 하희를 차지함으로써 그 꿈을 이룬 것이다. 이때 하희의 나이 오십 줄을 바라보고 있었다. 어쩌면 하희보다 굴무란 작자가 더 대단한지 모르겠다. 그 무섭고 끈질긴 집념이라니, 감탄스럽다. 결국 초나라 장왕도 태자 자측도 굴무에게 농락당한 꼴이다. 화가 난 장왕은 굴무의 가족을 몰살시켰다.

굴무는 이 일과 상관없는 가족을 몰살시킨 초나라에 반드시 복수하겠다고 이를 갈았다. 굴무는 당시 신진 강국으로 부상하고 있던 오나라로 가 초나라의 군사 정보를 제공하는 한편 군대를 훈련시키는 선진 기술을 가르쳤다. 그러고는 오나라로 하여금 초나라를 공격하게 했다. 오월쟁패에서 초나라가 빠질 수 없는 배경이 바로 여기에 있다.

하희의 스캔들은 워낙 떠들썩한 사건이었기 때문에 사마천의 《사기》는 물론이고 좌구명左丘明(춘추 시대 말기 노나라 학자)의 《춘추좌씨전春秋左氏傳》 등 여러 곳에 기록이 남아 있다. 대의명분을 중시하던 초기 춘추 시대와 오월 시대를 완전히 구별 짓는 상징적인 사건이었다. 남자들이 하희를 농락한 것이 아니라 하희가 남자들을 농락한 것이다. 대의명분보다는 실리를 위해 앞뒤를 가리지 않은 오월동주 시대와 전국 시대를 알리는 전주곡과도 같은 섹스 스캔들이었다.

망하는 나라, 망치는 군주

오자서의 할아버지는 오거이고 아버지는 오사다. 그리고 초나라 평왕은 오자서 집안과 원수 사이다. 또한 오거는 장왕 때 '불비불명'의 수수께끼를 낸 것으로 유명하다. 이후 장왕이 죽자 공왕共王이 왕위에 오르고 공왕이 죽자 강왕康王이 즉위했다. 강왕이 15년 동안 재위하고 죽자 아들 웅원熊員이 왕위를 계승하니 바로 겹오郟敖였다.

강왕이 총애하는 동생으로 자위子圍, 자비子比, 자석子晳, 기질棄疾이 있었는데, 겹오 3년 숙부인 자위를 영윤令尹(춘추 시대 최고의 직책인 상경上卿)으로 삼아 군사권을 장악하게 했다. 그런데 겹오 4년 자위가 병든 겹오를 목 졸라 죽이고 왕위에 올랐다. 그가 바로 영왕靈王이다. 자비는 진晉나라로 도망쳤다.

골육상쟁의 왕위 계승 전쟁에서 오거는 원로대신으로서 영왕의 정통성을 인정해주고 왕권을 안정시키는 데 큰 역할을 했다. 영왕은 쿠데타로 정권을 장악하고 난 다음 갈수록 세력을 키워나갔는데 점점 교만해졌다. 이때 오거는 영왕에게 서슴지 않고 직언했다. 오자서 집안은 충신의 피가 흐르는 집안이었다.

영왕에서 평왕으로 넘어가는 시기에 오자서의 아버지 오사가 등장한다. 영왕은 점차 사치에 빠져들어 호화로운 장화대章華臺에서 수많은 후궁을 거느리고 주색잡기에 여념이 없었다. 중국사에서는 이렇듯 제왕의 사치가 망국을 이끌었던 경우가 많다. 가령 서태후는 자신의 회갑 잔치를 망치지 않기 위해 청일전쟁(1894년) 중에 서양의 여러 나라에 청탁을 넣어 일본과의 화해를 주선토록 했다. 이는 항복하겠다는 의사 표시나 마찬가지였다. 이렇게 해서 맺어진 불평등 조약이 시모노세키 조약이다. 엄청난 이권을 일본한테 넘겨주고 전쟁을 잠시 멈춘 것이다. 오로지 자신의 생일 파티를 위해서 말이다. 야사에 전해지기를 서태후는 한 번 목욕할 때 무려 200장의 타월을 썼다고 한다. 그녀가 옷을 벗고 팔을 벌리면 여러 명의 궁녀가 부위별로 나누어 몸을 닦았는데 한 번 살짝 닦고 버렸기 때문에 한 번 목욕에 200장의 타월을 허비한 것이다.

이야기가 나온 김에 황제들의 기이한 취미 몇 가지를 소개한다. 명나라 제11대 무종武宗 주후조朱厚照는 20만 냥을 들여 '표방豹房'을 만들었다. 표방은 짐승을 우리 안에 가두고 싸우는 장소다. 그는 맹수의 발톱과 이빨을 다 뽑고 스스로 무기를 들고 들어가 싸우는 것을 즐겼다. 이기면 기뻐서 술을 잔뜩 마시고 놀았으며 환관을 시켜 일반인의 술집을 사서 직접 영업을 하기도 했다. 그러다 알코올 중독으로 사망했다.

명나라 16대 희종熹宗 주유교朱由校는 황제라기보다는 솜씨 좋은 목수에 가까웠다. 그가 만든 목제품은 당시 최고의 명품으로 인정받았다. 그는 움직이는 인형도 만들고 궁궐 설계도 직접 했다. 또 축구를 좋아해 축구장도 직접 설계했다. 나랏일은 뒤로 물리고 모든 정사를 환관 위충현魏忠賢에게 보고받았다. 위충현은 조정의 실권을 완전히 장악해 전횡을 일삼았다. 명나라는 그 후 주유교의 동생인 주유검朱由檢, 곧 숭정제崇禎帝 대에 와서 망했다.

오자서 집안 삼대와 초나라의 운명

오자서의 할아버지 오거가 정통성을 인정해줌으로써 즉위 초의 혼란을 모면한 영왕은 갈수록 사치에 빠지고 교만해지더니 나중에는 희한한 취향까지 보였다. 기록에 '삼위三圍'라는 표현이 나오는데 가슴, 허리, 엉덩이 둘레가 똑같은 여자를 말한다.

영왕은 가슴 24, 허리 24, 엉덩이 24 정도인 마른 체형에 탐닉해 궁궐 여성들이 너도나도 다이어트 열풍에 휩싸였다. 심지어 굶어 죽는 사람까지 생겼다. 다이어트 열풍은 남자들한테까지도 퍼져 배가 나온 신하들은 영왕에게 곤욕을 치렀다. 또한 허리띠를 너무 꽉 졸라매어 소화불량에 걸리는 신하들이 생겨나는 등 고생이 이만저만이 아니었다.

이런 영왕을 몰아내고 왕위에 등극한 이가 바로 영왕의 동생 평왕이다. 평왕이 영왕의 뒤를 이어 임금 자리에 오르는 과정을 보면 신기할 정도다. 평왕의 이름은 미기질로 위로 자비子比, 자석子晳 두 형이 있었다.

미기질은 영왕이 행방불명되자 자신이 바로 왕위에 오르지 않고 자비를 왕으로 옹립했다. 실은 자신이 뒤에서 다 조종해놓고 꼭두각시 왕을 내세운 것이다. 이때 영왕은 건계라는 곳을 좋아하여 그곳을 떠나지 않은 상태였다. 그 사이 채나라 관종觀從이 오나라, 월나라와 연합해 영도郢都에 들어가 태자 녹祿을 죽이고 진晉나라에서 자비를 불러와 초왕初王으로 옹립하고 자석을 영윤에, 기질을 사마司馬(군사권을 쥔 벼슬)로 삼는 쿠데타를 일으킨 것이다. 그러고는 관종은 건계로 가서 영왕과 싸웠다. 전투에서 패한 영왕은 잠시 행방불명되었다가 백성들로부터 버림받았다. 그는 여기저기 떠돌다 기진맥진 쓰러져 신해申亥라는 사람의 집에서 굶어 죽었다.

영왕탐연세요도. 지도자의 취향이 왕왕 예기치 않은 결과를 몰고 온다. 가는 허리를 좋아했던 영왕의 취향은 굶어 죽는 사람까지 나오게 만들었다.

초왕에 옹립된 자비는 영왕의 죽음을 확실히 몰랐기 때문에 행여 영왕이 살아 돌아올까 노심초사했다. 영악한 미기질은 이를 이용해 세 가지 헛소문을 퍼뜨렸다. 첫째, 영왕은 살아 있다. 둘째, 미기질 자신은 영왕과 싸우다 패했다. 셋째, 승리한 영왕이 쿠데타 세력을 말살하기 위해 도성으로 쳐들어오는 중이다. 군대는 이미 미기질이 거느리고 나갔기 때문에 도성은 무방비 상태였다. 초왕 자비와 영윤 자석은 지레 겁을 먹고 자살하고 말았다.

간신과 미인

속임수로 자비와 자석을 자살하게 하고 등극한 평왕平王은 일단 왕위에 오르자 백성과 신하들이 반란을 일으킬까 두려워 선정을 베풀었다. 또 반대파를 기용하여 자신에게 불리한 여론을 차츰 잠재워나갔다. 하지만 그것은 제스처에 불과했다. 얼마 지나지 않아 본색을 드러냈다.

못난 군주에게는 기생충처럼 간신이 달라붙게 마련이다. 평왕에게는 비무기費無忌가 달라붙었다. 오자서 집안의 비극도 이들로부터 비롯되었다. 오자서 집안의 비극을 포함하여 비무기는 초나라 역사상 가장 추악한 사건을 획책한 희대의 간신으로 악명을 남긴다.

평왕은 비무기를 진秦나라에 보내 태자 건建을 위해 태자비를 맞아들이도록 했다. 태자비로 내정된 처자는 절세 미인이었다. 순간 비무기의 간악한 머리가 돌아가기 시작했다. 평소 태자 건과 그의 사부인 오사로부터 무시당하던 비무기는 이 절세의 미인을 이용해 자신의 야심을 달성하는 것은 물론 태자 건과 오사까지 없애려는 기막힌 음모를 꾸미기 시작했다.

태자비를 영접해온 비무기는 도성의 평왕에게 먼저 들러 "진나라 처자가 절세 미인이니 대왕께서 직접 그녀를 취하시고 태자에게는 다른 여자를 구해주십시오" 하며 평왕의 음탕함을 부추겼다. 시아버지 될 사람에게 며느릿감을 차지하라는 간신배의 달콤한 요설이었다. 천인공노할 일이었지만 정식으로 결혼하지 않은 상황이었기에 평왕은 앞뒤 가리지 않고 진나라 처자를 차지해버렸다. 그리고 태자 건에게는 따로 신부를 구해 결혼시켰다.

이 무렵 오사는 태자의 태부太傅, 비무기는 소부小傅였다. 태부와 소부 모두 태자의 선생이었지만 오사의 지위가 한 단계 높았다. 평소 태자의 총애를 얻지 못하고 오사로부터 무시당하던 비무기가 이제 본격적으로 태자 건을 모함했다. 태자에게 돌아갈 미인을 가로챈 아버지 평왕도 아들의 존재가 영 마음에 걸리던 차에 비무기가 태자를 변방으로 보내자고 하니 슬며시 태자를 변방으로 보내버렸다. 이로 인해 태자의 스승 오사가 비무기의 음모에 말려들었고 결국 큰아들 오상과 작은아들 오자서까지 말려들게 된다. 오월동주라는 새로운 역사 시대가 서서히 모습을 드러내는 순간이다. 史記

제8강
오자서, 백발로 국경을 넘다

예로부터 나라를 부강하게 하는 데는 수천 수백만 명의 힘이 필요하지만 나라를 망치는 건 간신 하나면 족하다고 했다. 초나라를 망친 주인공은 간신 비무기였다. 비무기로 인해 오자서는 아버지와 형을 잃는다. 비무기는 초나라 평왕을 이용해 자신의 정치적 입지를 확대해나갔다. 그 과정에서 오자서의 집안이 풍비박산이 나고 만다.

비무기의 간계로 태자 건의 부인이 되었어야 할 진秦나라 미인을 가로챈 평왕은 태자 건을 성보城父(오늘날의 안휘성 박주시亳州市 초성구譙城區 동남쪽)로 보내 변방을 지키게 했다. 태자 건의 어머니는 채나라 사람이었는데 평왕이 진나라 미인을 첩으로 얻자 더욱 냉대를 받았다. 게다가 젊은 진나라 여자가 아들까지 낳으니 당연히 탈적 문제가 불거졌다. 비무기는 평왕 면전에서 태자 건을 모함하기 바빴다.

"제가 진나라 여자를 대왕의 후궁으로 모셔온 그날부터 태자 건이 저를 미워하니 대왕에 대한 원망도 없을 수가 없습니다. 태자는 성보의 병권을 쥐고 있기 때문에 언제 정변을 일으킬지 모릅니다."

평왕은 오사를 불러 사건을 규명하라 일렀다. 하지만 태자 건의 스승인 오사는 비무기가 태자를 모함한 것임을 눈치챘다. 오사는 평왕에게 "어찌하여 간신배의 말을 듣고 혈육을 멀리하십니까"라고 직언했다. 비무기는 '눈엣가시'인 오사를 제거하려 했다. 평왕도 이미 진나라 여자를 바친 비무기에게 마음이 기운 데다 아들과의 관계도 불편하고, 새 아들까지 생겨 판단력이 흐려질 대로 흐려져 있었다. 결국 평왕은 오사를 옥에 가두고 태자 건을 불러들여 죽일 작정을 했다. 태자 건은 이 소식을 듣고 송나라로 줄행랑을 놓았다.

한편 오사에게는 뛰어난 두 아들 오상伍尚과 오자서가 있었다. 비무기는 평왕에게 그들을 죽이지 않으면 초나라의 화근이 될 것이라고 무고했다. 평왕은 부친의 죄를 사면해준다는 명분을 내세워 그들을 수도인 영도로 불러들였다. 비무기는 오사에게 가짜 편지를 쓰게 했다. 오사가 말했다.

"큰아들은 올지 모르지만 자서는 오지 않을 것이다."

평왕의 제안을 전해들은 두 아들은 망연자실했다. 오자서는 형에게 가봐야 둘 다 죽을 것이 뻔하니 함께 도망치자고 했다. 그러나 형 오상은 동생에게 이렇게 말했다.

"아버지의 죄를 사면해준다는 말을 듣고도 가지 않는 것은 불효다. 하지만 아버지의 죽음을 복수할 사람이 없다면 이 또한 지혜롭지 못하다. 너는 도망쳐라. 나는 가서 죽겠다."

결국 오사와 오상은 처형당하고 오자서는 오나라로 망명했다.

한편 평왕이 아들 건을 성보로 보낼 때 딸려 보낸 수행원 가운데 성보 사마

司馬인 분양奮揚이란 자가 있었다. 당시 평왕은 며느릿감을 빼앗은 일도 마음에 걸리고 아들을 외지로 보내는 것도 안쓰러웠던지 분양에게 "나를 대하듯" 건을 보필하라고 당부했다. 그런데 이제 와서 분양에게 태자 건을 죽이라는 명령을 하달했다. 하지만 분양은 건을 죽이기는커녕 도망가는 것을 도왔다. 평왕은 자신의 명령을 어긴 분양을 처형하려 했다. 그러자 분양은 "건을 나를 대하듯 하라"는 애초의 명령을 거역할 수 없었다고 항변했다. 평왕도 이 말에는 마땅히 반박할 여지가 없어 분양은 목숨을 건질 수 있었다. 이후 기록은 없지만 분양은 태자 건을 살리는 인물로 짤막하게 기록을 남겼다. 물론 이 모든 기록이 다 《사기》에 나오는 것은 아니다. 《사기》에는 큰 줄거리만 나오고 사마천이 《사기》를 편찬할 당시 가장 많이 활용했던 자료인 《전국책》《춘추》《한비자》 등의 제자백가서에 이런 이야기가 군데군데 단편적으로 실려 있다.

백발로 탈출한 오자서

송나라로 도망간 태자 건은 푸대접을 받았다. 다시 정나라로, 그다음에는 당시 강대국이었던 진晉나라로, 마지막으로 다시 정나라로 가서 떠돌다 그곳에서 하인이 그의 비밀을 밀고하는 바람에 정나라 정공定公과 자산子産에 의해 살해당하고 만다.

한편 오자서는 무사히 초나라 국경을 넘어 오나라로 도망쳤다. 이를 '오자서의 출관'이라고 한다. 출관出關이란 국경을 벗어났다는 뜻이다. 이 출관에 관해 이런저런 전설이 전해온다. 그만큼 '오자서의 출관'이 극적이었다.

오자서가 탈출할 당시 전국 방방곡곡에 수배령이 내려졌다. 오자서는 운신조차 힘들게 되었다. 어떻게 국경을 빠져나갈까. 오자서는 밤새 고민했다. 얼마나 고민을 했던지 밤사이에 머리카락이 하얗게 새버렸다. 덕분에 달리 변장할 필요도 없이 자연스럽게 초나라의 국경 관문을 빠져나갈 수 있었다. 이것이 가장 보편적인 '오자서 출관' 스토리다.

또 다른 이야기로, 관문을 지키던 문지기가 오자서를 알아보고 상금과 벼슬 욕심에 그를 붙잡았는데 오자서가 순간적인 기지를 발휘해 풀려났다는 전설도 있다. 어떤 기지였을까. 오자서는 문지기에게 자신이 보물을 훔치는 바람에 수배령이 내려졌는데 지금은 보물이 하나도 없는 상태라고 말했다. 만약 당신이 나를 잡아가면 당신이 보물을 다 빼앗았다고 말할 것이고, 당신은 상금은커녕 목숨도 부지하기 힘들 것이라고 공갈을 쳤다. 문지기의 표정에서 자신이 무슨 죄로 수배당하고 있는지 모르고 있다고 직감한 오자서가 순간적 기지로 문지기를 농락한 것이다. 그렇다면 《사기》나 정사에서는 어떻게 기록했을까.

오자서는 태자 건의 아들 승勝과 함께 달아나다 국경 검문소가 있던 소관昭關에 이르러 병사들에게 붙잡힐 뻔했다. 그는 승과 헤어져 혼자 도망쳤다. 장강에 이르러 거의 붙잡힐 상황이었는데 마침 한 어부가 배를 타고 다가와 무사히 오자서를 강 건너로 피신시켰다. 오자서는 오나라에 이르기도 전에 병이 나 밥을 빌어먹으면서 오나라에 다다랐다.

오자서의 출관에 관한 전설이 많다는 것은 그의 탈출이 얼마나 위험하고 흥미진진했는지를 보여주는 반증이다.

원한을 용기로 승화한 오자서

아버지와 형을 잃은 오자서의 원한은 골수에 사무쳤다. 흔히 보통 사람들은 원한 때문에 자신을 망치는 경우가 많다. 자신의 힘이 한계에 부딪히면 술이나 약물 따위로 풀다가 도리어 자신을 망가뜨리는 경우가 적지 않다. 하지만 오자서는 절박한 원한을 용기로 승화시킨 인물이다. 인생을 살다 보면 한두 번은 심한 고난을 겪거나 큰 아픔을 겪는다. 역경을 딛고 새롭게 도약할 수 있는 용기가 매우 중요하다. 인생의 진로를 결정하는 원동력은 용기에서 비롯된다. 슬픔보다도 훨씬 더 깊은 원한이 때론 용기의 밑거름이 될 수 있다.

사마천도 49세에 죽음보다 치욕스러운 궁형의 아픔을 극복하고 불굴의 용기로 《사기》를 완성했다. 만약 그대로 주저앉아 좌절했다면 인류는 큰 손실을 입었을 것이다. 오자서도 원한을 용기로 승화시킨 인물이다. 그래서 사마천도 오자서의 삶을 비중 있게 그리고 드라마틱하게 형상화했다. 오자서가 관문을 앞에 두고 밤새 어떻게 빠져나갈까 고민했던 문제의 이면에는 절박함이 만들어낸 용기가 깔려 있다. 후세 사람들은 그것을 설명하기 위해 잘 짜인 드라마 각본 같은 전설을 덧붙인 것이다.

피리 부는 망명객

기원전 522년 오자서가 오나라로 왔다. 이는 오월동주라는 대하드라마의 시작을 알리는 신호탄이자 파란만장한 오월춘추 시대의 전주곡이었다. 오나라에 도착한 오자서는 문전걸식하는 거지였다. 마땅한 기반이 없었기 때문에 시장 바닥에서 미치광이처럼 피리를 불고 노래를 부르며 연명했다. 하지만 낭중지추囊中之錐는 머지않아 주머니를 비집고 나올 수밖에 없다. 기골이 워낙 장대한 데다 식견도 보통 사람이 아니어서 피리 부는 미치광이에 대한 소문은 발 달린 천리마처럼 오나라 전역으로 퍼져나갔다.

여기서 잠시 오나라에 대한 역사를 알고 넘어가자. 그래야 오자서가 오나라에서 어떻게 활동했는지에 대한 이해가 더 빠를 것이다.

주周나라 태왕太王에게는 태백太白, 중옹仲雍, 계력季歷이라는 세 아들이 있었다. 셋째 계력이 가장 뛰어났는데 그는 덕성과 지혜가 출중한 아들 희창姬昌(주나라 문왕)을 두었다. 태왕이 계력을 옹립하고 희창에게 왕위를 물려주려고 하자 태백과 중옹은 형만荊蠻(강소성 소주蘇州 일대)으로 도망가서 문신을 새기고 머리를 잘라 자신들은 임금이 되지 않겠다는 뜻을 확실하게 나타냄으로써 계력을 안심시켰다.

원래 주나라의 근거지는 중국의 중원인 지금의 섬서성 지역이다. 형만은 주나라 사람들이 오랑캐의 땅이라고 깔보았던 야만의 땅이다. 태백은 형만에서 왕위에 오르니 그가 바로 오나라의 시조 오태백吳太白이다. 오태백이 죽은 뒤 아들이 없어 중옹이 왕위에 올랐다. 그리고 19대째가 수몽壽夢(재위 기원전 585년~561년)으로 그에게는 네 명의 아들이 있었다. 첫째 제번諸樊, 둘째 여제餘祭, 셋째 여말餘昧, 넷째 계찰季札이었다. 계찰이 현명하고 재능이 있었기 때문에 수몽은 그에게 왕위를 물려주려고 했으나 계찰은 옳지 않다며 사양했다. 그래서 수몽이 죽고 난 다음에는 큰아들 제번이 왕위에 올랐다.

오나라 왕 제번은 죽으면서 선왕의 유언을 받드는 의미에서 동생 여제에게 왕위를 물려주었다. 여제도 계찰이 종국에는 왕위를 물려받도록 하기 위해 동생 여말에게 왕위에 오르도록 하였다. 여말도 세상을 떠나면서 동생 계찰에게 왕위를 물려주려고 했으나 계찰은 사양하고 멀리 도망가버렸다. 하는 수 없이 여말의 아들 요僚가 왕에 올랐다. 이러한 결정이 제번의 맏아들인 공자 광光에게는 내심 불만이었다. 순리대로라면 적장자인 자신이 왕위를 물려받아야 마땅하다고 생각했던 것이다.

물고기 배 속의 칼로 역사를 바꾸다

당시 공자 광은 군사를 책임지는 자리에 있으면서 암암리에 현사와 인재를 널리 구하며 쿠데타의 때가 오기만을 기다리고 있었다.

춘추전국 시대에는 양사養士 풍조라는 것이 있었다. 당시는 사士라고 하는 중소 지주 계층이 상당한 교육과 교양으로 사회 전면에 나서기 시작하던 때였다. 공자 같은 인물이 대표적인 경우다. 공자는 중국 역사상 최초로 사립학교를 세웠다. 제자가 많을 때는 3,000명이나 되었다. 뛰어난 석학에 해당되는 제자만 70명이었다. 학생 수가 3,000명이면 오늘날 종합대학 총장 격이다.

사립학교 교육을 통해 배출된 새로운 인재들은 경제적으로 기반을 갖춘 귀족의 집으로 들어가 참모 역할을 했다. 그런 '사'를 식객食客이라고 불렀다. 그리고 이런 식객들을 기르는 풍조를 양사 풍조라고 했다.

사마천이 전국 시대 4공자라고 불렀던 맹상군孟嘗君, 평원군平原君, 위공자魏公子(신릉군信陵君), 춘신군春申君이 양사 풍조를 절정기에 올려놓은 대표적인 인물들이다. 진시황을 황제로 앉힌 여불위呂不韋(?~기원전 235년)도 식객을 3,000명이나 거느렸다. 3,000명을 먹여살리고 공부시켰으니 대단한 거부가 아니면 불가능했다. 식객은 쉽게 이야기하면 인재 풀로서 싱크탱크 같은 역할을 하면서 주군의 정치적 입지를 강화시켜주었다. 공자 광도 그런 식객들을 찾고 있던 차였다. 이때 오자서가 저잣거리에서 피리를 부는 미치광이 노릇을 하면서 나타났다. 오자서는 공자 광에게 오나라 왕 요를 만날 수 있게 다리를 놓아달라고 했다. 오자서는 요에게 초나라를 공격하는 것이 얼마나 이익인지 설명했다. 광은 2미터 거구에 복수심에 눈이 이글이글거리는 오자서가 보통 인재가 아니라는 것을 알아보았다. 하지만 공자 광은 요에게 오자서는 단지 복수를 하려는 것일 뿐 오나라에 득이 될 일이 아니라며 오자서를 두둔하지 않았다. 이때 오자서는 광이 딴마음을 품고 있다는 것을 간파했다. 오자서는 공자 광 편에 붙어 전제專諸라는 자객을 그에게 추천했다. 오자서는 태자 건의 아들인 승과 함께 교외에 은거하며 전제의 거사를 기다렸다.

전제는 원래 오자서가 피리 부는 미치광이일 때 우연히 만난 인물이다. 덩치가 산만한 전제가 동네 무뢰배들하고 싸우는데 어디선가 "전제, 네 이놈!" 하는 여인의 카랑카랑한 목소리가 들려왔다. 전제가 휙 돌아보더니 화들짝 놀라며 냅다 도망을 쳤다. 전제의 어머니였다. 오자서는 그런 전제로부터 깊은 인상을 받고 그때부터 정성을 기울여 그와 교류했다.

전제는 결국 오나라 왕 요를 암살했으며 공자 광은 바라던 왕위에 오를 수 있었다. 그가 바로 오월동주 시대를 열어가는 오나라 왕 합려闔廬(기원전 515년~기원전 496년)다. 오자서는 합려를 도와 그를 춘추오패의 마지막 주자로 만든다. 이런 과정이 〈오자서 열전〉에 드라마처럼 펼쳐진다. 이 열전에 등장하는 인물만 무려 50명이 넘는다. 〈오자서 열전〉이 얼마나 드라마틱한 요소가 강한지 잘 보여주는 수치다. 史記

제9장
어복장검과 무간도

사마천은 《사기》 〈오자서 열전〉 끝에 다음과 같은 논평을 남겼다.

> 왕이라 하더라도 신하에게 원한을 사서는 안 되거늘 하물며 같은 지위에 있는 사람에게야! 일찍이 오자서가 아버지 오사를 따라 함께 세상을 떠났다면 하찮은 땅강아지나 개미와 무슨 구별이 있으랴. 그는 작은 의를 버리고 큰 치욕을 씻어 후세에까지 이름을 길이 전했으니, 그 의지가 실로 비장하다. (…) 강인한 대장부가 아니고서야 누가 이런 일을 이룰 수 있겠는가.

사마천은 자신의 일생을 오자서의 삶에 투영했다. 사실 〈오자서 열전〉이야말로 중국 사람들의 강렬한 '은원관'을 대변한다. 그들은 지금도 '은혜와 원수는 대를 물려 갚는다'는 이야기를 곧잘 한다. 중국 사람들을 보고 떼놈이니, 음흉하니, 말이 없다느니, 속이 구렁이 같다느니 하지만 이들이 싸움을 좀처럼 하지 않는 가장 큰 이유는 한번 싸우면 크게 싸우기 때문이다. 그래서 중국 속담에 '군자의 복수는 10년이라도 늦지 않다'고 했다.

약육강식 전국 시대의 예고편, 오월동주

춘추 시대에서 전국 시대로 넘어가는 과도기인 오월춘추 시대는 50년에 걸쳐 있다. 춘추 시대의 춘추오패 가운데 4인방은 적어도 장자의 기풍을 갖추고 있었으며 여유가 있었다.

제나라 환공은 원수인 관중을 재상으로 발탁했다. 진晉나라 문공은 19년 동안 망명 생활을 하면서도 웃음을 잃지 않았고 늘 여유롭고 낙관적으로 살았다. 진秦나라 목공은 외국인 인재를 우대하는 아웃소싱의 원조였다. 개방성의 대명사다. 초나라 장왕은 식견이 대단한 인물이었고 보잘것없어 보이는 사람의 충고에도 귀를 기울일 줄 아는 경청의 리더십을 발휘했다. 하지만 오월동주 시대에 들어서면 그런 낭만이 사라져가기 시작한다. 오직 실리만 있고 목적을 이루기 위해서는 비열한 수단도 마다하지 않는 잔인하고 살벌한 시대로 전환하는 시대였다. 오나라 왕 합려의 아들 부차는 오자서의 잔소리가 귀찮아 쓸모없다는 생각이 들자 가차 없이 칼을 내려 그를 자살하게 만든다. 월나라 구천은 오나라를 멸망시킨 일등 공신인 문종을 토사구팽시켰다.

오월동주의 양대 주역인 합려와 구천은 분명 춘추 4인방과는 그 면모에서 질적인 차이를 보인다. 원수도 포용할 줄 아는 아량과 장자의 기풍은 찾아볼 수 없다. 이런 오월동주 시대 제왕들의 성격은 전국 시대 군주들의 마키아벨리스트적인 모습을 보여주는 예고편이었다. 잔인하고, 살벌한 그리고 수단을 가리지 않는 마키아벨리스트들은 전국 시대 군주의 자화상이었다.

오자서 상. 복수의 화신 오자서는 현실에서의 억울함을 설욕하지 못한 사마천의 복수관을 고스란히 발산하는 분신과도 같다.

항우로 유방을 말하고 유방으로 항우를 말하다

대부분의 역사책을 보면 왕의 계보나 조직, 그다음에 국가의 제도, 문물, 경제 구조 등의 서술이 많다. 하지만 《사기》는 '열전'이 백미인 만큼 인물이 《사기》의 핵심이라 해도 지나치지 않다.

《사기》의 어느 부분을 보더라도 독자의 상황에 따라 그 상황을 타개해나갈 수 있는 지혜를 얻을 수 있다. 이것이 《사기》의 최고 매력이다. 《사기》를 읽다 보면 용기를 얻을 수 있고 눈물을 흘릴 수 있고 분노할 수 있다. 인간의 오욕칠정이 한데 어우러져 있다. 인간이 살면서 만나게 되는 거의 모든 경우가 《사기》 속에 절묘하게 배치되어 있는 것이다.

거칠게 말해 사마천은 천재다. 그 까닭은 '호견법互見法' 때문이다. 다시 한 번 사기의 체제를 살펴보자. 《사기》는 130권, 52만 6,500자로 이루어져 있다. 방대한 역사책이다. 후대 사람들은 《사기》의 서술 기법 가운데 '호견법'이란 것을 끌어냈다. 또 이 기법으로 인해 《사기》의 내용이 더욱 흥미롭다고 평가한다. 예를 들면 오자서에 관한 이야기는 〈오자서 열전〉에만 나오는 것이 아니다. 〈초세가〉에도 나오고 다른 곳에서도 확인할 수 있다. 자객 전제는 〈오자서 열전〉에도 나오고 〈자객 열전〉에도 나온다. 오자서란 한 인물의 개성이나 특징 등을 여기저기 나누어 서술함으로써 보다 심도 있게 비교할 수 있도록 안배한 것이다.

또 다른 대표적인 경우가 한고조 유방이다. 사마천은 유방의 성격 묘사를 보다 극적으로 하기 위해 관련 기록을 여기저기 분산시켰다. 유방은 황제이기 때문에 당연히 〈고조 본기〉에 배치해야 한다. 사마천이 살았던 서한 왕조의 개국 황제이다 보니 함부로 다룰 수 없었다. 사마천은 고심 끝에 유방과 관련된 사실을 여러 곳에 분산시켜 독자로 하여금 마치 퍼즐 조각 맞추듯 입체적으로 유방의 인격을 부각시키는 방법을 고안했다. 특히 유방의 단점과 유방에 대한 사마천 자신의 평가가 걸릴 수밖에 없다. 사마천은 유방에 관한 정식 기록인 〈고조 본기〉에서는 상대적으로 덜 비판적인 기록과 세상에 널리 알려진 사실을 우선 배치했다. 그리고 유방의 단점이나 사마천의 개인적 관점은 다른 곳으로 분산시켰다. 바로 이것이 '호견법'이다. 그 결과 사마천은 유방의 라이벌로서 5년 가까이 유방과 접촉했던 항우의 기록인 〈항우 본기〉에 유방의 약점이나 문제점 그리고 자신의 개인적 견해를 분산시켰다.

이런 점 때문에 초창기 《사기》 연구자들은 내용이 어지럽다며 《사기》를 '난서亂書'로 평가절하했다. 그러나 면밀히 연구해보니 어지러운 것이 아니라 치밀하게 안배된 것임을 알게 되었고, 어려운 책이란 뜻의 '난서難書'로 부르게 되었다. 〈고조 본기〉에 대놓고 고조의 나쁜 성격을 기록했다가는 나중에 권력자로부터 박해를 받을 가능성이 컸기 때문에 내용을 살짝 비틀거나 비유적인 표현을 동원해 다른 곳에 끼워넣은 것이다. 하지만 아무 상관도 없는 곳에다 끼워넣은 것은 결코 아니다. 매우 치밀하게 계산하고 문장도 다듬은 다음 가장 적당한 곳에 전체 문맥과 내용을 고려해 배치했다.

가령 항우와 싸우다 유방이 쫓기는 장면이 있다. 유방은 아들 효혜孝惠(유방의 적자인 혜제惠帝 유영劉盈)와 딸 노원魯元 공주를 수레에 싣고 정신없이 도망쳤다. 항우의 기병이 번개처럼 추격했다. 수레에 탄 인원이 많아 수레가 무겁다고 생각한 유방은 아들과 딸을 차례로 수레 아래로 던져 떨어뜨렸다. 등공滕公이 매번 내려가서 이들을 들어올려 수레에 태웠는데 이렇게 하기 무려 세 차례였다. 이렇듯 유방은 매정한 아버지였다. 또 유방의 아버지가 항우에게 포로로 잡혔을 때의 일이다. 항우가 항복하지 않으면 아버지를 팽형에 처하겠다고 협박하자 유방은 태연하게 '삶거든 나한테도 한 그릇 보내라!' 는 반응을 보였다. 사마천은 이런 내용을 〈고조 본기〉에 배치하지 않고 〈항우 본기〉에 슬쩍 끼워넣었다. 그렇게 해서 읽는 이들에게 〈고조 본기〉와 〈항우 본기〉를 서로 비교하게 함으로써 유방의 매정하고 잔인한 일면을 실감나게 느낄 수 있게 한 것이다.

사내는 자신을 알아주는 사람을 위해 죽는다

〈자객 열전〉은 누군가를 암살하는 자객의 이야기를 모은 열전이다. 그런데 사람을 죽였다고 해서 다 자객이 되는 것은 아니다. 아무나 죽여서는 자객이 될 자격이 없다. 자기가 생각해서 '옳다'고 생각하거나 '내가 이 일을 할 만하다'고 생각해 그 일을 맡아 자신의 목숨을 걸고 끝장을 본 사람들이 자객이었다.

사마천은 분명한 뜻을 세워 그 뜻을 포기하거나 저버리지 않은 사람들에 대한 기록을 남기고 싶어 했다. 그 바람이 〈자객 열전〉으로 탄생한 것이다. 다시 말해 무조건 나쁜 사람을 죽인 이들의 열전이 아니라 자신의 사고방식과 주관에 따라 자객의 업을 맡고, 자객 예양의 말처럼 "자신을 알아주는 사람을 위해" 상대를 죽이거나 죽이려 한 사람들이 바로 《사기》의 자객이다. 사마천은 2,600년 전의 조말曹沫로부터 1세기를 단위로 한 사람씩 모두 다섯 명의 자객을 골라 〈자객 열전〉을 편성했다.

〈자객 열전〉은 중국 무협소설의 원조다. 〈자객 열전〉 외에도 자기 소신을 가지고 약자를 보호하고 강자를 혼내주는 사람들의 이야기가 있다. 바로 〈유협 열전〉이 그것이다. 유협은 지금의 조폭에 비교할 수 있지만 전혀 다른 차원이었다. 점잖고 약자 편에 서는 의로운 치외법권자들이었다. 약자와 서민을 등쳐먹으며 고리대금업자의 돈이나 받아주는 무뢰배에 대한 이야기가 아니다. 서민을 괴롭히는 못된 놈들, 힘센 사람들 또는 권력자들을 혼내주는 사람들의 이야기다. 하지만 유협도 법의 바깥 세계에 있었다. 법의 사각지대에 있던 유협이 국가의 입장에서는 달가울 리가 없다. 그래서 한무제 때, 즉 사마천 당대에 오면 유협은 거의 사라진다. 처형당하거나 제거당했다. 유협이 시대 속에서 완전히 잊혀진 존재가 되어버린 것이다.

사마천이 〈유협 열전〉과 〈자객 열전〉을 《사기》에 배치한 가장 큰 이유는 전국 시대에 활동했던 유협과 자객에 대한 개인적 향수 때문이었다. 최근 중국인들은 〈자객 열전〉을 영화로 만들었을 때 가장 멋지게 보일 자객은 누구일까 하는 따위의 흥밋거리 조사를 해본 모양이다. 그 결과 형가荊軻가 뽑혔다. 영화 〈영웅〉의 모티브가 바로 형가다. 다음으로 가장 독창적인 자객은 누구일까. 다시 말해 창조적인creative 자객이 누구냐는 조사였다. 조사 결과 앞서 소개한 바 있는 물고기 배 속에 칼을 감추고 오나라 왕 요를 암살한 '어복장검'의 주인공 전제가 뽑혔다. 세 번째, 가장 감동을 주는 자객으로는 섭정聶政이 뽑혔다.

섭정은 우연한 시비에 휘말려 사람을 죽이는 통에 어머니와 누이를 데리고 제나라로 도망을 와 백정 일을 하며 살아가고 있었다. 엄중자嚴仲子는 한韓나라 애후哀候를 섬겼는데 재상인 협루俠累와 사이가 매우 나빴다. 목숨의 위협을 느낀 엄중자는 이곳저곳 도망을 다니며 자기 대신 협루를 죽여줄 사람을 수소문하다 섭정에 관한 소문을 듣고 그를 찾아가 사귀기를 청하고, 자주 오간 다음 섭정의 어머니를 위해 황금을 내주었다. 하지만 섭정은 자신이 어머니를 봉양할 수 있다며 황금을 사양했다. 엄중자는 섭정의 의기가 높다는 말을 듣고 자신의 원수를 갚아달라는 청을 하려고 왔으며, 황금은 어머니를 봉양하는 데 쓰라는 의미에서 드리는 것이라고 했다. 섭정은 어머니가 살아 계신 동안에는 자신의 몸을 다른 사람에게 감히 바칠 수가 없다고 고백했다. 시간이 흘러 섭정의 어머니가 세상을 떠났다. 장례를 마친 섭정은 "엄중자는 재상의 몸으로 백정인 나와 사귀었다. 전에 그가 나를 필요로 하였으나 노모를 봉양하기 위해 거절했지만 이제 어머니도 세상을 떠났으니 앞으로 나를 알아주는 사람을 위해 일하겠다"며 엄중자를 찾아갔다.

섭정은 엄중자가 수레와 말과 병졸을 주었지만 마다하고 혼자 한나라로 떠났다. 협루를 호위하는 군사가 많았지만 섭정은 단칼에 협루를 죽이고 자기 손으로 자신의 얼굴 가죽을 벗기고 눈을 도려내고 배를 갈라 창자를 끄집어낸 다음 죽었다. 한나라에서는 섭정의 시체를 거두어 시장 바닥에 드러내놓고 그의 신원에 대한 정보를 제공하는 이에게 천금을 주겠다고 했다. 하지만 오랜 시간이 지나도록 섭정을 아는 사람이 없었다.

소문을 들은 섭정의 누나 섭영聶榮은 울면서 자기 동생일 것이라고 확신했다. 그녀는 한나라로 가 시체를 확인하고는 엎드려 통곡하며 이렇게 말했다.

"내 동생 섭정이 맞구나. 엄중자가 내 동생을 알아주었구나. 장부는 본래 자기를 알아주는 사람을 위해 죽는다고 하지 않던가. 내 동생이 자신의 모습을 훼손시켜 내가 이 일에 연루되지 않도록 했구나. 하지만 어찌 죽음이 두려워 동생의 장한 이름을 없앨 수 있겠는가."

섭정의 누이도 자결했다. 섭정의 누이도 '장부처럼 자기를 알아주는 사람을 위해 목숨을 바쳤다.' 이 말은 전국 시대의 유행어 가운데 하나였다.

십 보 안에서는 누구든 죽일 수 있다

가장 큰 성과를 거둔 자객은 조말이었다. 조말은 노나라 장수로 장공莊公을 섬겼다. 조말은 제나라와 싸워 세 번이나 패했다. 제나라 환공은 노나라 장공과 가柯에서 화친의 맹약을 맺었다. 그때 조말은 손에 비수를 쥐고 제환공을 위협하며 강국인 제나라가 약소국인 노나라를 침범하는 것은 가혹하다고 성토했다.

제환공은 노나라로부터 빼앗은 땅을 돌려주겠다고 약속했다. 조말은 비수를 내던지고 단상에서 내려와 신하들의 자리에 앉았다. 환공이 화를 내며 약속을 번복하려고 하자 관중이 작은 이익을 탐해 약속을 어기면 제후들의 신뢰를 잃을 수 있다고 설득했다. 환공은 약속대로 노나라로부터 빼앗은 땅을 돌려주었다.

"십 보 안의 거리에 있으면 누구든 죽일 수 있다."

이때 조말이 남긴 말이다. 조말의 이 대사는 영화 〈영웅〉에 그대로 인용되었다. 진시황은 솜씨 좋은 자객들이 겁이 나 십 보 안으로는 자신에게 접근하지 못하도록 했다. 한편 자객이라는 본분을 저버린 자객도 있었다. 즉 누군가를 죽이러 갔다가 죽이지 않거나 못한 자객을 말한다. 사마천의 〈자객 열전〉에는 나오지 않지만 서여緒餘라는 자객이 그랬다.

춘추 시대 진晉의 대신 조순趙盾을 간신배 도안고屠岸賈가 자객 서여를 시켜 암살하려고 했다. 서여는 조순의 집으로 찾아갔다. 조순은 의관을 단정하게 하고 앉아서 새벽 일찍 조정에 출근할 준비를 하고 있었다. 조순의 기품 어린 단정한 자태를 본 서여는 그가 죽어서는 안 될, 나라를 떠받드는 충신이라는 걸 알았다. 서여는 대문 밖에서 조순을 향해 '당신을 죽이려고 한다' 고 큰 소리로 경고한 다음 회나무에 머리를 들이받고 목숨을 끊었다. 자객의 본분인 암살은 포기했지만 서여는 자기 주관이 강하고 지조 있는 자객이었다.

이렇듯 무엇이 옳고 그른 것이며, 어떻게 죽는 것이 뜻있는 죽음인가에 대한 확고한 자기 신념을 가지고 살았던 사람들의 이야기가 〈자객 열전〉이다.

암살로 나라의 운명이 바뀌다

중국 사람들은 전제를 가장 독창적인 자객으로 바라본다. 앞에서 소개했던 오자서 이야기로 돌아가 보자.

오자서는 공자 광이 왕의 자리를 빼앗으려는 야심이 있다는 것을 알고 전제를 추천했다. 광은 전제를 빈객으로 정성껏 대해주었다. 하지만 경비가 삼엄했기 때문에 요를 죽일 기회가 쉽게 오지 않았다. 하지만 전제는 프로 킬러였다.

요의 취미를 분석해 철두철미하게 준비했다. 요가 물고기 요리를 좋아한다는 것을 알게 된 전제는 태호太湖 주변에 사는 물고기 요리사에게 최고라는 소리를 들을 때까지 요리법을 배웠다. 그리고 때를 기다리던 차에 요의 아우들이 초나라를 공격하기 위해 출정하여 수도에 군대가 비게 되었다. 그 틈을 타 공자 광에게 요를 초청하게 했다.

공자 광의 야심을 눈치채고 있던 요의 어머니는 아들에게 조심하라고 일렀다. 요는 사병들을 보내 궁궐에서 광의 집까지 진을 치도록 했으며, 측근들에게 모두 긴 칼을 차고 호위토록 했다. 그리고 자신은 갑옷을 세 겹이나 껴입고 삼엄한 호위를 대동했다. 또한 누구든 자신에게 접근하는 자는 무조건 몸수색을 하고 무릎을 꿇고 기어서 오게 했다.

한편 공자 광과 전제는 광의 집에 대대로 내려오는 보검인 어장검을 물고기 배 속에 숨기고 구운 생선을 요에게 올리는 절묘한 방법을 생각해냈다. 금속탐지기가 없던 시절이므로 그 사실을 눈치챌 방법이 없던 요 앞에서, 전제는 생선의 배를 찢고 비수를 잡아 그를 찔러 죽였다. 당연히 전제도 주위에 있던 호위무사들에게 난도질당했다. 공자 광은 숨겨두었던 병사들을 내보내 요의 군사들을 모두 죽이고 마침내 왕위에 올랐다.

로마의 카이사르, 미국의 케네디, 우리나라의 백범 김구, 몽양 여운형, 박정희 등 역사상 암살로 죽은 인물이 적지 않다. 이런 암살은 역사의 흐름을 일순간 다른 방향으로 바꾸어놓는다. 때문에 권력을 찬탈하고 싶은 이들이 암살에 깊은 유혹을 느끼는 것이다. 〈오자서 열전〉에서 보여주는 암살이 바로 그랬다. 순식간에 권력 핵심에 접근하거나 역사의 흐름을 한순간에 바꿀 수 있는 아주 매력적인 수단이었다. 때문에 오자서는 서슴지 않고 암살이라는 방법으로 요를 살해한 것이다. 전제라는 자객을 희생양으로 삼아 권력의 주류로 떠오른 것이다. 전제의 가족들은 상을 받고 부귀영화를 누렸겠지만 전제는 처참하게 생을 마감했다.

너무나도 가냘픈 자객

암살당한 오나라 왕 요에게는 경기慶忌라는 아들이 있었다. 경기는 중국 역사에서 힘이 세기로 이름난 인물의 대명사이기도 했다. 경기는 위나라로 도망가 세력을 규합해 아버지의 원수를 갚을 기회를 노리고 있었다. 사촌 요를 암살하고 왕이 된 합려에 대한 오나라의 여론도 좋지 않았다. 그런데 합려가 정권의 정통성을 갖게 하는 데 결정적인 기여를 한 이가 바로 계찰이다. 계찰은 존경받는 국가 원로였다.

　공자 광이 정변을 일으켰을 때 계찰은 마침 외국에 나가 있었다. 국가 원로인 계찰이 귀국하면 과연 이 쿠데타를 어떻게 볼 것인지에 세간의 관심이 쏠렸다. 그런데 계찰의 대응은 의외였다. "내가 일으킨 정변이 아니라면 누가 왕이 되어도 나는 간섭할 자격이 없다"고 말한 것이다. 그러고는 죽은 요의 무덤에 가 한바탕 통곡을 하면서 진나라에 사신으로 갔던 일을 보고한 다음 집으로 돌아와 새 왕의 명령을 기다렸다. 오나라 왕이 된 합려의 입장에서는 계찰의 이런 태도야말로 민심을 수습하는 데 둘도 없는 힘이 되었다. 국가 최고 원로로 한때 임금 후보 제1순위였던 사람이 공자 광의 쿠데타를 승인한 것이나 다름없었기 때문이다.

　계찰은 정치에 발을 담그지 않으면서도 교묘하게 정치적 영향력을 발휘했던 인물이다. 세종대왕에게 왕위를 양보한 효령대군과 양녕대군도 죽는 순간까지 정치에서 손을 떼지 않았다. 끊임없이 조선 왕실에 개입하고 사사건건 영향력을 발휘했다. 왕위를 양보한 일에 대해 아름답게 미화된 것은 후대의 일일 뿐이다. 한편 요의 두 아우 촉용屬庸과 개여蓋餘는 병사를 이끌고 초나라에 투항했다. 따라서 합려의 마지막 골칫거리는 경기였다. 이 대목에서 오자서가 또 한 명의 인물을 발탁하는데 그가 바로 자객 요리要離다.

요리는 키도 작고 삐쩍 마르고 가냘픈 체형에 몰골도 형편없었다. 합려는 요리가 칼이나 제대로 들 수 있을지 의문스러워하며 실망스러워했다. 그런데 요리가 합려에게 다가가 귀엣말로 속삭였다. 일을 해나가는 데 뜻도 중요하고 용기도 중요하지만 그보다는 치밀한 계획이 중요하다는 것이었다. 이에 합려는 요리와 함께 경기를 암살하기 위한 치밀한 작전 수립에 들어갔다.

먼저 두 사람은 궁중에서 검술 연습을 하는 장면을 연출했다. 그러고는 요리의 칼이 합려의 손을 살짝 베었다. 합려는 군주를 상해한 죄로 요리의 팔을 잘라버렸다. 요리는 원한을 품고 도망쳤다. 그러자 화가 치민 합려는 요리의 식솔을 죽이고 그 시체들을 태워버렸다. 타고 난 시체의 재도 사방 천지에 뿌렸다. 이 모든 것이 세간의 이목이 쏠린 가운데 연출되었다. 그리고 이 기가 막힌 이야기는 순식간에 사방으로 퍼져나갔다. 영화 〈무간도〉처럼 어떤 것이 진짜 모습이고 어떤 것이 가짜 모습인지 헷갈리는 상황이다. 연출된 칼싸움을 했지만 실제로 팔을 잘랐고, 일부러 요리가 도망을 갔지만 실제로 식솔들을 죽여버렸다.

요리의 사건은 워낙 큰 스캔들로 오나라 사람들이 전부 알게 되었다. 결국 경기의 귀에까지 들어갔다. 경기는 요리가 자신을 찾아오자 크게 기뻐하며 반겼다. 둘은 잠자리와 식사를 같이할 만큼 가까워졌다. 끝내는 힘을 합쳐 합려를 제거하기로 의기투합했다.

두 사람은 일행과 함께 배를 타고 오나라로 향했다. 한순간 갑자기 등 뒤에서 강한 강바람이 불었다. 바로 그때 뱃머리에서 풍광을 구경하던 경기의 등에 요리의 칼이 박혔다. 강한 바람의 힘을 빌린 요리의 칼은 경기의 몸속 깊숙이 박혔다. 경기는 천하장사였다. 요리를 덥석 들어 강물 속에 처넣었다. 그러고는 요리를 물에 빠뜨렸다 건졌다를 반복했다. 부하들이 달려들어 요리를 죽이려 하자 경기는 '요리가 저런 몰골로 나를 단칼에 죽일 정도면 보통 사람이 아니고 용기 있는 사람이니 살려주라'고 했다. 등에 박힌 칼을 빼니 피가 솟구쳤고 경기는 그 자리에서 죽고 말았다.

구사일생으로 요리가 돌아오자 합려는 큰 상을 내렸다. 하지만 요리는 도저히 낯을 들고 살아갈 수 없었다. 세 가지 죄목을 자진해서 꼽으며 죽음을 자청했다. 첫째, 왕의 총애를 얻기 위해 처자식을 죽게 한 어질지 못한 죄. 둘째, 새 왕을 위해 선왕의 아들을 살해한 의롭지 못한 죄. 셋째, 왕의 소망은 이루었지만 자신은 패가망신한 지혜롭지 못한 죄였다. 결국 요리는 자살했다. 요리는 경기가 죽으면서 자신을 살려준 것에 큰 충격과 자극을 받았을 것이다.

죽어서도 오나라 망하는 꼴을 보리라

오자서는 합려가 정권을 장악하고 정권의 기반을 튼튼히 다지는 과정에서 눈부신 공을 세웠다. 자신의 원수를 갚기 위해 자신이 후원하는 합려가 권력 기반을 확실하게 다져 힘을 기르는 일이 무엇보다 중요했다. 그래야만 오나라를 이용해 초나라에 복수할 수 있기 때문이다.

기원전 521년 오나라로 망명하여 단 하루도 원한을 잊지 않고 복수의 칼을 갈던 오자서는 마침내 자신의 소원을 성취한다. 기원전 506년이었으니 16년 만이다. 오자서는 직접 오나라 군대를 이끌고 초나라의 수도 영郢을 공격해 점령했다. 오자서는 아버지와 형을 죽인 원수 평왕의 무덤을 파헤쳐 시체에 300번의 채찍질을 가했다. 이것이 그 유명한 '굴묘편시'의 장면이다.

한편 오자서에게는 초나라 시절부터 가까이 지내던 오랜 친구 신포서申包胥가 있었다. 그는 오자서의 도망을 왕에게 보고하지 않음으로써 친구를 지켜주었지만 그 행위 자체는 불충한 것이라 하여 스스로 관직을 버리고 고향으로 물러나 있었다. 그런 그가 오자서의 복수 이야기를 듣고는 사람을 보내 일찍이 평왕을 섬겼던 사람이 시신에 모욕을 주는 것은 천리에 어긋난 일이라 전했다. 그러자 오자서는 이렇게 말했다. "날은 저물었는데 갈 길은 바쁘다. 그러니 도리를 역행할 수밖에."

이것이 유명한 고사성어 '일모도원日暮途遠'의 출전이다. 《사기》에는 오자서 혼자 초나라 평왕의 시신에 채찍질을 한 것으로 기록되어 있다. 하지만 후한의 조엽이 쓴 역사서 《오월춘추》 같은 기록을 보면 백비伯嚭란 인물이 같이 채찍질을 했다고 나온다. 초나라 대신이던 백비의 할아버지 백주리伯州犁가 주살되자 백비는 오나라로 망명했다. 먼저 오나라로 망명해 자리 잡고 있던 오자서가 그를 추천해 대부가 되었다. 그런데 아이로니컬하게 백비는 훗날 오자서를 죽게 만드는 가장 중요한 역할을 한다. 가장 무서운 적은 항상 가장 가까운 곳에 있다는 말이 실감 나는 대목이다.

합려가 오자서, 백비 등과 함께 초나라를 거의 멸망 직전까지 몰아붙인 이후 역사의 주무대는 오월쟁패로 넘어간다. 오나라와 월나라가 처음 맞붙은 때는 기원전 510년이다. 오나라 왕 합려가 월의 윤상允常을 공격했다. 기원전 506년 오자서의 '굴묘편시'가 있었고 기원전 505년 월나라가 오나라를 공격했다. 그러니까 기원전 510년 처음 충돌했고 기원전 473년 오나라가 멸망한다. 기원전 522년 오자서가 오나라로 망명한 이후 기원전 473년 오나라가 망할 때까지 햇수로 50년이다. 50년! 이 기간이 바로 오월춘추의 역사다.

이 사이 오자서는 합려의 아들인 부차夫差가 내린 보검 촉루屬鏤로 자살한다. 오자서와 사이가 나빴던 백비가 부차에게 오자서가 자기 아들을 제나라 포鮑씨에게 맡기는 등 이적 행위를 했다며 음해한 것이다(포씨는 포숙의 후손으로 알려져 있다). 평소 끊임없이 바른 소리를 하는 오자서가 그렇지 않아도 못마땅했던 부차는 자신도 오자서를 의심하고 있었다며 칼을 내렸다.

한편 오나라의 라이벌 월나라는 범려와 문종이라는 당대 최고의 인재를 등용했다. 그들의 도움을 받아 윤상의 아들 구천은 기원전 473년 마침내 오나라를 멸망시켰다. 월나라는 한때 오나라의 공격을 받아 거의 멸망 직전까지 몰렸으나 와신상담으로 재기하여 전세를 역전시켰다. 부차는 자살로 생을 마감했으며, 월나라의 뇌물로 호의호식해온 백비는 자신의 공을 인정받아 더 큰 부귀를 누릴 생각에 들떠 있었다. 하지만 뜻밖에 구천은 자기 군주에게 충성하지 않고 월나라의 뇌물을 받았다는 죄로 백비를 단칼에 죽여버린다.

오자서는 자결하기에 앞서 자신이 죽으면 두 눈알을 뽑아서 오나라 동문에 매달아 월나라 군사들에게 오나라가 망하는 것을 직접 보겠다고 했다. 오나라는 오자서가 죽은 뒤 바로 멸망하고 말았다. 부차는 죽기 전 자신의 얼굴을 천으로 가려달라고 유언했다. 죽어 오자서를 볼 면목이 없다는 것이 그 이유였다.

전국 시대를 이해하기 위한 하나의 고리로서 50년에 걸친 오월춘추의 역사는 이렇듯 흥미진진하게 전개된다. 복수와 원한, 음모와 계략, 인욕과 분발이 얽힌 이 드라마의 오리지널 각본은 물론 《사기》다. 독자들이 이해하기 쉽게 《사

와신상담. 오월쟁패를 상징적으로 보여주는 고사성어는 '와신상담'이다. 여기에는 인간이 겪을 수 있는 최악의 상태와 그것을 견디고 극복하는 또 다른 차원의 능력이라는 요소가 서로 앞뒤를 이루고 있다.

기》 곳곳에 흩어져 있는 관련 기록과 다른 전적을 종합하여 이야기를 재구성해 보았다. 史記

【제3부】

천하를 통일한 진제국의 비밀

제10강
진시황의 지하 세계

진시황秦始皇(기원전 259년~기원전 210년)은 중국 역사에서 명실상부한 최초의 황제다. 따라서 '시작할 시始' 자를 써 시황제라고 부르기도 한다. 진시황은 천하를 통일한 이후 신하들에게 자신의 호칭에 대해 논의하라는 지시를 내린다. 신하들은 태황太皇으로 부르자고 제안했지만 진시황은 "태황太皇에서 '태太'는 버리고 '황皇'을 따오고, 삼황오제三皇五帝에서 '제帝'를 따와 '황제皇帝'라고 칭하자" 하고 다른 것은 신하들에게 맡겼다. 이후 '명命'을 '제制'라 하고 '영令'을 '조詔'로 부르는 한편 황제가 스스로를 부를 때는 '짐朕'이라고 했다.

진시황을 제대로 보려면

진시황은 여전히 논쟁의 대상이다. 그에 대한 연구도 끊임없이 이루어지고 있다. 특히 1974년 한 농민이 우물을 파다가 우연히 발견한 병마용갱兵馬俑坑이 전 세계를 깜짝 놀라게 하면서 그에 대한 관심도 증폭되었다. 먼저 진시황에 대한 사마천의 평가 한 대목을 읽어보자.

> 배운 자들은 자기가 보고 들은 것에 얽매여 진 왕조가 오래 존속하지 못한 현상만 본다. 그 처음과 끝을 살피지 못한 채 모두들 비웃으며 감히 칭찬 같은 것은 엄두도 못 내고 있으니 이것이야말로 귀로 음식을 먹으려 드는 것과 무엇이 다르랴. 서글프다學者牽于所聞, 見秦在帝位日淺, 不察其綜始, 因擧而笑之, 不敢道, 此與以耳食无異!

《사기》〈육국연표서六國年表序〉에 나오는 글이다. 진나라와 진시황에 대한 역대의 평가가 제대로 되어 있지 않다는 요지다. '진나라가 어떻게 해서 일어났고 어떻게 망하였는가' 그 처음과 끝을 세밀하고 치밀하게 살펴보지 않고 분서갱유와 같은 진시황의 나쁜 정치들만 유독 부각시켰다는 의미도 내포되어 있다.

정통 유가에서는 진시황을 폭군으로 몰았으며 진 왕조 자체를 정통에서 배제시켰다. 하지만 사마천은 사태의 본질, 역사의 본질을 파악하지 못한 잘못된 사고방식이라고 꼬집으며 '귀로 음식을 먹으려 든다'는 '이식耳食'이라는 절묘한 표현으로 이를 비꼬고 있다. '이식'이란 표현은 사마천의 천재성뿐만 아니라 사마천의 비판 정신이 살아 있는 절묘한 단어다. 사마천 당대에도 진시황과 진나라에 대한 정통성이 부인되었으며 독재자나 포악한 군주로 몰아가는 것이 대세였던 모양이다. 진나라와 진시황에 대한 역사 왜곡 현상이 심하게 나타났기 때문에 사마천이 이런 이야기를 남겼을 것이다.

그 이후로 오늘날까지도 진시황은 독재자냐 최초의 통일을 이룬 군주냐, 진시황이 시행한 정책 가운데 어떤 정책이 잘못되었고 어떤 정책이 긍정적이냐 하는 논쟁이 끊임없이 반복되고 있다.

세계를 놀라게 한 병마용갱

1980년 일본 NHK는 〈실크로드〉라는 대형 다큐멘터리를 방영했다. 이 다큐멘터리는 세간에 큰 관심을 불러일으켰는데 첫 회에 등장한 것이 바로 병마용갱이다.

병마용갱은 진시황의 무덤으로부터 1.5킬로미터 떨어진 곳에 있는 구덩이다. 진시황 무덤 전체, 이것을 능원이라고 부르는데, 병마용갱은 능원의 일부분으로 고고학자들의 조사

진시황. 병마용갱의 발굴로 진시황은 자신의 모습을 문화 코드로 변모시키고 있다.

에 따르면 진시황릉을 호위하는 병사들을 모아놓은 거대한 갱이다. 즉 진시황릉을 호위하는 병사들을 흙으로 빚어 지하에 묻은, 말하자면 지하 군단이었다.

현재 큰 구덩이가 세 개 발견되었으며(1호 갱, 2호 갱, 3호 갱) 지금까지 약 8,000구의 병사가 출토되었다. 병사들 손에 들려있는 무기 등 각종 유물은 약 10만 점에 달하며 지금도 발굴 중이다. 놀라운 것은 병사들이 전부 실물 모형이라는 점이다. 키는 170센티미터에서 190센티미터이고 얼굴이 똑같은 병사는 단

병마용갱. 장엄하다는 표현 외에 다른 표현이 떠오르지 않는다. 인류사의 기적이 이렇게 해서 또 하나 추가되었다.

하나도 없다. 실제 군인을 모델로 삼아 적어도 세 장 이상의 스케치를 한 다음 그것을 바탕으로 흙으로 빚어 구웠다.

1992년 한중수교 이후 많은 한국인이 병마용갱을 관람하고 있고 필자 역시 열 번 넘게 다녀왔다. 볼 때마다 새롭게 변한다. 박물관 규모도 커지고 있으며 새로운 발굴이 끊임없이 이루어지고 있다. 전시실도 늘어나고 주변의 모습도 달라진다. 1979년부터 지금까지 30여 년이 지났는데 그 사이 병마용갱의 주변 환경은 말 그대로 상전벽해다. 그렇다면 병마용갱으로 벌어들인 입장료 수입은 얼마나 될까. 얼마나 많은 사람이 구경하고 갔을까. 이에 대한 통계를 이야기를 하면 진시황이라는 한 인간이 남겨놓은 것 자체가 바로 '문화'가 아닌가 하는 생각이 든다. 앞으로 얼마나 더 많은 부가가치를 창출할 수 있을까. 그 와중에 진시황이란 인물이 어떤 새로운 논쟁을 유발하고 있는가. 이러한 모습을 통해 진시황을 어떻게 재조명하고 재평가할 수 있을까. 이런 문제에 대한 논의는 지금도 다각도로 진행되고 있다.

그 논의의 중심에 병마용갱이 있다. 줄여서 '진용秦俑'이라고도 부른다. 흙으로 빚어서 만든 진나라 인형이란 뜻이다. 주로 병사와 말이 나왔기 때문에 '병마용'이라고 부르며 엄청나게 큰 구덩이에서 나왔기에 '병마용갱'이라고 부르는 것이다. 〈진용〉이란 제목으로 영화가 나올 정도로 유명해졌고 최근 상영된 할리우드의 블록버스터 〈미이라 3〉의 주요 무대도 바로 병마용갱이다.

병마용갱이 불러온 변화의 바람

병마용갱은 어떤 변화를 몰고 왔을까. 먼저 통계로 확인해보자. 관람객 수는 2000년까지 통계가 나와 있다. 자주 방문하면서 알게 된 병마용갱 발굴 대장을 지낸 전문가 장잔민張占民 선생의 저서에 나오는 통계를 인용한다.

1979년 일반에 공개된 이후 2000년까지 병마용갱의 관람객 수는 불완전한 통계이긴 하지만 중국인만 3,000만 명으로 추정된다. 20년으로 따져봤을 때 1년에 150만 명 정도다. 외국인은 약 420만 명으로 추정된다. 그러니 2008년 현재 외국인 관람객 수는 약 500만 명 정도로 추산된다. 미국, 유럽 인들의 수가 가장 많은데 미국이나 유럽에서 서안까지 몇 시간이나 비행기를 타고 오는 것일까. 한 번 오면 적어도 며칠은 묵고 갈 것이다. 그러면 관광으로 벌어들인 돈은 어느 정도 될까. 독자의 상상에 맡기겠다.

2000년까지 입장료 수입과 부대 수입은 총 5조 위안 정도다. 20년간의 수입이다. 5조 위안이면 1년에 평균 2,500억 위안의 수입을 올렸다는 말이 된다. 병마용갱 하나로 벌어들인 돈이 1년에 2,500억 위안이라니, 그저 놀라울 뿐이다. 이것은 중국에서 발표한 공식 기록이다.

2005년 관람객 수는 약 220만 명이다. 2006년에는 250만 명. 하루 평균 7,000명에서 8,000명이 매일 와서 본다는 이야기다. 하루에 7,000명에서 8,000명 되는 인원이 특정한 장소를 관람한다는 것, 이것이 문화의 부가가치다.

당연히 병마용갱이 발굴된 임동臨潼 사람들의 삶의 양식도 완전히 바뀌었다. 그 지역은 옥수수 밭이 대부분이다. 관중평원에서 옥수수며 콩 같은 잡곡을 지어 먹고살던 농민들은 이제 병마용갱 선물 가게의 관광 수입으로 먹고산다. 소득 패턴이 관광 위주의 문화 수입으로 바뀐 것이다. 옥수수도 관광객들에게 내다 판다. 석류 역시 많이 판다. 진시황릉 전체가 석류나무로 덮여 있다. 중국 사람들은 예로부터 자식 많은 것을 좋아했기 때문에 열매 안에 씨가 엄청나게 많은 석류를 많이 심었다. 자연스레 진시황 병마용갱의 특산물은 석류가 되었다.

무궁무진한 중국의 소프트파워

가장 놀라운 통계는 입장료다. 1979년 10월 1일 개관 당시 입장료는 1마오(10전)였다. 당시 담배 한 갑이 9마오, 국수 한 그릇이 8마오였다. 중국이 개혁 개방을 막 시작한 단계였기 때문에 국민소득도 300~400달러 정도였다. 때문에 입장료 1마오도 비싼 축에 들었다. 그런데 2004년에는 90위안이 되었다. 900배가 오른 것이다. 1년에 36배씩 뛴 셈이다. 우리나라 국립박물관 입장료가 1년에 36배씩 뛰었다면 국립박물관은 문을 닫아야 할 것이다. 인터넷에서도 난리가 났을 것이다. 병마용갱은 오히려 관람객 수가 늘어났다. 90위안이면 우리 돈으로 1만 5,000원 정도인데 그들은 줄을 서서 관람을 기다린다.

병마용갱의 발굴이 중국에게 가져다준 엄청난 충격은 생활의 변화뿐이 아니라 정신적인 변화도 가져왔다. 배금주의가 생긴 것이다. 문화재 하나 발굴했더니 엄청난 돈이 생겼다. 20년 동안 5조 위안, 1년 평균 2,500억 위안. 개혁 개방 이후 중국 사람들은 경제와 자본에 더욱 집착하게 되었다. 사실 중국은 껍데기만 사회주의라고 할 수 있다. 육신은 사회주의, 영혼은 자본주의인 것이다. 원래 장사 잘하고 돈 밝히는 사람들이다. 병마용갱이 어마어마한 돈을 벌어주니 중국 사람들도 놀랐다.

1980년에는 이런 일도 있었다. 영화를 통해 소림사가 처음 소개되었다. 그 후로도 영화〈소림사〉는 몇 편인가 더 제작이 되었고 소림사란 존재도 점점 더 세상 사람들의 관심을 끌었다. 1990년대 초 소림사 하루 관람료가 1억 위안이 넘었다. 당연히 신문에 대서특필되었다. 문화재가 돈이 된다는 것을 실감한 사건이다. 그때부터 대대적으로 문화재를 보수하고 수리하고 발굴하는 문화재 개발과 발굴 광풍이 몰아쳤다. 한나라, 당나라 등 11개 왕조의 수도였던 서안은

병마용갱 입장권. 25년 동안 무려 900배, 1년에 36배씩 뛰어오른 병마용갱의 입장료는 주변의 모습 또한 얼마나 변화시켰을지 짐작케 한다.

황제 능원만 수십 개다.

　　병마용갱을 발굴하여 천문학적인 돈이 들어오자 당나라 고종과 측천무후가 묻혀 있는 건릉을 발굴하자는 목소리가 높아졌다. 아울러 문화재 발굴만이 능사인지에 대한 일대 논쟁도 벌어졌다. 병마용갱 때문에 일어난 현상이다. 병마용갱이 보여준 어마어마한 문화의 부가가치가 중국 사람들의 눈과 생각을 바꾼 것이다. 하지만 병마용갱과 관련된 표면적 수치에만 관심을 기울이다 보면 병마용갱의 역사적·문화적 가치는 제대로 읽히지 않는다.

진나라 군대의 힘, 머리카락과 수염

천하를 통일한 진나라가 불과 15년 만에 멸망한 원인이 무엇일까. 진시황은 어떤 사람이기에 이 같은 병마용갱을 축조할 수 있었을까. 진시황릉은 어떤 모습으로 남아 있을까.

　　원래 진나라는 서쪽의 변방 국가였다. 야만국이라고 해서 중원에 있는 다른 나라들이 주목하지도 않던 나라였다. 그런 진나라가 동쪽에 있는 여섯 나라를 차례로 정복하고 최초의 통일 국가를 이룰 수 있었던 배경은 무엇일까. 그 저력은 어디서 나왔을까. 여러 원인이 있겠지만 병마용갱이 실물로 보여주는 진나라 군대, 바로 이것이 가장 큰 힘이다. 경제적·정치적 이유도 있겠지만 일단은 군대에서 천하 통일의 원동력을 찾아야 할 것이다.

진나라 군대는 다른 나라와 달리 특징적인 몇 가지 모습이 있다. 병마용갱에서 출토된 진용의 뒷모습을 보라. 위엄이 서려 있다. 또한 상대를 압도하는 눈을 가지고 있다. 이 분위기를 좀 더 효과적으로 뒷받침해주는 것이 수염이다. 군대라고 해서 전투에 나가는 군인만 있는 것은 아니다. 행정직을 담당하는 문관도 있다. 그들을 제외한 모든 무관이 예외 없이 자기 얼굴에 맞게 수염을 길렀다. 한결같이 잘 다듬은 수염이다. 뒷모습도 정성을 들인 상투 머리다. 한 올도 삐져나오지 않게 정갈하게 빗은 다음 꼬거나 틀어서 뒤로 넘겨 상투를 틀고 올려서 묶었다. 머리핀까지 사용한 경우도 있다. 그런데 진나라 군대는 왜 갑옷이나 투구에 비해 두발이나 수염에 집착했을까.

진나라 군대의 큰 힘은 머리카락과 수염이다. 군대는 사기를 먹고 산다. 사기가 충만해야 전쟁에서 이길 수가 있다. 사기가 떨어지면 필패다. 사기는 어디에서 오는가. 군기에서 온다. 군기가 잡혀야 사기가 올라간다. 군기는 무엇으로 잡는가. 복장으로 잡는다. 전쟁에 나가는 군인이 구겨진 옷을 입고 흐트러진 모습으로 모자도 삐딱하게 쓰면 그건 '당나라 군대'다.

진나라 군대 복장의 특징은 수염과 헤어스타일에 있었다. 남성 중심 사회에서 여성 중심 사회로 넘어갈 때 나타나는 가장 큰 표지는 남성이 수염을 밀고 다니는 것이다. 하지만 남성 중심의 사회에서는 남성이 예외 없이 수염을 길렀다. 남녀평등이 실현될수록 남성은 거의 수염을 기르지 않는다.

중국 민족의 시조인 황제黃帝의 무덤과 사당을 참배하는 중국인. 이곳에도 사람들의 발길이 끊이지 않는다.

    진나라 군대의 두발과 수염에는 몇 가지 의미가 있다. 하나는 두발 존중 사상이다. 진나라 법률은 칼싸움을 연습하다가도 상대방 머리카락을 다치게 만들면 벌을 받도록 규정했다. 사고를 낸 군인은 얼굴에 뜸을 뜨는 묵형墨刑을 받았다. 수염은 사람의 기품과 자세를 말해주는 중요한 요소였다. 그래서 두발과 수염을 중시했다. 대신 복장은 간편했다. 투구도 쓰지 않았다. 기동성을 살린 것이다. 기동성 있는 진나라 병사는 일당백이라는 평가를 들었다.

    이 강을 마치기 전에 유적 발굴과 보존, 전시에 대해 몇 마디 덧붙인다. 본래의 병마용 병사들은 색이 칠해져 있다. 붉은색, 검은색, 푸른색 등 다양한 색채다. 얼굴도 피부색에 가까운 색이 칠해져 있다. 그러나 진용이 공기를 쐬고 햇빛에 나오는 순간, 대개 10시간 이내면 색이 사라진다. 최근에는 첨단 기술로 진용의 색을 보존할 수 있게 되었다. 참으로 다행한 일이다.

1호 갱은 가장 큰 구덩이로 보병 위주다. 2호 갱은 기병과 보병이 혼재되어 있으며 3호 갱은 사령부이다. 4호 갱은 만들다가 중단되었다. 그리고 병마용갱이 발굴된 그 자리에 전시관이 들어서 있다. 돔을 씌워 그대로 전시한다. 중국의 고고학 발굴과 박물관의 기본 원칙은 발굴한 자리에 박물관을 세우는 것이다. 유물 위주 발굴이 오랫동안 이루어져 귀중품이 나오면 박물관으로 옮겨 전시해온 우리와 많이 다른 점이다. 병마용갱이 1980년 세상에 모습을 드러냈을 때도 마찬가지였다. 돔을 씌워둔 1호 갱이 먼저 위용을 드러냈으며 이어 2호 갱, 3호 갱이 공개되었다. 그다음에 전시관이 만들어졌다.

　진시황 능원의 전체 규모는 70만 평에 이른다. 참고로 서울대 캠퍼스가 100평 정도라고 하니 거대한 규모의 발굴이 언제 끝날지 모른다.

병마용갱에서 나온 장군용의 복원도. 진나라 군인은 모든 면에서 칼 같은 절도가 느껴진다.

진시황릉 입장권. 멀리 보이는 것이 진시황릉이다. 우담화처럼 나타났다 사라진 최초의 제국을 말없이 지켜보는 듯하다.

　　진시황 능원을 중심으로 진행되고 있는 발굴 성과로서 병마용갱을 제외하고 주목받는 것은 청동 마차, 청동 말, 진귀한 새를 기르는 구덩이, 사람을 산 채로 파묻은 순장 구덩이, 처형당한 죄수를 파묻은 구덩이 등이다. 진시황릉의 전모가 천하에 드러나는 날, 세상은 다시 한 번 놀라게 될 것이다. 진시황릉은 도굴당하지 않은 능원임이 밝혀졌기 때문이다.

　　중국 사람들은 진시황릉 발굴 문제에 엄청난 관심을 보인다. 이 때문에 별별 유언비어가 떠돌았다. 중국과 일본이 정상회담을 하면서 진시황릉 발굴 문제를 논의했다는 둥, 정상회담에 진시황릉 발굴 안건이 올라갔다는 둥 하는 유언비어 말이다. 진시황릉 발굴에 가장 중요한 인물은 저우언라이다. 평생을 아무것도 남기지 않았으며 아무것도 갖지 않고 살다 간 사람이다. 죽거든 화장해 뼛가루를 조국 산천에 뿌려달라는 유언을 남겼고, 유언대로 뼛가루가 비행기에서 중국 산천에 뿌려진 사람이다. 자식도 남기지 않았다. 부인도 소박하게 살다가 아무런 재산도 남기지 않고 떠났다. 중국 사람들에게 가장 존경하는 두 사람이 누구냐고 물으면 거의 제갈량과 저우언라이를 꼽는다. 두 사람 모두 청렴결백의 상징이다.

 저우언라이와 일본의 다나카 수상이 정상회담을 하면서 진시황릉 발굴에 대해 이야기를 나누었다. 당시 일본은 트랜지스터를 팔아 돈을 엄청나게 벌었다. 일본은 그 힘으로 저우언라이 수상에게 진시황릉을 같이 발굴하자고 제안했다. 나중에 유물을 반반씩 나눠 갖자는 이야기였다. 그러자 저우언라이 수상이 피식 웃으며 정신 나간 소리라고 일침을 놓았다. 일본을 사고도 남을 만한 유물이 나올지 모르는데 뭐가 급해서 발굴을 하느냐는 것이다. 실제로 일어난 일이 아니라 중국인들의 강한 반일 감정이 만들어낸 에피소드다. 史記

제11강
진시황릉의 비밀

사마천은 《사기》에 진시황릉에 대한 매우 상세한 기록을 남겼다. 사마천의 기록이 없었다면 진시황릉의 수수께끼는 풀 길이 없었을 것이다.

진시황릉에 대한 사마천의 기록

봉건적 제왕 체제에서는 최고 권력자가 언제 어떻게 죽을지 알 수 없다. 따라서 죽고 난 다음 장례 등의 일을 처리하려면 번거로울 뿐 아니라 각종 돌발 상황이 발생할 가능성이 크다. 그런 연유로 역대 제왕들은 즉위하기 무섭게 무덤을 조성했다. 지금 생각해보면 이제 막 제왕 자리에 올랐는데 무덤이라니, 상당히 기분 나쁜 일이겠지만 당시에는 당연스레 그렇게 했다.

진시황릉도 마찬가지다. 진시황(당시에는 진왕)이 즉위하자마자 축조를 시작했다. 진시황은 13세에 즉위하여 49세, 우리 나이 쉰에 세상을 떠났다. 햇수로 37년 정도 재위했으니 즉위하자마자 무덤 축조에 들어가 37년 동안 공사를 한 셈이다. 그러고도 다 끝내지 못해 그의 아들인 2세 황제 호해^{胡亥}(재위 기원전 210년~기원전 207년) 때 가서야 겨우 완공했다. 무덤 하나 만드는 데 약 40년이 걸린 셈이다. 한무제는 더했다. 16세에 즉위해서 70세까지 재위했으니 55년 동안 무덤을 만들었다는 계산이 나온다. 매우 화려하게 축조한 것으로 기록되어 있다. 나중에 농민 봉기가 일어나 도굴당했는데 한 달 동안 유물을 운반해도 다 가져가지 못할 정도였다고 한다. 말 그대로 후장^{厚葬}이었다.

무덤 축조는 무덤 주위로 신도시를 조성하는 것이 첫 번째 순서다. 재력을 가진 부자들을 비롯해 관련된 사람들을 이주시켜 일단 경제를 활성화시켰다. 이와 함께 도시 건설과 무덤 축조에 필요한 각종 자재를 공급했다. 또한 이를 다루는 장인과 이들에게 먹을 것과 잘 곳을 제공하는 시설 등이 생겨났다. 사마천은 한무제의 무덤 조성으로 아버지를 따라 장안에서 그리 멀지 않은 무릉^{茂陵}이란 신도시로 이주했다. 이런 경험 때문인지 사마천은 진시황의 무덤 조성과 관련해 비교적 상세한 기록을 남겼다. 이 기록의 일부가 진시황릉의 수수께끼를 푸는 데 결정적인 실마리를 제공했다.

〈진시황 본기〉에 나오는 진시황릉의 축조 기록을 보자. 먼저 전국에서 이송되어 온 인부와 죄수 70만 명을 동원해 여산^{驪山} 자락에 무덤 조성을 위한 정지 작업을 시작했다. 주택에 비유하자면 택지 조성이 먼저 시행된 것이다. 대지를 만들기 위해 부술 것은 부수고 뽑을 것은 뽑았다. 여산은 주나라 유왕이 포사와 봉화 놀이를 했던 곳으로 산자락 아래에는 당나라 현종과 양귀비가 목욕하던 화청지가 있다.

진시황의 무덤은 우물 세 개 정도의 깊이로 팠다. 그 깊이가 어느 정도인지 정확히 알 수 없지만 상당히 깊었을 것으로 추정된다. 무덤이 다 조성된 다음에는 동을 녹인 쇳물을 바깥에 있는 관, 즉 곽椁(겉 널)까지 흘려보내 틈새를 완벽하게 메웠다. 이런 식으로 막았다면 동을 녹여 흘려보낸 덮은 그 안쪽, 즉 관과 곽 사이는 진공 상태일 가능성이 매우 높다. 관과 곽의 내부에는 진시황이 거처했던 궁궐, 문무백관, 여러 사치품 등을 모형으로 만들어 넣고 기타 진귀한 문물로 가득 채웠다. 또 무덤 내부 바닥에는 천하의 지형을 본뜬 모형을 만들고 천장에는 천문도를 만들었다. 이때 강이나 바다는 수은을 흘려보내 만들었다고 사마천은 기록하고 있다.

이 수은에 관한 기록이 관건이다. 수은은 공기와 접촉하면 기체로 변해 증발한다. 그러나 진공 상태에서는 액체 상태를 그대로 유지하는 특성이 있다. 사마천의 기록대로 강이나 바다를 수은으로 만들었다면 무덤 내부가 진공 상태였을 가능성이 매우 크다.

한번 상상해보자. 문무백관을 비롯하여 온갖 기물을 만들고, 보물로 장식하고, 하천과 바다에는 수은을 흘려보내고, 천장에는 별자리를 만들고, 바닥에는 천하의 형세를 만든 모습을. 그다음에는 무덤 안을 밝히는 조명에 관한 기록이다. 원문에 '인어人魚' 기름이 나온다. 대체 인어 기름은 어떤 기름인지 또 한번 논란을 일으켰다. 중국학자들은 처음에 도롱뇽 기름이라고 했지만 최근에는 고래 기름으로 의견이 모아지고 있다.

진시황릉 미스터리

대개 제왕이 죽으면 제왕을 모시던 비빈이나 궁녀 가운데 자식이 없는 사람들은 집으로 돌려보내는 것이 관례였다. 그러나 진시황의 작은아들 호해는 이들을 모조리 생매장, 즉 순장시켰다. 또 무덤을 만드는 데 동원된 장인과 기술자를 모두

진시황릉 내부 상상도. 진시황릉은 그 자체로 호기심 천국이며 《사기》의 기록 자체도 한 편의 미스터리를 방불케 한다.

무덤 안에 둔 채 밖에서 봉쇄하여 나오지 못하도록 했다. 누군가 무덤에 침입하면 자동으로 발사되는 장치까지 있다고 기록했으니 〈인디아나 존스〉가 따로 없다. 봉분에는 풀과 나무를 심어 마치 산처럼 만들었다. 이처럼 사마천의 기록에는 신비로운 색채가 너무 강해 과연 믿을 만한 것인지 논란이 많다.

수은 이야기로 돌아가 보자. 당초 일반인은 물론이고 전문가들조차 《사기》에 나오는 수은에 관한 기록을 믿지 않았다. 믿을 엄두를 내지 못했다는 것이 정확한 표현일 것이다. 1981년과 1982년 궁금증을 해결하기 위해 두 차례에 걸쳐 실험이 실시되었다. 혹시나 하는 기대감은 있었지만 누구도 확신하지 못했다. 이 실험에는 당시의 최고 과학 기술이 동원되었으며 주로 서양의 기술을 빌렸다. 우선 진시황릉 봉분 바깥에 있는 흙을 샘플로 채취해서 수은 함유량이 어느 정도나 되는지 확인했다. 다음으로 진시황릉 봉토의 토양을 부위별로 나누어 정밀 조사했다. 사마천의 기록대로라면 수은은 봉분 중앙에 집중되어 있을 가능성이 컸다. 그래서 봉분 가장자리부터 중앙까지 세분해서 조사한 것이다. 그런데 기절초풍할 결과가 나왔다. 일단 진시황릉 봉분 토양의 수은 함유량이 다른 토양의 함유량보다 100배 가까이 높은 수치가 나왔다. 또 황릉의 중앙과 가장자리의 수은 함유량에서도 차이가 났다. 봉분 가장자리에서 중앙으로 갈수록 함유량이 높게 나타난 것이다. 만약 진시황릉이 도굴되었다면 수은은 진작에 기화되어 날아가 흔적이 남아 있지 않아야 한다. 요컨대 진시황릉은 도굴되지 않은 처녀분이었던 것이다.

엄청난 사건이었다. 수은 함유량의 측정치 때문에 진시황릉이 처녀분이라는 사실이 밝혀진 순간 세계인의 이목은 다시 한 번 진시황과 무덤에 집중되었다. 그러나 이로 인해 진시황을 둘러싼 수수께끼와 의문은 더욱 증폭되었다. 처녀분으로 밝혀지는 바람에 궁금증이 더 커져버린 것이다.

　진시황릉은 중국 역대 제왕들의 무덤 조성의 역사에서 획기적인 장소다. 무덤뿐이 아니라 진시황도 여러모로 획기적인 인물이었다. 진시황릉은 평지에다 흙을 날라 봉분을 쌓았다. 진시황릉 이전의 제후나 주나라 왕은 평지에 묻었다. 봉분을 만들지 않았다. 진시황 때부터 봉분을 만들었는데 평지에 흙을 쌓아 산처럼 만들었다. 이를 '이릉위산以陵爲山'이라고 한다. '무덤을 산처럼 만들었다'는 뜻이다. 당나라 이전까지 이런 방식으로 제왕의 무덤을 조성했다. 그러다 당나라 때부터는 아예 산을 무덤으로 만들었다. 산 하나 전체가 황제의 무덤이 되었다. 무덤 입구는 철저하게 극비 사항이었다. 도굴 방지를 위한 조치였다. 이런 형태를 '이산위릉以山爲陵'이라고 한다. '산을 무덤으로 만들었다'는 뜻이다. 요컨대 중국 제왕의 무덤은 진시황을 기점으로 '이릉위산' 형식을 유지하다 당나라 때 이산위릉 형식으로 바뀐 것이다. 이런 형태로 황제의 무덤을 만들기 시작한 제왕은 진시황이 처음이다. 이름자에 '시始' 자가 괜히 들어간 게 아니다.

　규모와 깊이 문제를 보자. 우물을 세 개 판 정도의 깊이를 팠다고 했다. 그 규모는 얼마나 될까. 조사 결과, 현재 진시황릉 한 변의 길이는 약 500미터 정도로 추정된다. 지하 궁전의 길이는 동서가 260미터, 남북이 160미터, 우물 세 개 깊이는 대략 30미터 전후로 추정한다. 현대의 10층짜리 빌딩 규모다.

　진시황릉 지하 궁전에 문은 몇 개나 있을까. 길은 몇 개나 나 있을까. 미로로 만들어졌을까. 침입자가 있으면 저절로 쾅 하고 내려오는 자동문일까. 《사기》의 기록을 보면 적어도 세 개의 문이 있다. 내문, 외문, 중문이다. 중문은 위아래로 닫히는, 무덤으로 들어가는 문으로 추정된다. 《사기》의 기록에 따르면 '내렸다'는 표현이 나온다. 한 번 닫히면 다시 여는 것이 거의 불가능한 것으로 추정된다. 문이 있다는 이야기는 길이 있다는 말이다. 그래서 길을 찾아서 내부 구조를 밝혀보는 것이 관심사다. 일본의 경우 왕왕 내시경으로 고분을 조사한다. 무덤에 내시경이 들어갈 만한 구멍을 살짝 내어 내부 구조를 카메라로 찍는 것이다. 그러면 실제로 발굴하지 않고도 무덤 내부를 어느 정도 파악할 수 있다.

초미의 관심사, 진시황 미라의 존재 여부

2002년 이집트 피라미드 내부로 카메라를 장착한 로봇을 들여보냈다. 로봇이 내부 길을 따라다니면서 촬영하는 실험을 한 것이다. 원격 조정 장치로 로봇을 조종했는데 문에 부딪혀 쓰러지는 바람에 일회성 해프닝으로 끝나고 말았다. 진시황릉의 문은 《사기》의 기록을 신뢰한다는 전제하에 최소한 세 개 정도 있는 것으로 보인다.

왕왕 만화나 영화를 보면 무덤 안에 누군가 침입했을 때 화살 같은 것이 절로 발사되는 장면이 나온다. 이에 관한 기록이 실제로 《사기》에 나온다. 진귀한 문물을 넣었다는 것도 관심거리다. 충분히 가능하다. 진시황 능원 주변에서 발굴되고 있는 유물을 보면 어마어마하다. 진시황이 타고 다녔을 것으로 추정되는 형태의 마차와 말을 2분의 1로 축소한 모형도 있다. 이런 것들로 미루어 짐작하면 무덤 안에는 진귀한 보물이 엄청나게 들어 있을 것으로 예상된다.

초미의 관심사는 진시황은 시체다. 아직은 딱히 밝혀진 것이 없다. 주변에서 나온 것도 없다. 그런데 호남성 장사에서 마왕퇴의 귀부인 미라가 발굴되면서 진시황 시신과 관련된 논란이 일고 있다. 이 미라는 한나라 시대 무덤에서 나온 2,000년이 넘은 여성으로 머리카락도 그대로 있고 살도 붙어 있었다. 누르면 살이 쏙쏙 들어갈 정도라고 한다. 오장육부도 완전한 상태였다. 박물관에 가면

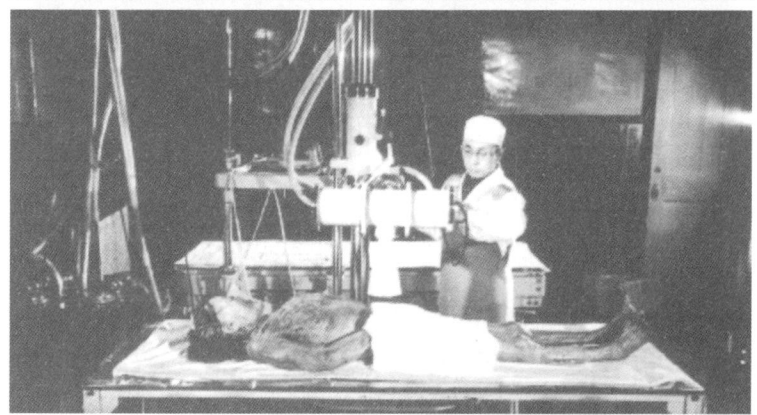

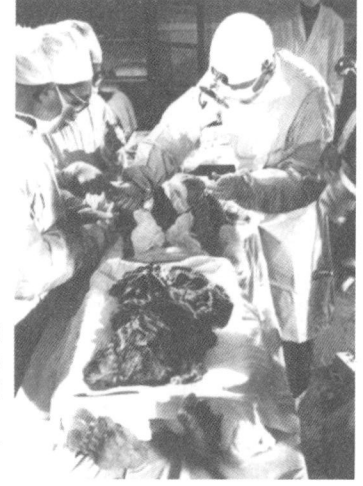

마왕퇴 미라(위). 2,000년이란 세월이 흘렀지만 피부까지 남아 있는 마왕퇴 미라는 진시황의 시신도 존재할 수도 있다는 기대감을 높였다. 하지만 《사기》의 기록만 놓고 볼 때 진시황의 시신은 일찌감치 부패된 것으로 보인다.
마왕퇴 미라 엑스선 촬영 장면(가운데), 마왕퇴 미라 해부 장면(아래)

유리를 통해 위에서 내려다볼 수 있다. 시체 내부, 그러니까 내장도 전부 볼 수 있다. 썩지 않고 발굴되어 손톱도 살아 있다. 그렇다면 진시황의 미라도 가능하다는 이야기다. 당시 최고의 기술과 정성을 들여 40년 가까이 조성한 무덤으로, 더구나 진공 상태라면 진시황의 미라가 나올 가능성은 충분하다. 그러나 안타깝게도 진시황의 미라는 기대하기 힘들 것 같다.

　진시황은 동쪽 지방으로 순시를 나갔다가 사구沙丘(하북성 광종현廣宗縣 서북쪽)에서 갑자기 병으로 쓰러져 일어나지 못했다. 그때가 7월이었다. 시체를 수도 함양으로 운반하는데 썩는 냄새가 진동했다. 그래서 소금에 절여 말린 물고기를 마차에 함께 실어 시신의 악취를 감추었다고 한다. 이 기록 역시 《사기》에 나온다. 이 기록에 따르면 발굴한다 해도 진시황의 미라는 남아 있지 않을 것 같다.

진시황의 아버지는 자초인가 여불위인가

진시황은 진나라 수도인 함양에서 태어나지 않았다. 아버지 자초子楚가 조趙나라에서 볼모 생활을 할 때 조나라 수도인 한단邯鄲에서 태어났다. 당시 진시황의 아버지 자초의 장래를 보고 과감하게 투자한 사람이 있었다. 바로 여불위呂不韋(?~기원전 235년)였다. 《전국책》에 장사꾼 여불위가 어떤 사람인가를 잘 보여주는 대목이 나온다. 여불위가 그의 아버지와 나눈 대화다.

　　"농사를 지으면 얼마나 이익이 납니까?"
　　"열 배는 나겠지."
　　"보석 같은 귀중품을 사고팔면 몇 배나 이윤이 납니까?"
　　"백 배쯤 되지 않겠니?"

"한 나라의 왕을 만들면 그 이익은 몇 배나 날까요?"
"그야 헤아릴 수 없을 정도지."

여불위는 한 나라를 통째로 사겠다는 야심으로 자초에게 눈독을 들였다. 여불위가 당시 진 왕실의 상황을 면밀히 살펴보니 자초가 왕이 될 가능성이 적지 않았다. 그래서 비록 볼모 신세지만 자초가 고위층 인사와 폭넓은 교류를 가질 수 있도록 품위 유지비를 아낌없이 투자했다. 훗날을 대비하라는 의미였다. 물론 실제로는 자신의 훗날을 위해서였지만. 여불위는 자초의 이름으로 호화로운 만찬을 여는 등 자초의 신분 상승을 위해 과감한 투자를 아끼지 않았다. 심지어 자초가 자신의 첩 조희趙姬에게 침을 흘리자 조희까지 바쳤다. 바로 그녀가 진시황을 낳았다. 일설에는 첩이란 이야기도 있고 조나라 명문 집안의 딸이라는 이야기도 있다. 어느 쪽이든 현재로서는 확실치가 않다. 《사기》는 이 두 가지 기록을 함께 남겼다. 그러다 보니 같은 여자가 아닌 서로 다른 여자라는 주장까지, 오리무중이다. 어느 쪽이든 여불위와 관련 있는 여자가 틀림없다. 후대 기록을 살펴보아도 자초에게 조희를 보낸 것은 확실한 것 같다.

앞서 말했듯 진시황의 성은 '진秦'이 아니라 '영嬴'이다. 진의 선조에서 갈라진 성으로 조趙씨도 있다. 그래서 조나라도 진의 후손이다. 진시황의 이름은 정政으로 아버지 자초가 즉위한 지 3년 만에 세상을 뜨자 13세에 진왕이 되었다. 6국을 통일하기 전으로 아직은 황제가 아닌 왕이었다. 결국 사람을 건 여불위의 도박이 멋지게 성공했다. 자초가 왕이 된 것만으로도 대단한 권력을 쥐게 되었는데 자초가 어린 진시황을 남기고 일찍 죽는 바람에 섭정이 되어 실질적인 권력을 휘두르게 되었다.

여불위. 사업 가운데 가장 큰 사업은 사람 사업이라는 것을 여불위는 확실히 보여주었다.

여불위는 상국相國이 되어 어린 진시황을 대신해 실제 권력을 휘둘렀다. 어마어마한 땅을 소유했으며, 1만 명이나 되는 노비를 거느리고 한껏 위세를 떨쳤다. 식객만 3,000명이었다. 진나라를 자신의 손아귀에 넣은 것이나 다름없었다. 그런데 진시황이 막 성년으로 접어들 무렵 궁중에 불미스러운 스캔들이 터졌다. 진시황의 어머니 조태후(조희)가 여불위와 간통을 하고 만 것이다. 조희는 남편을 일찍 여의었고 아직 한창 나이였다. 외로울 수밖에 없었을 것이다. 두 사람의 관계는 쉬쉬 하는 가운데 얼마간 지속되었다. 추문의 주인공들이 진나라에서 가장 막강한 권세를 자랑하는 여불위와 왕의 어머니인지라 함부로 입을 놀리지도 못했다. 그러나 여불위는 냉정한 사업가였다. 조희와 관계를 계속하다가는 자신의 입지가 흔들릴 위험이 다분했다. 생각 끝에 여불위는 조희에게 절륜한 정력의 노애라는 사내를 붙여주었다. 그것도 환관이라고 속여 조희 곁에 머물게 했다.

조희는 이내 노애에게 빠져들었고 아이를 둘이나 낳았다. 두 사람의 관계도 문제였지만 과부가 아이를 둘씩이나 낳았으니 말들이 많았다. 진시황도 귀가 있는데 이런 추문을 모를 리 없었다. 진시황이 21세 되던 해 노애는 태후의 권세를 믿고 반란을 일으켰다. 진시황은 노애의 반란을 신속하게 제압했다. 진시황은 노애 일당을 멸하고 어머니 조희가 낳은 두 아들까지 죽였다. 그리고 어머니는 옹이란 곳으로 추방했다. 사건의 진상을 조사해보니 여불위도 연루되어 있었다. 진시황은 고심 끝에 이듬해 여불위를 추방했다. 한순간에 모든 것을 잃은 여불위는 촉 땅으로 옮겨가 살다가 진시황의 압력을 받고 스스로 목숨을 끊었다.

이제 진시황은 명실상부한 왕으로서의 권력을 행사할 수 있게 되었다. 하지만 그 과정에서 진시황은 심리적으로 큰 타격을 입었다. 아버지처럼 따르던 여불위와 생모의 간통, 끝을 알 수 없는 생모의 음욕과 하잘것없는 노애라는 자의 발호와 반란, 여불위와 노애가 거느리던 가신들의 강력한 저항과 반발 등이 여러모로 진시황을 단련시키긴 했지만 동시에 그의 영혼에 큰 상처를 남겼다. 특히 생모의 추문으로 여성을 혐오하는 콤플렉스를 갖게 되지 않았을까. 진시황은 죽을 때까지 정식 황후를 세우지 않았다.

최초의 황제

32세 때 일어난 사건도 진시황에게 적지 않은 충격을 주었다. 자객 형가가 진시황을 암살하려다 미수에 그친 사건이다. 형가는 진시황이 빤히 보는 앞에서 지도에 숨긴 비수를 꺼내 진시황을 찌르려고 했다. 형가가 진시황을 암살하려던 장면을 보면 손에 땀을 쥐게 한다. 《사기》 130권 전체를 통틀어 최고의 명장면 가운데 하나다. 잠시 감상해보자.

> 형가가 지도를 진왕(진시황)에게 바치니 진왕이 지도를 펼쳤다. 지도를 다 펼칠 즈음 비수가 눈에 들어왔다. 순간 형가는 진왕의 옷소매를 왼손으로 붙잡고 오른손으로는 비수를 빼서 진왕을 찔렀다. 그러나 비수는 미처 진왕의 몸

에 닿지 못했고 진왕이 놀라 몸을 빼려 하자 소매가 잘려나갔다. 진왕이 검을 뽑으려 했으나 너무 길어 검집만 잡은 채 뽑지 못했다. 너무 다급한 데다 단단히 꽂혀 있어 바로 뺄 수 없었던 것이다. 형가가 진왕을 잡으러 뒤쫓자 진왕은 기둥 사이를 돌며 달아났다. 신하들은 너나 할 것 없이 놀랐지만 졸지에 당한 일이라 어찌 할 줄을 몰랐다. 게다가 진나라 법이 대전에서 왕을 모시는 신하들은 아무리 작은 무기라도 몸에 지닐 수 없었다. 또 무기를 가지고 대전 아래 늘어선 낭중들은 왕이 부르지 않으면 대전으로 올라갈 수 없었다. 하지만 진왕은 너무 다급했던 나머지 대전 아래에 있던 병사들을 부를 겨를이 없었다. 때문에 형가가 진왕을 쫓을 수 있었던 것이다. 무기가 없는 대신들은 급한 나머지 맨손으로 형가를 내리쳤다. 이때 시의 하무저가 받쳐 들고 있던 약주머니를 형가에게 던졌다. 진왕이 다급한 나머지 어쩔 줄 모르고 기둥 사이를 뱅뱅 돌고만 있자 좌우 신하들은 "검을 등 뒤로 돌리십시오, 대왕!" 하고 소리쳤다. 진왕이 가까스로 검을 등 뒤로 돌리고는 마침내 검을 뽑아 형가를 내리쳐 그의 왼쪽 다리를 잘랐다. 형가는 쓰러진 채 비수를 진왕에게 던졌으나 빗나가 구리 기둥을 맞혔다. 진왕은 다시 형가를 쳐서 여덟 군데나 상처를 입혔다. 실패했음을 직감한 형가는 기둥에 기대어 미소를 흘리며 두 다리를 벌리고 앉더니 "진왕을 사로잡아 협박하여 반드시 약속을 받아내 태자에게 보답하려는 바람에 일을 그르쳤구나" 하고 자책했다. 이때 좌우 신하들이 우르르 달려들어 형가를 죽였다. 진왕은 오래도록 마음이 편치 못했다.

기둥 사이를 쫓고 쫓기는 자객과 진시황의 모습이 눈에 선하다. 만의 하나 이때 진시황이 형가에게 암살당했다면 역사는 어떤 방향으로 흘러갔을까. 실없는 가

형가가 진시황을 암살하려는 장면은 귀족의 무덤을 장식하는 벽돌에 그림으로 새겨져 한동안 유행했다. 《사기》의 이 대목이 명장면이었음을 보여주는 증거이다.

정이지만 그 자체만으로도 흥분되는 질문이다.

진시황은 이 일로 엄청난 충격을 받았으며 궁궐 경비를 더더욱 철통같이 했다. 진나라가 천하를 통일해나가는 과정에서 시스템이 경색되고 폐쇄적으로 바뀐 이유가 형가의 암살 시도와 깊은 관련이 있다고 추정하는 연구자도 있다.

진시황은 38세의 한창 나이인 기원전 221년, 마침내 천하를 통일했다. 왕성하게 일할 나이에 천하를 통일한 진시황은 전국 시대 7국이 모두 다르게 써왔던 문자를 통일하고 제각각이었던 도량형도 통일했다. 수레바퀴의 지름과 바퀴 사이의 축도 규격화했다. 수도 함양으로 통하는 고속도로, 즉 치도馳道를 닦았으며, 치도 양 옆으로 가로수까지 심었다. 300만 제곱킬로미터 이상으로 확대된 방대한 통일 제국이 된 것이다. 진시황은 봉건제를 버리고 중앙집권적인 군현제로 전환시켜 통치했다. 이는 획기적인 조치로 그 후 2,000년 동안 중국의 정치·행정 체제의 근간이 되었다.

39세에는 여산까지 길을 뚫어 감천궁甘泉宮을 지었다. 적의 공격을 효과적으로 막기 위해 길 양쪽으로 벽을 쌓아올린 도로인 용도用道를 수축, 함양까지

제3부 천하를 통일한 진제국의 비밀 173

통하게 했다. 궁궐은 전부 구름다리로 연결했다. 지붕만 씌우면 비 한 방울 맞지 않고 다닐 수 있는 구조였다. 하지만 현재 확인된 유적만을 놓고 볼 때 이런 구조물이 실재했는지에 대해서는 논란이 있다. 40세에는 처음으로 산동성 태산에서 하늘과 땅에 제사를 지내는 봉선封禪을 치렀다. 이후 중국 황제들은 즉위 후 태산으로 행차하여 봉선제를 지내는 것이 관례가 되었다. 알다시피 사마천의 아버지 사마담은 봉선제에 참석하지 못해 울화병이 나 죽었다.

41세에 동쪽 지방을 순시하던 진시황은 또 한 차례 암살 사건을 겪는다. 박랑사博狼沙(하남성 원양현原陽縣)에서 '창해역사滄海力士'라는 이름의 장사가 진시황의 마차를 철퇴로 내리쳤다. 그러나 창해역사는 진시황이 탄 마차를 잘못 알아보아 암살에 실패했다. 요즘 식으로 말하자면 대통령이 탄 1호 차를 공격해야 하는데 2호 차를 공격한 것이다. 진시황은 자신에 대한 암살 시도에 대비하기 위해 같은 마차를 여러 대 준비했다. 그리고 자신이 어떤 마차에 타는지 철저히 보안에 부쳤다.

이 암살 미수 사건에서 눈여겨봐야 할 사람이 있다. '창해역사'는 하수인이고 정작 사건의 주범(?)은 장량이었다. 장량이 누군가. 유방을 도와 천하를 재통일하는데 한신, 소하와 함께 가장 큰 공을 세운 '서한삼걸'의 한 사람이다. 그는 《사기》 전체를 통해 정상에 오른 순간 명예로운 은퇴를 결행한 월나라 범려와 함께 가장 현명한 처신의 대명사로 이름을 길이 남겼다. 최고 자리에 오르고도 완벽하게 보장된 부귀영화를 뒤로한 채 산간으로 은퇴한 인물이 장량이었다. 그런데 왜 장량은 진시황을 암살하려 했을까. 그의 조국인 한韓나라를 멸망시켰기 때문이다. 명문 귀족 출신인 장량은 조국의 원수를 갚기 위해 재산을 모두 털어 진시황 암살을 모의하고 실행에 옮겼으나 실패했다. 이 일로 그는 전국에 수배령이 내려져 이곳저곳을 떠돌게 된다.

진시황은 44세 때 불로장생약을 구하기 위해 방사 서복徐福을 동쪽으로 보냈다. 흔히들 진시황의 사인을 스트레스 과로사로 본다. 그는 300만 제곱킬로미터에 이르는 광활한 대제국을 어떻게 통치하고 유지할 것인가에 대해 늘 고민했다. 또 자신에 대한 여러 차례의 암살 기도 때문에 극도의 신경과민에 시달렸다. 따라서 자신의 건강 상태에 예민할 수밖에 없었으며, 오래도록 건강과 수명을 지켜줄 수 있는 불사약과 특별한 처방을 갈구했을 것이다. 게다가 진시황은 모든 일을 혼자 판단하고 결정하는 스타일이었다. 자신이 죽고 난 다음의 상황은 상상조차 하기 싫었을 것이다. 능력 있고 신망이 두터운 장성한 큰아들 부소扶蘇가 있었지만 후계 구도를 일찌감치 정해놓지 않은 이유도 이 때문이지 않을까. 단도직입적으로 말해 진시황에게는 과대망상증이 있었고, 그것이 오히려 그의 죽음을 재촉하는 독으로 작용했을 것이다.

《사기》의 기록에 따르면 진시황은 하루에 해야 할 일의 양을 정해놓고 그 일을 마치지 못하면 잠도 자지 않았다고 한다. 말 그대로 일 중독자였다. 하지만 그는 우리 나이 50세에 사구沙丘에서 갑자기 쓰러져 다시는 일어나지 못했다.

후계를 세우지 못한 절대 권력자

진시황은 장생불사長生不死 약을 구하기 위해 다섯 번째 순행에 나섰다가 귀환하는 길에 갑자기 쓰러져 영영 일어나지 못했다. 죽기에 앞서 진시황은 뒤늦은 유서를 남겼다. 산서성에서 흉노와 대치하고 있는 몽염 장군과 큰아들 부소에게 서둘러 함양으로 돌아와 자신의 장례를 치르고 부소는 황제 자리를 계승하라는 내용이었다. 다른 것은 몰라도 후계 문제는 진작에 안배했어야 했다. 진시황의 죽음과 함께 진행된 엄청난 음모가 이를 역설적으로 입증하고 있다.

유서 전달을 명령받은 환관 조고趙高, 사리사욕과 탐욕으로 가득 찬 비열하고 열악한 성품인 그는 제국의 운명이 걸린 이 중대한 순간을 엉뚱한 방향으로 뒤틀었다. 진시황의 유서를 조작한 것이다. 그는 진시황의 작은아들 호해를 설득하고 권력과 부귀영화에 흔들리는 승상 이사를 음모에 가담시켰다. 마침내 조고는 부소와 몽염을 자결케 하고 자신의 꼭두각시인 호해를 2세 황제로 앉히는 데 성공했다. 그와 함께 제국은 한없는 멸망의 늪으로 빠져든다.

사마천은 진시황이 매부리코에 길게 찢어진 눈 그리고 새가슴에 승냥이 같은 목소리를 가진 모습이라고 표현했다. 목소리만 보자면 허스키 보이스였다. 이 기록을 근거로 궈머뤄郭沫若라는 중국의 유명한 학자는 진시황이 기관지염이나 천식으로 고생했을 것이라고 추정했다. 또 어떤 학자는 진시황은 키가 190센티미터가 넘는 위풍당당한 장부였을 것이라고 했다. 하지만 앞서 말한 것처럼 시체는 썩고 미라가 존재하지 않을 가능성이 높기 때문에 확인할 길은 없다. 진시황릉이 발굴되어 그의 초상화라도 나오면 모를까.

세기의 발굴을 둘러싼 논쟁

진시황릉에 대한 발굴은 아직까지 계획이 없다. 고고학자들은 진시황릉 발굴이 시기상조라고 이구동성으로 말한다. 수은에 대한 기록을 믿는다면 더더욱 발굴할 수 없다. 능을 진공 상태로 유지한 다음 우주복을 입고 발굴해야 할 판이기 때문이다. 무덤과 그 안의 유적·유물을 온전히 보존하려면 이 방법이 최선이다. 병마용갱 발굴에서 선명하게 칠해져 있던 진용의 원래 색채가 다 날아가버린 안타까운 경험도 있지 않은가.

중국의 문화재 발굴법은 1970년대 이후로 바뀌지 않고 있다. 1970년대 저우언라이 수상에게 진시황릉을 발굴하자는 건의서와 탄원서가 끊임없이 올라왔다. 국가 부주석까지 지낸 역사학자이자 소설가, 시인인 궈머뭐까지 발굴하자는 입장이었다. 하지만 저우언라이는 이를 물리쳤다. 그는 과학 기술이 좀 더 완벽해질 때를 기다려 후손에게 맡기자고 했다. 그러고는 앞으로 10년 이내에 발굴하지 않겠다는 결정을 내렸다. 그때가 1970년

저우언라이. 지도자 한 사람의 의식이 수많은 인간의 탐욕을 막았다. 문화는 인간의 탐욕으로부터 멀리 떨어져 있을수록 생명이 길어진다. 진시황릉의 운명이 시금석이 될 것이다.

대 후반이었고 그것이 저우언라이의 확고한 입장이었다. 그리고 저우언라이의 당시 입장은 30년이 지난 지금까지도 금과옥조처럼 지켜지고 있다. 지금 발굴해서는 안 된다는 사실을 양식 있는 사람이라면 모두 알고 있기 때문이다. 그런 점에서 우리는 후진국이라는 중국만도 못하다. 문화라는 것이 무엇인가. 내가, 우리가 그리고 나아가서 세계인이 공유하는 유산이다. 발굴 하나, 보존 하나라도 제대로 해야만 공유을 위한 최소한의 자격을 갖추는 것이다. 눈앞의 성과와 개인의 명성을 위해 마구 파헤치면 어찌 되겠는가. 무녕왕릉의 발굴을 보라. 세계 발굴 역사상 최악의 발굴로 기록되고 있다.

깨어 있는 의식을 가진 정치가 한 사람이 중국의, 아니 세계인의 소중한 문화재를 지켜내는 방패가 되었고 지금도 든든한 방패 역할을 하고 있다. 지금 진시황릉은 어쩌면 인간의 탐욕과 끝을 알 수 없는 전쟁을 준비하고 있는지도 모른다. 방패를 보다 튼튼하게 벼릴 필요성이 갈수록 절박해지는 시점이다.

【제4부】

세상을 꿰뚫는 《사기》의 통찰력

제12강

고사성어에 담긴 삶의 지혜

고사성어나 명언, 명구는 누군가를 설득해야 할 때 간명하게 상대를 감동시키는 힘이 있다. 일상생활의 대화 속에서도 화제의 핵심이나 상황을 한마디로 압축하는 데 결정적인 역할을 한다. 제때 제자리에 쓰인 고사성어, 명언, 명구는 말이 지나간 뒤에도 깊은 여운을 전하는데, 거기에 깃든 세상과 사람을 향한 지혜와 통찰력 덕분이다. 《사기》에는 3,000년의 시간과 그 시간 속 주인공들이 빚어낸 지혜와 통찰의 성어, 명언, 명구가 일일이 소개하기 어려울 만큼 많이 들어 있다. 특히 일상생활에서 흔히 쓰고 있지만 《사기》에서 비롯된 것인지 미처 몰랐던 것, 배경을 알면 더욱 제때, 제자리를 찾아갈 수 있을 것들을 간략하게 소개하겠다.

'완벽' 한 것에 '하자' 가?

'완벽完璧' 이란 말이 있다. 그런데 '옥 벽璧' 자를 보면 밑에 '구슬 옥玉' 자가 있다. 옥과 관련된 글자임을 알 수 있다.

강대국 진나라가 점차 동쪽으로 세력을 넓혀가던 전국 시대 후반. 조趙나라에 화씨벽和氏璧이라는 귀중한 옥이 전해져 오고 있었다. 초나라 사람 변화卞和가 형산荊山(오늘날의 호북성에 있음)에서 얻은 박옥璞玉을 옥으로 다듬어 여왕厲王에게 바쳤다. 초나라 여왕이 옥 감정사를 시켜 감정한 결과 옥이 아니라 돌이라는 감정이 나왔다. 화가 난 여왕은 변화의 다리를 잘랐다. 변화는 초나라 무왕武王이 즉위하자 또 옥을 갖다바쳤다. 그런데 이번에도 돌이라는 감정이 나와 변화는 팔이 잘렸다.

초나라 문왕文王이 즉위하자 변화는 박을 안고 산에 가서 대성통곡했다. 삼일 밤낮을 울었더니 눈물이 마르고 피눈물이 나기 시작했다. 문왕이 이 소식을 듣고 기이하게 여겨 사람을 보내 물었다.

"천하에 다리 둘 잘린 사람도 많은데 너는 왜 그리 슬피 우느냐?"
변화가 대답했다.
"다리 잘린 것이 슬퍼 우는 것이 아닙니다. 옥을 돌이라고 해 슬픈 것이고 제 충정을 모르고 사기꾼으로 몰아 슬픈 것입니다."

문왕이 다시 감정사를 시켜 변화가 가진 돌을 쪼개보도록 했다. 그러자 과연 그 돌 안에 천하에 둘도 없는 보옥이 있었다. 이 옥을 변화의 이름을 따서 '화씨벽和氏璧'이라고 불렀다.

초나라 위왕威王 때 나라에 공이 많은 재상 소양昭陽에게 화씨벽을 상으로 주었다. 어느 날 소양이 연회를 열어 자신의 옥을 여러 사람에게 자랑 삼아 보여주었는데 그날 밤 화씨벽이 사라졌다. 50년이 지난 어느 날, 어떤 사람이 조나라 환관의 집에 와서 옥을 팔았다. 환관은 장인에게 옥을 감정케 했고 옥을 감정한 장인은 화들짝 놀라며 '화씨벽'이라고 했다. 이 이야기를 들은 조나라 혜문왕惠文王이 화씨벽을 빼앗았다. 그 후 진秦나라 소양왕昭襄王이 이 옥을 탐내어 조나라에 성 15개와 화씨벽을 맞바꾸자고 했다.

강대국 진의 속셈을 알면서도 차마 거절할 수 없었던 조나라는 인상여蘭相如를 시켜 옥을 진나라에 가져가게 했다. 인상여가 진나라에 가니 성 이야기는 일언반구도 없고 옥만 요구했다. 인상여는 성은 얻지 못한 채 옥만 뺏길 것 같자 진나라 왕에게 "사실 화씨벽에는 보통 사람의 눈에는 잘 보이지 않는 하자瑕疵(흠)가 있습니다" 하며 일단 화씨벽을 돌려받았다. 그러고는 약속을 지키지 않는 진왕을 나무라며 옥을 자신의 머리와 함께 기둥에 부딪쳐 산산조각 내버리겠다고 협박했다. '상품에 하자가 있다'고 할 때 '하자'라는 말은 바로 여기서 유래한 것이다.

인상여는 이 옥을 함부로 받아서는 안 되니 지금부터 닷새 동안 목욕재개하고 나면 다시 주겠다고 했다. 객관에 돌아온 인상여는 그 사이 다른 사람을 시켜 화씨벽을 조나라로 돌려보냈다. 여기서 '완벽귀조完璧歸趙'라는 고사성어도 나왔다. 진나라 소양왕과 인상여가 화씨벽을 놓고 승강이를 하는 과정에서 나온 말이다. 화씨벽을 온전하게 조나라로 돌려보냈다고 해서 '완벽귀조'라고 한다.

고사성어는 재미있다. 그 안에 사연이 있고 인생의 철리나 세상사 이치도 들어 있다. 또한 삶의 지혜도 압축되어 있다. 고사성어를 많이 알아두면 상황에 맞는 이야기를 자기 삶에 적용할 수 있다. 산에 걸려 넘어지는 경우는 없다. 조그만 돌부리에 걸려 넘어진다. 자그마한 돌부리에 걸릴 때마다 지혜로운 이야기를 머릿속에, 가슴속에 새겨둔다면 돌부리를 파내거나 무사히 건너뛰는 지혜를 찾을 수 있지 않을까.

고사성어로 읽는 지혜의 사전 《사기》

임금이나 나라에 죄를 지어 도리에 크게 어긋남을 뜻하는 고사성어 '대역무도大逆無道'의 출처는 《사기》〈고조 본기〉다. "지금 항우가 강남에서 의제를 죽였으니 '대역무도'다."

　대역무도한 부끄러운 짓을 저지르고도 부끄러운 줄 모르고 잘난 척하는 것을 '적반하장賊反荷杖'이라고 한다. 도둑이 되레 매를 든다는 의미다. 방귀 뀐 놈이 성내는 격이다. 그런 사람에게 해줄 수 있는 '손바닥으로 하늘을 가린다'는 말이 있다. 그것과 똑같은 표현이 《사기》에 나오지는 않지만 비슷한 표현으로 '세숫대야를 이고 하늘을 올려다본다'는 '대분망천戴盆望天'이 있다. 이는 사마천이 친구 임안에게 쓴 편지 〈보임소경서〉에 나온다. 대야를 이고 하늘을 쳐다보면 대야 밑바닥밖에 더 보이겠는가.

　말을 잘하면 세 치 혀를 잘 놀린다고 표현한다. 한 치는 3센티미터, 세 치는 9센티미터 정도다. 혓바닥 길이와 거의 비슷하다. '세 치 혀를 놀린다'는 고사성어 '도삼촌설掉三寸舌'은 《사기》〈회음후淮陰侯 열전〉에 나온다. 〈회음후 열전〉은 한신에 관한 열전이다. 한신의 책사인 괴통蒯通이 세 치 혀를 잘 놀렸다고 한다. 괴통은 한신에게 독립하여 천하를 삼분하라고 강력하게 권했다. 하지만 한신은 망설이다 시기를 놓쳤고 결국 '토사구팽' 당했다.

　선거철마다 후보자들은 '유세遊說'를 한다. '유세'라는 단어도 《사기》에 나온다. 말 잘하는 자들이 각국의 군주들에게 자신들의 세 치 혀를 놀려 자리와 부귀영화를 구하는 이야기가 많다. 이들을 '유세가遊說家' 또는 '세객說客'이라고 불렀는데 요즘 식으로 말하면 로비스트다. 넓은 의미에서 외교가라고 할 수 있다. 이들에 관한 기록은 〈소진장의 열전〉이 대표적이다.

　소진蘇秦은 강국 진을 제외한 동방 6국이 공동으로 임명한 '6국 공동 재상'이었다. 지금의 유엔 사무총장과 비슷하다. 유엔 사무총장이 세계 공동 재상은 아니지만 분쟁 지역 등을 찾아다니며 조정하고 해결하는 역할을 한다. 약 2,000년 전 소진의 역할도 비슷했다. 6국의 공동 재상이 되기까지 소진이 제안한 '합종책合從策'은 매우 유명한 외교 전술이었다. 기원전 4세기 말 천하는 전국칠웅(제齊, 초楚, 진秦, 연燕, 위魏, 한韓, 조趙)으로 압축되었다. 그중에서도 진秦이 단연 막강했다. 소진도 처음에는 강대국 진을 찾아가 유세했지만 별다른 성과를 거두지 못했다. 소진은 당초 여러 나라를 떠돌며 유세했지만 인정받지 못하고 실의와 좌절을 맛보아야만 했다. 그러다 연나라에 1년 가까이 머문 끝에 기회를 잡아 연나라 문후를 설득하는 데 성공한 뒤, 나머지 다섯 나라를 돌며 '진나라에 굴복하여 쇠꼬리가 되기보다는 차라리 닭의 대가리가 되라' 는 식으로 설득했고 동방 6국을 종으로 연합시켜 서쪽의 진나라에 맞섰다. 이것이 바로 합종책이다.

　소진의 동창이자 라이벌이었던 위나라 출신의 장의張儀도 풍운의 꿈을 품고 각국에 유세했다. 그러나 계속 푸대접만 받았고 심지어 두들겨 맞기도 했다. 이와 관련하여 씁쓸한 일화도 전한다. 장의가 밖에 나가 심하게 구박을 당하고는 만신창이가 된 몸을 이끌고 집에 돌아왔다. 남편의 몰골을 본 장의의 부인은 가장으로서 생계도 꾸리지 못하는 것은 고사하고 어디 가서 그렇게 맞고 다니냐며 바가지를 긁었다. 급기야 그런 쓸데없는 공부는 왜 하느냐며 장의의 자존심에 심하게 생채기를 냈다. 그런데 심하게 화를 낼 줄 알았던 장의가 갑자기 자신의 혓바닥을 쑥 내밀며 "혓바닥 아직 그대로 있는가"라고 물었다. 유세가는 혀만 남아 있으면 된다는 의미였다. 변설辯舌로 공을 세울 여력이 아직 남아 있다는 뜻의 '설상재舌尙在'라는 말의 유래다. 결국 장의는 '세치의 혀'로 소진의 합종책에 대응한 '연횡連衡'으로 출세하게 된다. 진나라를 설득한 장의는 6국을 돌며 6국이 각각 진나라와 횡으로 연합할 것을 제안하여 진과 6국의 횡적 동맹을 성사시켰다. 이것이 바로 '연횡책'이다. 진은 이 외교 정책을 바탕으로 6국을 하나하나 병합하고 중국을 통일했다.

유혈이 낭자하다

피를 많이 흘리면 '유혈이 낭자하다'고 표현한다. '이리 랑狼' 자와 '깔개 자藉' 자가 합쳐진 '낭자狼藉'란 단어도 《사기》에서 나왔다. 정확히는 '배반낭자杯盤狼藉'다. '배반'은 술병이라든지 술잔 같은 것이 흐트러져 있는 상태를 말한다. 낭자는 여우나 이리 같은 동물이 잠을 자고 난 다음 흔적을 없애기 위해 풀을 마구 흩는다는 뜻이다. 그래서 어지러운 상태다. 이는 〈골계滑稽 열전〉에 나온다.

제나라 위왕威王 때 초나라가 제나라를 침입했다. 위왕은 순우곤淳于髡에게 조趙나라로 가서 구원병을 청하도록 하였다. 조나라 왕은 정예 병사 10만 명과 전차 1,000승乘을 주었다. 초나라는 이 말을 듣고 물러났다. 위왕은 크게 기뻐하며 순우곤에게 술을 내리면서 몇 잔을 마셔야 취하느냐고 물었다. 순우곤은 "한 말을 마셔도 취하고 한 섬을 마셔도 취합니다"라고 대답했다. 순우곤은 자신의 주량이 고무줄 같은 이유에 대해 다음과 같이 설명했다.

왕께서 술을 내리시면 관원들이 옆에 있어 두렵고, 더군다나 엎드려서 마시니 한 말도 못 마시고 취합니다. 어버이에게 꿇어앉아 받아도 두 말을 못 마시고 취하게 됩니다. 오랜만에 벗과 마시면 홀가분하고 즐거워 대여섯 말을 마실 수 있습니다. 마을 잔치에서 남녀가 섞여 앉아 주거니 받거니 하면 이런 것을 좋아하여 여덟 말 정도 마실 수 있지만 완전히 취하지는 않습니다. 또 깊은 밤에 자리를 좁혀 남녀가 동석하고, 신발이 서로 뒤섞이며, '술잔과 그릇이 어지럽게 흩어지고杯盤狼藉' 마루 위의 촛불이 꺼지고, 엷은 비단 속옷의 옷깃이 열리면 은은한 향기에 한 섬을 마실 수 있습니다. 그러므로 술이 극도에 이르면 어지럽고 즐거움이 극도에 이르면 슬퍼집니다.

사물이란 극도에 이르면 반드시 쇠한다는 것을 비유한 것이다. 제위왕은 곧 밤새워 술 마시는 것을 그만두고 순우곤을 주객主客(외국 사신을 접대하는 벼슬)으로 삼았다. 그 후 왕실의 주연이 있을 때마다 순우곤은 항상 왕을 모셨다.

어떤 사물이나 현장이 어지럽게 널려 있는 상태, 이것이 배반낭자인데 나중에 '낭자'만 따로 떼어 '유혈이 낭자하다'는 식의 표현을 하게 되었다.

야전 사령관이 연출한 드라마 배수진

'배수진을 치다'는 뜻의 '배수지진背水之陣'은 명장 한신이 실전에 활용해 유명해진 고사성어다. 조나라 군사와 싸울 때 한신은 도망칠 곳이 없는 강을 뒤로 두고 진을 쳐 승리했다. 《손자병법》〈구지九地〉에 나오는 병법이다.

한신과 관계된 재미있는 또 다른 고사성어로 '다다익선多多益善'이 있다. 유방이 한나라를 건국하는 과정에서 군사적으로 가장 많은 공을 세운 이가 한신이다. 한신과 소하, 장량을 합쳐 서한삼걸이라고 부르는데, 한나라를 건국하는 데 가장 큰 공을 세운 세 사람의 인걸이라는 뜻이다. 한신은 군사, 소하는 후방 물자 담당, 장량은 전략 전술을 담당했다.

한고조 유방은 술자리에서 항우를 이긴 원인에 대해 토론한 적이 있다. 이 자리에서 유방은 한신에게 이렇게 물었다. "황제인 내가 장수라면 어느 정도 병사를 거느릴 수 있겠느냐." 한신은 10만 정도면 충분하다고 대답했다. 기분이 언짢았지만 유방은 한신에게 "너는 어떠한가" 물었다. 한신은 "많으면 많을수록 좋다多多益善"고 대답했다. 유방이 웃으며 "그런 네가 왜 내 밑에 들어왔느냐"고 다시 물었다. 한신은 "폐하께서는 많은 병사를 거느릴 순 없지만 장수를 잘 거느리십니다. 그게 바로 신이 폐하 밑에 있는 까닭입니다. 폐하는 하늘이 정한 분이지 사람의 힘으로 된 분이 아닙니다"라고 말했다. '장수 위의 장수'라는 '장상지장將上之將'도 이 말에서 나왔다.

패장의 비극과 사면초가

비운의 영웅 항우와 관련된 가장 유명한 고사성어를 들라고 하면 흔히 '패왕별희霸王別姬'나 '사면초가四面楚歌'를 떠올릴 것이다. 〈항우 본기〉를 보자. 진秦나라를 무너뜨린 서초패왕 항우와 한왕 유방은 기원전 203년 홍구鴻溝(하남성 가로하賈魯河)를 경계로 천하를 양분하고 5년간에 걸친 패권 전쟁을 일단 멈추었다. 자신을 보좌하던 최고의 참모 범증을 잃는 등 전세를 역전당한 항우의 휴전 제의를 유방이 받아들인 것이다.

항우는 자신이 정한 도읍인 팽성彭城(오늘날의 강소성江蘇省 서주徐州)을 향해 철수 길에 올랐다. 유방도 서쪽의 한중漢中(섬서성 한수 북쪽 땅)으로 철수하려던 차였다. 하지만 장량과 진평 등은 유방에게 절호의 기회를 놓치지 말라고 적극 충고했다. 이에 유방은 휴전 협정을 깨고 말머리를 돌려 항우를 추격했다. 해하垓下(안휘성 영벽현靈壁縣 동남 타하沱河 북안)에서 한신이 지휘하는 한나라 대군에게 포위당한 항우의 초나라 진영은 중과부적에 군량미마저 바닥이 나 사기가 완전히 땅에 떨어졌다. 설상가상으로 한밤중에 '사방에서 초나라 노래四面楚歌' 소리가 들려왔다. 초나라 군사들은 그리운 고향 노랫소리에 눈물을 흘리며 앞을 다투어 도망쳤다. 장량의 심리전이 결정타를 날린 것이다. 항우도 한나라가 이미 초나라를 완전히 정복한 줄 알고 격한 심정으로 다음과 같은 노래를 불렀다.

힘은 산을 뽑고 의기는 세상을 덮지만
때는 불리하고 추는 달리려 하지 않는구나
추가 달리려 않으니 어찌하면 좋을고
우여, 우여 그대를 어찌할거나

항우의 연인 우희虞姬는 항우의 보검을 뽑아 자결했고 항우는 800여 기병을 이끌고 준마 추騅를 몰아 포위망을 뚫었다. 그러나 강동으로 건너갈 수 있는 오강烏江(안휘성 화현和縣 오강진烏江鎭)에서 권토중래를 권유하는 부로父老들의 요청을 뒤로한 채 스스로 목숨을 끊었다. 강동의 젊은이를 다 잃고 혼자 무슨 면목으로 돌아가겠느냐는 것이었다. 기원전 220년, 항우 나이 31세였다.

'상갓집 개' 신세의 공자

초라한 몰골, 매우 궁색한 차림새를 '상갓집 개喪家之狗'같다고 한다. 특히 나이 드신 분들이 즐겨 쓰는 말이다. 그 표상이 공자였다. 공자는 제자들과 천하를 주유하면서 굶기도 하고 심지어 목숨을 잃을 뻔하는 등 숱한 고난을 겪었다. 공자는 노魯나라 정공定公 때 대사구大司寇(지금의 법무부 장관)를 맡았지만 당시 세도를 부리던 삼환三桓들에게 배척당해 노나라를 떠났다. 〈공자 세가〉에 보면 이런 이야기가 나온다.

공자 나이 56세 때 정鄭나라를 방문했다. 제자들과 길이 어긋나 동문에서 제자들이 찾아오기만을 기다리고 있었다. 이때 정나라 사람이 스승을 찾아다니는 자공子貢에게 자신이 본 공자의 모습을 이렇게 말했다.

"이마는 요 임금과 같고 목은 명재상 고요皐陶와 같으며 어깨는 자산子産과 같았소이다. 그러나 허리 밑으로는 우 임금보다 세 치나 짧았고 초췌한 모습은 마치 상갓집 개 같더이다."

자공은 스승 공자임을 알아차리고 다른 제자들과 함께 공자가 있는 곳으로 달려갔다. 자공이 스승에게 그 이야기를 들려주니 공자는 "외모는 그런 훌륭한 사람들에게 미치지 못하지만 상갓집 개 같다는 말은 맞다"며 웃었다. '상갓집 개 같다'는 말의 유래다. '상갓집 개만도 못하다'는 속담처럼 처지가 딱하고 불쌍하다는 뜻이다. 《논어》를 공자와 연관시키면 무척이나 근엄하고 딱딱하고 엄숙할 것 같지만 공자는 실제로 유머가 넘치는 사람이었다. 중국의 유명한 문필가 린위탕林語堂은 이런 공자의 모습에 착안하여 《공자의 유머》라는 책을 쓰기도 했다.

닭 대가리가 될지언정 소꼬리는 되지 말라

《사기》에는 인생의 좌우명으로 삼을 만한 대목이 많이 나온다. "기회는 얻기는 어려워도 잃기는 쉽다時者難得而易失也"는 말이 있다. 〈제태공齊太公 세가〉에 나오는 말이다. 단지 출세의 기회만을 말하는 것이 아니다. 사랑하고 아끼는 사람들에게 잘해줄 수 있는 기회를 놓치는 경우도 해당된다. 태공은 바늘 없는 낚시질로 주나라 문왕을 도와 천하를 얻고 제태공으로 봉해진, 말하자면 인생의 마지막 기회를 제대로 활용한 대표적인 인물이다.

유세가인 소진이 한 말도 유명하다. "닭 대가리가 될지언정 소꼬리는 되지 말라寧爲鷄口, 勿爲牛後"고 했는데 상대의 자존심을 부추기는 말로 자주 쓰인다.

참새가 큰 새의 뜻을 어찌 알리오

진승은 중국 최초의 농민 봉기군 수령으로 진나라가 멸망하는 계기를 마련한 장본인이다. 〈진섭 세가〉를 보면 진나라는 항우에 의해 완전히 멸망하지만 이미 진승이 진나라를 사실상 무너뜨렸다. 그래서 사마천은 농민 반란군 수장이었던 그를 제후의 격에 맞는 세가에서 서술하는 파격을 보였다.

진승은 남의 집 일을 해주는 고용살이 머슴이었다. 그때 함께 일했던 같은 처지의 사람들과 나눈 유명한 대화가 있다. 진승이 "나중에 잘되면 모른 척하지 말고 서로 잘 지냅시다"라고 말하자 다른 이들이 "머슴 주제에 잘되기는 뭘" 하고 비아냥거렸다. 그러자 진승은 한숨을 쉬며 "참새가 큰 새의 뜻을 어찌 알리오燕雀安知鴻鵠之志"라고 대답했다. 옮기자면 '참새가 큰 기러기처럼 높고 멀리 나는 새의 뜻을 어찌 알겠느냐' 이다. 진승이 농민 봉기를 일으키면서 남긴 "왕후장상의 씨가 따로 있더란 말이냐王侯將相寧有種乎"라는 선언도 유명하다. 고려 시대 노비 반란의 대명사였던 만적도 이 말을 인용하며 신분 해방을 선언했다.

외교 정책의 영원한 기본기 '원교근공'

외교 정책과 관련해서 가장 유명한 고사성어는 '원교근공遠交近攻'이다. 지금도

전 세계 여러 나라가 원교근공을 여전히 주요한 외교 정책으로 쓰고 있다. '원교' 란 멀리 있는 나라와는 친하게 지낸다는 뜻이고 '근공'은 가까이 있는 나라를 공격한다는 뜻이다. 가까이 있는 나라를 공격하기 위해서는 멀리 있는 나라가 최소한 중립을 취해야 한다. 진나라가 동방 6개국을 공격해 하나하나 합병해 나가는 과정에서 구사했던 가장 기본적인 외교 정책이었다. 이 외교 책략의 제안자는 범수范雎라는 인물이다.

궁형의 치욕을 당한 사마천의 진심

'회장구절回腸九折'은 창자가 이리저리 아홉 번이나 뒤틀리고 꼬였다는 뜻으로 굉장히 고통스러운 상태를 표현할 때 쓴다. 아니꼬운 모습을 보고 속이 뒤틀릴 때도 이런 식으로 표현한다. 사마천이 친구 임안에게 보내는 편지에서 궁형을 받은 자신의 마음 상태를 표현한 말이다.

백성의 입을 막기란 물을 막기보다 어렵다

《사기》에는 민심과 관련된 격언이나 명언이 적지 않다. 민심이란 오늘날로 말하면 여론이다. 정치가나 사회 지도층이 민심의 동향을 제대로 파악하지 못하거나 백성의 마음이 어디에 있는지 간파하지 못한 채 정쟁과 사리사욕 추구에만 빠져 있을 때 민심은 폭발한다. 보통 사람들의 위대한 삶에 지대한 관심을 가지고 이들의 행적을 남긴 사마천은 민심의 동향에 크게 주목했고《사기》 곳곳에 민심과 관계된 유명한 고사성어를 많이 배치했다. 그 가운데 대표적인 고사 성어가 '방민지구, 심어방수防民之口, 甚於防水'다. 백성의 입을 막기란 물을 막기보다 힘들다는 말이다. 한 번 민심을 잃으면 홍수보다도 더 무서운 결과를 초래할 수 있음을 뜻한다.

여론이나 민심이 깃든 소문과 관련해서는 '중구삭금, 적훼쇄골衆口鑠金, 積毁銷骨'이라는 명구를 남겼다. '여러 사람의 입은 쇠도 녹이고, 헐뜯음이 쌓이면 뼈도 깎는다'는 뜻이다. 史記

제13장
세태와 인심을 비판하다

생생한 현장 목소리를 들으며 역사를 생각했던 사마천이 중요하게 여긴 것이 언론 통제 및 관련 법 조항이다. 전국 시대에 독재를 행한 왕이나 진시황 그리고 한무제 때에 이런 법들이 만들어졌다. 우리의 국가보안법 같은 악법이다.

'우어기시偶語棄市'는 극단적 언론 통제를 비유하는 고사성어다. '우어'란 길에서 우연히 만나 이야기를 나눈다는 뜻이다. '기시'는 목을 베어 저잣거리에 전시하는 혹형이다. 두 사람이 서로 개인적인 이야기를 나누다 들켜도 공개 처형한다는 법이 '우어기시'다. 〈진시황 본기〉의 "사사로이 《시경》과 《서경》에 대한 이야기를 나누면 목을 잘라버렸다"는 대목이 바로 그 출전이다.

더 심각한 법도 있다. '복비법腹誹法'이다. 속으로 비방해도 사형에 처한다는 법이다. 자기에게 반대하거나 마음에 들지 않으면 법을 멋대로 적용해 처단했다. '복비법'의 출전은 〈평준서平準書〉다. 그럼에도 사마천은 백성들의 입을 막는 것은 홍수를 막는 것보다 힘들다고 했다. 이게 여론의 힘이고 보통 사람들의 힘이다.

한나라 초기에 귀족이나 왕이 죽으면 무덤 안에 호화로운 부장품을 묻는 후장이 유행했다. 한나라 개국 공신의 자식이 무장 출신인 아버지를 위해 부장품으로 무기를 넣었다. 그러자 누군가가 모반을 꾀한다고 고발했다. 무덤에 넣은 무기인데 무슨 모반이냐고 항변했지만 죽어서도 모반을 꾀하려 한 것 아니냐며 막무가내로 처형시켰다. 죽어서도 모반을 꾀하려 했다니, 기가 막힐 노릇이다. 권력이 군주 한 사람에게 집중되어 있던 전제 체제의 심각한 폐단이다. 그러나 백성들의 입을 막을 수는 없었다. 소통의 문제가 발생하거나 포악한 정치가 횡행하면 결국 농민 봉기에 의해 왕조가 무너지곤 했다. 실제로 중국의 많은 왕조가 농민 봉기에 의해 무너졌다.

"왕후장상의 씨가 따로 있더란 말이냐"며 불평등 타파를 외쳤던 진승의 봉기군에 의해 거대 제국 진이 무너졌다. 명나라는 농민 봉기군 수령 이자성에 의해 무너졌다. 민심은 당해낼 수가 없다. 제방이 한 번 터지면 말 그대로 '물밀듯이 밀려들어' 정치의 마지노선이 무너지고 만다. 정치의 마지노선은 무엇인가. 바로 민심이다. 민심이 한 번 돌아앉으면 돌이킬 수 없다. 민초들은 참을 때까지 참는다. 바닥까지 긁어가는 살인적 세금도 견디고 생활고도 견디며 최선을 다해 살아볼 때까지 살아본다. 그리 해도 참을 수 없는 지경에 이르면 비로소 터진다. 그 정도 되면 막을 길이 없다. 그게 바로 민심이자 정치의 마지노선이다.

세상을 흐린 지식인에 대한 비판

사마천은 세상에 아부하는 지식인을 가장 증오했다. 배운 사람들이 정도를 걷지 않고 배움에 자부심을 갖지 않고 권력자에게 빌붙어 아부하거나 권력을 추구하거나 명예를 탐내는 것에 대해 가차 없이 비판했다. '곡학아세曲學阿世'라는 고사성어가 이를 대변한다. 사마천은 이런 사람들을 '과염선치寡廉鮮恥', 즉 '염치가 없는' 자들이라고 비판했다. '구합취용苟合取容'이라는 재미있는 고사성어를 만들기도 했는데 구차한 변명으로 제 몸 지키기에만 급급한 지식인을 풍자하는 말이다. "가난한 선비에겐 오히려 죽음도 함께할 문경지교刎頸之交가 있거늘 지금 천하를 뒤엎고도 남을 큰 나라에 목숨으로 절개와 지조를 지키는 신하가 단 하나도 없고, 그저 끼리끼리 패거리를 짓고 구차한 언행으로 제 몸 보신에만 열을 올리는 자들로 넘쳐난다"고 매섭게 몰아쳤다.

배운 것으로 세상을 어지럽히는 사람들을 가리키는 표현 가운데 '명성과 실名聲過實'이란 말이 있다. '명성'은 '명성이 높다'는 뜻이다. '과過'는 '지나치다'는 뜻이고 '실實'은 '실제'라는 뜻이다. 명성이 실제에 비해 지나치게 부풀려져 있다는 뜻이다. 세상을 시끄럽게 한 가짜 학위 사태가 좋은 본보기다. 학벌을 내세우는 사회가 되다 보니 학벌을 조작하고 학위도 조작하는 별별 사건이 벌어진다. 명성만을 추구하는 사회가 가져다주는 폐단이다. 실제를 추구하지 않고 합리를 추구하지 않고 명예와 허영만 추구하는 사회가 보여주는 부끄러운 폐단인 것이다.

칭찬만 하는 사람, 칭찬만 들리는 사람에 대해서는 의심해보아야 한다. 한신의 모반과 관련 있는 진희陳稀라는 인물이 있다. 진희는 한신과 모반을 꾀하다 처형당하는데 위魏나라 신릉군이 그의 정신적 지주였다. 진희는 신릉군을 본받으려고 무던히 애를 썼다. 신릉군은 전국 시대 4공자 가운데서도 가장 명성이 높았고 인격 또한 고고했기 때문에 진희가 늘 흉내를 내고 다녔다. 진희는 또 신릉군처럼 식객도 거느리고 다니면서 거들먹거렸다. 잘 모르는 사람들은 진희가 대단한 인물이라며 칭찬했다. 신릉군보다 낫다는 과장된 평가도 없지 않았다. 그런데 뭔가 의심쩍어 진희의 뒷조사를 해보았다. '명성과실'이었다. 진희는 결국 소인배라는 말을 들었으며 엉뚱하게 반란을 일으키려다 처형당했다. 명성이 지나친 사람들은 의심해보아야 한다. 지나치면 모자람만 못한 '과유불급過猶不及'이다.

지식인이 세상을 어지럽히는 가장 전형적인 수법이 글을 교묘하게 꾸며 무고한 사람을 죄에 빠뜨리는 일이다. 가장 흔한 예가 법을 다루는 사람들이다. 교묘하게 법을 갖다 붙여 무고한 이를 큰 죄인으로 만드는 경우가 있다. 이는 오늘날도 크게 달라지지 않았다. 이런 것을 고사성어로 '무문왕법舞文枉法'이라고 한다. '무舞'는 '춤춘다'는 뜻이다. 글을 춤추게 만든다는 것은 글을 교묘하게 꾸민다는 말이다. 고의로 문자를 농락하고 법령을 교묘하게 이용해 사사로운 이익을 꾀하는 질 낮은 배운 자들에 대한 풍자이자 비난이다.

꼬리에 꼬리를 무는 지식인 비판

일제 강점기 때의 한문 투 어휘와 문장이 여전히 남아 있는 법조문과 관공서 문서 또한 '무문舞文'의 좋은 예다. 배웠다는 사람들이 유식함을 뽐내기 위해 쓰는 어려운 말과 까다로운 문장도 같은 맥락이다. 사마천은 무문의 지식인에 대해 풍자와 조롱을 아끼지 않았다. '발몽진락發蒙振落'이 대표적인 표현이다. 당대 최고의 유명 지식인이었던 공손홍公孫弘(기원전 200년~기원전 121년)을 두고 한 말이다.

공손홍은 '곡학아세' 하지 말라는 쓴소리를 들은 인물이다. 서한 경제景帝는 즉위 후 천하의 어진 선비를 찾다가 신하들의 반대를 무릅쓰고 대쪽 같은 선비이자 90세의 원로 학자인 원고생轅固生을 등용했다. 공손홍은 황제의 눈치도 잘 보고 분위기도 잘 맞추는 아주 약삭빠른 사람이었다. 원고생은 그런 공손홍에게 곡학아세하지 말라고 혼쭐을 냈다. 사마천은 〈유림 열전〉에서 공손홍에 대해 '발몽진락' 같은 존재라고 비웃었다. '몸에 앉은 먼지를 털 듯 낙엽을 털 듯' 떨어버릴 만한 아주 보잘것없고 천박한 존재라는 뜻이다. 정도를 가지고 대하면 이내 그 위선과 허세가 드러나고 마는 자들을 두고 '발몽진락' 같다고 하면 딱 맞는 표현이 된다.

곡학아세 하는 지식인들의 또 하나의 경향은 '벌공긍능伐攻肯能'이다. 자신의 공을 떠벌리고 자신의 능력을 과장한다는 뜻이다. 사마천은 포악한 관리들의 행적을 기록한 〈혹리酷吏 열전〉에서 이렇게 말했다.

> 법을 받들고 이치에 따르는 관리는 공을 자랑하지도 유능함을 떠벌리지도 않으며 백성들의 입에 오르내리지 않는다. 현명한 관리들은 백성들의 입에 오르내리지 않는다.

제자리에서 제 직분을 지키며 열심히 일하면 있는 듯 없는 듯하면서도 일은 제대로 돌아간다. 그것이 노자가 말한 '무위無爲의 정치'다.

무문의 지식보다 보잘것없는 재주가 나은 이유

〈맹상군 열전〉에 '계명구도鷄鳴狗盜'라는 고사성어가 나온다. 제나라 맹상군은 많은 식객을 거느렸다. 그가 진나라에 사신으로 갔다. 진나라 소양왕昭襄王이 인재가 많은 맹상군을 시기하여 그를 죽이려 했다. 맹상군은 궁을 탈출하기 위해 소양왕이 총애하는 첩에게 청탁을 넣었다. 첩은 맹상군이 갖고 있던 흰 여우로 만든 가죽옷을 요구했다. 그런데 사신으로 올 때 가져온 흰 여우 가죽옷은 이미 소양왕에게 선물로 준 뒤였다. 하필 그 옷을 달라고 하니 맹상군은 난감했다. 이때 식객 가운데 한 명이 개 울음소리를 흉내 내 소양왕 침소에 침투해서는 옷을 훔쳐 왔다. 옷은 첩에게 돌아갔고 첩은 소양왕을 구슬려 맹상군 일행을 돌려보내게 했다.

일단 궁을 빠져나온 맹상군 일행은 함곡관 관문에 다다랐다. 아직 지명수배가 내려진 상황이 아니었기에 관문만 통과하면 되었다. 그런데 닭이 홰를 치기 전에는 문을 열어주지 않는 것이 진나라 법이었다. 이때 닭 울음소리를 잘 내는 식객이 닭이 홰를 치는 소리를 내어 관문을 열게 했다.

개나 닭 울음을 흉내 내는 따위는 정말 하잘것없는 재주다. 하지만 긴급한 상황에서 맹상군의 목숨을 구하는 데 결정적인 역할을 했다. 맹상군은 진나라로 올 때 수행 인원이 모자라 어쩔 수 없이 두 사람을 데려왔다. 그런데 이들이 맹상군의 목숨을 구한 것이다. 보통 인심은 자신과 신분이나 지위가 맞지 않으면 무시하는 경향이 있다. 우리 속담에 '개똥도 약에 쓰려면 없다'는 말이 있다. 하찮은 재주라도 필요한 때가 있는 법이다.

보배는 내 곁에 있다

그렇다면 한순간 내게 보배가 될 존재는 어디서 찾을까. 앞서 말했듯 진시황의 아버지 자초를 왕위에 올리는 데 결정적인 역할을 한 사람은 여불위다. 그는 진시황이 13세 때 황제로 즉위하자 실질적인 권력을 휘두르며 섭정했다. 당시 여불위가 자초를 보면서 한 말이 '기화가거奇貨可居'이다. 기이한 물건은 미리 차지해두는 것이 좋다는 뜻이다. 세상에 몇 없는 물건이나 앞으로 큰 이윤을 남길 만한 물건은 값이 쌀 때 미리 차지해두면 나중에 엄청난 가치를 발휘할 수 있다. 여불위는 이런 안목에서 자초에게 큰돈을 투자했으며 결국 천하를 뒤흔들 만한 권력을 소유하게 되었다. 여기서 중요한 것은 '어떤 것이 기이한 물건인가'를 볼 줄 아는 안목이다. 이중섭 그림이나 고려청자만 기화가 아니다. 이 세상에는 기화가 곳곳에 널려 있다. 그렇다면 가장 소중한 기화는 무엇일까. 사람이다. 내 옆에 있는 사람, 내 앞에 있는 사람, 내 뒤에 있는 사람, 모든 사람이 진정한 기화다. 史記

제14강
살아 있는 형상에 담은 깊은 뜻

《사기》에는 우스꽝스러운 표현이나 뜻은 없지만 사람의 동작을 재미나게 묘사한 표현이 나온다. '견자犬子'는 말 그대로 '개새끼'다. 《사기》에 '개새끼'라는 표현이 실제로 나온다. 사마천이 좋아했던 인물 가운데 사마상여司馬相如가 있다. 같은 사마씨였지만 친인척은 아닌 듯하다. 〈사마상여 열전〉을 보면 그는 어릴 때부터 책읽기와 검술을 좋아했다. 부모는 사마상여를 '견자'라 불렀는데 옛 어른들이 귀한 자식을 '개똥이'라 부른 것과 같은 맥락이다.

《사기》 130권에는 수많은 사람이 등장하지만 안타깝게도 러브 스토리가 거의 없다. 그런데 사마상여의 이야기에 거의 유일하다고 할 수 있는 놀라운 러브 스토리가 들어 있다.

사마상여는 촉蜀(사천성四川省) 성도成都 사람이다. 촉에 탁왕손卓王孫이라는 부자가 있었다. 임공현臨邛縣 현령인 왕길王吉은 사마상여의 재능을 아껴 늘 선생처럼 대접했다. 어느 날 왕길은 탁씨 집안의 잔치에 초대를 받아 상여에게 함께 가자고 청했다. 그러나 수줍음이 많았던 상여는 가고 싶어 하지 않았다. 그런데 현령이 집까지 찾아와 요청하는 바람에 그의 체면을 봐서 함께 동행하게 되었다. 두 사람은 잔칫집에 가서 술을 마시며 놀았는데 한창 분위기가 무르익자 현령이 상여에게 거문고를 연주해달라고 부탁했다. 상여의 연주 솜씨는 알아줄 정도였다.

사마상여와 탁문군의 러브 스토리

상여는 마지못해 거문고를 들고 연주를 시작했다. 그런데 상여의 연주를 가만히 지켜보는 여인이 있었다. 탁씨의 딸 탁문군卓文君이었다. 젊은 그녀는 시집간 지 얼마 되지 않아 남편을 잃고 청상과부가 되어 친정에 와 있었다. 탁문군은 상여의 품위에 반했다. 상여도 기품이 서린 아리따운 탁문군에게 마음을 빼앗겼다. 상여는 사람을 시켜 문군에게 자신의 은근한 마음을 전했고 두 사람은 그날 밤 야반도주를 결행했다.

　이 정도면 요즘이라 해도 집안이 발칵 뒤집힐 만한 일이다. 그런데 2,000년 하고도 백 몇 십 년 전의 일이다. 게다가 상여는 백면서생이었다. 말 그대로 백수건달 신세였다. 그러니 탁씨 집안에서는 더더욱 난리가 났다. 아버지 탁 부자는 딸과 인연을 끊었고 두 사람의 어려운 살림을 알면서도 한 푼도 도와주지 않았다. 사랑에 빠진 젊은 부부는 하는 수 없이 물 좋은 샘을 파 술장사를 시작했다. 문군의 아버지 탁씨는 남부끄러워 문을 잠그고 대문 밖으로 나가지도 않았다. 탁씨 형제들은 탁씨에게 "문군의 마음은 이미 상여에게 가버렸고 상여 역시 사람됨과 재능이 의지할 만하니 용서하라"고 설득했다. 자식 이기는 부모 없다고 결국 탁씨는 두 사람에게 재산을 나눠주고 그들을 용서했다. 지금도 '문군이 살던 옛 마을'이란 뜻의 '문군고리文君古里'에 가면 두 사람이 술을 팔던 우물과 정자가 남아 있다.

사마천은 《사기》에서 〈사마상여 열전〉을 따로 마련해 그의 여러 문장을 실었다. 당시 문장과 학식으로 천하에 명성을 떨치던 학자라면 동중서 같은 이들도 있었다. 따라서 《사기》에도 당연히 이들에 관한 열전이 있다. 하지만 어찌된 일인지 당대의 명사 동중서의 문장은 단 한 편도 실리지 않았다. 자신들의 몸보신에만 급급해 인격적으로 높이 칠 것이 없으며 문장 또한 황제에게 아부하는 가식 투성이라 볼 것이 없다고 판단한 것이다. 이에 비해 사마상여의 문장은 장편임에도 여러 편을 실었다. 이 때문에 〈사마상여 열전〉의 분량은 상당히 많다.

한나라 때 유행한 문장을 '부賦'라고 한다. 당나라 때는 시詩가 크게 유행했으며 송나라 때는 '사詞', 원나라 때는 '희곡', 명나라 때는 '소설'이 각각 크게 유행했다. 이를 줄여서 '한부' '당시' '송사' '원곡'이라고 한다. 시대의 특징을 간단하게 드러낸 말로서, 각각의 시대를 풍미했던 대표적인 문장 스타일로 중국사를 이해한 결과다. 사마천의 《사기》도 역사서 문체의 새로운 경지를 개척했다.

사마상여는 사마천과 함께 무제 시대를 살았기 때문에 기록이 특히 생생하고 잘 남아 있다. 한무제도 사마상여의 문장을 좋아해 밤새도록 읽었다고 한다. 사마상여는 이름도 재미있다.

'상여相如'라는 이름은 전국 시대 조나라의 인상여藺相如의 이름에서 따온 것이다. 인상여가 누군가. 진나라 왕을 호통치고 화씨벽을 온전하게 가지고 돌아왔던 '완벽귀조完璧歸趙'의 주인공이다. 사마상여는 인상여를 사모하여 이름을 '상여'라고 지었으며 여기서 '모인慕藺'이라는 단어가 파생되었다. 마음에 품은 지 오래되었다는 뜻이다. 사모할 '모'자에 '인상여'의 '인'. 인상여를 사모하는

문군고리. 《사기》에 나오는 거의 유일한 러브 스토리의 주인공 사마상여와 탁문군이 생계를 위해 술장사를 하며 살았던 곳이다.

마음을 품은 지 오래라는 뜻이다. 그래서 누군가를 모방하고 싶거나 누군가를 본받고 싶을 때 쓰는 고사성어가 바로 '모인'이다.

한나라를 지킨 기기애애의 눌변

《사기》〈장승상張丞相 열전〉에 보면 '기기애애期期艾艾'라는 특이한 표현이 나온다. 뜻을 가지고 있는 것이 아니라 동작을 나타내는 말이다. 보통 말을 하다가 잘 나오지 않으면 상투적으로 '에' 하고 뜸을 들인다. 일본 사람은 '아노ぁの', 전라도 사람은 '거시기'다. '기기애애'가 바로 '에, 저, 뭐냐면' 등의 뜻이다. 여기에도 재미있는 이야기가 있다.

주창周昌은 유방을 따라 진나라 군대를 무찌르고 수도의 치안을 담당하는 중위中尉에 임명되었다. 유방에게는 척희戚姬라는 애첩이 있었는데 척희에게서 여의如意라는 아들이 태어나는 바람에 탈적 문제가 불거졌다. 황제 유방이 정실인 여태후한테서 태어난 아들을 제쳐두고 척희의 아들을 태자로 봉하려 했기 때문이다. 나라를 개국한 지 얼마 되지 않은 상황에서 불거진 탈적 문제는 매우 심각했다. 개국 초기에 많이 일어나는 탈적은 자칫하면 나라 전체를 또 다른 혼란으로 몰아넣을 가능성이 큰 예민한 문제였다.

건국 초기 왕권이 안정되는 과정에서 자식들은 자식들끼리, 공신들은 공신들끼리 권력 다툼을 벌인다. 이 위기를 넘기면 왕조가 안정을 찾아 발전의 기회를 맞게 되지만 위기를 넘기지 못하면 왕조가 망한다. 진나라가 15년 만에 망했고 수나라도 불과 20년 만에 망했다. 병목의 위기다. 병목을 빠져나가면 교통체증이 풀리지만 그렇지 않으면 질식사하게 된다.

유방이 여의를 태자로 삼으려 하자 대신들은 강력히 반대했다. 유방은 주창에게도 의견을 물었다. 그렇지 않아도 유방에 대해 몹시 화가 나 있던 주창은 너무 흥분한 나머지 말을 몹시 더듬었다. 원래 어눌한 데다 상황이 심각하니 더욱 심하게 말을 더듬었다. 《사기》의 관련 대목을 당시 분위기를 살려 현대어로 옮기면 이렇다.

시, 신은 뭐 뭐라 말씀드리기가 그, 그렇습니다. 하, 하지만 신은 분명 태, 태자를 폐하려는 며, 명을 바, 받들 수 어, 없습니다.

주창은 처음부터 "폐, 폐하, 저 거시기, 어, 에, 그러니까, 그 뭐냐…" 하며 한참을 더듬거렸을 테니 분위기가 어땠을지 짐작이 간다. 주창이 더듬거리자 답답한 유방은 그냥 피식 웃고 말았고 그 때문에 마음이 풀렸다. 유방은 자신의 마음을 바꾸었고 여태후는 주창 앞에 무릎을 꿇고 감사했다. 이것이 '기기애애'에 얽힌 이야기다. 주창의 더듬거림이 개국 초기 일촉즉발의 엄청난 위기를 모면하는 데 결정적인 역할을 한 것이다. 만약 이때 주창이 유창한 언변으로 탈적의 부당함을 따지듯 유방에게 말했다면 어떻게 되었을까.

어떤 상황을 극적으로 반전시키려 할 때 떠올려볼 만한 이야기다. 그렇지 않아도 분위기가 딱딱하고 엄숙하고 진지한데 거기다 또 진지한 이야기를 더하면 단번에 분위기가 얼어붙을 것이다. 이는 상대를 일부러 자극하는 것이나 다를 바 없다. 그때는 가벼운 유머나 '기기애애' 같은 방식의 눌변이 통할 수 있다. 주창의 '기기애애'가 예민한 탈적 문제를 막고 한나라 초기의 국면을 안정시켰다고 해도 지나치지 않다.

여태후는 자신의 아들을 황제(혜제惠帝)에 앉혔으며 척희를 잔인하게 죽였다. 혜제는 잔병치레가 잦아 능력 있는 여태후가 섭정했다. 여태후는 정치를 잘했다. 한나라 초기 정치를 이끌어나가는 실질적인 황제 역할을 했다. 그래서 사마천은 그녀를 황후였지만 〈외척外戚 세가〉에 넣지 않고 〈여태후 본기〉를 따로 마련하여 황제 대접을 해주었다.

사마천은 천하대세의 흐름을 장악한 사람이라면 누구든 본기에 넣는 파격을 서슴지 않았다. 여태후와 항우가 그 예다. 농민 반란군 진승을 제후들의 기록인 세가에 넣은 것도 같은 인식선상에 있다. 훗날 정통주의에 찌든 역사학자나 유학자 들로부터 끊임없이 공격을 받은 이유다. 여태후를 본기에 넣은 것은 더한 비난을 받았다. 그러나 오늘날 그 누구도 이에 대해 비판하지 않는다. 오히려 그 때문에 사마천의 역사관과 통찰력을 더욱 높이 평가하고 극찬한다. 《사기》와 사마천의 무한한 생명력이 돋보이는 대목이다.

여태후는 잔인한 여인이었다. 남편을 따라 산전수전 다 겪은 인물이다. 한때는 항우의 포로가 되어 죽을 고비도 여러 차례 넘겼으며 고비마다 미래의 황제를 잘 모셨다. 그녀는 척희를 잔인하고 비참하게 죽였다. 역사 기록에 이처럼 잔인하게 사람을 죽인 경우는 거의 없을 것이다. 손발을 자르고 눈알을 뽑고 혓바닥을 뽑고 귀도 들리지 않게 만들어 돼지우리에 처넣었다. 그리고 '인간 돼지' 라는 뜻의 '인체人彘' 로 부르게 하였다. 그런데 아들 혜제는 마음이 착했다. 어머니가 척희가 낳은 아들 여의를 죽이려 하자 늘 자기 곁에 두고 함께 생활했다. 잠도 한 침대에서 같이 잤다. 그러던 어느 날 아침, 곤히 자는 동생의 단잠을 깨우지 않으려고 혜제가 잠시 곁을 비운 사이 여태후가 사람을 보내 여의를 독살했다.

땡전 한 닢 없다

수중에 돈이 없을 때 다소 과장되게 '땡전 한 닢 없다' 고 한다. 이 말도 《사기》에 나온다. 바로 '불명일전不名一錢' 이다. 한나라 초기 황제의 계보는 한고조 유방 – 혜제 – (여태후) – 문제文帝 – 경제景帝로 이어진다. 문제와 경제 시대를 '문경지치文景之治' 라고 하는데 문제와 경제가 정치를 잘했다는 뜻이다. 당태종이 나라를 잘 다스린 것을 두고 그 연호를 따 '정관지치貞觀之治' 라고 부르는 것과 같다.

문제 때 문제의 전용 선박을 몰던 등통鄧通이라는 인물이 있었다. 등통은 문제의 사랑을 많이 받았다. 그래서 위세를 떨고 다녔는데 '등통전' 이란 돈을 주조할 정도였다. 한나라 때에는 개인이 화폐를 주조할 수 있었다. 동광이나 철광을 가지고 있으면 오수전五銖錢 같은 동전을 찍어냈다. 등통은 스스로 돈을 찍고 이것을 유통시켜 엄청난 부를 축적했다. 등통은 문제의 몸에 종기가 나자 자신의 입으로 빨아 낫게 할 정도로 황제에게 지극 정성으로 아부했던 인간이다. 그런데 문제의 아들인 경제와 등통 사이에 재미있는 악연이 있었다.

어느 날 경제가 아버지 문제에게 문안을 드리러 갔는데 마침 등통이 문제의 종기를 빨고 있었다. 문제는 피 한 방울 섞이지 않은 등통도 종기를 빠는데 아들도 한번 해보라고 시켰다. 경제는 하는 수 없이 아버지의 종기를 빨았지만 등통에 대해 좋지 않은 인상을 갖게 되었다. 경제가 즉위하자 등통은 바로 도망쳤으며 경제는 그의 재산을 몰수했다. 등통은 친인척을 찾아다니며 빌어먹었지만 결국 '불명일전'의 신세가 되었다. 말 그대로 '땡전 한 닢 없는' 신세로 전락한 것이다.

인간관계를 설정할 때 나와 상대 두 사람의 관계에만 매달려서는 안 된다. 제3자의 눈이 무섭다는 사실을 염두에 두어야 한다. 등통은 문제에게만 일편단심 충성을 바치면 되는 줄 알았다. 그러다 보니 제3자인 경제의 눈을 소홀히 했고 결국 모든 재산을 압수당하고 '땡전 한 닢 없는' 처량한 신세가 되었다.

버려진 인재에 대한 안타까움

'명주암투明珠暗投'라는 고사성어는 '귀하고 빛나는 구슬을 깜깜한 밤중에 던진다'는 뜻이다. 속뜻은 아무리 귀한 물건이라도 깜깜한 밤에 던져놓으면 아무도 그것을 알아보지 못한다는 뜻이다. 사람에게 적용하면 아무리 뛰어난 인재라도 재능을 적재적소에 쓰지 않으면 아무 소용이 없다는 뜻이다.

아무리 천하에 둘도 없는 보석 같은 인재라고 해도 대접하지 않고 다듬지 않고 쓰지 않으면 '명주암투'다. 그래서 사마천은 〈노중련추양魯仲連鄒陽 열전〉에서 이런 이야기를 들려준다.

> 몸과 마음을 바쳐 충성과 믿음으로 임금의 정치를 보필하고자 하는데 임금은 칼을 어루만지며 흘겨본다. 바로 이것이 뜻있고 가난한 선비들을 마른 나무와 썩은 그루터기만도 못한 재목으로 만드는 것이다.

인재를 몰라주고 칼을 어루만진다는 말은 조금만 마음에 들지 않아도 문책하거나 벌을 준다는 뜻이다. 이렇게 되면 결국은 뜻있고 가난한 선비는 하찮은 존재가 된다.

참새라도 잡을 정도로 널찍한 대문 앞

'문가라작門可羅雀'은 참새 잡는 새그물을 칠 만큼 대문 앞이 널찍하다는 말이다. 즉 대문 앞이 썰렁하다는 이야기다. 대문 앞이 그만큼 널찍하다는 말은 망한 집이라는 뜻이다. 정승집 개가 죽으면 문전성시를 이루지만 정작 정승이 죽으면 상갓집이 썰렁해진다고 했다. 권력을 잃고 나면 아무도 찾아오지 않는다는 소리다. 권력이 있을 때는 그 집안의 노예나 몸종이 죽어도 문상하러 오지만 정작 권력자가 죽으면 아무도 찾아오지 않는다. '문가라작'은 권력을 잃은 집 대문 앞이 썰렁하다는 의미다. 〈급정汲鄭 열전〉에서 적공翟公이 한 말이다. 그 뒤에 한 말은 더 의미심장하다.

> 한 번 태어나 죽음으로써 서로의 정을 알게 되고, 한 번 가난했다가 부귀해짐으로써 사람 사귀는 태도를 알게 되며, 한 번 귀했다가 천해짐으로써 사람 사

는 이치가 훤하게 드러나는구나!

사냥꾼 대 사냥개

'발종지시發蹤指示'에서 '지시'는 말 그대로 무엇인가를 가리킨다는 말이다. '발종'은 발자취다. 그러니까 뒤따라갈 수 있도록 지시해준다는 뜻이다.

유방이 천신만고 끝에 항우를 물리치고 천하를 재통일했다. 그러고는 공신을 모아놓고 잔치를 베풀며 논공행상을 시행했다. 그 결과 일등 공신으로 소하가 선정되었다. 소하는 후방에서 물자 수송을 담당했다. 그러자 실제 전투에 나가 싸운 장수들이 불만을 토로했다. 누구는 목숨 걸고 싸우고 누구는 군수품이나 날랐는데 일등 공신이라니, 일순간 분위기가 험악해졌다. 그러자 유방이 분위기를 진정시키며 '발종지시'라는 말을 썼다. 요지는 소하는 사냥꾼이고 너희들은 사냥꾼이 지시하는 대로 사냥감을 물어오는 사냥개에 불과하다는 뜻이었다. 카리스마 넘치는 한마디다.

큰 공을 세우지도 않고 자기 공이 크다고 떠벌리는 사람들이 있다. 진짜 공을 세운 사람은 따로 있는데 겨우 '발종지시' 한 인간들이 나서서 자신들이 일등 공신이라고 깝죽대는 것이 세태다. 유방은 그런 분위기를 '발종지시'라는 한마디로 단숨에 잠재웠다.

먹다 남은 복숭아

많은 고사성어 가운데 울림이 큰 것은 역시 인간관계와 관련된 것이다. 사람 관계를 둘러싸고 《사기》가 남긴 고사성어들은 때로는 마음을 훈훈하게 때로는 슬프게 때로는 착잡하게 만든다. '식여도食餘桃' 같은 이야기가 좋은 예다. '먹다 남은 복숭아'라는 뜻이다. 원래는 한비자에 나오는 이야기인데 사마천이 〈노자한비老子韓非 열전〉에서 다시 언급했다.

《사기》에는 동성연애자 이야기가 나온다. 물론 동성연애자라고 드러내놓고 따로 열전을 마련한 것은 아니다. 황제나 권력자가 미소년이나 잘생긴 남자들과 관계를 가진 사실을 비판적으로 기술하는 대목에서 슬쩍슬쩍 튀어나온다.

위나라 영공靈公은 미자하彌子瑕라는 미소년을 사랑하고 아꼈다. 미자하가 어느 날 정원을 거닐다 복숭아를 따서는 자기가 한 입 베어 먹고 남은 것을 영공에게 건넸다. 영공은 "자하가 나를 사랑하는 마음이 참으로 깊구나. 맛있는 복숭아를 혼자 다 먹지 않고 남겨주다니" 하며 자하를 칭찬했다. 미자하는 또 어머니가 아프자 밤에 몰래 임금이 타는 수레를 훔쳐 타고 집에 다녀온 적이 있었다. 당시 법에 따르면 사형감이었다. 하지만 영공은 "참으로 효성이 지극하구나" 하며 자하를 용서했다. 미색으로 얻은 사랑은 미색이 쇠퇴하면 따라서 쇠퇴하게 마련이다. 미소년이던 미자하도 나이가 들어 수염도 나고 목소리도 변해 성인이 되자 영공의 사랑도 함께 시들었다. 영공은 자하에게 '너, 이놈! 그때 내게 먹다 남은 복숭아를 줬지. 또 내 수레를 훔쳐 타고 성을 나갔다 온 적도 있지' 하며 비난을 퍼부었다. 애정이 식으면 사랑도 증오로 변한다고 했던가.

인간의 마음이 사랑에서 증오로 바뀌고, 사랑이 시들면 옛날에 좋았던 것도 미워지고, 칭찬하던 것도 비난으로 바뀐다. '먹다 남은 복숭아' 이야기가 던지는 메시지가 의미심장하다.

사람과 사람의 만남

《사기》에는 21세기의 CEO 모습과 닮은 사람이 몇몇 나온다. 그중에 주공周公이란 인물이 단연 주목의 대상이다. 주공은 주나라를 건국하는 데 큰 공을 세웠다. 그 후 조카 성왕成王을 보필해 주나라를 반석 위에 올려놓은 장본인이다. 자신이 왕위에 오를 수도 있었지만 숙부로서 섭정한 다음 성왕이 성인이 되자 깨끗하게 정권을 돌려준 모범이 되는 참된 정치인이었다. 이런 주공과 관련해 '일목삼착一沐三捉', 일반삼토一飯三吐'라는 감동적인 고사성어가 전해진다.

주공은 사람을 만나고 대접할 때 목욕을 하다가도 뛰쳐나와 손님을 대접했다. 옛날에는 남자도 머리를 길렀으니 '일목삼착'이라 함은 머리 한 번 감는데 손님이 찾아와 감던 머리카락을 움켜쥔 채 뛰어나오기를 세 번 했다는 말이다. '일반삼토'는 밥을 한 끼 먹는데 손님이 찾아와 먹던 것을 뱉고 손님맞이하기를 세 번 했다는 말이다. 하루에만 70명 이상의 사람을 면담했다는 주공의 전설이 결코 과장은 아닌 듯싶다. 문제는 누구와 면담을 했느냐는 것이다. 자기하고 코드가 맞는 사람만 골라 면담한 것이 아니다. 누구든지 자기 뜻을 펼쳐 보이고자 하는 사람이라면 평민이든 은자든 가리지 않았다. 사람 관계를 소홀히 해서는 리더가 될 수 없다. CEO는 더 그러하며 현대사회는 더욱 그러하다.

'한상지만恨相知晚'은 서로 알게 된 것이 늦었음을 한탄하는 고사성어다. '만시지탄晚時之歎'과 같은 뜻이다. 인간관계에서 자신을 알아주는, 뜻이 맞는 사람을 늦게

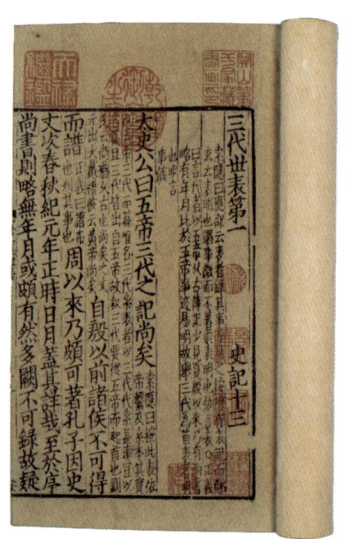

《사기》의 송나라 때 판본. 《사기》의 언어는 때로 격하고 때로 진솔하고 때로 가슴 아프다. 어느 쪽이든 인간 지혜의 정수라는 점에서는 다른 말이 필요 없다.

나마 만나는 것도 행운이다. 이해관계를 따지는 관계가 아니라 속마음을 털어놓을 수 있는 멘토 같은 친구, 하소연할 수 있는 친구, 앞날을 위해 서로 자극을 주고 충고해줄 수 있는 친구가 필요하다. 늦게라도 그런 친구를 만날 수 있다면 행운일 것이다.

제15강

웃음에서 우러나는 지혜

《사기》를 보면 유머리스트들에 대한 이야기가 나온다. 특히 열전에는 다양한 인물이 나오는데 그중에서도 〈골계滑稽 열전〉에 그들에 대한 기록이 남겨져 있다.

　웃음은 얼었던 마음을 녹인다. 어색한 분위기도 풀어준다. 한나라 개국공신 주창은 '기기애애'로 태자의 폐위를 막았다. 기분 상하지 않고 충고를 받아들일 수 있게 하는 것이 유머다. 말과 몸짓으로 갈등을 녹일 수 있는 능력은 인간에게만 있다. 사마천은 《시경》이나 《서경》 같은 유가의 바이블은 인간의 행동을 억제하기도 하고 도덕관념을 높이기도 하지만 그것만으로 세상사가 굴러가는 것은 아니라고 말한다. 그것 말고도 다른 무엇이 있어야 한다는 것이다. 그것이 바로 농담이고 유머. 말 한마디로 험한 세상사를 부드럽게 만들어주고 또 다른 경지의 삶을 알게 해준다. 〈골계 열전〉은 그 예를 망라하고 있다. 참으로 소중한 부분이다. 대부분의 역사는 지극히 공식적인 정치사·제도사 위에 지극히 공식적인 권력자 이야기를 다룬다. 우리 머리를 아프게 하는, 정색을 한 엄숙

한대 벽돌에 새겨진 곡예사의 모습. 사마천이 〈골계 열전〉에서 묘사하는 인물군 가운데 하나다. 하지만 이들은 단순한 재주꾼만은 아니었다.

한 역사가 대개 그런 유다. 하지만 사마천은 농담과 유머가 갈등을 해소하고 사람과 세상에 대한 통찰력을 북돋는 역할을 했음을 놓치지 않았다.

재상의 후손을 살린 악사 우맹

초나라의 명재상 손숙오孫叔敖는 악사 우맹優孟이 지혜로운 사람임을 알고는 평소 그를 잘 대우해주었다. 손숙오가 죽자 그 자손들은 끼니도 제대로 때우지 못할 만큼 어려워져 아들이 땔나무를 내다 팔아 겨우 연명했다. 재상을 오래 지냈지만 손숙오는 평생을 청렴하게 살아 재산도 땅도 남기지 않았다. 손숙오는 죽기 전에 아들에게 "내가 죽고 나면 생활이 어려워질 것이니 우맹이란 악사를 찾아가 손숙오의 아들이라고 말해라"라고 유언을 남겼다. 손숙오의 아들은 유언대로 우맹을 찾아가 사정을 말했다.

다음 날부터 우맹은 생전의 손숙오 모습으로 분장하고 손숙오를 그대로 흉내 내며 다니기 시작했다. 말투며 옷이며 행동이 영판 손숙오가 다시 살아온 것 같았다. 초나라 왕은 손숙오가 다시 살아 왔다고 기뻐하며 우맹, 아니 보다 정확하게는 손숙오로 분장한 우맹을 재상에 임명하려고 했다. 초왕은 생전에 손숙오가 재상으로 있었기 때문에 이런 제안을 해본 것이다. 정말로 우맹을 재상에 임명할 마음이 있었던 것은 아니었다. 이 당혹스러운 제안에 우맹은 그의 방식으로 응수했다. 일단 아내와 상의해보고 사흘 뒤에 확답을 주겠다며 자리를 물러났다. 사흘 뒤 초나라 왕을 찾아온 우맹은 재상 자리를 거절했다. 아내가 말하기를 손숙오는 나라를 위해 평생 충성을 바친 훌륭한 재상이었는데 그 후손은 굶어 죽을 판이니 어떻게 재상 자리를 받

손숙오 상. 청렴한 관리 상의 모범이라고 할 수 있다.

겠느냐는 것이었다. 초나라 왕은 화들짝 놀라며 우맹에게 감사하고 손숙오의 아들을 불러 재물을 내렸다.

유머로 제나라를 구한 순우곤

순우곤은 제나라 위왕威王 때의 외교관이다. 위왕이 추기를 재상으로 삼아 개혁 정치를 펼칠 당시 '불비불명'이란 수수께끼를 내서 위왕을 정신 차리게 했던 사람이다.

위왕 8년, 초나라가 제나라를 침입했다. 위왕은 순우곤을 조趙나라로 보내 구원병을 요청하게 했다. 그러고는 황금 100근과 거마 10대를 예물로 준비했다. 그러자 순우곤은 갓끈이 끊어지고 모자가 땅에 떨어지도록 깔깔 웃었다. 위왕이 그 까닭을 묻자 순우곤은 유머의 달인답게 다음과 같은 이야기를 들려주었다.

> 제가 오늘 아침 출근길에 어떤 백성이 제사 지내는 것을 보았습니다. 제사상에 달랑 돼지 족발 하나, 술 한 잔을 올려놓고는 자손만대 복을 누리게 해주시고요, 건강하게 해주시고요, 돈도 많이 벌게 해주시고요 어쩌고저쩌고 온갖 소원을 다 빌었습니다. 제사상에 올린 제물은 코딱지만큼인데 바라는 것은 정말 대단하고 많았습니다. 그 생각이 나서 웃은 것입니다.

무슨 말인지 알아들은 위왕은 훨씬 더 많은 예물을 딸려 보냈다. 조나라 왕은 병사 10만과 수레 1,000대를 보내 구원하게 했다. 이 정보를 입수한 초나라는 한밤중에 군대를 이끌고 자기 나라로 돌아갔다. 손도 안 대고 코 풀듯이 어렵지 않게 초나라를 물리친 위왕은 기분이 한껏 고조되어 술상을 봐오게 해서 순우곤과

술을 마셨다.

또 한 번은 왕이 따오기 한 마리를 순우곤에게 주면서 초나라에 갖다주라고 했다. 순우곤은 하찮은 따오기 심부름이나 시키는 왕이 미웠던지 도성 문을 나서자마자 따오기를 날려 보냈다. 그러고는 초나라 왕에게 이렇게 아뢰었다.

우리 왕께서 귀한 따오기 한 마리를 선물로 보냈는데 오다가 하도 이놈이 목말라 하는 것 같아 물 먹고 오라고 보냈더니 돌아오지 않습니다. 죄책감에 자결할까 생각했는데 그렇게 되면 따오기 한 마리 때문에 신하를 죽게 만든 우리 왕께 누가 될까 죽지 못했습니다. 따오기 한 마리를 새로 사올까도 생각했는데 그렇게 되면 가짜하고 진짜가 바뀌어 임금을 속이는 것이므로 신의가 없는 행동입니다. 양국 간의 신의에 금이 가면 어쩌나 싶어 그렇게 못했습니다. '에라 모르겠다, 다른 나라로 도망을 가자'는 생각도 했는데 그것도 못했습니다. 두 나라의 외교 관계에 문제가 생기면 큰일이지 않겠습니까. 그래서 이렇게 와서 허물을 이실직고하고 머리를 조아려 대왕께 죄를 받으려 하는 것입니다.

이에 초나라 왕은 껄껄 웃으며 '참으로 훌륭한 신하를 두었구나' 하며 따오기 값 몇 배에 해당되는 상을 주어 그를 돌려보냈다.

순우곤의 외교술은 많은 것을 생각하게 한다. 따오기를 날려 보낼 때 순우곤은 이미 초나라 왕 앞에서 어떤 식으로 대처할지 계산을 세웠다고 봐야 한다. 자기 왕이 보낸 선물이라고 해서 따오기 한 마리의 가치를 너무 과대평가하면 자칫 분위기가 경색될 가능성이 있고 나중에 본국으로 돌아가서도 처벌받기 십

상이다. 순우곤은 이 문제를 유머로 풀되 양국과 두 나라 왕의 체면을 손상시키는 일 없이 처리했다. 재치 있게 양국 관계도 다지고 상대국 왕의 마음도 흡족하게 만들었으니 자국의 왕이 기뻐하는 것은 당연했다. 외교는 자국의 이익을 조금이라도 더 얻기 위해 공식 또는 비공식 협상을 통해 노력하는 과정이다. 따라서 양 당사국 모두 만족하기 위해서는 서로가 무엇을 원하는지 정확하게 인식하고 줄 것은 주고 받을 것은 받아야 한다. 이때 지나치게 감정을 앞세우거나 원리 원칙만 고집해서는 협상이 깨지기 쉽다. 또 작은 일이나 이익에 집착하다 보면 큰일을 그르칠 수 있다. 여유로운 자세로 유머를 잃지 않으면서 협상하는 일이 중요하다. 순우곤의 재치에서 외교의 테크닉을 생각해본다.

몸무게 때문에 상석에 앉은 재판관

외교에 대한 이야기가 나온 김에 현대사에 있었던 재미난 외교 사례 하나로 소개한다. 1945년 2차 대전이 끝나고 연합국은 포츠담에서 국제회담을 가졌다. 이 자리에서는 전후 처리를 비롯하여 전범 처리 문제 등이 주요 안건으로 상정되었다. 전쟁의 주범인 나치와 일본 군국주의에 대한 성토가 이어졌다. 이에 따라 1946년 국제전범재판소는 전범 처리를 놓고 재판을 벌였다. 재판장은 오스트레일리아가 맡았다.

　이 재판에서 연합국 재판관의 자리 배치가 예민한 문제로 떠올랐다. 재판관들은 협상과 기 싸움을 통해 서로 중요한 자리를 차지하려고 애를 썼다. 역할이 가장 큰 미국의 자리는 별문제 없이 재판장 왼쪽으로 통과되었다. 다음 재판장 오른쪽 자리를 두고 치열한 승강이가 벌어졌다. 영국이 가장 유력한 후보로 떠올랐는데 중국 재판관이 제동을 걸고 나섰다. 매씨 성을 가진 중국 재판관은 일본과 가장 오래 싸웠고 피해도 가장 큰 만큼 당연히 중국이 오른쪽에 앉아야 한다고 주장했다. 당시 국제사회에서의 지위로 볼 때 중국은 영국과 상대가 안 될 정도로 미약했다. 그런 상황에서 중국이 영국에 맞서는 난처한 상황이 벌어진 것이다.

상황이 미묘하게 돌아가자 각국의 재판관들은 자신들도 본국으로 전문을 보내 이 문제에 대한 훈령을 기다려야 한다고 했다. 하지만 10개 나라 이상이 모인 국제재판에서 일일이 자국의 훈령을 기다리다 보면 일정이 크게 어긋날 수밖에 없었다. 게다가 분위기도 영 어색해졌다. 그때 중국의 매 재판관이 멋쩍게 웃으며 "정 안 되면 몸무게 순으로 자리를 정해도 우리는 괜찮습니다"라고 말하는 바람에 긴장된 분위기가 한순간에 풀어지고 모두들 한바탕 웃었다.

분위기가 다시 화기애애해지자 매 재판관은 "몸무게를 달아서 제가 맨 나중이면 열 번째 자리라도 앉겠습니다. 하지만 지금 우리에게 중요한 것이 무엇입니까. 전범을 처리하는 것입니다. 중국이 당했던 피해는 국제사회에서 모르는 나라가 없을 만큼 컸습니다. 이런 것을 고려할 때 중국이 두 번째 자리에 앉는 것이 옳지 않습니까"라며 엄숙하게 의견을 말했다. 그러나 재판장의 오른쪽 자리는 영국으로 결정되었다. 이에 매 재판관은 다수결 투표를 제안했고 투표 결과 예상 밖으로 중국이 두 번째 자리로 결정되었다. 매 재판관의 설득력 있는 변론이 다른 나라 재판관들을 움직인 것이다.

외교 무대에서 상대를 설득해나가는 과정에서 강경하게 자국의 이익을 이야기하는 것도 중요하고 자국의 상황을 알리는 것도 중요하다. 하지만 때로는 경색된 분위기 속에서 상대나 여러 사람의 관심을 자신에게로 끌어들일 수 있는 유머 한마디가 더 중요하다. 중국 재판관이 자신의 뜻을 관철시키는 데 결정적으로 작용한 것은 몸무게를 놓고 한 유머였다.

저우언라이 수상이 한 유명한 말이 있다. "외교관의 말 한마디는 침을 옥으로, 구슬로 바꾼다. 입 속에서 나오는 것은 침이지만 그것이 결국은 구슬이 되어야 상대를 설득할 수 있다." 정말 멋있는 말이다.

다시 《사기》로 돌아가자. 한무제 때 인물인 곽사인郭舍人이라는 자는 황제의 비위를 기가 막히게 잘 맞추는 예인이었다. 한무제는 어렸을 때 유모의 젖을 먹고 자랐다. 그 때문에 한무제는 유모의 말이라면 무엇이든 다 들어주었다. 그러다 보니 유모의 권력이 어마어마하게 커졌다. 당연히 이런저런 폐단이 속출했다. 유모의 친인척이 그 위세를 믿고 마구 설치며 행패를 부리는 통에 좋지 않은 여론도 들끓었다. 심지어 하인들까지 거들먹거리며 사람들을 괴롭혔으니 오죽했겠는가.

신하들은 무제에게 유모를 잠시 외지로 보내자고 상소를 올렸다. 황제도 동의했다. 유모는 떠나기에 앞서 무제에게 인사를 드리러 궁궐에 와서는 곽사인을 만나 자신의 신세를 한탄했다. 그러자 곽사인은 유모에게 묘수를 알려주었다. 황제와 작별한 뒤 떠나면서 한 걸음 딛고 한 번 뒤돌아보고 또 한 걸음 딛고 또 한 번 뒤돌아보고, 계속 반복하라는 것이었다. 유모는 곽사인의 말대로 했다. 무제는 어릴 적 유모의 젖을 먹고 자란 몸이라 그런 모습을 보고는 차마 내치지 못하고 결정을 번복하고 말았다. 곽사인의 훈수는 결코 올바른 것은 아니었지만 사람의 감정을 절묘하게 조종할 수 있는 방법을 가르쳐준 셈이다.

〈골계 열전〉의 대표 선수 동방삭

유머리스트를 위한 헌사 〈골계 열전〉에 나오는 가장 유명한 사람은 동방삭東方朔

이다. 동방삭은 인텔리였다. 한무제는 사마상여의 글을 몇 날 며칠 동안 읽고 마음에 들어 발탁했다. 동방삭은 한 술 더 떠 나뭇조각이나 대나무 조각에 쓴 글을 수레에 실어 올렸다. 이런 수레를 공거公車라고 하며 수레에 실린 상소문 따위를 공거서公車書라고 부른다. 이 때문에 공거라는 관청이 따로 생겼는데 백성이나 신하의 상소문을 전문적으로 관리하는 관청이었다.

동방삭은 무려 수레 세 대 분량의 글을 한무제에게 올렸다. 무제는 두 달 동안 그 글을 읽고는 동방삭을 발탁했다. 무제는 동방삭이 너무 재미있어 우울하거나 울적할 때면 그를 불러 옛날이야기나 유머로 기분을 풀었다.

한무제는 동방삭이 요직을 맡아 바쁘면 자신과 떨어지는 시간이 많아지니 승진시키지 않고 늘 자기 곁에 두었다. 하지만 동방삭은 자신을 알아주지 않는, 아니 너무 잘 알아주는 무제가 서운했지만 무제가 죽을 때까지 곁에서 모셨다. 그래서인지 무제와 관련된 일화가 적지 않다.

동방삭 하면 우리나라에서는 '삼천갑자동방삭'이라고 하여 장수의 대명사로 꼽힌다. 중국 도교에서 동방삭을 신선으로 미화한 것을 받아들인 탓이다. 동방삭은 삶 자체가 기인의 삶이었다. 그의 일화 몇 가지를 보자.

당시 황제가 신하들에게 내리는 상 가운데는 돈이나 비단뿐 아니라 고기도 있었다. 집에 가서 식구들과 나눠 먹게 하는 특별 하사품이었다. 동방삭도 종종 고기를 받았는데 받은 고기를 대충 옷 속에 쑤셔넣고는 저잣거리로 나와 주막에서 술안주로 다 풀어버렸다. 또 비단 같은 것은 술집 아가씨들에게 죄다 나누어 주었다. 그리고 1년에 한 번씩 같이 사는 여자를 바꾸었다. 다른 신하들이 동방삭에게 왜 그렇게 괴짜처럼 사느냐고 묻자 동방삭은 다음과 같은 유명한 말을 남겼다.

나는 도시에 숨어 사는 사람이다. 은자는 흔히 산간에만 숨어 사는 줄 알지만 조정 한가운데, 궁궐 한가운데 숨어 사는 사람도 있다. 지금은 시대가 다르다. 출세를 하기 위해 자신의 학문을 팔던 시대와 그것이 통하지 않는 시대가 있다. 시대가 다른데 내가 그 재주를 가지고 출세해서 무엇 하겠는가. 나는 조정 한가운데, 궁궐 한가운데 숨어 사는 사람이다.

고기를 나누어줄 때는 황제가 직접 주는 것이 아니라 배급 담당자가 고루 나누어준다. 한번은 더운 날 신하들이 고기를 타기 위해 기다리고 있었다. 배급 담당자가 제때 나타나지 않는 바람에 모두들 땀을 뻘뻘 흘리며 투덜거렸다. 하지만 황제의 명을 대신해서 집행하는 담당자인지라 올 때까지 기다리는 수밖에 없었다. 동방삭은 이런 기다림을 참지 못했다. 칼을 쑥 빼어 들고는 고기 한 덩어리를 쓱 베어 어깨에 짊어지고는 조정을 나가버렸다. 한참 뒤에 담당관이 와보니 뒷다리 하나가 보이지 않았다. 당연히 황제에게 보고가 올라갔다.

이튿날 황제가 이유를 묻자 동방삭은 무릎을 꿇고 큰절을 올리며 죄를 시인했다. 무제는 이런 동방삭이 밉지 않아 용서해주었다. 그러자 동방삭은 한바탕 크게 웃으면서 다음과 같이 큰 소리로 말했다.

동방삭 이놈아! 네놈이 황제의 허락도 없이 고기를 함부로 베어갔으니 죽어 마땅할 죄다. 그런데도 황제께서 용서해주셨으니 얼마나 기쁘냐. 그런데 네가 뒷다리를 단칼에 베어 가지고 갔으니 이 얼마나 용감한 행동이더냐. 고기를 혼자 먹지 않고 아내를 비롯하여 식구들하고 나눠 먹었으니 이건 또 얼마나 착한 행동이냐.

동방삭. 유머리스트가 총집합한 〈골계 열전〉의 대표 선수는 동방삭이다. 그는 지식을 인간의 삶에 유쾌하게 적용한 기인이었다.

동방삭의 기질을 잘 아는 무제도 한바탕 껄껄 웃었고 조정도 일순 웃음바다가 되었다. 유머를 알고 유머를 구사하면 삶이 윤택해진다.

가벼운 이야기, 깊은 생각

영국의 극작가 버나드 쇼는 유머와 풍자 그리고 송곳 같은 촌철살인으로 사람들을 웃기고 울렸다. 버나드 쇼와 현대 무용가 이사도라 던컨 사이에 있었던 일화를 보자.

한 모임에서 이사도라 던컨이 버나드 쇼에게 당신과 내가 결혼하면 외모는 날 닮고 머리는 당신을 닮은 최고의 2세가 태어나지 않겠냐고 농담을 던졌다. 그러자 버나드 쇼는 당신의 머리와 내 외모를 닮은 놈이 나오면 어쩌냐고 응수했다. 버나드 쇼는 무척이나 못생긴 외모를 가졌던 걸로 알려져 있다.

대배우 찰리 채플린은 모자와 지팡이 그리고 우스꽝스러운 걸음걸이로 유명하지만 그가 연기하고 연출한 작품은 산업화와 현대의 소외 문제를 파헤치고 히틀러의 파시즘을 풍자한 역사적 혜안이 빛나는 명작들로 유명하다. 그는 〈위대한 독재자〉(1940년)를 통해 히틀러가 2차 대전을 준비하고 있다는 것을 예견하기도 했다. 〈황금광 시대〉〈모던 타임즈〉 등은 기계화 시대의 인간성 말살 문제를 희극이란 형태로 깊이 있게 다룬 작품이다.

공자는 상갓집 개 같다는 제자의 말에 껄껄 웃으며 다른 건 몰라도 '상갓집 개 같다' 는 말은 정말 맞다면서 자기의 처지를 웃음으로 받아들이는 넉넉한 마음을 보여주었다. 그는 또 제자들에게 "내가 처마 밑에 달려 있는 표주박인 줄 아느냐"며 딱딱한 분위기를 풀어주기도 하고, 제자들이 악기를 잘 연주하거나 노래를 잘 부르면 반드시 박수를 치면서 '앵콜!' 을 외친 멋쟁이이기도 했다.

메리디스라는 유명 작가는 〈유머론〉에서 다음과 같이 썼다.

한 나라의 문화를 저울질하는 가장 좋은 방법은 그 나라 사람들의 희극과 코미디를 보는 것이다. 희극과 희극적 개념('코믹 아이디어' 라고 말한다)의 발달을 보는 것이며, 희극의 진정한 표준은 사생활을 함축하는 웃음을 자아낼 수 있는가 하는 것이다.

한 나라의 문화 수준은 그 나라 사람들이 일상생활 속에서 의미심장한 유머를 얼마나 잘 발휘하느냐에 달려 있다는 이야기다. 일상생활에서 유머 넘치게 사는 것이 질 높은 삶이라는 말이다. 린위탕의 〈유머 감각〉에 이런 대목이 나온다.

세상에서 가장 뛰어난 유머리스트를 대여섯 명 정도 뽑아 전권을 부여한 다음 국제회의를 시키는 겁니다. UN 회담 같은 걸 하는 거죠. 야, 분쟁이 벌어졌어요, 지금. 전쟁이 일어날 판이야. 근데 외교 대표로 유머리스트나 유머 감각이 뛰어난 사람을 대여섯 명 보내 회의를 시키면 세상은 머지않아 구원 받을 겁니다.

린위탕. 《생활의 발견》이라는 세계적으로 이름난 수필집을 남긴 린위탕은 '공자의 유머'를 발견한 사람이기도 하다.

과장된 면이 없지 않지만 인생을 살면서 놓치는 것이 무엇인지 생각해보게 하는 말이다. 권력이 단 한 사람에게 집중되어 있던 제왕 시대나 전국 시대처럼 살벌한 약육강식 시대에도 유머를 구사할 줄 알았던 사람들이 유머로 통치자에게 어떻게 충고하고 어떤 방식으로 분위기를 화합시키고 누그러뜨렸는지, 말과 행동으로 어떻게 갈등을 해소시켰는지 보여주는 《사기》〈골계 열전〉은 가벼운 이야기들로 깊은 생각을 하게 만드는 차원 높은 하이 코미디라고 할 수 있다.

【제5부】
살아남는 자와 사라지는 자

제16강
영원한 시대의 요구

'개혁改革'의 '개改' 자는 '바꾼다'는 뜻이다. 그런데 왜 '가죽 혁革' 자가 올까. '혁'은 동물을 잡아 껍질을 완전히 벗겨 쫙 펼쳐놓은 모양이다. 따라서 '혁' 자가 들어가면 무엇인가를 전면적으로 바꾼다는 의미다. '혁'은 그래서 함부로 쓰지 않는다.

개혁을 바라보는 사마천의 눈

사마천은 《사기》에서 다양한 형태의 개혁을 소개한다. 전국 시대에 들어오면 제후국은 앞을 다투어 개혁을 실시한다. 전국 시대의 가장 큰 특징 가운데 하나가 약육강식이다. 강자에게 먹히지 않으려면 부국강병책을 시행할 수밖에 없었다. 약육강식이니 부국강병이니 하는 말은 대개 전국 시대에 나타나 시대를 대변하는 용어가 되었다. 제후국은 살아남기 위해 개혁을 할 수밖에 없었다. 역사 무대에서 개혁을 어떻게 하느냐, 즉 개혁의 정도에 따라 살아남느냐 사라지느냐가 결정되었다. 전국 시대에 개혁은 거부할 수 없는 대세였다.

사마천은 〈관안管晏 열전〉에서 제나라는 관중이 죽은 후에도 그의 정책을 계속 이어가 오랫동안 다른 제후국보다 강성했다고 논평했다. 이렇듯 관중은 개혁 정치의 대명사였다. 관중이 이룩한 경제와 정치 개혁, 특히 상공업 중시 기조는 오랫동안 부국강병의 틀을 유지하게 해주었다. 개혁의 성공이 곧 지속적인 부국강병의 열쇠였던 셈이다.

춘추전국 시대는 반천 년에 걸쳐 있다. 춘추 시대에는 '주周'라는 정신적 지주의 봉건적 권위가 쇠퇴한다. 그러면서 많은 제후국이 왕실의 명령을 듣지 않고 각자의 힘을 앞세우며 경쟁에 들어간다. 이러한 경쟁을 상징하는 것이 '춘추오패'였다. 전국 시대는 '전국칠웅'으로 대변되었다. 무한 경쟁을 거치며 6웅이 하나둘씩 사라지고 마침내 기원전 221년 진시황에 의해 중국 대륙이 통일되었다. 여기까지 장장 반천 년이 걸렸다.

사마천은 이 시대의 생존 방식을 개혁이라는 커다란 명제 속에서 파악하고 있다. 요컨대 개혁에 성공한 나라는 살아남았고 개혁에 실패한 나라는 사라졌다. 개혁을 행동으로 옮긴 지도자는 춘추오패나 전국칠웅으로 존중받았고 그러지 못한 군주는 오명을 남겼다. 때문에 춘추전국 시대의 화두는 개혁이었고 개혁을 이끈 개혁가들의 행적이 주조를 이룰 수밖에 없다.

개혁이란 대세는 또한 이론의 공급을 필요로 했다. 이에 따라 수많은 이론가(사상가)가 등장했다. 복잡한 사회현상을 설명할 수 있는 철학적 논리도 우후죽순처럼 일어났다. 이런 사상가들이 꽃처럼 피어났다고 해서 춘추전국 시대를 '백화제방百花齊放'이라고 표현한다. '백화'는 '백 가지 꽃', 곧 많다는 말이고, '제방'은 모두 함께 피어난다는 뜻이다. 수많은 꽃(사상)이 일제히 피어나는 것이 백화제방인데 다른 말로는 '백가쟁명百家爭鳴'이라고도 한다. '백가'는 자기주장을 내세우는 사람들이 백이나 되었다는 뜻으로 역시 많다는 말이다. 수많은 사상가가 자신의 이론으로 군주를 설득했다. 몇몇 이론은 각국의 군주에게 받아들여져 개혁을 뒷받침하는 논리가 되었고, 군주는 그것을 동력으로 개혁을 실천에 옮겼다.

당시 개혁의 요체를 한마디로 표현하면 '부국강병'이다. 지금 우리가 가고자 하는 길도 결국은 부국강병이다. 물론 '강병'의 의미는 그때와 달라져야 한다. 춘추전국 시대에는 전쟁이 많았기 때문에 강한 군대가 필수였지만 지금은 '강병'보다는 국민이 행복하게 사는 '부민富民'이 우선되어야 한다. 곧 '부민부국富民富國'으로 바뀌어야 한다. 국민이 잘살아야 강한 나라인 것이다. 또는 부민강국이다. 백성을 부자로 만들어야 나라가 강해진다. 이것이 오늘날의 시대적 요구다. 여기서 말하는 '부민'의 진정한 의미는 물질적 풍요나 경제적 부만을 가리키지 않는다. 무엇보다 중요한 것은 정신적 풍요로움, 즉 행복이다.

춘추전국 시대는 왜 개혁을 요구했는가. 사회가 변했기 때문이다. 사회가 매우 강렬하고도 급작스럽게 변했다. 중앙 구심체인 주나라가 몰락하면서 주변의 제후국이 계속해서 기지개를 켰다. 제후국은 서로 힘을 키워나가는 과정에서 새로운 시대정신에 맞는 사람이 필요했다. 그들이 바로 '사士'라는 계층이다. 기업으로 말하면 본사의 파워가 떨어지면서 자사 가운데 일부가 본사를 위협할 정도로 성장한 것이다. 따라서 창업 당시의 경영 방침 등을 근본적으로 수정해야 할 필요성이 제기되었다. 새로운 경영 정신이 요구되고 그에 맞는 새로운 인재를 수혈받아야 하는 상황이 온 것이다.

새로운 시대는 새로운 시대정신, 새로운 시대정신을 담보한 새로운 사람들을 요구할 수밖에 없다. 새로운 사람들이란 인재를 말한다. 따라서 사마천은 인재 문제에 특별한 관심을 기울였다. 기존의 기득권층에서 인재를 기대하기란 불가능에 가깝다. 이 계층은 기득권 유지에 관심을 기울일 뿐 변화와 개혁은 도외시하거나 철저하게 거부한다. 보통 사람도 나이가 들고 생활이 안정되면 이런 성향을 보인다. 승률이 높은 모험도 피한다. 그러니 새로운 세상과 세계관을 열어가는 개혁 정신은 더더욱 회피하고 그것이 자신의 이해관계와 충돌할 때는 극렬하게 저항하며 개혁을 방해한다. 저항과 방해가 심할수록 사회와 나라는 침체를 면치 못한다.

새로운 시대의 대세는 거스를 수 없다. 이전의 제후 계급이나 기득권층은 쇠퇴하고 새로운 사회 계층인 '사' 계층이 등장했다. 이들이 제시하는 이론과 경험을 바탕으로 실천적인 개혁 이론이 하나둘씩 정립되어 가는 시대가 바로 춘추전국 시대다. 극렬한 사회 변화는 결국 종주국인 주나라를 무너뜨렸고 각국은 무한 경쟁에 돌입한다. 여기서 개혁은 필연이었고 새로운 계층은 개혁의 대세에 박차를 가했다.

멸망하는 제후국과 춘추전국 시대의 생존 법칙

통계에 따르면 주나라 초기에 제후국은 1,800여 개였다. 주나라에는 천자가 있고, 천자는 천자의 아들이나 공신功臣에게 땅을 나누어주어 제후로 삼았다. 이를 '분봉分封'이라 하며, 이런 분봉 시스템을 '봉건제도'라고 부른다. 주 왕실 천자의 아들이 분봉 받으면 '후侯'가 된다. 그런 후가 하나가 아니고 여럿이기 때문에 '제후諸侯'다. 제후의 다음 세대에도 다시 분봉이 이루어지는데, 기본 원칙은 큰 아들이 제사를 비롯한 가장 핵심이 되는 의례와 권위를 가지는 '대종大宗', 곧 적장자嫡長子 우선이었다. 그럼 작은아들은 어떻게 하나. 작은아들이 분봉 받는 것을 '소종小宗'이라고 하는데 소종이 계속 파생되다 보면 친족 관념이나 촌수 개념이 갈수록 멀어질 수밖에 없다. 피가 엷어지면서 대종에 대한 충성과 의무감도 떨어지고 또 대종의 힘이 약화되면서 부여받은 권위도 무너지게 된다.

　분봉이 이어질수록 주나라의 혈연관계는 흐려졌다. 주 왕실에 대한 제후의 충성심이나 책임감이 갈수록 줄어들었고 대종이 힘이 없으니 대종에 대한 의무도 소홀히 하게 되었다. 제후국은 결국 독립한 것이나 다름없는 나라처럼 될 수밖에 없었다. 구조적으로 대종으로 이루어진 정통성 있는 제후국도 이어지고 소종으로 이루어진 조그만 제후국도 생겨날 수밖에 없었다. 그러다 보니 주나라 초기에 무려 1,800여 개의 제후국이 생겨나게 된 것이다. 이때까지만 해도 제후국끼리의 격렬한 경쟁이나 상호 합병 같은 살벌한 현상은 거의 일어나지 않았다. 주 왕조의 권위와 기본 정신이 표면적일지라도 최대한 존중받았기 때문이다. 그러나 춘추 시대 초기로 들어오면 제후국은 24개만 남는다. 1,800여 개에서 24개. 대체 얼마나 사라졌다는 말인가. 대체 어떻게 사라졌을까. 다 망한 것이다. 큰 놈이 작은 놈을 삼키고 합병했다.

　《사기》는 약 170개 정도의 제후국을 기록하고 있다. 그 통계에 따르면 170개국 가운데 임금이 시해당한 경우는 36개국이었으며 망한 나라는 52개국이었다. 그 밖에 사직을 보존하지 못하고 군주가 도망친 경우는 헤아릴 수 없다고 기록하고 있다. 전국 시대에 들어오면 170개국 가운데 7개만 남는다. 그 과정에서 수많은 사람이 죽었고 수많은 나라가 망했다. 내분으로 망하고 군사력이 약해 망하고 민심을 잃어 망하기도 했다. 사마천은 그 흥망성쇠의 원인을 찾고 싶었다. 그것이 역사가의 임무 아니던가. 망한 이유를 찾아 교훈은 물론 시대와 대세를 읽는 통찰력을 얻는 것이 바로 역사가다.

이제 사마천이 분석하고 인식한 개혁의 단계와 의미를 따라가 보자. 개혁의 첫 단계이자 가장 기본이 되는 것은 제도 개혁이다. 시스템을 바꾸는 것이다. 여기에는 기득권을 줄이거나 빼앗는 과정이 필수적이다. 그 돈으로 군대를 키우고 사회 기반 시설을 건설해야 하기 때문이다. 많은 혜택이 귀족이나 특권층에게 돌아가던 시대가 지나고 '골고루 나누어야 하는 시대'가 찾아온 것이다. 아울러 새로이 정계에 나온 계층을 먹여살리기 위해 다시 기득권을 허무는 과정이 필요하다. 요컨대 인적 청산이 필요하게 되는 것이다. 체제 개편도 중요하지만 인사 개편도 중요하다. 이 과정에서 엄청난 반발과 저항, 때로는 충돌이 일어난다. 그래서 개혁에는 항상 알력과 갈등, 상당한 진통이 따른다.

개혁의 달콤한 피로를 즐기지 못한 나라들

참여정부 초기, 노무현 전 대통령이 개혁을 거론할 때마다 보수 언론이나 기득권층은 '개혁 피로'를 입버릇처럼 들먹거렸다. 개혁이 지지부진해서 또는 개혁에 저항하고 방해하는 기득권층의 개혁에 대한 저항 때문에 개혁 피로 현상이 일어날 수밖에 없었다. 물론 기득권층은 개혁에 저항할 수밖에 없다. 특권층으로부터 세금을 많이 거두면, 가령 부동산을 많이 가지고 있는 사람들로부터 부동산 보유세를 많이 거두면 강하게 저항하게 마련이다. 그들은 로비는 물론 개혁법 통과 저지 등 별별 방법을 다 동원한다. 개혁 세력과 수구 세력의 싸움이 기득권 세력인 보수 언론의 지면을 허구한 날 장식한다. 그러면 국민은 짜증이 난다. 기득권층은 그것을 계속 부추겨 개혁의 피로를 강조하고 조장하고 과장한다.

개혁에 따른 피로감은 산을 올랐을 때의 피로감과 다를 바 없다. 오르고자

하는 산을 땀 흘려 오르고 나면 당연히 피로하다. 하지만 그 피로는 달콤하다. 하고 싶은 운동을 열심히 하고 땀을 흠뻑 빼고 나면 몸은 축 늘어지고 피곤이 몰려오지만 기분은 말할 수 없이 상쾌하다. 이렇듯 개혁에 뒤따르는 피로는 달콤한 피로다. 이 피로를 즐기지 못하면 개혁은 불가능하다. 한순간의 피로가 싫어 개혁을 회피하면 부민부국할 수 없다. 우리의 행복과 후손들이 누릴 미래의 행복은 다시 한참을 기다려야 한다.

사마천이 《사기》에서 보여주는 사례가 바로 그런 사례다. 개혁을 회피했거나, 장애 요소 때문에 전면적인 개혁을 이루지 못하고 중도에 중단했거나, 아예 개혁 자체를 거부했던 나라는 예외 없이 역사의 무대에서 사라졌다. 그런데 사마천은 왜 개혁에 관심을 기울였을까. 한나라가 천하를 재통일한 뒤 진나라 멸망과 한나라 흥기의 원인을 놓고 일대 토론이 벌어졌다. 막 일어난 제국에서 벌어진 토론의 결과는 황제 유방의 명을 받은 육고陸賈에 의해 《신어新語》로 정리되었다. 사마천 또한 그에 관한 적지 않은 자료를 확보했다. 천하 흥망성쇠의 원인을 규명하는 열쇠는 역시 개혁에 있었다. 따라서 이 문제에 관한 상당한 사례를 확보한 사마천이 개혁 문제에 관심을 기울인 것은 자연스러운 일이었다.

개혁의 시대로 불리는 전국 시대가 시작되자마자 위魏나라가 먼저 개혁의 불씨를 당겼다. 주인공은 위나라 문후文侯(재위 기원전 445년~기원전 396년)였다. 문후의 이름은 위사魏斯로 전국 시대 최초의 개혁 군주로 길이 이름을 남겼다. 위나라는 문후의 적극적인 개혁 정책을 통해 전국 시대 초기 강국으로 부상했다.

거의 반세기에 걸친 위문후의 개혁에서 가장 빛나는 부분은 인재 기용이었다. 군사 전문가 오기吳起와 악양樂羊, 경제통 이회李悝, 행정의 달인 서문표西門豹를 비롯해 교육과 인문 분야의 인재로 복자하卜子夏, 전자방田子方, 단간목段干木 등을 발탁하거나 우대했다. 아마 위나라만큼 많은 전문가를 우대하고 기용해 전면적인 개혁 정책을 실행한 경우도 드물 것이다. 더욱이 문후가 기용한 인재 가운데는 외국 출신도 적지 않았다. 오기는 위衛나라, 복자하와 단간목은 진晉나라 출신이었다. 그중 가장 재미난 에피소드를 남긴 인물이 서문표다. 다음은 유머와 위트, 촌철살인의 해학을 담고 있는 〈골계 열전〉에 나오는 이야기다.

위문후. 개혁의 시대를 알린 문후는 다양한 인재를 기용해 개혁의 열쇠가 인재에게 달려 있음을 각인시켰다.

사람부터 정리한 서문표

서문표는 업鄴(오늘날의 하북성 임장현臨漳縣 서북쪽) 지역 현령으로 발령이 나 그곳을 다스리게 되었다. 그런데 업 지방은 미신을 지나치게 믿었다. 지역 주민들은 해마다 하백河伯(황하의 신)에게 여자를 바쳤는데 여자를 바칠 때가 되면 관리를 비롯해 무당과 그 제자까지 죄다 나와 한바탕 굿을 한 다음 젊고 아리따운 처녀를 강물에 던졌다.

서문표는 이 야만적인 폐단을 없애기로 결심했다. 그해 하백에게 처녀를 바치는 날 그는 직접 강으로 나갔다. 처녀를 막 물에 던지려는 순간, 서문표가 나서더니 "이 처녀는 너무 못생겨서 안 되겠다"며 옆에 있던 무당을 강물에 던지게 하면서 "네가 가서 하백에게 다음에는 꼭 예쁜 처녀를 바치겠습니다, 하고 전한 다음 돌아오라!"고 일렀다. 하지만 무당은 돌아오지 않았다. 그러자 서문표는 무당의 제자들에게 어찌 된 일인지 가서 알아보고 오라며 그들을 차례대로 강에 던지게 했다. 그러나 역시 아무도 돌아오지 않았다. 서문표가 이번에는 무당이 왜 돌아오지 못하는지 알아오라며 관리들을 물속에 처넣었다. 매년 처녀를 바치던 악습이 단번에 사라졌음은 말할 것도 없다.

서문표는 위문후의 의식도 개혁했다. 좋은 신하는 자신을 기용한 리더나 통치자가 잘못된 길로 빠지려 할 때 바른 길로 이끌 수 있어야 한다는 것을 보여준 좋은 예다.

서문표는 굉장히 청렴결백한 사람이었다. 회계 보고가 꼼꼼하고 정직했다. 당시 지방관이 1년에 한 번씩 그리고 다시 몇 년에 한 번씩 올리는 실적 보고서를 '상계'라고 했다. 상계에는 재정 보고뿐 아니라 정치적 성과에 대한 보고도 포함되어 있었다. 따라서 상계는 인사고과에 반영되는 중요한 기준이었다. 그런데 이런 상계가 문후에게 바로 올라가지 않고 문후의 총애를 받던 측근에게 먼저 올라갔다. 이 과정에서 비리가 발생할 것은 뻔한 노릇이었다. 측근 대신에게 바치는 뇌물이 줄을 이었다. 하지만 서문표는 그런 부정한 짓을 할 줄 모르는 청백리였기에 측근 대신에게 미운털이 박혀 그의 인사고과는 낙제점일 수밖에 없었다. 문후는 서문표를 파면시키려고 했다. 이에 서문표는 수도로 올라와 문후를 만나 1년만 기회를 더 달라고 요청해 허락을 받았다.

1년 후 서문표의 성적표는 모든 부문에서 A였다. 서문표도 다른 사람들처럼 문후의 측근들에게 잔뜩 뇌물을 먹인 것이다. 문후는 1년 만에 180도 달라진 서문표의 성적표를 보고는 그를 불러올려 칭찬을 아끼지 않았다. 그러자 서문표는 품에서 사직서를 꺼내 문후 앞에 내놓았다. 놀란 문후는 '너처럼 유능한 행정 달인이 그만두면 어쩌냐'며 그를 달랬다. 서문표는 저간의 사정을 설명했다. 이로써 문후도 알게 되었다. 임금의 측근이 중간에서 장막을 치고 농간을 부리니 제대로 된 정치를 하는 사람은 쫓겨나고 정치를 엉망으로 하는 사람만 승진하고 있다는 사실을 알게 된 것이다. 문후는 마음을 고쳐먹고 새롭고 깨끗한 정치를 펼쳐나갔다.

위나라 이회의 경제 개혁

이회(기원전 455년~기원전 395년)는 경제 전문가였다. 이회에 관한 기록은 《사기》에 한 줄밖에 나오지 않지만 굉장히 중요한 인물이다. 《사기》 이후의 다른 기록을 종합하면 이회가 중국 경제사에 미친 영향은 대단하다.

이회는 아쉽게도 지금은 남아 있지 않지만 중국 사상 최초로 성문법 법전인 《법경法經》을 남겼다. 춘추전국 시대의 두드러진 특징 가운데 하나는 제도 개혁과 각종 경제 개혁을 법으로 보장하는 법전 편찬이 활발하게 일어났다는 것이다. 이회도 '법에 의해 모든 것을 다스려야 한다'는 기조로 개혁 정치를 한 인물이다. 그가 남긴 유명한 말이 있다. "먹으려면 일을 하고 녹봉을 받으려면 공을 세워라."

지금과 다를 바 없다. 연봉을 많이 받으려면 그에 걸맞은 성과를 내라. 이회는 이를 바탕으로 기득권 귀족의 각종 특권과 특혜를 하나둘씩 폐지하는 정책을 실행했다. 또한 "땅의 힘을 최대한 활용하라"는 유명한 말도 남겼다. 놀고 있는 땅을 최대한 활용해 생산량을 정확하게 가늠하고 생산량에 맞추어 곡물 가격을 정하는 것이다. 생산과 물가를 동시에 고려한 경제 안정책이었다. 쌀 때 사들였다 물가가 오를 때 내다 팔아 농민이 피해를 보지 않도록 하겠다는 것이다. 이회는 2,000여 년 전에 이미 추곡 수매와 같은 정책을 실행한 대단히 앞선 경제 전문가였다.

당시는 경제활동 가운데 농업이 가장 중요했다. 때문에 수매는 물가 안정책으로서 대단히 유용한 수단이었다. 한나라의 균수법均輸法, 고려의 상평창常平倉 같은 물가 조절책이나 기관도 같은 맥락에 있다. 이회는 농업을 경제의 중심이자 축으로 삼았던 동양사에서 물가 안정에 대한 근본적인 이론과 정책을 모색하고 실행한 인물이었다. 특히 농민 생활의 안정을 기조로 삼고 수구 기득권의 각종 특혜와 특권을 폐지한 과정을 돌아보면, 농민에게 돌아가야 할 쌀 직불금을 가로챈 파렴치하고 부도덕한 우리네 기득권층의 작태가 다시 한 번 떠오른다.

솔선수범 없이 개혁 없다

다시 위문후의 개혁 정치로 돌아가 보자. 오기는 군사 전문가이자 개혁 전문 CEO라고 할 수 있는 인물이다. 제나라와 사이가 좋지 않던 노나라 임금으로부터 인정받기 위해 제나라 출신 아내까지 죽인 비정한 인물이기도 하다. 보통 상식으로는 좀처럼 설명이 불가능한 인물이다. 앞서 말한 대로 오기는 위衛나라 출신이다. 그는 고국에 있을 때 자신에게 모욕을 준 사람을 무려 30여 명이나 죽이고 지명수배를 받자 노나라로 건너갔다. 그런 다음 위나라로 갔다가 마지막에 초나라까지 가게 되었다. 이렇듯 오기는 여러 나라를 돌아다니며 개혁 전문 CEO로서 명성을 날렸다.

오기는 노나라에서 자신의 능력을 펼치려 했지만 제나라 출신 아내가 걸리자 아내까지 죽이며 출세에 집착했다. 그러나 노나라의 기득권 세력이 부인을 죽인 비정한 사람에게 나랏일을 맡길 수 없다며 비난을 퍼붓자 위나라로 도망쳤

병사의 고름을 빨고 있는 오기.

다. 오기가 위나라로 건너오자 문후는 이회에게 오기에 대한 정보를 물었다. 이회는 오기는 욕심도 많고 또 비정한 사람이기는 하지만 군사에 관한 한 최고의 전문가라며 그를 추천했다.

오기는 위나라의 군사 분야를 맡아 당시 호시탐탐 위나라를 노리며 동쪽으로 밀고 들어오던 진秦나라를 막았다. 그는 위나라의 가장 중요한 군사 거점인 서하西河 태수가 되어 진의 동침을 막고 아울러 한韓나라에 맞섰다. 오기가 위나라 군대를 맡아 치른 전투는 무려 일흔여섯 차례나 되었다. 그러나 한 번도 패하지 않았으며 예순네 번 이기고 열두 번은 승부를 가리지 못했다. 그래서 붙여진 별명이 '상승常勝 장군'이었다. 늘 이기는 장수란 뜻이다.

위나라 군대를 개혁하는 과정에서 보여준 오기의 모습은 '솔선수범'으로 요약할 수 있다. 그는 행군할 때면 병사들과 똑같이 짐을 졌고 잠을 잘 때도 돗자리를 깔지 않았으며 병사들이 먼저 먹거나 마시지 않으면 그도 먹고 마시지 않았다. 밥과 반찬도 여느 사병과 똑같았다. 오기가 병사를 얼마나 아꼈는지는 다음 일화가 잘 말해준다.

병사 하나가 부상을 당해 몸에서 피고름이 흘렀다. 이를 본 오기는 자신의 입으로 병사의 상처를 직접 빨았다. 누군가 이 이야기를 병사의 어머니에게 전하며 아들이 훌륭한 장수를 만나 좋겠다고 했다. 그러자 어머니는 대성통곡했다. 그 까닭을 묻자 병사의 어머니는 그렇게 제 몸처럼 병사를 아끼니 누군들 목숨 걸고 싸우지 않겠냐며, 자신의 아들도 분명 전투에서 전사할 것이기 때문에 우노라고 대답했다. 실제로 그 병사는 다음 전투에서 용감하게 싸우다 전사했다.

개혁은 개혁 주체와 개혁을 보조하는 참모 그리고 개혁을 이끄는 전문가가 솔선수범하지 않으면 결코 성공할 수 없다. 오기가 일흔여섯 번을 싸워 단 한 번도 패하지 않은 상승 장군으로 남을 수 있었던 까닭은 병사와 동고동락하며 병사의 몸을 자기 몸처럼 아낀 덕분이다. 정치가는 국민을 제 몸처럼 아끼며 정치를 해야만 한다. 그래야 국민이 따른다. 개혁의 가장 중요한 요체는 개혁에 대한 국민의 동의에 있기 때문이다.

제17강
부국강병을 위하여

오기는 원래 여러 나라를 다니며 개혁을 실시한 개혁 전문 CEO였다. 그는 위나라에서 20년 넘게 군사 전문가로 문후의 개혁 정치에 동참했지만 무후 즉위와 함께 시작된 수구 세력의 집요한 견제 때문에 결국 위나라를 떠났다. 오기가 다음으로 선택한 나라는 한때 남방의 초강국으로 중원을 위협했지만 지금은 부진을 면치 못하고 있는 초나라였다.

위나라에서 오기가 펼친 개혁 정치는 학연이나 지연 따위에 얽매이지 않은 과감한 구조 조정이다. 능력은 없으면서 녹봉은 많이 받아가는 사람은 과감하게 내쳤다. 그 때문에 오기는 모함을 받기 시작했다. 무후가 즉위한 뒤 오기를 시기하는 사람들은 타국 출신 오기가 과연 위나라에 진심으로 충성할 수 있는지 시험해보아야 한다고 했다. 더구나 오기는 진나라를 방어하는 서하 지역을 책임지며 막강한 군사력을 보유하고 있기 때문에 언제 반란을 일으킬지 모른다는 모함도 받았다. 무후의 측근이자 재상인 공숙公叔은 오기에게 공주를 시집보내자고 제안했다. 오기가 공주를 아내로 맞이하면 위나라에 충성할 마음이 있는 것이고 거부하면 충성할 마음이 없다는 징표라고 했다.

공숙은 무후가 오기에게 혼인 이야기를 꺼내기에 앞서 오기를 집으로 초대했다. 그리고 공주 가운데 가장 성격이 거친 공주도 함께 불렀다. 공숙은 공주에게 거푸 실례를 범해 공주의 성질을 돋우었다. 아니나 다를까, 공주는 잔뜩 화가 나서 공숙에게 욕을 퍼부으며 자리를 박차고 나갔다. 얼마 뒤 무후가 오기에게 혼인 이야기를 꺼내자 오기는 일언지하에 사양했고 무후는 오기를 의심하며 믿지 않았다. 이런 낌새를 눈치챈 오기는 행여 자신에게 좋지 않은 일이 생길까 두려워 위나라를 떠났다.

사실 오기의 일생은 위나라에서 보낸 20년 넘는 개혁 정치를 통해 이미 화려한 꽃을 피운 것이나 다름없었다. 그러나 마무리가 제대로 되지 않아 짙은 아쉬움을 남겼다. 오기는 마지막으로 자신의 능력을 발휘할 수 있는 기회를 갖고 싶었다. 오기는 남방의 초나라를 선택했다.

오기와 재상 전문의 논쟁

위나라에서 오기는 주로 군대를 개혁했다. 《오기병법吳起兵法》이라는 병법서도 남겼다. 그는 청렴결백했으며 명예를 중요하게 여겼다. 자신의 명예를 더럽히거나 자신을 의심하는 것은 결코 참지 못했다. 이런 성격이다 보니 정치를 깨끗하게 하려고 노력했으며 진퇴도 분명했다. 다음 일화는 오기의 성격을 잘 보여주는 사례다.

위나라 무후 때 재상을 지낸 전문田文과 나눈 대화는 《사기》에서도 명장면으로 손꼽힌다. 서하 태수를 지내며 큰 명성을 얻은 오기는 내심 재상 자리에 욕심을 품고 있었다. 그런데 전문이 재상으로 발탁되었고 오기는 기분이 언짢아 전문을 찾아가 따졌다. 지금까지의 경력이나 능력으로 볼 때 자신이 전문에 비해 훨씬 낫다고 생각했기 때문이다.

오기: 삼군三軍(한 나라의 군대 전체를 가리킨다)의 장수로서 병사를 거느리고 나가서 싸우고 나라를 지키는 데 누가 더 낫소?

전문: 그야 장군이 더 낫지요.

오기: 문무백관을 다스리고 만민과 친하게 지내면서 나라의 재정을 튼튼하게 할 수 있는 능력은 누가 더 낫소?

전문: 그것도 장군이 낫지요.

오기: 서하를 지키면서 강대국 진나라를 능히 막아낼 수 있는 능력은 누가 더 낫소?

전문: 당연히 장군이 낫지요.

오기: 그렇다면 이 세 가지 면에서 당신이 모두 나보다 못한데도 나보다 높은 자리를 차지한 까닭은 무엇이오?

전문: 임금께서 나이가 어려 나라가 불안하고 대신은 복종하지 않으며 백성이 믿지 못하고 있습니다. 이런 때에 재상이란 자리가 누구에게 맞겠습니까?

한참을 생각하던 오기는 전문이 재상 자리에 더 잘 맞는다며 깨끗하게 인정하고 물러났다. 역시 인재가 인재를 알아보는 법이다. 오기는 진퇴를 잘 아는 개혁가였다.

대개 어느 나라든 개혁 정치가 실패하는 가장 큰 이유는 처음 개혁을 실행했던 사람이 너무 과격하게 개혁을 밀고 나가거나 개혁을 실행하는 자리에 너무 오래 앉아 있기 때문이다. 자리에 미련을 두고 집착하다 보면 헐뜯고 모함하는 정적이 생기게 마련이다. 후계자를 키워 개혁의 지속성을 유지하면서 다른 사람과 조화를 이루어야 하는데 장기 집권은 그것을 불가능하게 한다. 또 개혁을 주장하는 사람 가운데는 배타적이며 독선적인 인물이 많다. 자기 확신이 너무 강하고 자기만이 옳다고 여기는 성향이 크기 때문이다. 그런 폐단은 특히 개혁 후반기로 갈수록 더한데 이 때문에 개혁이 막판에 가서 틀어지거나 실패하는 경우가 많다.

오기는 그런 점에서 매우 '쿨' 했다. 전문이 죽고 앞서 말한 공숙이 재상이 되어 오기를 모함하고 해치려 하자 그는 초나라로 떠났다. 노년으로 접어들긴 했지만 오기의 초나라행은 당시로서는 큰 사건이었다. 누가 뭐라 해도 오기는 어디를 가든 화끈한 개혁 정치로 평지풍파를 일으키는 당대의 명사였기 때문이다. 오기가 초나라로 갔다는 소문은 금세 퍼졌다. 특히 이해 당사자인 초나라의 수구 세력과 기득권층은 아연 긴장할 수밖에 없었다.

오기가 강조한 노블레스 오블리제

박해를 받고 여러 나라를 전전했어도 오기는 오기였다. 그를 기용한 군주는 다른 것은 몰라도 오기의 능력 하나는 인정하지 않을 수 없었다. 초나라 도왕悼王도 버선발로 뛰어나가 오기를 맞았다. 그러고는 바로 재상이라는 최고의 자리로 그를 우대했다. 초나라 왕족을 비롯해 기득권 세력은 긴장했다. 오기의 악명(?)을 익히 들어 알던 터라 대응책 마련에 부심할 수밖에 없었다. 또 한 번의 갈등과 충돌이 예고되는 상황이었다.

오기가 초나라에서 실시한 개혁 정책은 지금까지 했던 것과 크게 다르지 않았다. 일단 수구 기득권 세력이 가지고 있던 특권 일체를 폐지했다. 특히 초나라는 왕족과 귀족 세력이 거의 모든 요직을 독차지하고 있었다. 오기는 왕실과 촌수가 먼 왕족의 봉록을 없애 그 돈으로 군대를 키웠다. 또한 많이 가진 사람에게 많은 세금을 내게 하고 군대에 가지 않는 귀족을 군대에 보냈다. 귀족에게 '노블레스 오블리제'를 요구한 것이다. 특권을 누리는 만큼 사회적 의무도 다하라는 요지였다. 2,000여 년 전 오기가 실행했던 개혁의 요지는 21세기인 지금에 적용해도 손색이 없다.

우리 사회를 한번 살펴보자. 사회적으로 큰 반향을 일으키거나 영향을 미치는 문제는 늘 가진 자들 때문에 일어난다. 유리 지갑 또는 유리 봉투라고 하는 봉급쟁이나 노동자 들은 월급을 받기도 전에 세금을 떼인다. 비정규직의 처지는 더 말할 것도 없다. 대학 강의의 절반을 책임지지만 사람대접도 못 받는 시간강사들, 말이 전문가 집단이지 기초 생활 수급자를 방불케 한다. 이에 반해 이른바 '가진 자' 들은 어떤가. 나라에 누를 끼치거나 사회적으로 큰 물의를 일으키고 있는 사람들의 면면을 들여다보면 거의가 특권층이다.

예나 지금이나 개혁의 고갱이는 특권을 누리는 사람에게 많은 세금과 많은 의무를 지게 만드는 것이다. 그래야 그 돈으로 부민부국할 수 있다. 함께 잘사는 복지사회를 만들 수 있다. 의료보험이나 사회복지가 낙후해 국민에게 병이 생기면 이는 결국 국력의 약화로 직결된다. 노인들이 의료 혜택을 제대로 받지 못하면 자식이 수발해야 하고 주변 사람도 희생해야 한다. 국력이 약해지는 것은 당연지사다. 복지사회를 건설하자는 것은 노인을 봉양하기 싫어서가 아니다. 국민과 나라를 다 같이 건강하게 만들기 위해서다. 그것이 잘사는 나라고 선진국이다. 몸이 건강한 국민, 의식이 건전한 국민이 있는 나라 말이다.

특권층과 부자가 세금을 충실하게 내면서 사회적 의무를 다하는 노블레스 오블리제를 기꺼이 이행한다면 국민은 말하지 않아도 이들을 존중하고 존경할 것이다. 이것이 바로 개혁의 목표다. 오기도 마찬가지였다. 그런데 오기의 초나라 개혁은 불과 2년 만에 끝이 났다. 오기를 지지하던 도왕이 너무 일찍 죽어버렸기 때문이다.

개혁의 중요한 조건 가운데 하나는 개혁 정책을 지지하는 리더의 존재다. 리더는 개혁가에게 강력한 실권을 주어야 한다. 그리고 그 실권은 연속성을 가져야 한다. 대개 권력이 한 사람에게 집중되어 있던 체제에서는 개혁을 지지하던 최고 권력자가 죽으면 다음 계승자가 개혁의 패턴을 온전히 이어받는 경우가 드물다. 개혁 정책의 기조는 유지하되 개혁가를 제거하는 경우가 많았다. 대개 신임 권력자 스스로 권력을 계승하기 전에 개혁가에 의해 처벌을 받았거나 측근이 이익을 박탈당한 경험이 있기에 개혁에 거부감을 느낀다. 물론 신임 권력자도 권력을 쥐고 나면 개혁의 필요성과 당위성을 인식해 개혁 정책을 계승한다. 하지만 자신이나 측근에게 불이익을 준 개혁의 주체는 바꾸려고 한다. 위나라에서의 오기가 그랬고, 초나라에서의 오기가 그랬다. 도왕이 죽자 오기의 정적들은 오기를 제거할 절호의 기회를 만났다.

자신의 개혁 정책을 강력하게 지지하던 도왕이 갑자기 죽자 오기는 착잡한 심정으로 왕의 시체가 안장된 곳으로 들어가 곡을 했다. 그런데 들어올 때부터 분위기가 심상치 않음을 직감했다. 자신을 죽이려는 살수들이 사방에 매복하고 있다는 것을 알아챈 것이다.

살수들은 오기가 도왕의 관 앞에서 곡을 시작하자 바로 화살을 날렸다. 순

오기 상. 암살자들이 쏜 화살이 꽂힌 형상이다. 풍운의 개혁가답게 그 죽음도 드라마틱했다.

간 오기는 도왕의 시신 위로 몸을 던졌다. 비 오듯 쏟아지는 화살은 오기뿐 아니라 도왕의 시신에도 무수히 꽂혔다.

   도왕의 아들로 아버지의 뒤를 이은 숙왕肅王은 즉위 후 아버지의 시체에 화살을 쏜 70여 집안을 색출해 가차 없이 숙청했다. 오기는 죽는 순간에도 예민한 개혁가의 기지를 유감없이 발휘해 정적을 한꺼번에 제거한 셈이다. 또 숙왕은 숙왕대로 개혁의 걸림돌을 일거에 제거하는 놀라운 성과를 거두었다. 하지만 안타깝게도 그에게는 개혁 의지가 없었다. 오기와 아버지가 닦아놓은 훌륭한 기초 위에 집을 제대로 짓지 못했던 것이다.

개혁가의 유연한 대처 능력

개혁을 하는 방식은 여러 가지다. 제나라의 추기鄒忌(기원전 385년~기원전 319년)는 제나라 위왕威王에게 개혁 정책을 건의했는데 거문고 연주법으로 개혁의 원리와 필요성을 종합적으로 설명한 일화로 이름을 남겼다. 제나라는 산동 반도에 위치한 나라로 중국 동쪽에서 가장 큰 나라였다. 당시 중국 동방의 강국은 제나라, 서방 최강국은 진秦나라, 남방 최강국은 초나라였다. 이른바 3대 강국이다.

제나라는 일찍이 기원전 7세기 제환공 때 춘추오패의 첫 패자였다. 관중이 실시한 개혁 정책 덕분이었다. 제환공으로부터 약 300년이 흘렀지만 제나라는 여전히 강국이었다. 하지만 그 위세는 예전 같지 않았다. 그런데도 위왕은 즉위 후 지난날의 명성만 믿고 정사를 게을리한 채 먹고 마시고 놀기만 했다. 그런 위왕을 보다 못한 순우곤이 위왕을 찾아가 '불비불명'의 수수께끼를 냈다. 이 수수께끼는 약 300년 전에 오거(오자서의 할아버지)가 초장왕에게 냈던 수수께끼다. "3년을 날지 않고 3년을 울지 않는 새가 있다면 그 새는 어떤 새입니까?" 아마도 '불비불명'은 오래도록 유행한 수수께끼였던 모양이다.

일설에 따르면 제위왕은 3년 동안 놀기만 한 초장왕보다 한술 더 떠 무려 9년 동안 아무것도 하지 않고 놀았다고 한다. 즉위 초창기에 자신을 도와줄 마땅한 정치 세력을 찾지 못해 상황을 살피느라 그랬던 것 같다. 초장왕도 3년 동안 국정 파트너를 물색하며 정세를 파악하지 않았던가. 하지만 9년은 너무 긴 세월이다. 기록의 과장인 듯한데 위왕의 이런 모습이 안쓰러웠는지 답답했는지 추기가 하루는 거문고를 들고 위왕을 찾아왔다. 위왕이 워낙 음악을 좋아했기 때문에 추기는 악기로 자신의 생각을 설명할 참이었다. 위왕도 거문고를 들고 온 추기에게 강한 호기심을 느끼며 연주를 부탁했다. 하지만 추기는 거문고를 안고

뜯는 흉내만 낼 뿐 연주는 하지 않았다. 위왕은 왜 연주를 시작하지 않느냐며 재촉했다. 추기는 자세를 잡아야 한다며 잠시 기다려달라고 했다. 하지만 여전히 거문고를 뜯는 시늉만 했다. 답답한 위왕이 다시 재촉했다. 그러자 추기는 진정으로 음악을 사랑하는 사람이라면 음악을 좀 알아야 한다면서 음악에 대해 장광설을 늘어놓았다. 위왕은 짜증을 냈다. 그제야 추기는 거문고를 내려놓고 정색을 하며 "그런 왕께서는 어째서 제나라라는 거문고를 9년 동안이나 연주하지 않고 뜸만 들이고 계십니까"라고 반문했다.

위왕은 마침내 마음이 맞는 사람을 만났다며 추기를 재상으로 발탁하여 개혁 정치에 시동을 걸었다. 이렇듯 개혁에는 인재가 필요하다. 직언할 줄 알고 유머를 알고 유연한 대처 능력을 갖춘 파트너가 꼭 필요한 것이다.

미남자 추기의 고민

추기는 미남이었다. 그는 아침 출근길마다 거울을 보며 자신의 잘난 용모에 스스로 감탄하곤 했다. 하루는 추기가 출근하기 전에 아내에게 도성 북쪽에 사는 서공徐公과 비교해 누가 더 미남이냐고 물었다. 아내는 "당연히 당신이 더 잘생겼지요"라고 대답했다. 첩에게 물어도 같은 대답이었고 자신을 찾아온 손님에게 물어도 마찬가지 대답이 돌아왔다. 그런데 자신의 집을 방문한 서공을 보니 아무리 봐도 자기보다 서공이 더 잘생긴 듯했다. 추기는 '이들이 왜 내가 더 잘생겼다고 했을까' 고민에 빠졌다.

얼마 뒤 추기는 위왕에게 이 이야기를 들려주며 이렇게 분석했다. '아내는 나를 사랑하기 때문에, 첩은 총애를 잃을까 겁이 나서, 손님은 바라는 것이 있어서 그런 대답을 했을 것이다. 지금 왕의 곁에도 이런 부류가 넘쳐나니 정작 바른 소리를 들을 수 없다.' 이에 위왕은 크게 깨달은 바가 있어 전국 백성에게 다음과 같이 선언했다.

> 첫째, 왕 앞에서 대놓고 충고하는 사람에게는 1등 상을 준다.
> 둘째, 글을 올려 왕의 잘못을 바로잡는 사람에게는 2등 상을 준다.
> 셋째, 사석에서라도 왕의 잘못을 지적하여 그 이야기가 왕에 귀에 들리면 3등 상을 준다.

그로부터 1년 뒤, 위왕의 잘못을 지적하는 말이 완전히 사라졌다. 1년 동안 위왕은 자신을 비판하는 목소리에 충실히 귀를 기울여 잘못을 바로잡았고, 덕분에 지적할 만한 잘못이 없어졌기 때문이다. 이른바 '돈(상금)으로 충고를 사다'는 일화다.

추기와 위왕의 개혁으로 제나라는 전국 시대 후기에 또 한 번 크게 국력을 떨칠 수 있었다. 제위왕이 남긴 정책 가운데 두고두고 평가를 받은 것이 '장일인獎一人 팽일인烹一人'이다. '한 사람은 상을 주고 한 사람은 가마솥에 삶아 죽인다'는 뜻이다. 이 이야기는 두 명의 제나라 대부 때문에 나왔다. 당시 아阿라는 지역을 다스리던 대부는 칭찬이 자자한 반면 즉묵卽墨을 다스리는 대부에 대해서는 온통 비난하는 소리만 들렸다. 위왕이 사람을 보내 두 지방을 조사하게 했더니 아 지방은 농사짓지 않고 노는 땅이 부지기수에 대부는 음주가무에 취해 있었다. 반면 즉묵은 수리 사업도 잘되어 농사도 풍년이고 백성이 다 잘살고 있었다. 세간의 평판과는 완전 반대였던 것이다.

위왕은 두 지방의 대부를 따로따로 소환했다. 대신들은 당연히 즉묵 대부가

제나라 위왕과 추기. 개혁에는 마음이 맞는 인재가 필수다. 위왕과 추기는 개혁을 위한 황금 콤비였다.

벌을 받을 줄 알았다. 하지만 아주 검소한 차림에 눈빛도 초롱초롱하고 당당한 즉묵 대부는 상을 받고 승진까지 했다. 여기까지가 '장일인'이다.

반면 아 대부는 아주 호화로운 옷을 입고 거들먹거리며 입궐했다. 상을 받을 생각에 만면에 웃음마저 감돌았다. 그러나 위왕은 아 대부를 팽형에 처했다. 사실을 확인해보니 아 대부는 조정 실권자에게 아부하고 뇌물을 써 좋은 평점을 얻었던 것이다. 이것이 '팽일인'이다. 이렇듯 위왕은 한 사람에게는 상을 주고 한 사람에게는 팽형을 주어 조정의 기강을 바로잡았다. 〈전경중완田敬仲完 세가〉에 나오는 이야기다.

술術에만 의지하다 실패한 개혁

한韓나라에서 개혁 정치를 주도한 인물은 법가 사상가인 신불해申不害(?~기원전 337년 ?)였다. 전국 시대 개혁 정치의 가장 중요한 사상적 배경은 법가였다. 법으로 모든 정책을 실행하자는 것이 법가의 주장인데, 구체적인 방법으로 법法,

술術, 세勢를 제안했다. '법'은 말 그대로 법이고, '술'은 법을 운용하는 테크닉을 말하며, '세'는 대세 또는 분위기를 말한다. 전체적으로 어떻게 대세가 흘러가는지 기세에 맞추어 알맞은 방법을 운용해 법을 적용시켜야 한다는 요지다.

이 세 가지를 종합한 사람, 즉 법가 사상을 집대성한 사람은 한비자韓非子다. 그리고 법가마다 이 세 가지 가운데 어디에 비중을 두느냐에 따라 개혁 정치의 성격에 차이가 난다. 진나라 상앙商鞅은 법에 치중했고 신불해는 술에 치중했다. 군주가 신하와 백성을 다스리는 방법에 좀 더 많은 비중을 두었기 때문인데 이 때문에 개혁 자체가 늘 삐걱거렸다. 신분 고하와 지위를 막론하고 법에 따라 처리하면 될 것을 신불해는 늘 '술'을 앞세워 사사로운 청탁도 받아들이는 등 기준과 원칙이 없었다. 왕 앞에서는 법대로 하라고 해놓고 정작 자신은 친인척을 위해 자리를 부탁한 것이다.

이 일로 신불해는 왕으로부터 면박을 받았다. 앞에서는 법을 중시하고 뒤에서는 청탁으로 법을 망쳤다는 것이다. 신불해는 좋은 자질을 가지고 있었지만 방법론을 잘못 선택했다. 개혁에서는 원칙도 중요하지만 그에 못지않게 방법도 잘 택해야 한다. 신불해는 결국 실패하고 말았다. 법치法治가 아닌 인치人治에 신경을 빼앗긴 탓이다. 개혁에 성공하지 못한 한나라는 결국 진나라에 망하고 만다.

우리 사회도 인치가 문제다. 한국 사회는 특히 학연이나 지연 따위 같은 불합리한 끈으로 엮여 있어 법치가 좀처럼 잘 서지 않는 사회다. 우리가 달성해야 할 가장 중요한 목표 가운데 하나가 바로 법치다. 신불해의 실패에서 얻는 귀중한 교훈이다. 史記

제18장
개혁파 대 수구파 대논쟁

《사기》는 어떤 저술보다 많은 자료를 참고한 역사책이다. 사마천이 《사기》를 편찬할 당시 상당히 많은 자료가 있었는데 그 가운데 가장 중요한 것은 공자가 편수한 《춘추》와 좌구명左丘明의 《춘추좌씨전春秋左氏傳》이다. 《춘추》는 춘추 시대 노나라 역사서로 노나라 은공隱公 원년(기원전 722년)부터 애공哀公 14년(기원전 481년)까지 총 242년에 걸친 역사를 담았다. 이 《춘추》에 좌구명이 해설을 단 주석서가 《춘추좌씨전》이다.

좌구명은 대략 춘추 시대 말기에 공자의 가르침을 받고 《춘추좌씨전》과 《국어國語》를 저술한 노나라 대부로 알려져 있으나 자세한 약력은 남아 있지 않다. 《논어論語》〈공야장公冶長〉에서 공자가 좌구명을 호평한 것으로 보아 실존 인물임은 확실하다. 일찍이 사마천은 《사기》〈태사공자서〉에서 좌구명이 실명한 뒤 《국어》를 저술했다고 했으나 좌구명의 실명 원인이나 《춘추좌씨전》 저술 경위에 대해서는 언급하지 않았다. 한편 《국어》에서 '국어'란 '나라말'이 아니라

'각국의 정치와 역사 이야기'라는 뜻이다. 기원전 10세기쯤의 주나라 목왕穆王부터 기원전 5세기 노나라 도공悼公에 이르기까지의 주周・노魯・제齊・진晉・정鄭・초楚・오吳・월越 나라에서 일어난 사건을 간결한 대화체로 정리한 것이다.

그 밖에도 춘추전국 시대에 활발히 활동했던 제자백가의 전술들이 있다. 《한비자韓非子》《순자荀子》《묵자墨子》 같은 책이다. 이 강에서는 제자백가서까지 아울러 오늘날 우리에게도 절절이 와닿는《사기》속 개혁의 교훈을 풀어보도록 하겠다.

노인복지의 선구자 조나라 무령왕

조趙나라 초기, 무령왕武靈王(기원전 340년~기원전 295년)이 실시한 개혁 정책 가운데 가장 주목할 만한 것은 노인복지다. 그는 전국의 80세 이상 되는 노인들을 대상으로 안부를 묻거나 선물을 보내거나 경로잔치를 열었다. 이는 노인을 위한 일은 분명하지만 그 이면을 가만히 들여다보면 고도의 정치술을 읽어낼 수 있다. 바로 '여론 조성'이다. 민심을 자기 쪽으로 돌리기 위한 아주 영리한 조치 가운데 하나였던 것이다. 지금도 노인들의 이야기 한마디가 그 자식들로부터 시작해 동네방네로 퍼져나가면 아줌마 입소문 못지않은 여론을 형성한다. 앞으로 정치하는 사람들이 국회의원이 되거나 대통령이 되려면 노인층을 잡지 않으면 당선되기 힘든 세상이 되어가고 있다. 전에는 주로 젊은 사람을 잡자는 분위기였지만 최근 노인층이 자신들의 주장을 강력하게 내세우기 시작했다. 정치의 지형이 변화하고 있는 것이다.

조나라 무령왕은 먼저 노인복지로 여론을 자기편으로 돌려세웠다. 그다음 원로대신 가운데 누완樓緩처럼 박학다식하고 경험이 풍부한 사람을 멘토로 두었다. 그리고 이들의 경험을 하나둘 자기의 자산으로 축적해나갔다. 원로대신 가운데 비의肥義는 스승으로 모셨다.

무령왕은 20세 전후 약관의 나이에 즉위했지만 나라를 어떻게 다스려야 하는지 정확하게 알고 있었다. '조화'의 힘을 알고 있었던 것이다. 이전에 조나라는 몇 차례 개혁을 시도했지만 모두 실패했다. 세대 차를 극복하지 못했고 요즘 말로 양극화 현상으로 인한 갈등도 조정하지 못했다. 나라의 실권을 쥐고 있거나 여론을 움직이는 원로대신이나 기득권층이 개혁에 저항하면 개혁은 성공할 수 없다. 무령왕은 이 점을 잘 알고 있었다. 그래서 실시한 정책이 노인복지 정책이다.

《삼국사기》나 《삼국유사》에도 노인복지에 대한 기록이 여러 군데 나온다. 정치가들이 '환과고독鰥寡孤獨', 즉 '홀아비, 과부, 독거노인, 홀로 사는 사람'을 잘 보살폈다는 기록이다. 물론 요즘은 '환과'의 의미가 많이 변했다. '화려한 싱글' '돌아온 싱글' 하면서 독신의 가치를 한껏 구가하고 있다. 하지만 가만히 사회 구석구석을 돌아보면 분명 자신의 의지와는 무관하게 홀로된 사람들이 있다.

환과고독 돌보기는 백성의 여론을 자신에게 집중시키기 위한 하나의 조치였다. 20세 안팎의 무령왕의 정치 감각은 이렇듯 보통이 아니었다. 백성을 위한다는 정치가라면 환과고독에 관심을 두어야 할 것이다.

오랑캐 옷을 입고

무령왕은 화합 정책을 통해 자신의 정치적 기반을 착실히 다졌다. 그리고 즉위 20년째에 접어들자 비로소 개혁 정책을 실행하기 시작했다. 무령왕이 내건 개혁 정책을 한마디로 요약하면 '호복胡服으로 바꿔 입기'였다. 오랑캐 옷으로 바꿔 입으라고 한 까닭은 말을 잘 타고 활을 잘 쏘기 위해서였다. 이를 네 자로 줄여 '호복기사胡服騎射'라고 한다.

호복기사는 군대를 개혁하기 위한 것이었다. 조나라는 중산국中山國이나 누번樓煩 등과 같은 북방 유목 민족과 벌인 전쟁에서 번번이 패했다. 무령왕은 유목 민족이 말을 잘 타고 활을 잘 쏘기 때문에 군대가 강하다는 것을 알았다. 말을 잘 타려면 거추장스러운 옷으로는 불가능하다. 말을 잘 못 타면서 활을 잘 쏘기를 바랄 수는 없는 법, 무령왕은 소매도 짧고 허리도 졸라매는 간편한 호복 차림으로 바꿔야 조나라 군대도 강력해질 수 있다고 확신했다. 복장은 법도 때문에 갖추는 것이 아니라는 생각으로 무령왕은 호복으로 갈아입는 개혁 정책에 시동을 걸었다. 복장 하나가 국가의 존망과 연계되었던 것이다.

전국 시대는 이전과 비교해 전투 형태도 달라졌다. 춘추 시대는 전차전이 주류였다. 전차는 한 마리부터 네 마리의 말이 끌었는데 사두 전차의 경우 말을 모는 어수御手 한 명에 좌우에 전사 두 명이 탔다. 한 사람은 긴 창을 들고 한 사람은 활을 들었다. 하지만 전차는 기동성에서 떨어졌다. 이에 비해 북방 유목 민족은 혼자 말을 타고 긴 칼로 상대편을 베거나 말 위에서 활을 쏘았다. 당연히 기동성이 뛰어났다. 과거의 전투 방식을 고수하던 조나라가 유목 민족을 이기지 못하는 것은 당연했다.

무령왕은 전투에서 가장 중요한 요소인 기동성을 확보하기 위해 군대를 개편하기로 결심했다. 우선 오랑캐 옷을 입으라는 조치를 취했다. 하지만 격렬한 반대가 일어났다. 오랑캐 옷을 입는다는 것은 조상 대대로 내려오는 전통적 예의에 어긋난다는 보수적인 사고방식이 '호복기사' 개혁의 걸림돌이었다. 무령왕의 숙부인 공자 성成도 반대했다.

무령왕은 공자 성과 한바탕 논쟁을 벌이지 않으면 안 되었다. 이렇게 해서 개혁을 둘러싼 일대 논쟁이 전개되었다. 《사기》는 이 대논쟁을 상세히 기록하고 있는데 구구절절 가슴에 와닿는다. 공자 성은 옷의 변화는 고대의 교화와 법도를 바꾸는 것이며 민심을 거스르는 것이고, 학자의 가르침을 저버리는 것이자 중국의 풍습과 동떨어진 것이라며 강력하게 반발했다. 이에 맞서 무령왕은 옷이라는 것은 사람이 편하게 입고자 하는 것인데 한 가지 복식을 고집할 이유가 어디에 있느냐며, 현명한 자는 법을 바꾸고 어리석은 자는 법에 얽매이는 것이라고 웅변을 토했다. 한바탕 격한 논쟁 끝에 무령왕은 공자 성을 설득하는 데 성공했고 상징적 제스처로 공자 성이 호복을 입고 조회에 나타남으로써 반발을 잠재웠다. 보수적인 다른 원로대신들은 믿었던 공자 성마저 설득당하자 곧 호복기사를 따랐다.

무령왕의 개혁 정치의 두 번째 특징은 상하 위계질서와 세대 간 갈등을 조화시켰다는 점이다. 무령왕은 노련한 구세대의 경험과 지혜를 받아들이고 비의나 누완 같은 원로대신을 측근으로 두었다. 이들은 개혁의 당위성을 알리는 데 앞장섰다. 《사기》〈조趙 세가〉를 보면 설전하는 대목이 길게 나온다. 무령왕은 가장 큰 권력을 가진 최고 통수권자였지만 끊임없이 원로대신과 기득권층을 설득해나가는 '소통의 정치'였다.

개혁을 밀고 나가는 사람들이 빠지기 쉬운 함정이 있다. 옳은 길이기 때문에 과감하게 실시해야만 한다는 사명감에 불타 반대하는 사람들의 반발 심리를 충분히 고려하지 못한 채 서두르다 충돌을 일으키는 것이다. 설득 과정이 부족하다는 말이다. 개혁을 추진하며 화해와 설득을 아울러 돌아봤던 무령왕의 개혁 마인드는 오늘날에도 충분히 본받을 만한 예라고 할 수 있다.

오랑캐 옷을 입고 오랑캐를 정벌한 무령왕

무령왕의 가장 큰 목표는 중산국 등 북방 유목 민족을 막아내고 그들을 정복하는 것이었다. 어려서부터 그들에게 당하는 것을 보며 살아왔기 때문이다. 결국 호복기사 개혁을 성공시킨 무령왕은 소원대로 중산국을 멸망시키고 북쪽 변경의 유목 민족을 멀리 내쫓아 무려 1,000리나 되는 땅을 개척했다. 영영 약소국으로만 남을 것 같던 조나라는 무령왕의 개혁을 통해 서방 강국 진秦나라에 버금가는 강국으로 부상했다.

무령왕은 27년간 재위했다. 재위 27년째 되던 해 아들 하何에게 왕위를 양위하고 주보主父(임금의 아버지)로 물러났다. 우리나라도 조선 태종이 세종에게 양위하고 '태상왕'으로 물러나 앉았던 예가 있다. 그러나 이는 무령왕의 치명적인 실수였다.

주보로 물러난 무령왕은 대외 정벌에만 나섰다. 또 외국으로 가는 사신의 수행원으로 위장해 진나라를 염탐하기도 했다. 말하자면 첩자 노릇을 한 것이다. 이렇듯 무령왕의 의식은 독창적이었다. 하지만 만에 하나 신분이 탄로나 잡히기라도 하면 조나라는 큰 혼란에 빠질 처지였다. 새 왕이 아직 어리고 국정에 미숙했기 때문에 더욱 그랬다.

결국 태자 장章을 폐하고 초나라에서 얻은 미녀 오왜吳娃에게서 얻은 하를 왕으로 세운 것이 사단을 일으켰다. 큰아들 장은 아버지의 처사를 이해하지 못했고 또 참을 수도 없었다. 장은 쿠데타를 일으켰다. 그러나 공자 성에 의해 쿠데타는 진압되었고 왕실은 가까스로 안정을 되찾았다. 장은 공자 성을 피해 아버지 무령왕이 있는 곳으로 도망갔다. 그러자 공자 성은 무령왕이 거처하던 성을 폐쇄했다. 결국 장은 죽었고, 무령왕도 감금된 상태에서 먹을 것이 없어 참새 따위를 잡아먹으며 석 달을 버티다 결국 굶어 죽고 말았다.

지난날 제나라 환공도 관중의 충고를 듣지 않고 간신들을 가까이 하다 굶어 죽었고 시체에 구더기가 슬 때까지 방치되었다. 조나라 무령왕도 일대 개혁 군주였지만 왕위 계승 문제에서 결정적인 실수를 저지르고 비참하게 죽었다.

공자 성은 무령왕의 권유를 이기지 못하고 마지못해

무령왕. '호복기사'로 상징되는 무령왕의 개혁은 물질 개혁과 정신 개혁이 별개가 아니라는 사실을 일깨워준다.

오랑캐 옷을 입었지만 성향 자체가 원래 보수적이었다. 그런 그가 권력을 잡자 정치는 다시 옛날로 돌아갔다. 조나라는 그 후 진秦나라와 벌인 장평長平(오늘날의 산서성 고평현高平縣) 전투에서 40만 대군이 생매장당하는 참혹한 패배를 겪고 다시는 힘을 쓰지 못하고 망했다.

중국 역사 최고의 개혁가 상앙

상앙은 중국 역사상 최고의 개혁가이자 가장 완벽한 개혁을 실천한 인물이다. 중국 개혁사에서 상앙을 빼놓고는 아무 이야기도 할 수 없을 만큼 그는 대단한 인물이다.

상앙 역시 진秦나라 출신이 아닌 소국 위衛나라의 공자였다. 그는 위나라에서 인정받지 못하고 대국인 위魏나라로 가서 재상을 지낸 공숙좌公叔座를 섬겼다. 공숙좌는 상앙의 재능을 알아보고 위나라 왕에게 추천했다. 하지만 위나라 왕은 그를 마땅찮게 여겼다. 병이 든 공숙좌는 문안을 온 왕에게 '상앙을 기용하거나 죽이라'고 조언했다. 기용하지 않으면 장차 위나라에 큰 해가 될 것이라는 전망도 함께 곁들였다. 왕이 돌아가자 공숙좌는 상앙을 불러 도망치라고 했다. 하지만 상앙은 위나라 왕이 자신의 면모를 제대로 모르기 때문에 죽이지는 않을 것이라고 장담했다. 아니나 다를까, 위나라 왕은 신하들에게 공숙좌가 병이 깊어서인지 별 헛소리를 다 했다며 무시해버렸다.

한편 진秦나라 효공孝公은 초현령招賢令(인재 모집령)을 발표해 대대적으로 인재를 구했다. 춘추 시대 진목공 때 외국 출신 백리해를 데려와 기용한 이래로 진나라에는 국적을 불문하고 능력 있는 인재라면 과감하게 기용하는 정책이 중요한 전통으로 자리 잡았다. 상앙은 공숙좌가 세상을 뜨자 진나라로 가 효공이 아끼는 신하 경감景監을 통해 효공을 만났다.

제나라 위왕을 거문고로 설득한 추기에 못지않게 상앙도 흥미진진한 일화를 남겼다. 상앙은 효공을 세 번 만난 끝에 그의 마음을 사로잡을 수 있었다. 하지만 이 '세 번'이란 것도 사실은 상앙이 효공의 의중을 떠보는 과정이었다.

상앙이 효공을 처음 만났을 때 상앙은 효공에게 요순 시대의 덕치를 이야기했고 효공은 지루함을 참지 못하고 그만 잠을 잤다. 효공의 입장에서 보자면 약육강식의 전국 시대와 덕치는 어울리지 않았다. 상앙은 다시 경감을 중간에 세워 두 번째로 효공을 만났다. 이번에는 우왕과 탕왕 그리고 주나라 문왕의 왕도 정치 및 춘추오패에 대해 이야기했다. 이번에는 잠이 들지는 않았지만 역시 따분했

진효공. 위나라가 돌로 여겨 버린 보석을 주워 진나라의 반석으로 활용한 효공은 개혁을 가장 성공적으로 수행한 위대한 군주였다.

는지 효공은 하품을 했다. 그 역시 전국 시대의 실정과 맞지 않다고 여긴 것이다. 상앙은 다시 경감에게 통사정해 세 번째로 효공을 만났다. 상앙은 부국강병에 대해 이야기했다. 그러자 효공은 자기도 모르게 방석을 상앙 쪽으로 끌어당기며 귀를 쫑긋 세웠다. 효공은 마침내 상앙을 등용했다. 앞서 말한 대로 상앙은 과연 이 권력자가 어떤 성향의 군주이며, 또 자신의 정치 철학을 받아들일 수 있는지 등을 탐색했던 것이다. 요순 시대를 그리워하는 군주에게는 덕치를, 춘추오패 시대의 정치를 원하는 군주에게는 그에 맞는 통치 원리를 제시해야 했다. 진나라 효공은 부국강병을 원하는 군주였다.

상앙은 부국강병을 이루기 위해서는 철저한 개혁이 필요하다고 효공을 설득했다. 철저한 개혁을 하려면 무엇보다도 법에 대한 백성의 믿음이 필요했다. 상앙이 법에 대한 백성의 신뢰를 얻는 과정에 의미 있는 일화가 하나 있다.

상앙은 큰 기둥을 도성 남문에 세우고 이 기둥을 북문으로 옮기는 사람에게 금 10냥을 주겠다는 방을 붙이게 했다. 진나라 백성은 이 어이없는 방을 보고는 피식 웃고 지나갔다. 기둥 하나 옮기는 데 금 10냥을 줄 사람이 세상에 어디 있느냐는 반응이었다. 다음 날 상금은 20냥으로 올라 있었다. 반응은 마찬가지였다. 다음 날 상금은 무려 50냥으로 올랐다. 역시 모두들 비웃었다. 그런데 지나가던 사내 하나가 힘도 남아돌고 '밑져야 본전'이라는 생각으로 기둥을 북문으로 옮겼다. 그러자 어디서 나타났는지 관리가 나타나 그 자리에서 금 50냥을 사내에게 주었다.

이렇듯 상앙은 법에 대한 국민의 신뢰를 얻기 위해 새 법령에 따라 나라에 공을 세운 이에게는 반드시 상을 주었다. 반대로 잘못한 사람에게는 반드시 벌을 주었다. 예외가 없었다. 태자가 잘못을 범하자 태자의 사부 공자 건虔의 코를 베고 태사인 공손고公孫賈에게는 이마에 글자를 새기는 묵형에 처했다. 이로부터 진나라 백성은 법을 잘 지켰다. 이렇듯 개혁 정책의 가장 중요한 요건은 국민의 신뢰를 얻는 것이다. 무엇보다 공평무사해야 한다. 사마천이 비꼰 대로 '유전무죄 무전유죄' 같은 풍조가 만연해서는 결코 개혁을 이뤄낼 수 없다.

아버지와 아들을 한 집에 못 살게 하다

개혁 초창기에 상앙은 심한 저항을 받았다. 반대 세력이 매일 시위를 했다. 1,000명씩 모여들어 상앙을 내쫓으라고 아우성을 쳤다. 개혁 시행 1년 동안 상앙을 원망하는 목소리가 전국에 메아리쳤다. 백성도 아우성이었다. 법대로 한다는 것이 그만큼 불편했기 때문이다. 이는 달리 말해 그동안 진나라에 불법과 편법이 기승을 부려왔다는 증거였다.

상앙은 조금도 동요하지 않았다. 그리고 어느 정도 법치가 자리를 잡자 이어 생활 개혁에 들어갔다. 상앙의 생활 개혁 가운데 가장 중요한 것은 아버지와 결혼한 자식이 같은 집에서 사는 것을 금지한 것이다. 상앙이 이 법을 가장 먼저 제정

상앙. 세계 개혁사에 길이 남을 비운의 개혁가 상앙은 개혁과 관련된 모든 문제를 제기하며, 오늘날을 심사숙고하게 한다.

한 까닭은 인구를 늘려야 했기 때문이다. 부모와 결혼한 자식이 같은 집에서 살면 아무래도 출산율이 떨어지게 마련이다. 또한 인구가 늘면 세금을 많이 거둘 수 있고 군대에 징발할 인력도 늘어난다.

상앙이 개혁을 밀고 나가기를 5년, 백성은 길에 귀한 물건이 떨어져 있어도 줍지 않게 되었다. 10년 뒤에는 대문을 잠그지 않고 잠을 자도 아무 일 없게 되었다. 다음 단계는 제도 개혁이었다. 흔히 문자 및 도량형 통일과 군국郡國 제도를 기본으로 한 중앙집권이 진시황의 작품인 줄 알고 있지만 실은 상앙의 개혁 정치 때 이미 시행된 것들이다.

자신이 만든 법 아래 비참하게 죽다

개혁 정치가 정상 궤도에 오르고 상앙 또한 부귀영화를 누리려는 순간 효공이 죽고 혜문왕惠文王이 즉위했다. 혜문왕은 태자 시절부터 상앙에 대한 감정이 좋지 않았다. 여기에 개혁 정치와 상앙에 반대하는 세력이 새로운 왕을 앞세워 노골적으로 상앙을 박해하기 시작했다. 위기를 느낀 상앙은 도주하다 붙잡혀 '반란죄' 혐의로 거열형車裂刑에 처해졌다. 거열형이란 '오마분시五馬分尸'라고도 하는데 다섯 마리의 말이 끄는 수레 다섯 대에 사지와 머리를 묶어 각기 다른 방향으로 찢어버리는 지독한 형벌이다. 아이로니컬한 것은 이 잔혹한 형벌을 상앙이 만들었다는 사실이다. 상앙은 죽으면서 "가혹한 법의 폐해가 내게도 미쳤구나" 라고 탄식했다.

상앙은 세계 최초로 '여권법'과 비슷한 법도 만들었다. 허가증 없이 아무 데나 여행하지 못하게 하는 법이었다. 상앙은 도망을 다니다 여행 허가증이 없다는 이유로 진秦나라와 위魏나라의 경계인 함곡관函谷關 근처 여관집 주인에게 쫓겨나는 수모를 당했다. 이렇듯 자신이 만든 법에 걸려 제대로 도망도 못 다니다 붙잡혀 처형당한 비운의 개혁가가 상앙이다. 하지만 그가 시행한 개혁 정책은 고스란히 부국강병과 직결되어 진나라가 천하를 통일하는 데 가장 강력한 밑받침이 되었다. 史記

【제6부】

통찰의 인간 경영

제19강

우정의 인간 경영

사마천이《사기》를 통해 그린 이상적 인간관계란 어떤 것일까. 인간관계의 최고 경지는 사랑이라고 말하는 사람도 있고 우정이라고 말하는 사람도 있다. 하지만 사랑도 변하고 우정도 변한다. 변하면 배신하게 되고 원한도 생겨난다.《사기》는 우정을 어떻게 그리고 있을까.《사기》에서 가장 부족한 부분이 러브 스토리라면 우정을 다룬 이야기는 상대적으로 많은 편이다.

'관포지교'에서 '지음'까지

《사기》에서 '관포지교管鮑之交'는 우정을 대변하는 고사성어로 인정받는다. 죽음도 불사하는 '문경지교刎頸之交', 허물 없이 막역한 '막역지교莫逆之交', 가난하고 보잘것없는 시절의 '포의지교布衣之交'도 유명하다.

　'저구지교杵臼之交'라는 재미난 고사성어도 있다. 저구는 절구와 절굿공이를 말한다. 곧 떼려야 뗄 수 없는 사이를 일컫는다.《후한서後漢書》〈오우전吳祐傳〉이 그 출전이다. '거립지교車笠之交'는 한 사람은 수레를 타고 다니고 한 사람은 패랭이 모자를 쓰고 다니는, 즉 부자와 가난뱅이 사이지만 거기에 구애받지 않고 사이좋게 지내는 관계를 말한다. '망년지교忘年之交'는 나이도 초월할 수 있는 우정을 말한다. 출전은 《남사南史》〈하손전何遜傳〉이다. '총각지교總角之交'는 말총머리를 한 총각, 즉 어릴 적부터 친하게 지내던 친구 사이를 일컫는다. '죽마고우竹馬故友' '죽마지교竹馬之交'와 같은 말이다. '총각'이란 단어는 《시경詩經》〈제풍齊風·보전甫田〉에 보이고, 《진서晉書》〈하소전何邵傳〉에 '총각지호總角之好'라는 표현이 나온다.

《삼국지》를 보면 유비가 제갈량을 두고 한 말이 있다. '수어지교水魚之交'다. 물과 물고기 같은 사이라는 뜻이다. 제갈량과 유비 사이는 물과 물고기처럼 떨어질 수 없는 관계라는 뜻이다. 가난할 때 사귀었던 벗은 '빈천지교貧賤之交'라고 한다. 그렇다면 이런 모든 우정 가운데 가장 최고의 경지는 무엇일까. '지음知音'의 경지가 있다. 우정의 최고 경지로 '지음'을 꼽는다고 시비 걸 사람은 없을 것 같다.

지금의 장강 중류 지방, 즉 호북성 지역에 위치한 초나라에 백아伯牙라는 고상한 귀족이 살고 있었다. 백아는 거문고 연주를 좋아했다. 하지만 자신의 음악을 알아주는 사람을 만나지 못했다. 어느 날 백아가 숲 속 골짜기에서 혼자 거문고를 연주하고 있었다.

백아는 바람 소리, 물소리, 대나무가 바람에 흔들리는 소리, 바람에 나뭇잎 흔들리는 소리, 빗소리, 폭풍우 소리 등 다양한 소리를 거문고로 연주했다. 그런데 우연히 젊은 나무꾼이 지나가다 "음악 소리가 고산유수高山流水로구나!" 하며 감탄했다. 연주 분위기가 높은 산, 흐르는 물과 같다는 뜻이다. 격정적이었다가 어느 새 흐르는 물처럼 부드럽고 유창해지는 연주의 전체 분위기를 간결하게 표현한 것이다. 백아는 깜짝 놀랐다. 자신도 첫 연주의 제목을 '고산', 두 번째 연주의 제목을 '유수'로 하려던 참이었기 때문이다. 백아의 음악 세계를 단번에 알아본 젊은 나무꾼의 이름은 종자기鍾子期였다.

이후 두 사람은 세상에 둘도 없는 친구가 되었다. '지음'의 경지에서 서로 노니는 우정이 이렇게 해서 생겨난 것이다. 두 사람은 신분의 차이도 잊은 '거립지교', 나이도 상관 않는 '망년지교'를 나누었다. 백아의 음악은 종자기의 순수한 평가를 만나 그 경지가 더욱 깊어졌다. 그러던 어느 날 백아가 벼슬을 받아 다른 지방에서 근무하게 되었다. 이 때문에 종자기와 몇 년을 떨어져 보내게 되었다. 몇 년 만에 시간을 내어 고향으로 돌아온 백아는 집보다 종자기를 먼저 찾았다. 그런데 이게 웬일인가. 종자기가 가난과 병으로 얼마 전 세상을 떠났던 것이다. 백아는 슬픔을 못 이겨 며칠 동안 식음을 전폐한 채 종자기를 애도했고 이후 다시는 거문고를 연주하지 않았다. 여기서 '백아가 거문고 줄을 끊다'는 뜻의 '백아절현伯牙絶絃'이란 고사성어가 나왔다.

사마천은 《사기》 본편에서는 두 사람을 거론하지 않았지만 친구 임안에게 보낸 편지에서 두 사람의 우정을 스쳐가듯 언급했다. 백아가 죽은 종자기를 위해 다시는 거문고를 연주하지 않았다는 부분을 언급했는데, 사마천 또한 지음을 우정의 최고 경지로 여겼음직하다. '이심전심以心傳心'이라고 하지 않는가. 말하지 않아도, 말이 없어도 친구의 표정이나 음악만 듣고도 심경을 헤아리는 경지다. 이렇듯 동양에는 감동적인 우정에 관한 이야기와 고사성어가 적잖이 남아 있다. 그리고 《사기》는 우정이 개인 간의 감정 교류를 넘어 한 나라를 부강하게 만드는 인간 경영의 한 힘으로 승화할 수도 있음을 보여준다.

백아와 종자기 상. 우정의 경지는 어디까지일까. 천박하고 삭막해져만 가는 세태가 백아와 종자기의 우정을 비웃는 것 같아 씁쓸하다.

주군을 패자로 만든 우정

제환공이 자신의 목숨을 노렸던 관중을 재상으로 기용해 춘추오패의 첫 패자로 부상한 과정과 한때 정적이었던 관중의 목숨을 살렸을 뿐 아니라 자신의 몫인 제나라 재상 자리까지 양보한 포숙의 사심 없는 우정에 대해서는 앞서 이야기했다. 포숙은 환공에게 관중의 기용을 간청하며 이렇게 말했다.

"제나라만 다스리시려면 저나 습붕(隰朋) 정도로 충분하지만 패자가 되어 여러 제후를 통솔하는 우두머리가 되고 싶다면 관중 없이는 안 됩니다. 그러니 지난 원한은 잊어버리고 관중을 과감하게 발탁하십시오."

환공은 포숙의 건의를 받아들여 관중을 재상으로 기용했다. 결국 환공은 관중의 보필을 받아 부국강병을 이루고 나아가 춘추 시대 첫 패주가 되었다. 관중과 포숙, 두 사람의 우정이 한 나라를 가장 강력한 국가로 만들고 주군을 춘추오패의 첫 패자로 만드는 데 결정적인 역할을 한 것이다. 사욕과 사심을 버리고, 나라와 백성을 위해 지나간 은혜나 원한 같은 개인적 감정은 다 버리고 멸사봉공한 대표적인 사례다.

인간적으로 볼 때 포숙에게도 욕심이 있었을 것이다. 임금의 자리를 놓고 다투는 싸움에서 승리를 거둔 포숙에게 재상 자리가 돌아가는 것은 당연했다. 능력은 물론 모든 면에서 관중보다 부족한 점이 없었다. 하지만 포숙은 관중이 앞날을 내다보는 식견이라는 면에서 자신보다 낫다는 것을 허심탄회하게 인정하고 적극적으로 관중을 추천했다. 우정 가운데서도 크기로 따지면 '가장 큰 우정'이다. 우정이 한 나라를 살리고 나아가 최강대국의 반열에 올라서게 했기 때문이다.

관중은 포숙의 지원을 받아 당대 최고의 명재상이 되었다. 친구지만 한때 서로 다른 주군 밑에서 싸운 정적 포숙이 자신을 밀어주고 있기 때문에 관중은 더더욱 사심 없이, 열심히 나라를 위해 봉사했을 것이다. 관중은 포숙의 완벽에 가까운 우정을 경험하고는 한 차원 업그레이드된 성숙한 인간으로 거듭났을 법하다. 우정은 이렇듯 두 사람만이 나누는 개인적 친분 관계나 기쁨을 넘어 조직이나 나라에 활기를 불어넣는 원동력으로도 작용할 수 있다.

서로의 목숨도 내놓는 우정

'문경지교刎頸之交'는 조나라 무인 염파廉頗와 문인 인상여의 이야기다. 인상여는 앞서 말한 대로 '완벽귀조'의 공으로 승진했다. 강대국 진과 충돌하지 않고 귀한 옥을 되가지고 왔으니 승진은 당연했다. 그 후 진나라가 조나라를 공격했다. 조나라는 큰 곤경에 처했다. 두 나라는 민지澠池라는 곳에서 정상회담을 열었는데 표면적으로는 평화회담이었다. 그러나 조나라는 약하고 진나라는 강했다. 진왕은 조왕을 깔보며 모욕을 주려 했다. 조왕이 풍류를 아는 사람이니 거문고 연주를 한번 들어보자고 한 것이다. 그러고는 수행한 사관에게 이 일을 기록하게 했다. 조나라의 굴욕이 역사에 남을 판이었다.

그때 인상여가 연회석 앞으로 나서더니 진왕에게 "듣자 하니 왕께서도 음악에 상당히 조예가 깊어 연주를 잘하신다던데 여기 이 젓가락으로 솥을 두들기며 저의 주군에 맞춰 음악을 연주하시면 어떠신지요" 하며 진왕을 압박했다. 뜻하지 않은 반격에 진왕은 화를 벌컥 냈다. 그러자 인상여는 만약 진왕이 화음을 맞추지 않으면 자신의 목을 베어 연회를 피바다로 만들겠다고 고함을 쳤다. 평화회담을 피로 물들인 주인공으로 기록되고 싶지 않았던 진왕은 마지못해 젓가락을 두들겼다. 그러자 인상여가 사관에게 말했다.

"모년 모월 모일 모시에 진왕이 조왕을 위해 음악을 연주했다고 기록하시오!"

아무리 약한 나라라도 이렇듯 당당해야 외교 성과를 낼 수 있다. 인상여는 이 공으로 또다시 특진했다. 그런데 조나라 군대를 통솔하는 총사령관 염파는 인상여의 이런 파격적 특진이 영 마음에 들지 않았다. 어느 날 갑자기 나타나 왕의 총애를 한 몸에 받으며 승승장구하니 시기와 질투심이 생겼다. 인상여가 몇 차례 외교 무대에서 공을 세웠지만 평생을 전쟁터에서 죽을 고비를 넘겨가며 공을 세운 자신과 같은 반열에 오른다는 것이 도저히 납득할 수 없었다. 기껏해야 세 치 혀를 놀려 공을 세운 것밖에 없는데 전쟁터에 나가 화살을 맞고 부상을 당하며 온몸으로 나라를 지킨 자신과 같은 서열이라니. 그래서 염파는 무인답게 인상여를 만나면 혼쭐을 내주겠다고 큰소리를 치고 다녔다.

이런 상황을 알게 된 인상여는 염파와 가능하면 부딪치지 않으려고 피해 다녔다. 염파가 보이면 얼른 다른 골목으로 들어가버리고 조회에서 부딪치면 슬그머니 맨 뒷자리로 피했다. 인상여를 모시고 있던 식객이나 하인 그리고 식구들은 이런 인상여의 행동이 무척이나 수치스러웠다. 그들은 인상여에게 같은 반열 같은 지위에 있고, 또 공으로 따져도 만만치 않은데 왜 그렇게 비굴하게 구냐고 항의했다. 그러자 인상여는 자신의 행동을 이렇게 해명했다.

> 나는 막강한 진나라 왕 앞에서도 두려움 없이 당당하게 우리 국익을 위해서 큰소리 치고 살았다. 내가 염파 장군이라 해서 무서워하겠는가. 그러나 생각해보라. 지금 우리 조나라 형편에 염파 장군과 내가 싸우게 되면 조나라는 끝장이다. 두 사람이 지금 한쪽은 문관으로 한쪽은 무관으로 나라를 지탱하는 두 기둥이나 마찬가지인데 이 두 사람이 싸우면 나라가 어떻게 되겠는가.

이 이야기가 염파의 귀에 들어가자 염파는 "아, 내가 생각이 짧았구나" 하며 크게 부끄러워했다. 그러고는 한쪽 어깨를 드러내고 가시를 등에 짊어진 채 인상여를 찾아가 잘못을 빌었다. 그 후 두 사람은 서로를 위해서라면 목이 잘려도 후회하지 않을 '문경지교刎頸之交'를 맺었다. '관포지교'의 관중과 포숙처럼 두 사람의 진심 어린 소통과 우정이 위기에 처한 나라를 안정시킨 것이다. 어떤 나라든 문인의 섬세함과 무인의 호쾌함이 조화를 이룰 때 제대로 굴러가는 법이다.

그것이 정말 우정이었을까

전국 시대는 유세가의 시대였다. 여러 나라를 다니며 자신의 식견과 세상을 보는 안목을 군주에게 유세하여 부귀와 명예를 얻는 유세객은, 부귀와 명예의 정도는 달랐지만 오늘날 국제 전문 로비스트에 비교할 수 있다. 그리고 전국 시대 로비스트하면 누가 뭐라 해도 소진과 장의가 대표 선수들이다. 두 사람의 삶도 시대만큼 파란만장했다.

전국 시대는 진秦나라가 최강이고 나머지 6개 나라(제, 조, 연, 위, 초, 한)가 세를 다투는, 말하자면 1강 6약 체제였다. 6약 가운데서도 우열이 갈렸다. 예전만 못했지만 산동의 제나라와 장강 이남의 초나라가 전통적인 강국의 면모를 유지하는 편이었다. 그리고 전국 시대로 접어들면서 전면 개혁을 실시한 위나라가 초기 진에 맞설 정도로 발전한 적이 있고, 조나라도 무령왕 때 '호복기사'의 개혁으로 위세를 떨쳤다. 그러나 그도 잠깐이었고 1강 6약이라는 기본 체제는 진이 전국을 통일할 때까지 유지된다. 따라서 6약은 나름대로 생존의 길을 찾아야 했고 1강인 진은 6약의 동맹을 와해시키는 외교적 책략을 강구할 수밖에 없었다. 먼저 6약의 생존 논리로 '합종책合從策'이 제기되었는데 제안자가 바로 소진이다. 대체로 남북으로 늘어선 6약이 종으로 동맹을 맺어 서쪽의 1강 진나라에 대항하자는 논리였다. 이 책략을 들고 각국을 유세한 소진은 사상 유례가 없는 6국의 공동 재상에 임명되었다. 소진은 6국을 상징하는 6각형의 공동 재상 직인을 갖고 다녔다. 그의 고향은 낙양 근교인데 당초 그곳에 남은 그의 비석도 6각이었다고 한다. '6국 공동 재상', 이것이 소진의 상징이기 때문이다.

소진은 마지막으로 제나라에서 벼슬을 하다 정적들로부터 테러를 당하고 부상을 입는다. 제나라 왕은 소진을 습격한 자들을 잡아들이려 했지만 이들의 행방은 오리무중이었다. 그러자 소진은 제나라 왕에게 자신을 모반죄로 처형해달라고 부탁했다. 그러면 자신을 공격한 자들이 반역자를 공격한 것은 나라에 공을 세운 일이라 여겨 당당하게 모습을 드러낼 것이라고 했다. 결국 소진은 부상당한 채 사지가 찢기는 거열형車裂刑에 처해졌고 이어 소진의 예상대로 범인들은 자진해서 모습을 드러내어 범행을 당당하게 밝히며 큰 상을 요구했다. 제나라 왕은 이들을 모두 잡아 처형했다. 한 시대를 화려하게 풍미한 책략가답게 소진은 죽는 순간까지 절묘한 책략을 구사해 자신을 해친 자들에게 보복했다.

소진의 무덤과 비석. 오늘날 UN 사무총장보다 훨씬 크고 막강한 힘을 가졌던 6국의 공동 재상 소진의 무덤에는 당초 '육각비'가 서 있었다고 한다.

　　소진의 '합종책'에 대응하는 6약의 생존 논리는 소진과 동문수학했던 장의에게서 나왔다. 장의는 소진보다 출세가 늦었다. 소진이 6개국 공동 재상이 되어 천하에 명성을 떨치고 있을 때 장의는 가는 곳마다 문전박대를 당하고 있었다. 좀도둑으로 몰려 두들겨 맞기도 했다. 장의는 마지막이라고 생각하고 친구 소진을 찾아갔다. 소진은 친구가 왔다는 기별을 받고도 사흘이 지나서야 만나주었다. 게다가 당상 높은 곳에 거만하게 앉아 장의에게 찬밥 한 덩이와 말라비틀어

진 반찬 한 가지를 던져주고는 휑하니 자리를 떴다. 친구에게조차 치욕스러운 대접을 받은 장의는 회한을 품고 진秦나라로 갔다. 그리고 거기서 진나라 왕에게 중용되어 자신의 날개를 활짝 펼칠 수 있는 기회를 잡는다. 그런데 장의가 소진에게 구박당한 뒤 진나라로 가는 과정에서 아주 재미난 일화가 전해진다.

소진에게 인간 이하의 푸대접을 받은 장의는 견디기 힘든 수치심에 치를 떨었다. 그렇다고 별 수 있나. 장의는 진나라로 향했다. 소진의 합종책에 가담한 6국에서는 기회가 없을 것 같았다. 그렇다면 합종의 상대국인 진나라에 유세하는 편이 성공 가능성이 크다. 계산이 선 장의는 진나라행을 서둘렀다. 그러나 몸에 지니고 있던 여비는 이미 바닥이 났고 여관비조차 낼 수 없는 딱한 처지였다. 어찌 하나 고민하고 있는데 지나가던 웬 사내가 장의에게 접근해 여관비를 계산하고 노잣돈까지 넉넉하게 챙겨주는 것이 아닌가. 게다가 진나라까지 동행해주었다. 더욱 고마운 것은 진나라 조정의 유력자에게 연줄을 넣어 장의를 추천까지 해주었다. 장의는 이보다 더 고마울 데가 없었다. 사내는 성의껏 장의를 돌본 뒤 작별을 고하면서 지금까지 자신이 베푼 호의는 모두 소진이 시켜 한 일이라는 놀라운 사실을 고백했다. 장의는 하늘을 우러러 "지금까지 내가 소진의 손바닥 위에서 놀아났구나. 나는 소진에게 아직 멀었다!"고 탄식하며 소진이 죽기 전에는 결코 소진의 합종책을 깨지 않겠다고 다짐했다.

장의가 제기한 '연횡책'은 진나라가 여섯 나라와 개별적으로, 즉 횡으로 동맹을 맺어 여섯 나라를 분열시킨 뒤 각개격파함으로써 합종책을 무력화하는 책략이다. 장의의 연횡책은 소진의 합종책을 전제로 한 것이기 때문에 여섯 나라를 하나로 묶어야 하는 합종보다 한결 운용하기 쉬웠다. 여섯 나라 가운데 한 나라도 이상이 보일 때 집중 공략해 합종에서 탈퇴시키면 연쇄반응이 일어나면서 합종이 흔들릴 가능성이 크기 때문이다.

    전하는 이야기에 따르면 소진은 실의에 빠진 장의를 자극해 분발케 하고, 또 무사히 진나라에 가서 진왕을 만날 수 있도록 배려했다. 이는 참으로 속 깊은 우정의 산물이다. 하지만 장의는 철저히 소진의 논리를 역이용해 자신의 출세를 추구했다. 어쩌면 소진도 예상했을지 모른다. 자신이 여섯 나라를 이용해 합종으로 출세할 수 있다면 언젠가는 누군가 그에 대응하는 연횡으로 맞설 것이라는 예상쯤은 충분히 할 수 있었을 것이다. 그 '누가' 친구라면 더 좋다고 생각하지 않았을까. 소진의 배려와 우정이 이렇게 읽히기도 한다. 史記

제20장
배신과 복수의 인간 경영

 남자가 시기하고 질투하면 더 무섭다. 권력이 개입되는 경우가 많기 때문이다. 우정도 변한다. 나쁘게도 변하고 발전적으로도 변한다. 간혹 단절되기도 하고 죽을 때까지 지속되기도 한다. 때로는 추하게 변질되기도 한다.
 송나라 시인 소식蘇軾(1036년~1101년, 호 동파東坡로 더 유명하다)은 중국 사람들이 굉장히 아끼고 사랑하는 인물이다. 절강성 항주에서 오랫동안 벼슬살이를 했기 때문에 지금도 항주 사람들은 소식을 자기 고장 사람이라고 우긴다. 사실 소식은 사천성 출신이다. 항주 사람들이 그만큼 소동파에게 깊은 애정을 갖고 있다는 증거다.
 소식은 젊은 시절 조정의 실권자인 왕안석王安石(1021년~1086년)의 집에 잠깐 머문 적이 있다. 당시 소식은 한참 팔팔한 나이였고 왕안석은 개혁 정치를 주도하는 중진 정치가로 막강한 권력과 명성을 갖고 있었다. 그런데 어느 날 소동파가 뒤뜰을 거닐다가 왕안석의 서재에서 우연히 짓다만 시를 보게 되었다. 국화에 관한 시였는데 "겨울에 노란 국화 꽃잎이 떨어진다"는 구절이 마음에 걸렸다. 국화는 가을꽃인데 왜 겨울에 꽃잎이 떨어진다고 하는지 소동파는 이해가 되지 않았다. 그래서 젊은 치기에 그 밑에다 "노련한 왕공께서 이런 단순한 착각을 하다니요" 하고 몇 자 적었다.

겨울에 떨어진 국화 꽃잎

쉽게 말하면 '여보세요 영감, 국화가 가을꽃이라는 것도 모르고 평생 살았단 말이오' 하는 식이었다. 외출에서 돌아온 왕안석은 다음 날로 소식을 한적한 시골 원님으로 보내버렸다. 소식은 왕안석이 자신을 겨우 그 정도로 평가한다는 생각에 실의에 빠져 술로 날을 지새웠다. 그해 겨울, 전날 술을 잔뜩 마신 소동파는 아침 늦게까지 비몽사몽 헤매다가 간신히 눈을 떴다. 갑갑함에 문을 열어젖히는 순간 마당을 가득 수놓은 노란 국화 꽃잎이라니! 밤새 내린 비와 바람에 국화가 떨어져 마당에 가득 깔려 있었다. 그곳에서는 겨울에 국화 꽃잎이 떨어지는 것이었다. 세상 물정 모르고 까불던 소동파는 그제야 '내가 젊은 치기에 실수했구나' 하며 자신의 부주의를 인정했다.

왕완석은 인재를 아끼는 마음에서 젊은 소식이 좀 더 깊고 세심하게 세상을 살피란 뜻으로 한적한 시골, 겨울에 노란 국화 꽃잎이 떨어지는 모습을 볼 수 있는 곳으로 보냈던 것이다. 인재라고 해서 칭찬만 하고 치켜세우기만 하면 자만에 빠져 더 이상 발전하지 못하거나 오히려 퇴보한다. 인재가 자만에 빠져 오만하게 군다는 것은 나라의 동량이 썩는다는 의미다. 이는 국가의 손실이다.

인간관계도 우정도 마찬가지다. 그 사람이 어떤 사람인가 깊게 생각하고 통찰한 다음 그 사람을 아끼는 마음에서 길게 내다보고 배려해야 한다. 그래야 서로 발전하고, 나아가서는 나라도 발전하며 궁극적으로는 세상을 밝은 쪽으로 이끄는 힘으로 작용할 수 있다. 그러나 인간이란 동물은 참으로 복잡한 존재다. 오욕칠정을 한 몸, 한 마음에 담고 있어 좀처럼 마음을 다스리지 못한다. 그래서 시기와 질투가 나오고 배신과 복수가 나온다. 인간관계가 변질되는 것이다.

장이와 진여의 우정

전국 시대 말 위魏나라 대량大梁 출신의 장이張耳와 진여陳餘는 교육 수준도 다르고 직업도 달랐지만 서로 목숨을 내놓을 만큼 진한 우정을 나누는 사이였다. 염파와 인상여처럼 또 하나의 '문경지교'였다. 하지만 두 사람은 훗날 원수지간이 된다.

기원전 221년 천하를 통일한 진나라는 불과 15년 만에 혼란에 빠졌다. 장이와 진여는 바로 그 무렵 젊은 명사로 이름을 떨치고 있었다. 진여는 나이가 젊어 장이를 아버지처럼 섬겼고 장이는 진여를 친동생처럼 보살펴주었다. 두 사람의 '문경지교'는 혼란스러운 세상을 비추는 한 줄기 빛처럼 사람들을 감동시켰다. 이 때문에 많은 사람이 장이와 진여를 찾아와 기꺼이 문하생이 되기를 청했다. 사마천의 표현에 따르면 심지어 이들의 말을 모는 마부까지도 호걸 아닌 사람이 없을 정도였다고 한다.

진나라는 전국을 통일한 뒤에도 지방의 명망 있는 사람들에 대한 경계심을 늦추지 않고 있었다. 당연히 장이와 진여도 요주의 인물로 찍혀 감찰 대상이었다. 결국 진시황은 두 사람에 대한 체포령을 내렸다. 법 밖에서 힘없는 사람을 도와주고 권세가를 혼내주는 유협遊俠을 위험 인물로 규정하여 제거해나가는 통일 진제국 정책의 일환이었다. 유협들은 그 뒤 한나라 때는 완전히 자취를 감추게 된다.

체포령이 내려지자 둘은 목숨을 부지하기 위해 진陳이라는 곳으로 도망쳐 성문 문지기로 숨어 살며 10년이라는 세월을 보냈다. 그동안 두 사람은 '문경지교'로 서로를 의지하며 버텼다. 어쩌면 두 사람의 일생에서 이때가 가장 행복한 시간이었는지도 모른다. 비록 숨어 살긴 했지만 말이다.

진시황이 죽고 기원전 209년 진승이 농민 봉기의 장대를 높이 치켜들었다. 장이와 진여에게도 기회가 온 것이다. 두 사람은 진승 밑으로 들어가 장수 노릇을 했다. 주변에 따르는 인물이 많았기 때문에 나름 세력을 규합할 수 있었다. 장이와 진여는 각각 장수가 되어 정벌 전쟁에 나섰다. 그런데 연장자인 장이가 진나라 군대의 협공을 받아 포위를 당하는 위기에 처하게 되었다. 장이는 진여에게 구원을 요청했다.

이익 앞에서 산산이 부서진 우정

진여는 구원병을 보내봤자 승산이 없다고 확신했다. 그렇지만 장이가 누군가. 생사고락을 같이해온 아버지, 형님 같은 존재 아닌가. 진여는 구원병을 보냈다. 하지만 그저 구원 흉내만 냈다. 결국 장이의 군대는 진나라 군대에 길이 막혀 몰살당했다. 구사일생으로 살아난 장이는 구원병을 보내지 않은 것에 분통을 터뜨리며 진여를 나무랐다. 진여는 자신의 진심을 몰라준다며, 자신을 믿지 못하겠다면 사직하겠다고 하면서 장군 도장을 장이에게 주었다. 장이는 진여가 화장실에 간 사이 장군 도장과 진여의 부하들을 날름 거두어버렸다. 두 사람의 우정은 이렇게 쪼개졌다. 진여는 측근만 데리고 장이의 곁을 떠나 낚시질이나 하며 때를 기다렸다. 이런 진여에게 항우가 손길을 뻗었다.

만약 장이가 진나라 군대의 공격을 받고 전사했다면 두 사람의 우정은 두고두고 아름다운 이야기로 남았을 것이다. 진여가 성심성의껏 구원병을 보내고 자신도 달려갔더라면 역시 아름다운 우정으로 남았을 것이다. 또 장이가 진여를 책망했을 때 진여가 진정으로 사과하며 용서를 빌었더라도 썩 괜찮은 관계로 전해졌을 것이다. 장이가 진여의 장군 도장을 잽싸게 거두지 않고 허심탄회하게 용서했더라도 두 사람의 관계는 회복되었을지 모른다. 그러나 두 사람 모두 그렇게 하지 않았다.

인간관계는 기회를 한 번 놓칠 때마다 변해서 결국 변질되고 만다. 기회란 무엇인가. 다름 아닌 자신의 언행을 돌이켜볼 기회를 말한다. 그것을 고상하게 표현하면 '성찰'이고 '자성'이다. 아무리 이해관계에 따른 인간관계라도 자성과 성찰이 동반되면 차원이 달라진다. 반대로 아무리 순수하게 시작한 인간관계라도 과정에 자성과 성찰이 없으면 십중팔구 변질된다.

장이도 항우를 따라 함곡관으로 들어갔다. 항우는 조나라를 멸망시킨 다음 둘로 나누어 장이를 상산왕常山王으로 세워 신도를 다스리게 했다. 하지만 진여에게는 남피南皮 부근의 세 현만을 봉읍으로 주었다. 진여는 장이는 왕이 되었는데 자신은 현령밖에 되지 않자 논공행상에 불만을 품고 항우와 장이를 크게 원망했다. 두 사람의 관계는 이제 돌이킬 수 없는 지경에 이르렀다. 둘 사이는 이미 경쟁 관계로 돌아섰다.

항우와 유방이 천하를 다투면서 진이 통일한 옛 6국은 다시 독립했고 전국시대의 왕족들이 다시 추대되어 왕위에 올랐다. 제후국의 왕정복고가 이루어진 셈이다. 이런 정세를 틈 타 진여는 제나라 왕 전영田榮을 부추겨 항우에게 반기를 들게 했다. 전영은 진여에게 군사를 주어 장이를 치게 했다. 드디어 두 사람은 서로를 죽이려는 살벌한 사이가 되었다. 전에는 감정 대립이었지만 이제는 서로 죽이지 않으면 안 되는 단계가 되어버렸다. 장이가 패했다. 조나라 지역이 모두 진여의 손에 들어갔다. 장이는 한나라 유방에게 몸을 맡겼다. 두 사람은 과거 숱한 사람들을 감동시켰던 '문경지교'의 해골만 든 채 살기 가득한 눈으로 서로를 노려보았다.

　항우와 천하를 다투던 유방은 조나라 지역의 실권자인 진여에게 항우를 공격해달라고 부탁했다. 진여는 장이의 목을 조건으로 내걸었다. 제 발로 자신을 찾아온 사람의 목을 내줄 수 없었던 유방은 장이와 똑 닮은 사람을 물색해 그 목을 베어 진여에게 보냈다. 깜박 속은 진여는 군대를 보내 유방을 도왔다. 하지만 유방이 팽성彭城 싸움에서 지고 장이도 죽지 않았다는 사실을 안 진여는 유방과 등을 돌렸다. 유방은 한신을 보내 진여를 공격했다. 한신은 진여의 목을 벴고 유방은 장이를 조나라 왕으로 세웠다. 장이의 아들 장오張敖는 유방의 맏딸인 노원魯元 공주와 결혼했고 그 후손도 크게 번창했다.

　장이와 진여의 관계를 사마천은 목숨도 내놓을 수 있는 경지인 '문경지교'로 표현했다. 그런데 어쩌다 이 지경에 이르렀단 말인가. 아무래도 사마천의 진단을 들어보는 쪽이 나을 것 같다.

　장이와 진여가 처음 가난하고 친했을 때는 추호의 망설임도 없이 서로 죽음을 무릅쓰고 신의를 지켰다. 그러나 그들이 나라를 움켜쥐고 권력을 다투게 되자 마침내 서로를 없애려는 지경에까지 이르게 되었다. 어찌하여 예전에는 서로 그리도 진실되게 사모하고 믿더니 나중에는 그리도 서로를 심하게 배반하게 되었을까. 그들이 권세와 이익으로 사귄 것은 아닐까.

사마천은 이들의 우정 자체를 의심하고 있다. 정말 무섭다. 그렇게 사는 자들을 주변에서 많이 볼 수 있기 때문이다.

동창생에서 원수 사이로 변한 손빈과 방연

손빈은 《손빈병법》을 남긴 유명한 군사 전략가다. 《손자병법》을 남긴 손무孫武(흔히 손자라고 한다)의 후손이기도 하다. 손무의 집안은 대대로 산동성 제나라 출신이었다. 지금도 중국 인민해방군 장성 가운데는 산동성 출신이 많다. 내력이 있는 모양이다.

손빈에게는 방연龐涓이라는 친구가 있었다. 이 둘은 귀곡鬼谷이라는 곳에 은거하던 귀곡자鬼谷子 문하에서 동문수학했다. 이 귀곡자란 인물은 실존 여부를 놓고 말들이 많은데 최근 그에 대한 관심이 부쩍 높아지고 있다. 소진과 장의도 귀곡자에게서 배웠다는 설이 있다.

손빈과 방연이 귀곡자 밑에서 공부할 당시는 손빈이 월등히 앞섰다. 이 때문에 방연은 늘 손빈에게 열등감을 느껴 질투했다. 하지만 내색하지 않은 채 손빈을 잘 대해주었다. 방연은 손빈보다 먼저 스승의 곁을 떠나 위魏나라로 가 혜왕惠王의 군사 고문이 되었다. 손빈은 남아 공부를 더 했다.

방연이 정세를 살펴보니 재능이 뛰어난 손빈이 고국인 제나라로 가 요직을 맡기라도 하면 위나라에 큰 위험이 될 것이라는 생각이 들었다. 그래서 먼저 손을 써서 손빈을 자신이 있는 위나라로 불러 위왕에게 추천했다. 그런데 막상 추천하고 보니 이번에는 재능 많은 손빈이 자기보다 왕의 총애를 더 받을까 싶어 걱정하는 마음이 들었다. 불안한 방연은 손빈을 감시했고 결국은 손빈을 모함하는 끔찍한 일을 저질렀다.

방연은 손빈이 고향 식구들에게 보낸 편지를 가로채 내용을 조작하고, 위왕에게 손빈이 제나라와 내통하고 있다고 고해바쳤다. 모반 혐의를 뒤집어씌운 것이다. 위왕은 손빈을 처형하라는 명령을 내렸다. 방연은 이 모든 것을 주도하며 철저하게 자신을 숨겼다. 손빈이 자신의 정체를 모르게 하기 위해서였다. 그리고 거기에는 방연의 또 다른 의도가 숨어 있었다. 가증스럽게도 방연은 손빈을 구해주는 척했다. 위왕에게 손빈을 죽이지 말고 무릎 아래를 자르는 빈형臏刑과 얼굴에 먹 글씨를 새겨 죄인임을 표시하는 묵형墨刑에 처하는 선에서 사태를 마무리하자고 요청했다. 방연은 친구로서 손빈에게 은혜를 베푸는 척했지만 실은 손씨 집안에 가보로 전해 내려오는 병법을 손에 넣기 위해 이런 음흉한 짓을 서슴지 않았던 것이다.

친구의 가보를 탐내 친구의 무릎을 자르다

방연은 앉은뱅이가 된 손빈을 위해 거처를 마련해주고 시중드는 사람도 붙여주었다. 사실은 손빈을 감시하기 위한 자였다. 손빈은 방연에게 감격했다. 장애인이 된 친구를 이렇게까지 배려하다니, 손빈에게는 방연이야말로 천하에 둘도 없는 진정한 친구였다. 밖에 나가 활동할 수 없으니 집에서 병법이나 연구하고 가보로 내려오는 병법도 되새겨보라는 방연의 제안을 손빈이 감사하게 받아들였음은 말할 것도 없다.

손빈은 기꺼이 자신이 알고 있는 병법은 물론 집안의 가보까지 흔쾌히 건네줄 작정이었다. 자신의 목숨을 구한 친구 아닌가. 무엇인들 아까우랴. 그런데 손빈을 감시하던 시종이 손빈의 인간성을 흠모하게 되어 손빈에게 이 엄청난 흉계를 폭로했다. 손빈이 받은 충격을 상상할 수 있겠는가. 하지만 손빈은 금세 자포자기가 되었다. 두 발 없는 자신이 무엇을 하겠는가. 손빈은 자신을 도와준 시종에게 자신의 고국인 제나라에 도움을 청해달라고 부탁했다.

　소식을 접한 제나라의 순우곤은 손빈 구출 작전을 펼쳤다. 작전은 손빈에게 은밀히 전달되었다. 손빈은 미치광이 노릇을 했다. 맛있는 음식은 독약이 들었다며 엎어버리고 오물이나 쓰레기 따위를 주면 맛있다며 게걸스럽게 먹었다. 방연은 손빈의 급작스러운 변화에 당황했다. 하지만 의심을 거두지 못하고 진짜로 미쳤는지 시험했다. 그러나 이제는 방연의 의도가 무엇인지, 어떤 인간인지 분명히 알게 된 손빈은 방연의 시험에 넘어가지 않았다. 아니 넘어갈 수도 없었고 넘어가서도 안 되었다. 손빈이 진짜 미쳤다고 판단한 방연은 하는 수 없이 병법을 포기하고 손빈에 대한 경계를 늦추었다. 그 사이 손빈은 제나라 사신을 따라 제나라로 탈출했다.

3판 2승의 꾀로 발탁된 앉은뱅이

제나라로 탈출하긴 했지만 손빈은 바로 정착하지 못하고 방황했다. 사실 그의 진가를 알아줄 사람이 얼마나 되겠는가. 오랜 세월 다른 곳에서 무슨 공부를 했는지 알 수도 없는 데다 두 발까지 잘린 앉은뱅이 신세가 된 손빈을 누가 선뜻 기용하겠는가. 그러다 우연히 제나라 명장 전기田忌가 손빈의 재능을 알아보고 빈객으로 대우하면서 손빈은 비로소 삶의 희망을 찾을 수 있었다. 이 과정에 재미난 일화가 남아 있다.

　전국 시대에는 경마가 유행했다. 지금은 아무나 경마장에서 마권을 사 경기를 즐길 수 있지만 당시에는 말을 가진 사람들끼리만 내기 경주를 했다. 전기도 경마 마니아라 시간 나면 경마를 했다. 손빈이 우연찮게 경마를 구경한 적이 있는데 가만히 보니 백전백승할 수 있는 방법이 있었다. 손빈은 그 비결을 전기에게 일러주었고 전기는 경마에서 승리했다.

손빈이 전기에게 일러준 비결은 이러했다. 당시 경마 규칙은 각기 다른 말 세 마리를 경주에 내보내 두 번 이기는 사람이 승리하는 것이었다. 이에 손빈은 상대편 말과 전기의 말을 각각 상·중·하 세 등급으로 나누었다. 그러고는 상대가 어떤 등급의 말을 내보내는가에 따라 대응마를 내보냈다. 상대가 상등을 내보내면 손빈은 하등의

앉은뱅이 손빈. 손빈 이야기는 사마천의 복수관이 극명하게 반영된 한 편의 드라마다. 마치 소설과도 같은 이야기 속으로 절로 빨려들게 하는 매력이 있다.

말을 내보냈다. 이어 상대가 중등의 말을 내보내면 상등으로 대응하여 한 판을 이긴다. 나머지 경주는 상대의 하등과 손빈의 중등이 붙기 때문에 2승 1패로 승리하게 된다. 이 경주법은 경마와 같은 내기 도박뿐 아니라 군대의 전술로도 활용되었는데, 이를 '삼사법三駟法'이라고 했다.

이 일로 전기의 눈에 든 손빈은 마침내 전기의 추천을 통해 제나라 위왕을 만나게 되고 위왕은 기구한 인생 역정의 주인공 손빈을 군대 자문으로 임용하기에 이르렀다. 중국 속담에 '사나이 복수는 10년도 늦지 않다'고 했다. 하지만 손빈은 하루라도 빨리 방연에게 복수하고 싶었다. 그 처절한 배신과 고통을 단 하루도 잊은 적이 없다. 그러나 손빈은 누가 뭐라 해도 병법 전문가였다. 서두른다

고 될 일이 아니었다. 손빈은 군사 고문으로서 제나라 군대의 힘을 키우는 데 전력투구했다. 결국은 이 군대가 자신의 복수를 대신해줄 것이기 때문이었다.

복수의 시작

기원전 354년 위나라가 조나라를 공격하는 일이 발생했다. 당시 위나라 수도는 대량大梁이었고 조나라는 한단邯鄲이었다. 위나라는 조나라 수도로 바로 치고 들어왔다. 조나라는 제나라에 구원을 요청했다. 제나라 위왕은 전기와 손빈에게 구원군을 이끌고 조나라를 구원하도록 했다. 작전 회의가 열렸다. 손빈은 제나라 수도인 임치臨淄에서 조나라 수도인 한단까지 가서 구원한다는 것은 득보다 실이 많다고 분석했다. 거리가 너무 멀기 때문이었다. 대안으로 손빈은 임치에서 훨씬 가까운 위나라 수도 대량을 곧장 공격하자는 작전을 내놓았다. 그러면서 손빈은 '난마亂麻'라는 유명한 말을 남겼다.

'난마'란 얽히고설킨 실타래를 말한다. 이런 실타래를 한 올 한 올 풀려다가는 부지하세월이다. 이런 때는 칼로 잘라야 한다. '쾌도난마快刀亂麻'란 표현이 여기서 나왔다. 요컨대 먼 길을 돌아 조나라 한단을 구원하기보다는 위나라 수도 대량을 공격함으로써 조나라를 구한다는 전술이었다. 위나라 정예병은 전투에 투입되었고 수도 대량에는 노약자들만 남아 있어 대량을 정복하는 것이 상대적으로 훨씬 수월하며, 또 수도가 공격당하면 틀림없이 군대를 돌려 구원하러 올 것이라는 계산이 섰던 것이다.

손빈의 예상은 적중했다. 위나라 군은 수도가 공격받고 있다는 급보에 회군을 서둘렀고 도중에 계릉桂陵이란 곳에서 제나라 군대의 공격을 받고 크게 패했다. '위위구조圍魏救趙', 즉 '위나라를 포위해 조나라를 구원한다'는 고사성어가 여기서 비롯되었다. 한 차례 방연을 혼낸 손빈은 그로부터 10년이 지난 후에 다시 한 번 최후의 복수전을 벌인다.

10년이라도 기다리마!

이번에는 위나라가 한나라를 공격했다. 한나라는 제나라에 구원을 요청했다. 제나라가 위나라 후방에 있기 때문에 가장 효과적이라고 판단했던 것이다. 이번에도 손빈은 곧장 위나라 수도 대량을 공격했다. 같은 전술을 두 번씩 구사하는 것은 병가의 금물이라지만 손빈은 이런 상식의 허점을 역이용한 것이다. 한나라에 대해서는 버틸 때까지 버텨보라는 의미이기도 했다. 소심한 방연은 이번에도 손빈의 예상대로 수도를 구하기 위해 군사를 돌렸다.

한편 방연의 군대와 마주친 손빈은 이미 세워놓은 치밀한 작전에 따라 제나라 군대를 일사불란하게 움직이며 계속 후퇴만 했다. 이때 손빈이 구사한 유명한 전술이 '감조유적減竈誘敵'이다. '조竈'는 '아궁'이란 뜻이다. 군대의 취사용 솥을 말한다. 즉 '취사용 솥을 줄여 적을 유인' 하는 전술이었다. 손빈은 하루 동안 10만 개의 솥을 5만 개로 줄였고 다음 날에는 다시 3만 개로 줄였다. 솥이 줄어든다는 것은 병사들이 이탈한다는 뜻이다. 적군의 수도 대개 이 취사용 솥에서 피어오르는 연기로 추정한다.

방연이 제나라 군대를 뒤쫓은 지 사흘째 되는 날 제나라 군대의 솥은 3만 개로 줄어 있었다. 원래의 3분의 1 이상의 병력이 준 것이다. 방연은 속으로 쾌재를 불렀다. 제나라 병사들이 겁을 먹고 위나라 땅에 들어온 지 사흘 만에 3분의 2가 도망쳤다고 본 것이다.

이쯤에서 방연은 마음을 놓았다. 더더욱 맹렬히 제나라 군대를 추격한 것이다. 단숨에 뿌리를 뽑겠다는 뜻이었다. 위나라 군대가 마릉馬陵이라는 비교적 좁은 계곡에 이르렀다. 손빈은 이곳에다 대군을 매복시켜놓았다. 그러고는 방연의 눈에 잘 띄게 큰 나무의 껍질을 벗기고는 거기에 글씨를 새겨두었다.

승리를 눈앞에 둔 방연은 세차게 말을 몰아 마릉 계곡으로 들어섰다. 날은 어둑어둑 어두워지고 있었다. 한순간 방연의 눈으로 허옇게 속살을 드러낸 나무와 희미하지만 글씨로 보이는 뭔가가 들어왔다. 방연은 말에서 내려 글씨를 자세히 보기 위해 횃불을 밝혔다. 그때 사방에서 비 오듯 화살이 날아들었다. "방연이 오늘 여기서 죽는다!"는 글씨를 읽는 순간 옆에 있던 부하가 화살에 맞아 쓰러졌다. 위나라 군대는 순식간에 혼란에 빠져 우왕좌왕 갈피를 잡지 못했다.

얼마쯤 지났을까. 주위를 둘러보던 방연의 눈에는 온통 자신의 병사들의 시체뿐이었다. 처참한 패배였다. 전멸이었다. 방연은 하늘을 향해 칼을 치켜들더니 "손빈, 이 더벅머리 촌놈을 내가 유명하게 만들어주는구나!" 하며 자신의 목을 찔렀다. 위나라 군대를 전멸시킨 손빈은 위나라 태자 신申을 포로로 잡아 개선했다. 계릉 전투가 있은 지 13년 만이었고, 지옥보다 더한 방연의 손아귀에서 벗어나 고국 제나라로 건너온 지 15년 만이었다. 손빈의 명성은 천하를 진동시켰다.

정말 놀랍게도 방연은 죽는 순간까지도 라이벌 손빈을 질투하며 죽었다. 둘은 동문수학한 친구 사이였다. 하지만 손빈은 그랬는지 몰라도 방연은 손빈을 한 번도 친구로 생각한 적이 없다. 죽는 순간까지도 자신의 잘못을 뉘우치거나 손빈에게 사과하지 않았다. 부질없어 보인다. 참으로 인간이 무섭다. 사마천은 인간의 내면에 잠재된 끔찍하리만큼 이기적이고 열악한 심리를 방연을 통해 아프게 꿰뚫고 있다.

보존 처리되어 있는 《손빈병법》 죽간. 손빈의 병법은 어떤 면에서는 손무의 《손자병법》을 능가한다는 평가가 있다. 손무에 비해 실전 경험이 훨씬 많았기 때문이다.

네 유형의 친구

《계명우기鷄鳴偶記》를 보면 네 유형의 친구가 잘 정리되어 있는데 조금은 섬뜩하다. 어떤 유형이 진정한 친구이며 우리 곁에는 과연 어떤 유형의 친구가 많을까.

> 첫째, 서로 잘못을 바로잡아주고 큰 의리를 위해 노력하는 친구 사이다. 이를 '외우畏友'라고 한다. 존경하는 친구란 뜻이다.
> 둘째, 힘들 때 서로 돕고 늘 함께할 수 있는 친구다. 친밀한 '밀우密友'다.
> 셋째, 좋은 일과 노는 데만 잘 어울리는 친구다. '일우昵友'라고 한다. '놀다' 라는 뜻의 '닐昵' 자를 쓴다.

넷째, 이익만 보고, 근심거리가 있으면 서로 미루고, 나쁜 일이 있으면 서로 떠넘기는 사이다. 도적놈을 뜻하는 '적賊' 자를 써서 적우賊友라고 한다.

우리는 과연 어떤 친구를 가지고 있을까. 내 곁에 있는 친구는 어떤 유형에 속할까. 의심이 들면 자신부터 한 번 되돌아보라! 史記

제21강
조직에서 살아남는 인간 경영

어떻게 하면 조직에서 살아남을 수 있을까. 한국 사람, 특히 남성 직장인 80퍼센트 이상이 사표를 내던지고 싶은 충동이 든다고 한다. 그만큼 조직에서 생활하기가, 또 자신의 존재 가치를 인정받기가 힘들다는 말이다. 조직에서 자신의 존재 가치를 인정받을 수 있는 방법은 무엇일까. 처세일까, 지혜일까.

조직에서 오랫동안 자신의 존재 가치와 능력을 인정받으며 최고 지위까지 올라간 인물이 《사기》에 있다. 바로 〈진승상陳丞相 세가〉의 진평陳平(?~기원전 178년)이 그 주인공이다. 한 왕조 건립 후 24년간 줄곧 정치 일선에서 활약한 사람은 오직 진평뿐이다. 그가 살아간 방식은 얄팍한 처세술일까, 아니면 삶의 지혜일까. 우리의 조직과 조직 생활을 함께 생각해보자.

직장 생활이나 공직 생활 같은 조직 생활은 누구에게나 힘든 일이다. 상사의 압박과 구박은 기본이고 동료의 질시와 시기, 나아가 부하 직원의 헐뜯기와 손가락질 등 하루도 조용히 지나가는 날이 없다. 한 사람이 한 조직에서 가치를 인정받으며 상당 기간 단계를 밟아 최종 리더에 오르기가 정말 어려운 세상이다. 정리해고니 명예퇴직이니 하는 심장박동 수 올리는 말이 늘 자신의 주위를 맴도는 현실에서 조직 생활의 스트레스는 상상을 초월한다.

주인공 진평은 약 2,200년 전 사람이다. 그는 과연 어떤 세상에서 살아남아 출세까지 했을까. 진평은 진제국 말기의 난국에 세상에 나와 한나라의 개국공신이 되었다. 잘 알려져 있다시피 한나라 개국공신 가운데 상당수가 토사구팽당했다. 명장 한신이 가장 두드러진 본보기다. 경포나 팽월 같은 공신도 숙청당했다.

진평은 위魏나라 출신이지만 유방과 그의 공신들은 태반이 초나라 패현沛縣(오늘날의 강소성 지역) 출신이다. 나중에 유방이 나라 이름을 한漢이라고 해서 '초한지'가 되었지만 실제로 유방과 항우 모두 초나라 출신이다. 결국 예언대로 진나라는 초나라에게 망했다. 진나라는 전국 시대를 통일하면서 유독 초나라를 괴롭혔는데, '초나라에 단 열 사람만 남아도 진을 멸망시킬 장본인은 초나라다' 는 말이 떠돌았던 것이다.

야심가의 정략결혼

당시에도 지역 차별이 있었다. 진평은 위나라 호유戶牖(하남성 난고현蘭考縣) 출신이었기 때문에 관료 생활을 하면서 초나라 패현 출신들과 운명적으로 갈등을 일으킬 수밖에 없었다. 진평은 젊은 시절 기골이 장대하고 풍채가 좋아 누가 보아도 귀인 티가 나는 상이었지만 하는 일 없이 빈둥빈둥 지내는 건달이나 다를 바 없었다. 옛날에는 이런 건달이나 거처 없이 여기저기 떠도는 사람을 '유맹流氓'이라고 불렀다. 사실 유방도 건달 출신이다.

진평이 건달처럼 살다 보니 형수의 타박이 만만치 않았다. 시동생이 하는 일 없이 밥만 축내며 한가하게 책이나 읽고 빈둥거리기를 좋아한 탓이다. 하지만 진평에게는 든든한 후원자가 있었다. 바로 형 진백陳伯이었다. 농사를 지어 진평이 다른 지역으로 가서 공부를 하도록 돈까지 마련해줄 정도로 진평을 아꼈다. 진백은 동생을 구박하는 아내를 보고는 내쫓아버리기까지 했다. 동생이 나중에 큰 인물이 될 것이라고 확신했던 걸까. 어쨌든 형의 후원이 없었더라면 훗날 재상의 자리까지 오르는 진평이 존재하지 않았을 수도 있는 일이다. 그런 점에서 사마천이 진평의 일대기를 구성하며 형의 일화를 첫머리에 배치한 사실은 진평의 삶 전체를 이해하는 데 대단히 중요한 암시로 보아야 할 것이다.

진평의 일대기에서 우선 주목할 점은 그의 야심이다. 이와 관련하여 흥미로운 일화가 남아 있다. 진평의 고향에 장부張負라는 부자가 있었다. 진평은 그 부잣집 손녀에게 눈독을 들였다. 그녀의 부를 기반으로 출세를 할 생각이었던 것이다. 진평은 주도면밀하게 작업에 들어갔다. 진평은 무엇보다 노인의 마음을 사로잡는 방법을 찾았다.

할아버지를 사로잡아 손녀를 얻다

지금도 시골에서는 노인에게 좋은 평을 얻는 남자가 좋은 신랑감이다. 옛날에는 더했다. 진평은 동네에서 누가 죽으면 상가를 찾아가 궂은일을 도맡아 해주었다. 이 때문에 상가를 찾은 장부의 눈에 들었다. 장부는 기골이 장대하고 풍채가 좋은 젊은이가 열심히 일을 돕는 모습이 기특해 하루는 뒤를 밟아 그의 집까지 갔다. 집은 허름하고 보잘것없었다. 하지만 집 앞 마당에 패인 수레바퀴 자국을 보니 큰 수레가 적지 않았다. 장부는 젊은이가 지금은 가난하지만 사귀고 있는 사람들의 범위를 보면 보통 사람이 아님을 알 수 있었다. 장래가 밝은 청년이라고 판단한 장부는 진평에게 손녀를 주었다.

장부의 손녀는 무려 다섯 번이나 남편과 사별한 기가 막힌 사연을 가진 과부였다. 그래서 모두가 그녀와 결혼하기를 꺼려 했지만 진평은 문제 삼지 않았다. 그녀의 재물을 기반으로 출세할 생각이었기 때문이다. 장부는 손녀를 시집보내면서 절대로 남편을 무시하지 말라는 경고성 당부를 했다. 과연 결혼 후 진평은 넉넉한 경제력을 바탕으로 교류의 범위를 더욱 넓혀나갔다.

진평의 야심을 엿보게 하는 또 다른 일화가 있다. 동네 제사인 사제社祭(토지신에게 지내는 제사)가 있으면 진평은 재宰(제사 고기를 분배하는 이) 역할을 맡아 동네 사람들에게 고기를 나눠주었는데 공평하게 잘 나누기로 정평이 나 있었다. 그래서 동네 어른들이 칭찬을 아끼지 않았는데, 이에 진평은 "아, 슬프다! 천하의 재상으로 삼아도 고기를 나누듯 공평하게 잘할 텐데!" 하며 한숨을 내쉬었다. 진평의 야심과 포부를 짐작케 하는 대목이다. 이 일화에서 나온 고사성어가 '진평분육陳平分肉'이다. '진평이 고기를 나누다' 는 뜻으로 흔히 큰 포부를 지닌 사람이 자신의 포부를 밝힐 때 은유적으로 이 말을 인용한다. 이렇듯 젊은 날의 진평은 큰 포부와 야망을 지닌 잠룡이었다.

살아남는 자의 순발력

진승이 일으킨 농민 봉기에 천하는 순식간에 혼란에 빠졌다. 진승은 각지의 유력자를 왕으로 봉하면서 자신의 세력을 확대시켜 나갔다. 당시 진승은 위구魏咎라는 자를 위나라 왕으로 삼았다. 진평은 자연스럽게 진승 밑에 들어가 벼슬을 시작하면서 진승에게 큰 계책으로 유세했지만 받아들여지지 않았다. 게다가 진평의 외모와 풍채를 시기한 사람들이 그를 헐뜯자 진평은 위나라 왕을 벗어나 초나라로 귀순했다. 당시 가장 강했던 항우의 위세를 본 것이다. 진평은 항우 밑에서 두 번째 벼슬살이를 했다. 그러나 공을 세워 출세가도를 달리던 진평은 자신이 평정했던 지역을 유방에게 도로 빼앗겼고 항우는 그 책임을 물어 진평을 죽이려고 했다. 이에 진평은 항우가 준 황금과 관인을 싸서 그에게 돌려주고 칼 한 자루만 찬 채 항우를 떠났다.

도망치는 길에 배를 타고 황하를 건널 때는 이런 일이 있었다. 사공은 기골이 장대한 호남

진평분육. 《사기》에 나오는 인물 관련 일화는 생생하다. 그 인물의 특성은 물론 미래를 절묘하게 암시하는 대목이 적지 않아 한시도 긴장을 늦출 수 없다.

아가 옷을 잘 차려입고 배를 타자 그가 분명 비싼 패물 따위를 지니고 있을 것으로 생각해고 진평을 죽이려 했다. 이를 눈치챈 진평은 재빨리 옷을 벗고 알몸으로 사공의 노 젓기를 도왔다. 사공은 그제야 진평이 무일푼임을 알고 살려주었다. 진평은 이렇듯 재치와 순발력이 뛰어나 항상 위기를 잘 넘겼다. 생존을 위한 조건을 타고났다고나 할까.

진평은 유방에게 투항했다. 그리고 유방의 측근인 위무지魏無知의 추천을 받아 도위都尉(장수의 참모)에 임명되었다. 그러자 주변 사람들이 생판 모르는 사람이 느닷없이 중요한 자리에 앉았다며 시기하기 시작했다. 진평을 헐뜯는 소리가

높아졌다. 진평은 진승 밑에 있다 항우에게 가고, 다시 한왕漢王(유방)에게 투항한 역신逆臣이며, 옛날에 형수와 간통한 패륜아라는 흑색선전이 떠돌았다.

풍채가 좋고 호남형인 진평을 상당히 유능한 인물로 본 유방도 지난 경력과 사생활에 관한 추문이 들리자 진평을 추천한 위무지를 불러 왜 그런 인물을 추천했느냐며 나무랐다. 이에 위무지는 자신은 진평의 능력을 보고 추천했지 행동거지를 보고 추천한 것이 아니라고 잘라 말했다. 하지만 진평에 대한 비난은 멈추지 않았다. 유방은 당사자의 해명을 직접 듣고 싶어 진평을 불렀다. 진평은 유방과 독대하게 되었다. 총명한 진평은 이 기회를 놓치지 않았다. 자신을 둘러싼 유언비어에 대한 해명은 말할 것도 없고 자신의 포부와 능력까지 한꺼번에 유방에게 알리는 절호의 기회로 삼았다.

소신이 진승을 섬길 때 큰 책략을 제안해도 통하지 않아 항우에게 갔습니다. 항우 밑에서 공도 세웠지만 항우는 도리어 저를 죽이려 해서 도망쳐 나온 것입니다. 듣자 하니 대왕께서 사람을 아끼고 잘 쓰신다기에 대왕께 귀순했습니다. 저는 올 때 아무것도 없이 왔기 때문에 장수들로부터 돈을 받아 생활할 수밖에 없습니다. 제가 올리는 책략에 쓸 만한 것이 있으면 채용하십시오. 아니라면 받은 황금을 다 돌려주고 떠나겠습니다.

진평의 솔직함에 유방은 마음을 누그러뜨렸다. 유방은 진평에게 상을 내리고 장수들을 감찰하는 호군중위護軍中尉로 특진시켰다. 진평에 대한 유방의 신임을 확인한 장수들은 더 이상 진평을 헐뜯지 못했다.

유방과의 독대 후 강력한 신임을 받게 된 진평은 이후 눈부신 활약을 펼치기 시작했다. 특히 서초패왕 항우의 맹공을 받아 큰 위기에 빠진 유방을 위해 제안한 여러 대책과 책략은 결정적인 역할을 했다.

말할 기회를 놓치지 않은 진평

항우의 공격으로 계속 궁지에 몰리던 유방은 진평을 불러 대책을 논의했다. 유방으로서는 진평의 능력을 확인할 수 있는 좋은 기회이기도 했다. 진평은 우선 유방과 항우의 장단점을 비교하는 것으로 말문을 열었다. 이 대목은 위기가 닥칠 때마다 절묘한 해결책을 내놓은 진평의 안목이 어느 정도인지 잘 보여준다. 또한 상대의 단점을 과감하게 지적하면서 자신의 책략을 받아들이게 하는 테크닉도 보여준다.

> 항우는 절개가 넘치고 뜻이 고상한 선비를 잘 대우합니다. 하지만 논공행상에는 굉장히 인색합니다. 때문에 사람들이 그에게 완전히 매달리지 않습니다. 폐하는 예의를 가볍게 여기시니 청렴하고 절개 있는 선비들이 오지 않습니다. 그러나 작위와 봉록을 아낌없이 주시므로 이익을 탐하는 자들이 부끄러워하지 않고 한나라로 귀순했습니다. 두 사람의 장단점을 합치면 최고의 지도자가 될 수 있고, 그렇게 되면 손만 휘저어도 천하를 얻을 수 있을 것입니다.

여기서 그쳤다면 유방의 성격으로 보아 크게 화를 냈을 것이다. 구체적인 대안은 없고 항우와 자신의 장단점만 비교한 데 불과했기 때문이다. 하지만 진평은 이러한 분석을 바탕으로 위기 탈출의 대책을 제안하는데, 다름 아닌 '이간책離間

策'이었다.

> 항우 밑에는 강직한 신하들이라고는 종리매鍾離昧, 범증, 용차龍且 등이 고작입니다. 따라서 황금을 대거 풀어 초의 군신 사이를 이간시켜 서로 질투하고 비방하게 만들어 결국은 자기들끼리 죽이게 하면 자중지란自中之亂에 빠질 것입니다.

허무맹랑하게 들릴 수도 있지만 항우의 성격 분석을 기초로 한 상당히 현실적인 대책이었다. 항우처럼 무장 기질이 강하고 성격이 고고한 사람은 아집과 독선이 강해 고상한 사람을 좋아한다. 그리고 한 번 의심하기 시작하면 돌이킬 수 없다. 특히 문인 지식인을 믿지 않는다. 반면 건달 기질이 다분한 유방에게 절개나 지조, 고상함 따위는 아무것도 아니다. 자신에게 득이 되는 능력을 가진 사람이라면 그가 욕심이 많거나 문제가 있더라도 그의 장점을 이용하기 위해 융통성을 발휘할 줄 안다.

유방은 진평의 이간책을 받아들여 진평에게 충분한 로비 자금을 주어 실행에 옮기게 했다. 우선 큰 공을 세운 종리매 등이 항우가 제대로 상을 주지 않는 데 불만을 품고 반역을 꾀하고 있다는 유언비어를 퍼뜨렸다. 속 좁은 항우는 유언비어에 귀를 기울이기 시작했다. 이어 항우에게 결정타를 가하는 사건이 터진다.

이간책으로 항우의 오른팔을 자르다

항우의 오른팔은 아보亞父(아버지 같은 사람) 범증이었다. 진평은 항우와 범증을 갈라놓기 위해 기가 막힌 이간책을 구사한다. 한번은 항우의 사신이 유방 진영에 왔다. 기회라고 판단한 진평은 유방에게 건의하여 일단 상다리가 휘어지도록 산해진미를 가득 차려놓고 사신을 맞이했다. 사신이 들어오자 유방은 짐짓 놀라는 표정을 지으며 "이런 젠장! 아보의 사신인 줄 알았더니 항우의 사신이잖아?"라고 말한 다음 당장 상을 다시 차리라고 명령했다. 다시 나온 상은 말할 것도 없이 형편없었다.

찜찜한 기분으로 돌아간 사신은 이를 항우에게 보고했고 항우는 범증에게 의심의 눈초리를 보내기 시작했다. 당시 범증은 유방의 자질이 보통이 아니고 세력 또한 갈수록 커지고 있어 항우에게 선수를 쳐 섬멸하지 않으면 후환이 두려울 것이라고 지적했다. 또한 유방의 거점인 형양성榮陽城을 공격해 항복시키라고 건의했다. 그러나 범증을 삐딱한 눈으로 보고 있던 항우는 그의 건의를 받아들이지 않았다. 지난날 홍문연鴻門宴에서도 유방을 죽이라고 했지만 자신의 말을 듣지 않더니 또다시 기회를 놓치자 범증은 천하의 대세가 유방 쪽으로 기울고 있음을 직감했다. 그는 사직서를 던지고 낙향하다 분통이 터지고 악성 종양이 나 죽고 말았다.

항우는 젊은 시절부터 그를 그림자처럼 보필한 범증 덕분에 서초패왕에 오를 수 있었다. 하지만 진평의 이간책으로 오른팔마저 잘린 항우는 이제 말 그대로 종이호랑이로 전락하기 시작했다. 그리고 진평은 이 일로 확실히 유방의 눈에 들 수 있었다.

진평의 행적에서 다음으로 주목할 것은 건국 후 공신을 제거한 일이다. 특히 한신을 제거하는 데 막후에서 결정적인 역할을 했다. 군주와 공신, 공신과 공신 사이의 권력투쟁은 대개 창업 직후 시작되어 정권 초기의 병목 위기를 초래

하기 일쑤다. 그 위기를 벗어난 정권은 상당히 오랫동안 유지되지만 그러지 못한 정권은 단명하고 만다.

토사구팽의 배후

항우, 유방과 함께 한때 천하를 삼분할 정도의 막강한 세력과 능력을 가졌던 명장 한신은 결정적인 순간 유방 편을 들어 유방이 항우를 물리치는 데 결정적인 공을 세운다. 하지만 유방에게 한신은 늘 위협적인 인물이었다. 다다익선의 일화가 보여주듯 한신은 자부심과 기개 그리고 자존심이 다른 공신과 달랐다. 한신은 늘 자신을 유방과 같은 등급에 놓고 생각할 정도로 자부심이 대단했다. 그런데 유방이 한신에 대해 경계심을 늦출 수 없게 한 결정적인 사건이 하나 있었다.

유방이 항우와 생사를 건 전투를 벌이고 있을 때 제나라를 공격하던 한신은 자신을 제나라 가왕假王으로 임명해달라는 돌발 요청을 했다. 말이 '가왕'이지 사실 유방과 같은 급인 '왕'이 되겠다는 것이었다. 화가 난 유방은 한신이 보낸 사자에게 욕을 퍼부었다. 이때 진평이 슬며시 유방의 발을 밟았다. 유방은 퍼뜩 정신을 차렸다. 그러고는 사자를 향해 버럭 화를 내며 사내대장부가 왕이면 왕이지 가왕이 뭐냐며 그 자리에서 한신을 제왕으로 삼는다고 선언했다.

사태를 수습한 유방은 한신의 도움으로 항우를 물리치고 천하를 재통일하는 데 성공했다. 하지만 이 일로 유방은 의심의 눈초리로 한신을 보게 되었다. 항우를 물리치자마자 한신을 막강한 제왕에서 실권이 한참 떨어지는 초왕楚王으로 바꾼 사실이 이를 잘 설명해준다.

개국 후에도 한신의 언행은 늘 아슬아슬했다. 다른 공신을 업신여기는 것은 말할 것도 없고 늘 자신의 처지에 대해 불평불만을 늘어놓았다. 그러던 중 한신이 모반을 꾀한다는 고변이 올라왔다. 대다수의 공신과 대신은 한신을 하루빨리 제거해야 한다는 강경 대응을 주문했다. 하지만 한신을 노골적으로 자극했다가는 자칫 사태가 커질 수 있으므로 진평은 황제 유방에게 지방 순시를 나가는 척하며 한신을 생포하라는 계책을 올렸다. 황제가 지방 순시를 나가면 그 지역과 부근 관리가 찾아와 황제에게 인사를 올리는 것이 관례였다. 유방은 한신이 있는 지역으로 순시를 나갔고 한신도 하는 수 없이 유방에게 인사를 올리려고 찾아왔다. 유방은 이 순간을 이용하여 한신을 붙잡아 압송해버렸다. 한신의 발목을 묶는 데 진평의 계책이 결정적으로 작용한 것이다.

이 공으로 진평은 호유후戶牖候에 임명되었다. 그러나 진평은 위무지가 없었다면 오늘날의 자신도 없었을 거라며 그 자리를 위무지에게 양보했다. 당시 위무지는 진평과는 비교가 안 될 정도로 미미한 자리에 있었다. 반면 진평은 위무지에게 청탁하던 신세에서 황제의 측근이자 엄청난 권세를 가진 공신으로 변해 있었다. 이그럼에도 진평은 위무지의 은혜를 잊지 않고 그를 챙겼다. 대인 관계를 활용한 진평의 뛰어난 처세술을 보여주는 대표적인 대목이다.

진평의 별명은 '책략제일策略第一'이었다. 천하를 재통일한 유방에게 가장 큰 골칫거리였던 흉노를 상대할 때도 책략제일 진평의 머리가 빛을 발했다. 유방은 평성平城(오늘날의 산서성 대동시大同市)에서 흉노에 포위되어 이레를 굶는 등 최악의 상황에 빠진 적이 있었다. 이 위기를 타개한 사람이 바로 진평이었다. 다만 진평이 어떤 계책을 썼는지는 기록에 남아 있지 않다. 사마천은 "진평의 기이한 계책은 줄곧 비밀에 붙여졌기 때문에 세상 사람들은 아무도 알지 못했다"고 기록했다. 이 때문에 진평이 떳떳하지 못하거나 비열한 계책을 썼을 것이라는 비난도 일었다. 하지만 목숨이 달린 절체절명의 상황에서 어떤 계책이 정말 필요한가. 상황을 타개할 수 있는 계책이라면 그것이 진짜 아닌가. 그 밖에 진평이 호군중위의 벼슬로 황제를 따라 진희陳稀와 팽월의 반란을 진압했을 때도 기이한 계책을 냈지만 아주 비밀스러워 세상 사람들은 알 수가 없다고 기록하고 있다.

여태후 세력까지 뿌리 뽑다

진평의 가장 기발한 계책은 번쾌樊噲와 관련이 있다. 번쾌는 유방과 같은 고향 출신의 개국공신이다. 그런 번쾌가 반란을 꾀하고 있다는 투서가 들어오자 유방은 진평과 주발周勃에게 번쾌를 잡아오게 했다. 그런데 번쾌는 여태후의 여동생인 여수呂嬃의 남편이었다. 때문에 진평과 주발은 서로 상의한 끝에 황제가 번쾌를 직접 죽이도록 하자며 훗날을 대비했다. 그리고 황제의 부절符節로 번쾌를 불러 결박하고 죄수용 수레에 실어 압송했다. 그런데 번쾌를 압송하던 중 그만 병석에 있던 유방이 세상을 뜨고 여태후의 아들 혜제惠帝가 왕위에 올랐다. 그와 함께 여태후가 실질적인 권력을 행사하는 섭정이 시작되었다.

  진평은 발걸음을 재촉하여 조정에 들어간 다음 유방의 시신 앞에 엎드려 통곡하며 폐하의 명령을 수행했음을 복명했다. 그는 번쾌를 잡아 죽이려고 한 것은 주발과 자신의 계략이 아니라 유방이 직접 내린 명령이라는 점을 여태후에게 알린 것이다. 여태후는 오해를 풀었고 진평과 주발은 무사히 넘어갈 수 있었다. 하지만 여수는 남편을 죽이려고 한 진평이 못마땅해 기회만 되면 진평을 참소했다. 이에 진평은 매일 술과 여자들에게 빠져 살았다. 자신에 대한 의심을 피하기 위해서였다. 여태후는 진평에 대한 의심을 풀었다. 그러나 여태후가 죽자 진평은 주발과 함께 여씨 일족을 몰살하고 문제文帝를 옹립했다.

  문제를 옹립한 진평은 그 공으로 승상에 임명되었다. 하지만 이 대목에서 진평의 지혜는 더욱 빛을 발한다. 그는 주발에게 승상 자리를 양보했다. 그리고 얼마 뒤 황제 앞에서 승상의 역할을 유창하게 설명함으로써 주발을 스스로 물러나게 하고 마침내 승상에 올랐다.

일찍이 유방은 죽음을 앞두고 당신이 죽고 나면 소하 다음으로 누구를 승상에 임명하는 것이 좋은가를 묻는 여태후의 질문에 조참曹參과 왕릉王陵을 꼽으며 고지식한 왕릉은 진평이 도와주면 될 것이라고 했다. 진평을 진정한 재상감으로 보지 않았던 것이다. 그러나 진평은 주발을 디딤돌 삼아 결국 승상에 오르는 절묘한 수순의 묘미를 보여주었다. 유방의 예상은 반은 틀린 셈이었다. 진평은 자신의 힘과 지혜로 승상 자리에 올라 젊은 날 동네 제사에서 고기를 나누며 천하도 잘 안배할 수 있다고 했던 큰소리를 현실에서 성취했다.

진평, 처세의 달인인가 지혜로운 현자인가

진평은 승상 자리에서 편안하게 삶을 마감했다. 진평이 혼란의 시대에서 무사히 자신의 마지막을 장식할 수 있었던 원동력을 정리해보았다.

첫째, 진평은 야심과 포부가 있었다. 조직 생활을 하기 위해서는 야심과 포부를 가지지 않으면 발전할 수 없다. 둘째, 경험을 통해 세태를 파악했다. 항우에게 갔다 유방에게 가는 과정이 특히 그랬다. 고용주에 대한 성향을 잘 파악했던 것이다. 셋째, 순간적인 기지가 뛰어났다. 뱃사공의 예가 잘 보여준다. 넷째, 자신을 도와줄 수 있는 사람과 관계를 맺는 것은 물론 은혜를 잊지 않음으로써 자신의 이미지를 제고했다. 위무지에게 자신의 봉지를 양보한 사례나 주발에게 승상 자리를 물린 예가 이를 잘 보여준다. 다섯째, 모함을 받았을 때는 구차하게 변명하지 않았다. 여섯째, 충분히 자신의 처지를 고용주에게 설명할 수 있을 정도의 배짱을 가지고 결코 기회를 놓치지 않았다. 특히 유방에게 이간책을 제안하여 전세를 역전시키고 항우를 궁지에 몰아넣은 대목은 진평의 능력을 유감없이 보여준다. 일곱째, 앞날을 내다보는 식견이다. 개국공신과의 관계, 여태후와의 관계 등이 얽히고설켜 있을 때 그의 선경지명이 빛났다. 번쾌를 잡아 죽이지 않고 황제에게 책임을 돌림으로써 여태후의 책임 추궁을 피한 예가 그것이다. 선견지명을 갖기 위해서는 정보력이 필요한데 진평은 이를 위해 주변에 자신을 도울 수 있는 사람을 많이 만들어두었던 것으로 보인다. 여덟째, 과감해야 할 때 과감했다. 여씨 세력을 척결한 것이 좋은 예다. 마지막으로 정상에서 항상 한 발 뒤로 물러설 줄 알았다. 정상에 올랐다고 자만하다가는 결국은 떨어지는 수밖에 없다.

 이것이 진평이 30년 가까이 관료 생활을 하면서 승상 자리까지 올라간 과정에서 보여준 처세의 요령이다. 진평의 삶이 얄팍한 처세술에 힘입은 것인지 인생의 철리를 터득한 깊이 있는 지혜에서 나왔는지는 《사기》를 제대로 읽어보면서 헤아리기 바란다. 史記

제22강

약자 생존의 인간 경영

영화 〈황산벌〉을 보면 김유신이 이런 이야기를 한다. "강한 자가 살아남는 것이 아니고 살아남는 자가 강한 것이다." 이 말은 이후 〈짝패〉라는 영화에서 충청도 사투리로 패러디되었다.

"강한 놈이 살아남는 것이 아니라 살아남는 놈이 강한 놈이더라."

약소국의 생존 문제를 이야기하기 위해 이런 소리를 꺼냈다. 약소국인 우리나라는 강대국 틈에 끼어 있는 데다 땅도 좁고 더구나 분단국가다. 이런 열악한 조건에서 우리가 생존을 보장하고 발전하기 위해 해결해야 될 문제는 산더미처럼 쌓여 있다. 우리가 약자라고 해서 생존에만 급급해 자존심을 버리자는 이야기가 아니다. 자존심과 존엄성을 지키면서 행복하게 사는 '비결'을 찾는 것이 최고 최상의 약자 생존 원리가 아닌가 하는 것이다.

인류 역사를 돌이켜보면 한 번도 강자가 약자를 봐준 적이 없다. 힘의 균형이 급격하게 무너지면 강자는 약자를 사정없이 집어삼킨다. 약하다고 봐주거나 다독거리지 않는다. 춘추 시대에도 수백 나라가 수십 나라로 줄었고 전국 시대에 들어와서는 일곱 나라로 줄었다. 약육강식은 언제나 인류사를 지배한 현실 논리였다.

정나라와 대한민국의 동병상련

동물학자들은 약육강식을 '정글의 법칙'이라고 한다. 인간사는 인간사 나름의 질서가 있을 법한데 정글의 법칙이 통하는 현실이 가슴 아프다. 그런데 인간이 동물보다도 못한 부분이 많다. 동물은 배가 부르면 더 이상 먹지 않는다. 하지만 인간은 배가 불러도 먹는다. 배고프지 않아도 사냥하고 살육한다. 이것이 문제다. 전 세계 인구의 수십 퍼센트는 기아에 허덕이고 수십 퍼센트는 비만에 시달린다. 이런 기막힌 현상이 일어나고 있는 곳은 인간 세상이지 동물 세계가 아니다.

인간에게는 동물에게는 없는 욕심이 있는데 이것을 탐욕이라고 한다. 탐욕이 인간의 이성과 분수를 압도함으로써 같은 인간을 죽이고 세상을 힘들게 하는 것이다. 이것이 국가적 차원으로 확대되면 전쟁이 터진다. 그런 욕심과 욕망에 지배당해온 지금까지의 인류사에서 강자가 약자를 진정으로 봐준 적은 단 한 번도 없었다. 이제 침통한 마음으로 한 정치가를 통해 약자가 생존할 수 있는 생존의 지혜를 생각해보려고 한다. 주인공은 자산子産이다. 춘추 시대인 기원전 6세기 사람이다. 공자보다 30세쯤 연상이고 공자가 존경한 인물 가운데 한 사람이기도 하다.

자산의 조국 정鄭나라는 작은 나라였다. 약소국인 정나라는 자산이 정권을 담당한 이후 자존심을 지키면서도 강대국 틈바구니에서 살아남았다. 그래서 전문가들은 자산을 '노숙한 정치가'라고 부른다. 그는 20세 약관의 나이에 정치

무대에 등장했다. 수십 년 동안 정치 무대에서 수많은 시련을 겪으면서도 큰 무리 없이 정나라를 이끌었다. 정치 수완이 보통이 아니었던 것이다. 공자도 정자산의 그런 부분을 높이 평가했다. 자산은 기원전 582년 출생했는데 그 전의 정치 상황은 이러했다.

정나라는 주나라 왕실과 성이 같은 희姬씨였다. 정나라 환공桓公 희우姬友가 주나라 여왕厲王의 작은 아들이다. 정나라는 늘 주나라를 섬겼으므로 문화적 동질감이 컸다. 때문에 주나라의 도움을 많이 받았다. 자체적으로 발전해나간 것은 기원전 8세기 정나라 장공莊公(재위 기원전 743년~기원전 701년) 때부터다. 하지만 장공 이후 내분 탓에 쇠락의 길을 걸었다. 장공이 죽으면서 공자들 사이에서 권력 다툼이 일어났는데 무려 여덟 명의 아들이 임금 자리를 놓고 전쟁을 벌였다. 그 가운데 넷이 정변에 가담해 셋은 죽고 한 명이 왕위에 올랐다. 바로 정나라 여공厲公이다.

그 후로도 내란이 끊이지 않아 정나라는 한 번도 강국으로 행세하지 못했다. 자산이 태어난 지 얼마 지나지 않은 기원전 566년 큰 사건이 터졌다. 재상 자사子駟가 요리사를 시켜 희공僖公을 독살한 것이다. 희공이 자신을 퉁명스럽게 대하며 무시했다는 것이 이유였다. 희공의 아들들은 자사를 죽이려 했지만 역습을 당해 넷이나 죽었다.

기원전 563년 또 하나의 사건이 터졌다. 정나라 간공簡公 3년에 재상 자사가 스스로 왕이 되려고 한 것이다. 그러자 공자 자공子孔이 위지尉止를 시켜 자사를 죽였다. 자공은 위지를 승상으로 임명하고 스스로 왕이 되려고 했다. 이때 자산이 등장했다. 자산의 나이 20세였다. 약관의 자산은 자공을 설득했다.

"자사는 자신이 왕이 되려고 하다 결국 공에게 당해 죽었는데 공이 만약 또

왕이 되려고 하면 어떻게 되겠습니까. 다른 공자들이 가만히 있겠습니까. 모두 종친들 아닙니까. 그렇게 되면 다시 한 번 정나라가 내분으로 빠져드는데, 나라를 생각한다면 그러지 마시길 바랍니다."

자공은 자산의 충고를 받아들여 재상 자리에 만족했다. 그 와중에 기원전 562년 진晉나라가 정나라를 공격해왔다. 정나라가 진나라와 대립하던 초나라와 동맹을 맺었기 때문이다. 초나라 공왕共王은 정나라에 구원병을 보내 진나라를 물리쳤다. 그런데 정나라 간공이 진나라와 조약을 맺으려고 하자 초나라는 정나라 사신을 구금해버렸다.

미국, 중국, 러시아, 일본 등 4대 열강에 둘러싸인 우리나라 외교가 어느 한 나라에 기울면 어떻게 될까. 미국에 기울면 중국이, 중국에 기울면 러시아가 불만에 가득 차 우리 외교에 끼어들 것이다. 더구나 일본은 경제를 무기 삼아 우리를 지분거릴 것이다. 정나라가 바로 오늘날 우리나라와 비슷한 상황에 처해 있었다. 초나라가 쳐들어오면 진나라한테 구원을 요청해 초나라를 물리치고, 진나라가 쳐들어오면 초나라에 구원병을 요청해 물리치는 식이었다. 이쪽에 치이고 저쪽에 치였다. 동네북이었다. 거기다 숱한 내분에 휩싸였다. 남북 분단, 지역 갈등, 양극화 등의 문제까지 지금의 우리와 닮은 정나라였다.

오나라 계찰과 정나라 자산의 만남

기원전 554년 재상 자공이 국가의 전권을 휘두르며 횡포를 부리자 간공은 그를 제거하는 데 성공했다. 간공은 마침내 자산을 대신으로 임명했다. 이로써 자산이 정치 전면에 등장했다. 자산이 정치의 실권을 장악하는 과정에서 눈여겨보아야 할 중요한 대목이 하나 있다.

기원전 544년 오나라 계찰이 정나라를 방문했다. 계찰은 오월춘추 시대를 이야기하면서 소개한 인물이다. 계찰은 위로 형이 셋이나 있었지만 워낙 뛰어나 아버지가 왕위를 물려주려고 했던 인물이다. 하지만 계찰은 왕위를 사양했다. 그는 식견이 뛰어나고 음악에도 깊은 조예를 가진 당대의 명사였다. 그런 그가 기원전 544년 정나라를 방문해 자산과 만났다. 당대의 두 거물급 인사는 처음 만났는데도 마치 오래전부터 알던 사이처럼 화기애애했다. 당시 계찰은 자산에게 이렇게 말했다.

"지금 정나라는 내부 분쟁으로 굉장히 어지럽습니다. 이 난국을 수습할 사람은 자산 당신밖에 없습니다. 당신이 권력을 장악해야만 정나라가 생존할 수 있을 것입니다."

아니나 다를까. 두 사람이 만난 이듬해인 기원전 543년 정변이 일어났고, 자산이 난국을 수습할 기대주로 정권을 장악하게 되었다. 정자산의 정치적 역량뿐 아니라 정나라의 내부 정치 상황까지 정확하게 간파한 계찰의 안목은 그만큼 대단했다.

공자가 존경한 자산의 개혁

권력을 장악한 자산은 다음과 같은 정치를 펴나갔다. 우선 형정刑政을 제정했다. 법률을 제정한 것이다. 춘추 시대에 법 제정은 굉장히 중요한 의미를 가진다. 자산은 세 발 달린 솥인 정鼎에 제정한 법을 새겨 주조했다. 그러고는 이것을 관청 문 앞에 세우고 누구나 법을 볼 수 있도록 했다.

법의 제1조는 '귀족이 함부로 물건을 빼앗으면 고소할 수 있다'는 것이었다. 당연히 귀족의 격렬한 반대에 부딪혔다. 정나라 귀족만 반대한 것이 아니고 주변

자산의 이름은 공손교公孫僑로 소국이나 약자의 생존 방식에 관한 유익한 교훈을 풍부하게 남겼다.

국의 귀족도 반대하고 나섰다. 이 전례를 따라 다른 나라도 법을 만들게 되면 기득권층의 특권이 줄거나 박탈당할 것이 뻔했기 때문이다. 특히 진晉나라의 실권자인 범선자范宣子는 자산에게 편지를 보내 "밑에 있는 천한 것들이 소송을 걸기 시작하면 어떻게 하느냐"며 노골적으로 항의했다.

주세금원인 평민을 보호하지 않으면 군대에 나갈 인력을 차출하기 힘들고 세금원이 줄어든다. 귀족 세력이나 특권 세력의 각종 특권을 박탈하거나 제한을 두어 평민에게 이익이 돌아가게 하는 것, 이것이 모든 개혁 정치의 핵심이다. 자산은 법의 선구자였다. 법을 제정하는 데 머무르지 않고 그것을 거대한 세 발 솥에 새겨 관청 앞에 세움으로써 모든 사람이 법 조항을 확인할 수 있게 했다. 법을 공개함으로서 일반 평민이 법의 보호를 받을 수 있게 한 것이다. 이 때문에 자산은 모든 제후국의 귀족과 특권층의 공적이 되었다.

과거의 개혁 정치는 지도층의 지지가 없으면 불가능했다. 자산이 왕족 종친 집안 출신으로서 개혁 정치를 밀고 나갔다는 사실에는 매우 중요한 의미가 담겨 있다. 춘추전국 시대 개혁가들의 출신 성분을 보면 귀족 출신이 아닌 경우가 적지 않다. 사회생활을 하며 개혁의 필요성을 피부로 느낀 평민층 출신이라야 그 필요성을 절감하기 때문이다. 하지만 신분에서 오는 한계와 개혁에 필사적으로 저항하는 귀족 특권 세력 때문에 상앙의 경우에서 보았듯이 결국에는 처참한 최후를 당하는 경우가 많았다. 그런데 귀족 출신으로 개혁을 밀고 나갈 때는 '신분상의 콤플렉스'가 없고 같은 계층의 반발도 상대적으로 덜하기 때문에 잘만 하면 순조롭게 개혁이 진행될 수 있었다.

자산에게 또 하나 중요한 분야는 외교였다. 강대국에 둘러싸인 정나라에게 외교는 생사존망이 달린 결정적인 분야가 아닐 수 없었다. 지정학적 여건 때문에 정자산도 줄타기 외교, 양다리 외교 등과 같은 정책에 의존할 수밖에 없었다. 즉 등거리 외교가 외교의 기저였다. 하지만 정자산은 자국의 자존심을 지키면서 강대국과의 외교 관계를 유지하는 노련한 외교술을 펼쳐보였다.

자산이 국제 외교 무대에서 자국의 자존심을 지키며 외교 활동을 전개할 수 있었던 가장 큰 힘은 철저한 내부 개혁에서 나왔다. 법 제정이 대표적인 예다. 법을 개혁해 서민의 기초 생활권을 보장하고 궁극적으로는 부국강병을 이루어 국제 무대에서 국위를 떨칠 수 있다는 자신감을 확보하는 것이 중요했다. 이를 위해서는 동시에 국제 정세를 안정시키기 위한 외교의 성공이 절실했다. 내부 개혁에 박차를 가하고 있는데 강국의 공격이라도 받는다면 개혁은 그 충격으로 좌절할 것이 뻔한 상황이었다. 지금 우리의 운명도 이와 별반 다르지 않다.

우리나라도 21세기에 '강소국'으로 발돋움하기 위해서는 가장 먼저 남북 문제를 안정적으로 풀어야 한다. 그리고 이와 같은 선상에서 대외 관계, 즉 외교를 어떻게 풀어나가느냐가 열쇠다. 자산의 정나라처럼 미국, 러시아, 중국, 일본 등 4대 열강에 포위된 지정학적 숙명이 있기 때문이다. 이와 동시에 우리의 내부 문제를 해결해야 한다. 요컨대 365일 일상적 개혁이 우리에게는 필수다. 이를 위해 국민의 마음을 얻는, 진정에서 우러나는 설득과 화합의 정책이 국정 운영의 가장 중요한 기조가 되어야 한다.

내부 반발과도 소통한 자산

자산을 노숙한 정치가라고 하는 이유는 내부 반발을 잘 설득했기 때문이다. 성문법 제정을 격렬하게 반대했던 대부 숙향(叔向)과 오간 편지가 있다. 숙향은 정나라에서 상국을 지낸 진(晉)나라 출신 귀족이다. 법 제정 소식을 들은 그는 자산에게 다음과 같은 편지를 보냈다.

> 당초 당신에게 큰 기대를 걸었으나 이제는 그 희망을 버렸소. 당신이 하는 모든 일이 엄청난 질책을 받고 있소. 주변 제후들이 전부 반대하고 있지 않소. 형법을 솥에다 주조하여 만천하에 알리는 것은 민중을 안정시키고자 함인데 그것이 가능한 일이겠소. 평민이 법을 알게 되면 예와 위계질서를 버리게 되오. 평민이 법을 알게 되면 예를 버리고 법을 끌어들여 소송을 일삼을 것이고 그러면 나라의 정세는 크게 혼란에 빠질 것이오. 그 결과는 정나라의 멸망으로 돌아올 것이오.

숙향은 아예 대놓고 자산을 협박하고 있다. 자산은 이에 이렇게 답했다.

> 나는 재주가 없어서 그렇게 멀리까지는 내다보지 못하오. 그저 이 세상의 이치를 돌이켜보고자 할 뿐. 세상 이치라는 게 무엇이오. 바로 내가 제정한 성문법이오!

자산은 당당하게 자신의 법 제정이 갖는 의미를 '세상 이치'라고 말한다. 그러고는 숙향과 절교했다. 이 일로 진나라가 정나라를 어떻게 했는지에 대한 기록은 없다. 다만 이 무렵 자산은 이미 내부 개혁에 상당한 성과를 거두어 내부 결속을 충분히 다지지 않았을까 추측해본다. 즉 주변국이 함부로 정나라를 공격할 수 없을 정도의 힘은 길렀던 것이 아닐까. 강대국 진나라 출신의 상국에게 각자의 길을 가자며 결별을 선언할 정도면 정나라에 자생력이 생겼다는 말이다.

이렇듯 자산은 풍부한 경험과 식견을 바탕으로 정나라의 내분, 법률, 외교 문제 등을 안정적으로 처리해나갔다. 이로써 약소국 정나라는 험악한 국제 정세 속에서 자존심을 지키면서 생존할 수 있었다. 물론 이 과정에서 자산은 숱한 곡절과 고초를 겪었다.

향교의 역사는 매우 오래되었다. 2,500년 전의 정자산 때 이미 기록이 보인다. 우리나라 향교의 역사는 고려 말로 거슬러 올라가 조선 시대에 오면 전국적으로 설립되었다. 간단하게 말해 향교는 공교육 기관이고 서원은 사교육 기관이었다. 조선 후기로 가면서 사교육 기관인 서원이 당쟁의 소굴로 변해 조선 사회 전반에 큰 피해를 끼쳤다. 이에 흥선대원군은 서원을 철폐하라는 '서원철폐령'을 내렸다. 40여 군데만 남고 전국의 서원이 모두 철폐되었다. 사회, 정치, 경제 등 총체적으로 문제를 일으킨 서원을 철폐한 것인데 자산 때도 비슷한 일이 벌어졌다.

자산의 개혁 정치가 본격화되면서 개혁에 저항하는 반대 여론이 향교를 중심으로 형성되었다. 본연의 임무인 교육 장소가 아니라 정치 소굴로 변질되기 시작한 것이다. 그러자 자산의 측근이 '향교 폐지'를 건의하고 나섰다. 그러나 자산은 향교를 폐지하자는 주장을 일축하며 조만간 그곳에 사람들이 모여 권력을 쥔 사람들의 장단점을 논의할 것이라고 했다. 여론을 수렴하겠다는 뜻이다. 그러면서 그는 이렇게 말했다.

"백성을 위해 좋은 일을 하면 백성의 원성도 줄어들 것이다. 위엄과 사나움만 가지고는 원망을 막을 수 없다. 위엄만 앞세워서도 안 되고 법이 너무 가혹해서도 안 된다. 사납게 정치해서는 백성의 원성을 막을 수 없다. 마치 넘치는 홍수를 막으려는 것과 같다. 홍수로 인한 피해는 많은 사람을 다치게 하니 어찌 할 길이 없다. 제방을 터 물길을 다른 곳으로 흐르게 하는 일만 못하다."

비난 여론이 일어나면 그 비난이 전달될 수 있는 길을 터주면 되는 것이다. 원천적으로 향교를 폐지해버리면 비난 여론이 갈 데가 없어 결국에 가서는 홍수처럼 터져버린다는 것이다. 언로를 막아서는 안 된다는 현명하고도 민주적인 사고방식이었다. 이렇듯 정자산은 자신에 반대하는 세력이나 여론과도 소통의 길을 열어두었던 열린 가슴의 정치가였다. 연예인 자살을 인간적, 사회적 그리고 구조적 측면에서 깊이 있게 생각해보지 않고 그저 '악플' 때문이라며 원천적으로 봉쇄하는 법을 만들어야겠다고 악다구니를 쓰는 2,500여 년 후의 우리 정치인과 관료의 꼴을 보라. 자산에게 창피해 얼굴을 들 수가 없다.

여론은 황하의 물길과 같다

하나라를 건국한 우임금은 황하의 물길을 다스리는 치수에 성공해 왕위에 올랐다. 아버지 곤鯀은 순임금의 명령을 받들어 9년 동안 치수에 매달렸지만 실패했다. 물길이 터지는 곳마다 제방을 막으려 했으니 하나가 터지면 다른 곳이 따라서 터지는 바람에 성공할 수 없었다. 하지만 아들 우는 물길을 터주는 방법을 썼다. 황하의 물이 넘치는 곳이 있으면 다른 곳으로 물길을 텄다. 많은 물이 한꺼번에 몰리는 것을 여러 갈래로 분산시킴으로써 마침내 치수 사업에 성공했다.

여론도 똑같다. 여론이 모이는 곳마저 막겠다면 끝내는 여론은 원망으로 바뀌고 원망이 쌓이면 결국 홍수가 제방을 뚫듯 터져버린다. 자산이 향교를 남겨둔 까닭도 같은 맥락이다. 자산은 또 지배층 내부의 갈등을 완화시켰다. 개혁 정책을 실시하게 되면 갈등이 생기게 마련이다. 자기들끼리 싸우면 결국 피해는 고스란히 백성의 어깨에 떨어진다. 유혈 사태가 일어나면 비용도 만만치 않다. 제때 갈등을 완화할 수 있는 조치를 취하지 못하면 쿠데타가 일어나는 등 여러 문제가 발생한다. 그래서 자산은 귀족층 내부의 갈등 완화도 굉장히 신경을 써 처리했다.

기원전 540년의 일이다. 자석子晳이라는 인물이 있었다. 그는 요리사를 시켜 조나라 희공을 독살한 재상 자사의 아들이었다. 자사는 나중에 제거당했지만 워낙 권력이 있는 집안이다 보니 후손들은 그 후로도 세도를 부리며 살았다. 자석은 살인을 저지르고도 처벌을 받지 않을 정도였다. 이런 자석이 사회적으로 물의를 일으키는 것은 시간 문제였다.

서오범徐吾犯의 누이동생은 절세 미녀였다. 자석이 그녀에게 눈독을 들였다. 그런데 자석의 사촌 형인 자남子男이 그녀와 덜컥 결혼했다. 자석은 눈이 뒤집혀 갑옷을 입고 무기를 든 채 사촌 형을 찾아가 행패를 부렸다. 그러다 자남이 휘두른 창에 부상당하고 말았다. 자석은 창피한 줄도 모르고 자남이 일부러 자신을 다치게 했다며 고발했다. 사촌 간에 한 여자를 두고 벌인 치정 사건이 법정으로 넘어온 것이다. 세상의 이목이 이들에게 쏠렸다.

보고를 받은 자산은 예상 밖으로 자석에게 벌을 주지 않고 자남에게 추방령을 내렸다. 자산은 네 가지 이유를 들었다. 첫째, 무력을 함부로 사용했다. 둘째, 법을 위반했다. 셋째, 위계질서를 무시했다. 넷째, 친족 간에 불화했다. 결국 자남은 추방되었다. 그런데 자석은 훗날 반란을 일으켰다. 살인을 저질러도 처벌받지 않고 사촌 형에게 행패를 부렸는데도 오히려 형이 처벌받았으니 천하가 모두 제 것인 양 기고만장해져 일으킨 모반이었다. 하지만 자산은 정작 이 순간을 기다리고 있었다. 얼마 전까지는 자산에게 정치력으로나 군사력으로 자석을 일거에 제압할 힘이 없었다. 또 개혁을 추진하는 중이기도 했다. 그러나 이제는 대세나 여론이 모두 자산의 편이었다. 자산은 자석의 반란을 진압한 후 그가 저지른 죄목을 적은 팻말을 자석의 목에 걸고 도성 곳곳을 돌며 조리를 돌려 모든 사람이 그의 죄를 분명히 알게 했다. 그러고는 처형시켰다.

성문은 밖에서 열리지 않는다

역사상 멸망한 나라 거의 대부분은 외부의 공격을 받아 성문이 부서지는 등 장렬한 싸움 끝에 망한 것이 아니었다. 대개 내분으로 자중지란이 일어나 안에서 적을 위해 성문을 열어주는 바람에 망했다. 고조선과 고구려가 그랬고 주원장이 건국한 명나라도 그랬다. 특히 약소국이 자중지란으로 망하는 경우가 허다했다. 그래서 내분을 막는 것이야말로 약소국의 생존을 위한 절체절명의 과제다.

　　자산의 어록을 보면 정치에는 두 가지 방법밖에 없는데 '너그러움과 엄격함'이라고 했다. 자산은 먼저 덕망이 높고 큰 사람만이 너그러운 정치로 백성을 따르게 할 수 있다고 지적한다. 자산은 물과 불을 정치에 비유하고 있다. 불이 활활 타오르면 백성은 겁을 먹는다. 하지만 두려워 피하기 때문에 오히려 죽는 사람은 적다. 반면 물은 성질이 부드럽기 때문에 사람들이 겁을 잘 먹지 않는다. 때문에 물에 빠져 죽는 사람이 훨씬 더 많다. 관대한 통치술은 물과 같아서 효과를 내기가 여간 어렵지 않다. 그래서 불처럼 엄격한 정치를 시행하는 것이다. 물론 효과는 물과 같은 정치가 훨씬 더 크다. 하지만 이를 잘못 시행하면 법을 제대로 적용하지 못하는 경우가 많이 발생하고 그로 인한 피해가 훨씬 더 커진다. 결론은 '두 가지를 섞어 할 줄 아는 게 정치' 라는 것이다.

자산의 죽음에 눈물을 흘린 공자

자산이 죽자 백성은 모두 통곡하며 마치 가까운 친척을 잃은 듯했다. 공자도 눈물을 흘리며 안타까워했는데 "그는 고인의 유풍을 이어받아 백성을 사랑했다"는 애도사를 남겼다.

자산이야말로 참으로 정치를 알았던 사람이다. '정치를 하는 사람' 과 '정치를 아는 사람' 은 다르다. 정치를 잘하는 사람도 있고 못하는 사람도 있지만 정치를 제대로 아는 사람은 극히 드물다. 정치를 잘하려면 정치를 알아야만 한다. 정치의 본질과 정치의 속성, 정치가 궁극적으로 지향하고자 하는 목적이 무엇인가를 알아야만 정치를 잘할 수 있다. 자산은 '정치를 알았던 사람' 으로 평가받고 있다.

춘추오패 가운데 한 명이었던 초장왕楚莊王은 자신에게 세 가지 보물이 있다고 했다. 첫째가 법이고 둘째는 그 법을 엄격하게 집행하는 충신이다. 셋째는 유능한 인재를 기용하는 정책이다. 장왕이 언제 사람인가. 약 2,600년 전 사람이다.

21세기가 됐든 2,600년 전이 됐든 변하지 않는 것은 바로 이런 점이다. 모든 사람이 믿고 따를 수 있는 법과 그 법을 솔선수범해서 지키는 관리, 그리고 그와 같은 법을 다듬고 국민의 삶의 질을 높일 수 있는 유능한 인재를 뽑을 수 있는 제도와 정책이 필요한 것이다.

자산은 정치를 알았던 사람이고 특히 소국이 살아남을 수 있는 지혜를 우리에게 전해주는 사람이다. 2,500년 전 사람인 자산이 21세기에 대한민국이 '작지만 강한 나라'로 살아남을 수 있는 지혜를 전해주고 있다는 사실에 주목하기를 바랄 뿐이다.

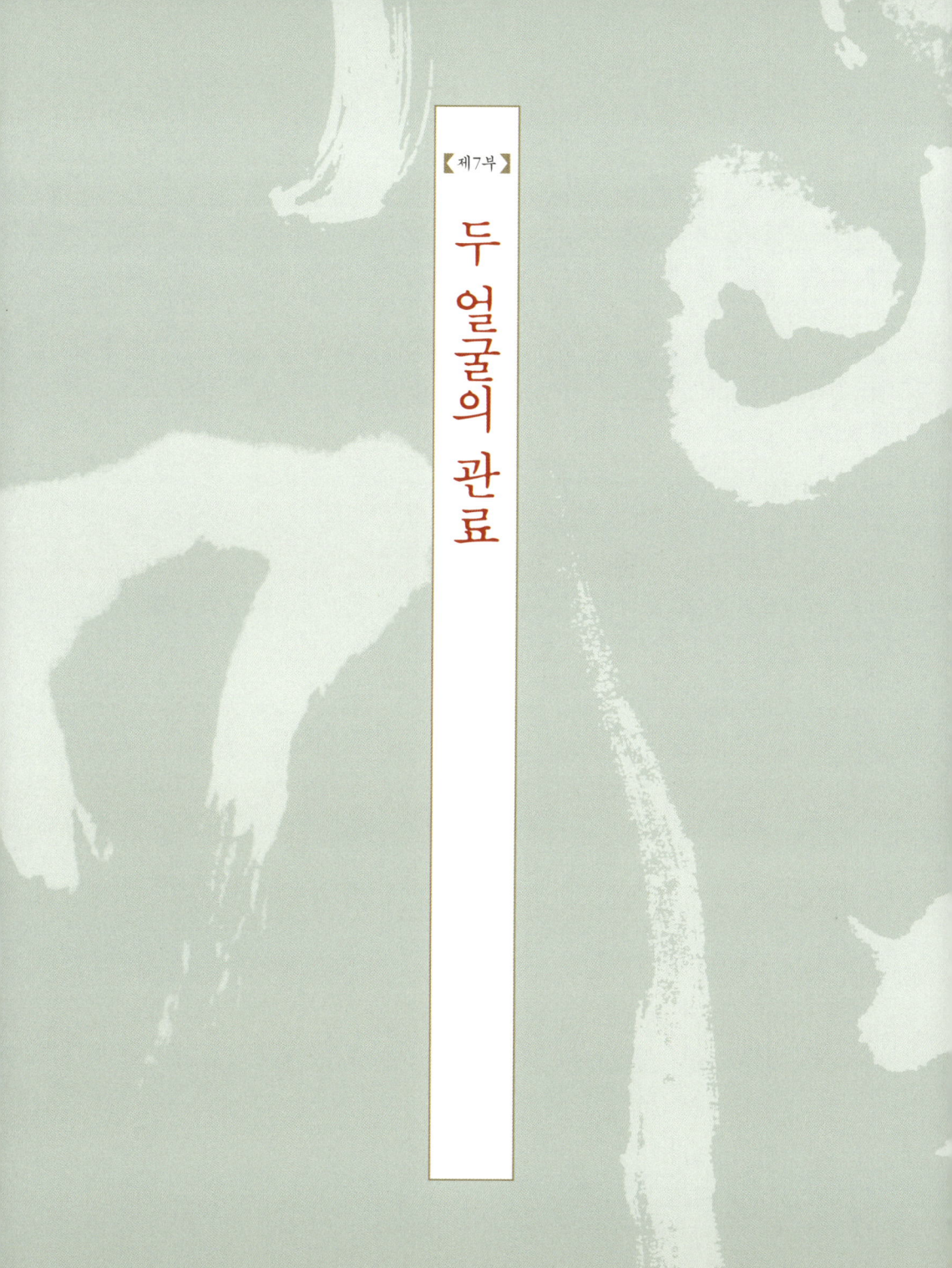

【제7부】

두 얼굴의 관료

제23강
《사기》가 제시하는 이상적 관료상

조직 이야기를 하다 보면 관료 사회를 언급할 수밖에 없다. 관료 사회는 조직의 상징으로 어떤 조직보다 크고 방대하다. 그렇다면 《사기》에는 이상적인 관료상이 있을까. 있다면 어떤 인물일까. 사마천은 네 편이나 되는 열전을 통해 다양한 공직자를 묘사하고 있다.

공직자들의 초상을 보여주는 네 편의 열전

〈순리循吏 열전〉은 대세와 이치에 순종하며 깨끗한 공직 생활을 한 관료에 관한 이야기다. 이 열전에서는 바람직한 공직자의 모습을 엿볼 수 있다. 어떤 면에서는 우리 현실에서 바랄 수 없는 이상 속의 공직자에 가깝다. 〈급정汲鄭 열전〉은 급암汲黯과 정당시鄭當時 두 사람을 통해 사마천 당대에 가장 청렴하고 유능했던 관료의 모습을 보여준다. 〈유림儒林 열전〉은 지식인 유학자 출신이 관료의 임무를 어떻게 수행했는지 보여준다. 〈혹리酷吏 열전〉은 말 그대로 '가혹苛酷'하게 법을 집행했거나 포악하게 백성을 다룬 관료에 관한 열전이다.

사마천은 이 네 편을 통해 2,000여 년 전의 공직자 모습이 어떠했으며 어떤 공직자가 바람직한 공직자인지에 대해 의문을 제기하고 있다. 여기에는 수십 명의 공직자가 등장하는데 지식인 관료 열전인 〈유림 열전〉은 성격이 조금 다르므로 나머지 세 편을 통해 사마천이 그린 관료의 초상을 구체적으로 살펴보겠다.

바람직한 공직자가 춘추 시대에만 있는 까닭

〈순리 열전〉에 나오는 공직자는 모두 다섯이다. 손숙오, 자산, 공의휴公儀休, 석사石奢, 이리李離가 그 주인공이다. 그런데 묘하게도 사마천이 제시한 바람직한 공직자, 즉 순리의 초상은 모두 춘추 시대의 인물이다. 사마천 당대 인물은 한 사람도 없으며 전국 시대 인물도 없다. 그 까닭을 놓고 역대로 말이 많았지만 딱히 옳거니 하는 답은 없다.

손숙오 역시 초장왕 때 '불비불명' 수수께끼를 냈던 사람이다. 그는 원래 초야에 은거하던 처사였다. 재상 우구虞丘의 추천을 받고 조정에 들어간 뒤 세 달 만에 관료의 최고 자리인 재상이 되었다. 손숙오의 통치 방식은 '순리'에 따르는 것이었다. 백성의 심기를 잘 헤아려 백성이 원하는 대로 통치하는 방식이었다. 통치자가 원하는 방식으로 정치를 이끄는 것이 아니고 백성의 모습을 잘 살핀 다음 그에 맞춰 다스렸다. 손숙오는 '순리順理'에 따른 '순리循吏'의 대명사라고 할 수 있다. 예를 하나 보자.

말을 좋아했던 초장왕은 수레도 높은 것을 타고 싶어 했다. 쉽게 말해 배기량이 큰 고급 승용차를 원했다. 바퀴가 작고 낮은 수레는 위엄이 없어 보인다는 이유로 높은 수레를 원했다. 하지만 이미 규격화된 수레바퀴를 큰 것으로 바꾸면 경제적으로도 부담되고 여러 가지 불편한 일이 생길 수밖에 없었다. 초장왕의 욕심을 공공연히 반대할 수도 없고 당장 수레바퀴를 크게 만들자니 백성의 불편이 만만찮아 손숙오의 고민이 적지 않았다. 고민 끝에 손숙오가 내놓은 해결책은 이랬다.

손숙오는 장왕에게 관청의 문턱을 높이라고 건의했다. 그 정도라면 백성에게도 크게 문제 되지 않을 것이라고 생각했다. 문지방을 높이면

젊은 날의 손숙오. 손숙오 같은 공직자는 우리 현실에서는 꿈같은 존재인가. 그의 정치를 따르다 보면 그렇게 될 수 있지 않을까. 문제는 공직자의 태도요, 자세다.

작은 수레바퀴로는 밑이 긁혀 턱을 넘기가 쉽지 않을 것이고 백성은 큰 바퀴가 달린 수레를 마련할 것이었다.

손숙오는 백성이 스스로 생활을 개선하고 정책에 따르는, 즉 순리의 정치를 할 줄 아는 공직자였다. 덕분에 초나라 백성은 혼란에 빠지지 않고 알아서 생활을 개선할 수 있었다. 여기서 보듯 최고 통치자의 눈치만 보는 사람과 백성의 입장에서 정책을 내는 사람의 일처리는 하늘과 땅만큼이나 차이가 난다. 손숙오가 최고 통치자의 기분을 맞추려고 덜컥 높은 수레를 만들라고 밀어붙였다면 백성들의 원망이 적지 않았을 것이다. 당장 불편이 따르기 때문이다. 하지만 문턱

을 높이는 일은 큰일이 아니며 문턱을 넘으려면 백성 스스로 수레바퀴를 높이는 수밖에 없다. 무리해서 수레바퀴를 바꾸든 백성 스스로 수레바퀴를 바꾸든 결론은 마찬가지지만 일을 처리하는 방식에 따라 결과는 다르게 나타난다. 손숙오는 시간이 걸리더라도 백성이 편안하게 따를 수 있는 정책을 실행해야 한다는 자신의 원칙을 지킨 것이다.

파면을 원망하지 않았던 손숙오

다음은 《사기》가 아니라 《열자列子》에 나오는 일화로 손숙오가 호구장인狐丘丈人이라는 정체 모를 인물과 나눈 대화다. 호구장인이 질문을 던졌다. "지위가 높고 권력이 있고 녹봉이 많은 사람들에게 보통 사람들은 원한을 가지는데 시기, 혐오, 원망입니다. 들어보셨는지요?" 손숙오가 대답했다. "저는 적어도 그 세 가지는 피하고 있습니다."

지위가 높고 권력이 크기 때문에 몸을 낮추어 겸손함으로써 시기와 혐오를 피하고, 많은 녹봉은 사람들에게 나누어줌으로써 혐오감을 피하고 있다는 이야기다. 오늘날로 치면 어려운 사람을 위해 자신이 가진 부와 재능을 사회에 환원하는 삶을 실천하고 있다는 말이다. 손숙오는 백성의 마음이 어디에서, 무엇으로부터 나오는지 정확히 아는 공직자였다. 그는 고위 관료층이나 나라의 큰일을 하고 있는 사람들이 피해야 할 세 가지 원망을 피함으로써 올바른 공직자의 모습을 보여주었다.

손숙오는 세 번 재상에 임명되고 세 번 파면당했다. 하지만 그때마다 한결같이 누구를 원망하거나 감정을 드러내지 않았다. 늘 담담했다. 세 차례 임용을 기뻐하지 않은 까닭은 재상의 자리를 자신의 재능으로 얻었기 때문이요, 세 차례 파면을 원망하지 않은 까닭은 자신의 과실이 아님을 잘 알았기 때문이다. 진정한 공직자란 권력과 지위와 녹봉에 담담할 수 있어야 한다. 사마천이 〈순리열전〉에서 손숙오를 맨 처음 소개한 까닭이다.

제갈량과 저우언라이의 모범이 된 명재상 자산

약자의 생존 방식에 대해 많은 것을 생각하게 만드는 자산은 약소국 정나라의 재상이 되어 일대 변화를 이룬 인물이다. 그가 정치를 맡은 지 1년 만에 소인배들이 경박한 짓을 범하지 않게 되었다. 좀도둑질이나 도박, 경범죄가 줄어들었다. 또한 반백의 노인이 짐을 나르지 않게 되었고 어린아이들이 밭을 갈지 않게 되었다. 노약자나 어린이를 보살피는 사회복지 정책을 잘 실행했다는 말이다.

2년이 지나자 시장에서 이중가격이 사라졌다. 바가지요금이나 매점매석 같은 시장 왜곡 현상이 없어져 공정하게 정찰가로 물건을 사고팔았다. 3년째에는 문단속을 하지 않아도 되었고 물건이 떨어져 있어도 줍는 이가 없었다. 4년째에는 밭갈이 하는 농기구를 집으로 가져가지 않아도 훔쳐가는 이가 없었다. 5년째에는 "사병이 기록에 오르지 않았다". 사병이 기록에 오르지 않았다는 말은 탈영이나 군대 내 폭행이 없어졌다는 말이다. 또한 상복을 입는 기간은 명령을 내리지 않아도 잘 지켜졌다. 왕이나 국가 원로가 죽은 국상 기간 동안 백성이 알아서 예의를 지켰다는 말이다. 27년 동안 정치를 한 자산이 세상을 떠나자 정나라 백성은 통곡하며 말했다.

"이제 누구를 믿고 누구를 따르며 산단 말인가."

자산은 이렇듯 백성으로부터 추앙받는 정치가였다. 존경보다 더한 사랑을 받은 정치가였다. 중국인들은 자산과 같은 정치를 한 제갈량과 저우언라이를 사랑한다. 제갈량은 중국 역사상 최초로 공직자 재산 신고를 자진해서 한 사람이다. 〈출사표出師表〉를 쓰기 전에 자신이 뽕나무 밭을 얼마나 갖고 있는지 따위를 숨김없이 밝혔다. 뽕나무 밭 정도가 전 재산이었지만 그 정도면 먹고살 만했다. 제갈량이 죽은 뒤 신고한 재산 내역을 재조사했는데 단돈 1원도, 땅 한 뼘도 늘지 않았다. 저우언라이 수상도 죽을 때 단 한 푼의 돈도 남기지 않았으며 자식도 없이 빈손으로 왔다가 빈손으로 떠났다. 오로지 국가를 위해 헌신하는 삶을 살다 갔다. 그들이 국민으로부터 사랑받는 공직자가 될 수 있었던 이유다.

자기 채소밭의 채소를 모두 뽑아버리다

공의휴는 그다지 알려진 인물은 아니지만 〈순리 열전〉에서 매우 감동적인 일화와 함께 소개되었다. 공의휴는 노나라 박사博士 출신으로 출중한 능력과 재능으로 재상이 되었고 법을 존중하고 솔선수범하는 인물이었다. 또한 순리에 따라 정치를 펴나간 인물이었다. 그는 한마디로 변칙을 모르는 공직자였다. 불법과 비리는 말할 것도 없고 악의 없는 작은 위반도 용납하지 않은, 원칙에 철저한 공직자였다. 그는 나라의 녹을 먹는 공직자는 백성과 이익을 다투어서는 안 된다고 주장했으며 몸소 실천했다. 곧 녹봉을 많이 받는 공직자가 더 많은 돈을 벌거나 차지하기 위해 백성들의 이익을 갉아 먹는 파렴치한 행동을 끔찍하게 혐오했다. 그는 공직자로서 아주 사소한 물건도 받아서는 안 된다고 말했다. 백성으로부터 존경받는 만큼 그 책임을 다하는 철학을 몸소 보여준 사람이다.

　누군가 공의휴에게 생선을 보냈다. 재상이 생선을 좋아한다는 말을 듣고 보낸 작은 성의였다. 하지만 공의휴는 생선을 돌려보냈다. 생선을 좋아하면서 왜 받지 않았냐고 측근이 묻자 공의휴가 대답했다.

"생선을 좋아하기 때문에 받지 않은 것이다. 지금 내 봉록으로 생선 정도는 얼마든지 살 수 있다. 그런데 생선을 받기 시작하면 파면될 것이고 그러면 누가 다시 생선을 보내겠는가."

이런 일도 있었다. 공의휴가 자기 집 텃밭에서 나온 채소를 먹어보니 정말 맛이 좋았다. 공의휴는 바로 채소밭의 채소를 죄다 뽑아버렸다. 또 자기 집에서 질 좋은 옷감이 나오자 베 짜는 아낙을 모두 내보내고 베틀을 불살라버렸다. 공의휴의 말이다.

"채소가 맛있다고 우리 집 채소를 먹고, 옷감이 좋다고 우리 집 옷감을 입으면 농사짓는 농부와 베 짜는 사람은 어떻게 살란 말인가."

아비의 죄를 지고 자결한 석사

석사는 초나라 소왕昭王 때 재상을 지낸 이로 성품이 곧고 책임을 회피하지 않던 인물이다. 어느 날 석사는 현을 순시하다 살인 사건을 맡아 처리하게 되었다. 그런데 확인해보니 자신의 아버지가 범인이었다. 석사는 도망친 아버지의 뒤를 쫓다 포기하고 돌아와 소왕에게 범인을 놓쳤다고 이실직고한 다음 스스로 옥에 갇혀 사형을 자청했다. 아비의 잘못이지 석사의 잘못이 아니라는 소왕의 말에 그는 이렇게 대답했다.

"아비가 범인입니다. 하지만 아비를 처형해 법을 바로 세우면 불효가 되고 법을 무시하고 아버지를 용서하면 불충이 됩니다."

소왕은 석사의 마음을 이해하고 그가 빠져나갈 구실을 만들어주기 위해 이렇게 말했다.

"범인을 뒤쫓다 놓치는 것은 흔한 일이다. 그대가 죄를 받는 것은 옳지 않다."

석사가 말했다.

"아비에게 사사로운 정을 가지는 것은 자식으로서 당연하지만 군주의 법을 지키지 않았으니 충신이 아닙니다. 왕께서 저를 용서해주시는 것은 왕의 개인적인 은혜이고 벌을 받아 죽는 것은 신하의 본분입니다."

그러고는 목을 그어 자결했다. 석사의 일화는 공과 사의 구분이 어떤 경지인지 돌아보게 한다.

자신의 잘못된 판결을 책임지고 자결한 법관

이리는 춘추 시대 진문공 때 법관으로 법을 잘못 적용해 범인이 아닌 자를 죽이라는 판결을 내렸다. 하지만 곧 잘못이 드러났다. 이리는 문공에게 자신의 판결 때문에 무고한 사람이 죽었다며 자신의 처벌을 청했다. 그것도 사형을 청했다. 문공은 법조문을 잘못 적용한 것은 틀림없지만 고의가 아니라 실수였기 때문에 너그러이 넘기려고 했다. 하지만 이리는 완강했다.

"신은 담당 부서의 장으로서 부하에게 지휘를 양보한 적도 없고 많은 녹봉을 받으면서 부하 직원에게 이익을 나눠준 적도 없습니다. 판결을 잘못해서 사람을 죽였는데 그 죄를 하급 관리에게 떠넘길 수 없습니다. 책임은 제가 져야 합니다. 사형에 처해주십시오."

진문공은 그런 논리라면 이리를 임명한 자신에게도 죄가 있다며 이리를 용서했다. 하지만 이리는 받아들이지 않았다. 법관에게는 법률이 있으며 법에 따라 공평하게 법을 처리하라고 자신을 법관의 최고 자리에 임명했으니 문공의 명령에 따를 수 없다는 것이었다. 그는 스스로 칼에 엎드려 자결했다.

우리 근현대사에 숱한 사법 살인이 자행되었다. 판결을 잘못 내렸거나 부당한 권력의 눈치를 보며 일신의 보신과 부귀영화를 위해 억울하게 간첩이란 누명을 씌워 사람을 죽인 예가 한둘이 아니다. 그런 판결을 내린 법관 가운데 과연 몇이나 자신의 잘못된 판결에 대해 사과하고 반성했는가. 정치가나 공직자 가운데 자신이 저지른 잘못에 대해 진심으로 반성하고 용서를 구한 자는 또 얼마인가.

황제를 무안하게 한 급암의 직언

급암이 살던 한나라 시절만 해도 관료는 통이 상당히 컸다. 그래서 사마천은 급암을 두고 "정치는 큰 대의만 추구했고 사소한 일에는 개입하지 않았다"고 평가했다. 급암은 춘추 시대 정치가의 모습을 다소나마 지니고 있었다. 그래서 큰 정치를 폈다. 사소한 것에 대해 일일이 캐묻고 따지는 정치를 하지 않았다.

장안에 불이 난 적이 있다. 집이 1,000여 채나 타버린 큰 화재였다. 무제는 급암에게 조사를 명령했다. 조사를 끝내고 돌아온 급암이 무제에게 보고했다.

"장안의 화재는 별것 아닙니다. 일전에 제가 하남을 순시하고 돌아오다 보니 1만여 가구나 수해를 입었는데 아비와 자식이 먹을 것을 두고 서로 싸울 정도였습니다. 그에 비하면 장안의 화재는 새 발의 피지요."

지방에서 일어난 재앙에 대해서도 신경을 쓰라는 급암의 직언이었다. 급암은 직언으로 유명한 공직자였다. 바른 소리를 얼마나 잘했던지 황제의 면전에서 대놓고 황제를 무안하게 만드는 일이 다반사였다. 한 번은 무제가 유학자를 불러놓고 고상한 이야기를 잔뜩 늘어놓았다. 그러자 급암이 말했다.

"폐하께서는 속으로는 욕심이 많으면서 겉으로만 요순의 인의를 베푼다고 하십니다그려!"

무제는 화가 났지만 아무 말도 못하고 조회를 급히 끝내버렸다. 급암 같은 우

급암. 급암 같은 인물이야말로 지금 우리에게 필요한 공직자 상이라고 할 수 있다.

직한 관료는 자리를 자주 옮겨 다닌다. 승진도 제때 하지 못한다. 황제의 화를 돋워 좌천당하기 일쑤였기 때문이다. 나중에 황제가 화가 풀리면 아쉬워 다시 불러들였다. 청렴결백하고 공평무사한 관료가 아쉽기 때문이다.

급암은 세력가에게 결코 고개를 숙이는 법이 없었다. 당시 태후의 남동생이던 위청衛靑은 대장군이었다. 사람들은 저 멀리서도 그를 보면 쪼르르 달려와 큰절을 했다. 하지만 급암은 대장군의 위세 때문에 절을 하는 것은 진정으로 대장군을 존경하는 것이 아니라며 다른 사람과 대등한 예로 위청을 대했다. 위청도 급암의 사람됨을 알고는 큰 정치가로 평가해 평생 가까운 사이로 지냈다.

한무제도 무서워한 강직함

한무제는 16세에 황제에 올라 50년 넘게 황제 자리를 지켰다. 그는 평민 차림으로 변장하고 저잣거리에 나가 백성과 어울리기를 좋아했는데 한번은 동네 불량배에게 맞아 죽을 뻔한 적도 있었다. 무제는 가수, 무용수, 창녀와도 관계를 가졌다. 아들이나 처남인 위청을 만날 때는 귀찮다며 모자를 벗고 만나기도 했다. 승상인 유학자 공손홍公孫弘을 만날 때에는 아예 옷을 다 풀어헤치고 삐딱하게 앉은 채 맞이했다. 이런 무제도 급암만 나타나면 모자를 쓰고 옷매무새를 고치는 등 의관을 정제한 다음 만났다고 한다. 그 정도로 급암을 무서워했다. 한번은 무제가 군대 막사에서 모자를 벗고 옷을 풀어헤친 채 쉬고 있는데 급암이 들어왔다. 황제는 놀라 휘장 뒤로 숨어 급암의 눈에 띄지 않게 의관을 정제한 뒤 그를 만났다. 그 정도로 급암은 강직했다. 그는 권력과 권력자 앞에서도 주눅 들지 않고 당당하게 대의를 설파한 공직자였다. 史記

제24강
혹리와 대쪽 정신

한무제는 급암을 '사직지신社稷之臣', 즉 종묘사직을 지킬 수 있는 인물로 높게 평가했다. 자신을 무안하게 할 만큼 직언하는 급암이었지만 무제는 그가 충직하고 강직한, 나라의 기둥과 같은 신하라는 점을 객관적으로 인정했다. 그런 급암이 정당시鄭當時란 관료를 무척 좋아했다. 요즘 말로 두 사람은 서로 코드가 맞는 사이였다. 정당시도 급암을 매우 존경했다. 그런데 정치 스타일은 정반대였다. 급암은 강직하고 충직하여 자기 마음에 들지 않는 사람은 상대도 하지 않는 반면 좋아하는 사람은 매우 가까이 두는, 시시비비와 호불호가 분명한 사람이었다. 하지만 정당시는 겸손하고 물처럼 부드러운 사람이었다.

순리와 혹리 사이

사마천은 열전에서 관료를 매우 교묘하게 안배했다. 〈순리 열전〉에 해당되는 사람은 모두 춘추 시대 사람이다. 사마천 당대 인물은 한 명도 없다. 그리고 급암을 과도기에 배치한 다음 〈혹리 열전〉에 열두 명의 포악한 관리를 배치해 서술했는데 한무제 때 관리가 열 명이다. 이런 배치를 통해 사마천은 무제 때 혹리가 얼마나 큰 폐단을 일으켰는지 알리고자 했다.

정당시도 급암처럼 〈순리 열전〉과 〈혹리 열전〉 사이에 서술한 〈급정汲鄭 열전〉의 주인공이다. 사마천은 정당시를 매우 높이 평가하고 있다. 정당시는 젊었을 때 스스로를 협객으로 자처하며 살았다. 나쁜 사람을 혼내고 법을 무시하며 마음 내키는 대로 살다 관리가 되었다. 관리가 된 뒤로도 정당시는 자신의 기질을 유지한 것으로 보이는데, 특히 권력자에게 아부하지 않고 청렴결백하게 자신만의 원칙을 지키며 공직자 생활을 한 것으로 짐작된다.

정당시는 아마 세계 최초로 주 5일제 근무를 시행한 사람이 아닌가 싶다. 닷새 동안 근무하고 하루 휴가를 얻어 집이나 고향 친구들에게 가서 재미있게 놀고 술도 마시면서 지냈다. 옛날에도 봉급은 물론 휴가나 퇴직 연금이 있었는데, 명절 같은 특별한 날을 제외하고 일주일에 하루 쉰다는 규정이 따로 없었기 때문에 근무 일수로 보면 정당시가 법을 어긴 것도 아니었다. 나름대로 공직자 생활의 원칙을 세우고 독창적으로 산 인물로 보인다.

정당시는 친구나 하인이 자신의 말에 마음이 상할까 늘 겸손하게 말하며 상대방을 배려했다. 손님맞이도 남달랐다. 집에 찾아오는 손님은 고관이든 귀찮은 사람이든 결코 문 밖에서 기다리게 하는 법이 없었다. 오늘날의 공직자 모습과는 매우 달랐다. 그는 또 선물을 주는 것은 좋아했지만 받는 것은 싫어했다. 선물은 대나무 한 그릇에 들어갈 정도의 음식을 주로 주었는데 '인간관계를 유지하는 데는 최소한의 예의만 갖추면 된다'고 생각했다.

급암처럼 황제 앞에서도 직언을 하는 강직한 인물은 아니었지만 정당시는 조회 때 기회만 있으면 늘 천하의 인재를 칭찬했다. 인재를 추천할 때는 진지하고 흥미롭게 칭찬했는데 언제나 자기보다 훌륭한 점을 들어 칭찬했다. 그는 물 흐르듯 편안하게 정치를 잘했다. 자기 마음에 들면 친하고 마음에 들지 않으면 쳐다보지 않았던 급암하고는 대조적인 성격이었다.

사마천이 이렇듯 대조적인 두 사람을 같은 열전에 배치한 의도는 무엇일까. 참된 공직자의 모습으로 어떤 인물이 바람직할까 고민해보라는 메시지는 아닐까. 《사기》의 가장 큰 매력 가운데 하나는 정답을 주지 않는다는 점이다. 원래 인생 자체가 정답이 없지만 사마천은 《사기》 곳곳에서 명확한 답을 내리기보다는 의문부호로 끝맺음한다. 130권 열전의 첫 편인 《백이伯夷 열전》에서 사마천이 "나는 몹시 당혹스럽다. 이런 것이 정녕 하늘의 도인지 어쩐지"라는 강렬한 의문을 던진 것이 대표적인 경우다. 그런데 대조적인 성격의 급암과 정당시 사이에도 공통점은 있었다. 바로 청렴결백이었다. 둘 다 재산 하나 남기지 않고 깨끗하게 관직 생활을 마쳤다. 이것이 사마천이 진짜 하고 싶었던 이야기는 아니었을까. 바람직한 공직자는 무엇보다 청렴결백해야 한다는 것 말이다.

〈순리 열전〉에 나오는 공직자는 거의 예외 없이 도교적 기질과 장자풍의 여유를 지니고 있다. 큰 틀에서 자기 원칙을 지키며 유연하게, 또 백성 입장에서 공직 생활에 임했다. 청렴은 기본이고 자신의 녹봉마저 사회에 환원했다. 그러던 것이 〈급정 열전〉에 오면 다소 변화를 보인다. 특히 급암과 정당시 사이에 잠깐 등장하는 장탕張湯이란 관리는 늘 급암으로부터 '도필리刀筆吏', 곧 모든 것을 법으로만 해결하려는 관리라는 경멸의 소리를 들었다. 이 인물의 등장은 〈혹리 열전〉의 예고편과 같다. 이 또한 사마천의 절묘한 안배로 볼 수 있다. 결국 〈혹리 열전〉에 오면 인간적인 면이 완전히 사라진 피도 눈물도 없는, 그리고 권력자의 눈치에만 온 신경을 곤두세워 법조문을 왜곡하면서까지 백성을 공포에 떨게 한 공직자의 모습만 남게 된다. 사마천은 이러한 변화를 통해 시대의 분위기에 따라 변질되어 가는 공직자의 모습을 실감나게 그리고 있다.

법 조항이 많아질수록 도둑이 늘어난다

혹독하고 무자비한 관리인 혹리酷吏가 나타나면서 세상은 각박해지기 시작한다. 노자老子는 "법 조항이 많아질수록 도둑이 늘어난다"고 했다. 이처럼 명쾌한 진단도 없을 것이다. 법 조항이 많아질수록 법을 어길 가능성이 그만큼 높아진다는 것을 의미하기 때문이다.

한무제 통치기에 이르면 법 조항이 많아지기 시작한다. 한나라 건국의 원동력은 민심이었다. 고조 유방은 '약법삼장約法三章'이라는 간결하고 알아듣기 쉬운 공약으로 민심을 얻었다. 진의 수도인 함양에 맨 먼저 입성했을 때에도 약탈부터 금지시켰다. 중국사에서 끊임없이 반복되는 현상 가운데 하나는 새로운 왕조가 전 왕조를 정복하거나 무너뜨리면 궁궐을 불태워버리고 잔인한 약탈을 통해 전 왕조의 모든 것을 송두리째 없애는 것이다. 고조 유방은 이런 야만적 방식을 피했다. 그러나 항우는 그러지 못했다. 유방이 피해간 함양에 입성해 함양궁과 아방궁 등 진나라 궁궐을 모조리 불태워버리고 약탈과 살인을 자행했다. 약법삼장을 남기고 조용히 궁에서 나간 유방과 방화와 약탈 그리고 살육을 서슴지 않은 항우, 민심이 어디를 향하겠는가. 혼란스러운 상황에서 민심의 향배는 혼란을 부추기기도 하고 혼란을 수습하는 절대적인 힘이 되기도 한다. 그래서 민심을 천심이라고 하는 것이다. 민심은 하늘이다. 하늘을 누르려고 하는 자는 어리석은 자이고 파멸을 면치 못한다. 항우가 그랬고, 역사의 모든 못난 통치자들이 그랬다.

　유방의 지혜로 약탈과 방화를 막고 민심을 얻어 천하를 재통일한 한나라였지만 시간이 흐를수록 지배층의 마음은 느슨해졌다. 경제가 발전하고 국력이 커지면서 지배층의 사치와 부패가 심각해졌고 그에 따라 백성의 마음도 각박해졌다. 황금만능주의 풍조가 널리 퍼졌고 그에 따라 각종 범죄가 창궐했다. 사형을 선고받아도 돈이면 풀려날 수 있었다. 당연히 법 조항이 늘어나고 처벌도 가혹해졌다. 바로 이 역할, 즉 법 조항을 자유자재로 적용해 가혹하게 처벌하는 일을 맡은 혹리의 출현은 필연적이었다. 물론 과거에도 혹리는 있었다. 그러나 〈혹리 열전〉에 나오는 열두 명 가운데 열 명이 한무제 때의 관료라는 사실은 사마천이 무제의 중앙집권적 관료 정치의 폐단과 민중 위에 군림하는 혹독한 봉건적 관료를 비판하기 위해 의도적으로 인물을 안배했다는 혐의를 지울 수 없다.

　초창기 혹리들은 깨끗하고 엄정하게 법을 '대쪽처럼' 적용하고 처리했다. 그 자신들도 청렴한 편이었다. 그러나 시간이 갈수록 그들은 점차 타락하고 부패해갔다. 혹리는 그럴수록 더 늘어만 갔다. 〈순리 열전〉 〈급정 열전〉 〈혹리 열전〉을 순서대로 읽은 다음 이를 조망하면 사마천이 바라는 이상적 관료의 상이 절로 그려진다.

순리와 혹리가 겹쳐진 '보라매 질도'

사마천이 가장 먼저 소개한 혹리는 질도郅都라는 인물이다. 질도의 별명은 '보라매'란 뜻의 '창응蒼鷹'이었다. 그만큼 사나웠다는 뜻이다. 황제 앞에서도 바른 소리를 하는 사람으로 유명했다. 급암처럼 직언하는 관리였다. 권력을 믿고 백성을 못살게 구는 권세가에게는 특히 인정사정이 없었다. 법을 무시하고 제멋대로 구는 제남군의 호족 간䦱씨 일가를 몰살시킬 정도였다. 급암이나 정당시의 풍모를 유지하고 있었던 질도가 지킨 또 하나의 원칙은 '청탁 거절'이었다. 개인의 사사로운 편지는 뜯지도 않고 반송했다. 예물을 보내오면 절대로 받지 않고 되돌려 보냈다. 청관清官 그 자체였다. 특이한 점은 죄가 다소 중하다 싶으면 집안을 통째로 몰살시키는 일처리 방식이었다. 지위고하를 막론하고 걸리기만 하면 최고형으로 다스리니 그를 보고 피해가지 않은 사람이 없을 정도였다.

한나라 개국공신 주발의 아들 주아보周亞父는 매우 고귀한 신분이었으나 질도는 그에게 반란죄를 적용해 죽여버렸다. 아버지 장례식에 쓸 부장품으로 무기를 무덤에 넣어주려던 것을 보고 반란 음모라는 밀고가 들어오자 지금은 반란을 일으키지 않을지 모르지만 나중에 죽어 저승에 가서 반란을 일으키려는 의도라며 주아보에게 죄를 물었다. 생전에 주발도 질도에게 걸려 당한 뒤로 평상시에도 갑옷을 입고 잠을 잘 정도였다. 백만 대군의 총사령관이던 주발은 백만 대군보다 무서운 게 질도라며 혀를 내둘렀다.

경제 때는 이처럼 질도가 대쪽처럼 법을 처리해 국가 기강이 나름대로 자리를 잡았다. 하지만 이런 질도도 두태후竇太后의 인척인 임강왕臨江王(유영劉榮)을 가혹하게 다스린 괘씸죄로 태후에 의해 처형되고 말았다.

질도는 순리에서 혹리로 넘어가는 전환기의 공직자 모습을 보여준다. 그의 이미지는 순리와 급암, 정당시에게서 공통적으로 발견되는 청렴과 사나움, 가혹함을 합친 모습으로 나타난다. 특히 질도에게는 권력자에 대해서도 가차 없이 법을 적용하는 엄정한 이미지도 함께 겹쳐 있다. 약자에게는 강하고 강자에게는 맥을 못 추는 전형적인 간신형 혹리와는 질을 달리했다. 어쩌면 지금 우리 사회에 가장 필요한 공직자는 질도 같은 공직자가 아닐까 하는 부질없는 생각도 든다.

새끼 밴 호랑이를 만날지언정 영성의 노여움을 사지 마라

사마천이 두 번째로 소개한 혹리는 영성寧成이다. 영성 때로 접어들면 혹리의 모습이 조금씩 일그러지기 시작한다. '곡학아세'라는 고사성어의 당사자인 유학자 공손홍조차 "새끼 밴 호랑이를 만날지언정 영성의 노여움을 사지 마라"고 할 만큼 영성은 지독했다. 하지만 강직하고 대쪽 같던 혹리가 현실과 타협하면서 썩어간다. 특히 최고 권력자와 권세가의 눈치를 보거나 그들과 결탁함으로써 추하게 변질되기 시작한다. 권세가에게도 인정사정없이 법을 적용하던 혹리들이 가혹한 법 적용의 대상을 백성으로 바꾼 것이다. 그 단초를 제공한 혹리가 바로 영성이다.

  영성은 기개가 넘쳐 상관도 능멸했다. 부하에게는 인정사정없었다. 하지만 청렴한 점에서는 질도에 미치지 못했다. 외척들도 영성을 무척 싫어했다. 한무제 때 혹리를 기용한 큰 이유는 국가 재정을 위해 세금을 많이 거두려는 데 있었다. 또 하나는 황제의 친척들이 일으킨 문제를 해결하기 위해서였다. 한나라 초기에 황제의 친척들을 지방에 분봉했는데 여기서 문제가 발생해 '오초칠국吳楚七國의 난' 같은 큰 내분이 일어났다. 외척이나 인척이 한나라를 존폐의 위기로 몰아넣었던 것이다. 그래서 무제는 혹리를 기용해 황제와 황후 일가를 단속했다. 그러나 이미 한나라 초기 황실의 문제점이 하나둘씩 곪아서 터지기 시작한 시점이었다.

  외척의 천적이었던 영성도 결국은 외척의 구박을 받고 사형 선고를 받게 되었다. 그러나 영성은 강단 있게 스스로 목의 사슬을 끊고 탈출했다. 그러고는 고리대금업자에게 대출받아 땅을 사서는 수천 가구의 소작인을 두고 수천 금의 재산을 모았다. 그는 결국 돈으로 사면받았다.

사마천은 50만 전이 없어 궁형을 받았지만 영성은 사형수의 신분으로 도망쳐 부자가 되고 그 돈으로 사면을 받았다. 그는 경험으로 관료의 습성을 잘 알았다. 특히 지방 관료의 약점을 이용해 그들을 쥐락펴락했다. 그래서 관직에서 물러났음에도 군수나 태수 못지않은 위세를 부렸다. 오늘날 전관예우를 받는 전직 고위 관료처럼 현직 관료와 맺은 인간관계를 이용해 이익을 챙기는 지방 토호 세력으로 변신한 것이다.

기득권을 위해 법을 왜곡한 주양유

사마천은 다음으로 주양유周陽由를 소개했다. 주양유는 외척이라는 신분으로 관료가 된 낙하산 인사의 전형이었다. 주양유를 기점으로 혹리의 성격이 잔혹하고 난폭해지기 시작한다. 그전까지는 법을 엄격하게 적용하고 나머지 세세한 부분은 밑에 있는 옥리獄吏(문서를 만지는 하급 관리)에게 맡겨 법에 따라 처리하게 했다. 그러나 주양유는 자신의 손으로 직접 고문을 가했다. 주양유는 전국의 태수 가운데 폭력을 가장 즐겨 썼던 잔인한 인물 가운데 하나였다.

또 하나 나쁜 현상은 혹리들이 상관이나 황제의 눈치를 보기 시작한 점이다. 급암이나 질도에서 보았듯이 그전까지는 적어도 황제와 상관에게 직언하며 곧게 살았다. 하지만 주양유에 이르면 황제나 상관의 눈치를 보고 아부를 떨었다. 법대로 처리하는 것이 아니라 황제나 상관이 원하는 대로 법 조항을 왜곡해 무고한 사람을 형에 처하거나 죄질이 나쁜 죄인을 살려주었다.

사마천은 "천금을 가진 부잣집 자식은 저잣거리에서 죽는 법이 없다"고 했으며 "공경대부들에게까지 법이 미치지 않는다"고도 했다. '유전무죄 무전유죄' 또는 "유권무죄 무권유죄"라는 것이다. 주양유 때부터 이런 현상이 노골화

되었다. 하지만 기득권층이 법 조항을 왜곡하면 스스로 자기 덫에 빠지게 마련이다. 자기들끼리 서로 원수가 되어 죽고 죽이는 현상이 벌어졌다. 정치적인 이해관계나 권력 문제 때문에 붕당이 결성되고 실세가 누구냐에 따라 반대 당은 처참하게 숙청되었다. 그러다 보니 이에 앞장선 혹리의 최후 또한 대부분 비참했다. 바로 전 세대의 급암이나 정당시는 비교적 편안하게 삶을 마감했으며 죽고 난 다음에는 존경을 받았다. 그러나 주양유는 효수형을 당한 뒤 저잣거리에 버려졌다.

사마천은 혹리라도 청렴결백하게 살다간 사람들의 마지막은 편했지만 법 조항을 왜곡하거나 권력자의 눈치를 보며 수많은 적을 만들었던 혹리의 최후는 결코 순탄치 않았다는 사실을 주양유의 예를 통해 보여준다.

쥐를 기소한 장탕

혹리 조우趙禹는 청렴하다는 평은 받았지만 혹리의 또 다른 특징을 만든 인물로 남아 있다. 기발하면서 가혹한 법을 만들기 시작한 것이다. 대표적인 법이 '견지법見知法'이다. 요즘 식으로 말하면 '불고지죄'다. 관료의 불법 행위나 근무 태만을 알고도 신고하지 않으면 죄인이 지은 죄와 똑같은 죄를 지은 것으로 간주했다.

조우와 함께 견지법을 만든 장탕이란 혹리도 있다. 사마천이 관리 가운데 가장 많은 분량을 할애해 소개한 장탕에 관해 다음과 같은 일화가 있다.

장탕이 어린 시절 그의 아버지가 외출하면서 '곳간을 잘 지켜라'는 분부를 내렸다. 장탕이 창고를 지키기를 소홀히 한 틈을 타 쥐가 음식을 먹어치웠다. 아버지가 돌아와 장탕을 매질했다. 장탕은 온 집 안을 뒤져 쥐를 잡아 꽁꽁 묶은 다음 쥐를 탄핵하고 영장을 발부하여 진술서를 작성했다. 그러고는 법조문에 근거해 고문을 가하고 끝내는 몸뚱이를 찢어 죽이는 책형磔刑을 판결했다. 장탕은 판결문을 직접 작성했는데 판결문을 본 아버지는 기가 막혔다. 마치 노련한 형리가 직접 작성한 것 같았다. 장탕은 어릴 적부터 혹리로 성장할 기본 자질을 타고났던 것 같다.

장탕은 아버지가 죽은 뒤 관리가 되어 혹리로 명성을 날리기 시작했다. 먼저 황제의 친인척 비리 문제를 전담했다. 하지만 황제의 친인척 문제는 황제의 의중에 따라 판결이 달라졌다. 중죄를 범했어도 황제가 봐주고 싶은 사람이 있고 가벼운 죄를 범했어도 황제가 봐주기 싫은 사람이 있었다. 장탕은 황제의 그런 의중을 기가 막히게 잘 읽어냈다.

장탕은 황제가 살려주려는 사형수에 대해서는 황제가 좋아하는 유학 경전을 법조문 앞뒤에 가져다 붙여 사면의 구실로 삼게 했다. 반대의 경우에는 역시 경전의 문구를 억지로 가져다 붙여 사법 살인의 구실을 제공했다. 그는 한마디로 영악한 혹리였다.

장탕의 수법 가운데 기가 막힌 것이 있었다. 문서 보고는 한 번 올라가고 나면 더 이상 돌이킬 수가 없다. 하지만 구두 보고는 나중에 황제의 검토에 따라 달라질 수 있다. 장탕은 황제에게 말로 보고할 것과 문서로 보고할 것을 영악하게 구분했다. 장탕이 남긴 또 다른 나쁜 선례는 그의 처세술이었다. 그는 다른 관료에게 욕을 먹지 않으면서 호의호식했다. 선물을 보내고 때만 되면 인사하는 겉치레 처세도 대단했다. 관료들끼리 서로 봐주고 이용하는 비리와 부패가 조정에 가득 차게 되었다. 그런데도 황제는 그를 총애했다. 뿐만 아니라 행정, 경제, 재정 등 조정의 거의 모든 문제를 장탕과 의논했다. 결국 황제는 법과 시스템으로 나라를 다스리지 않고 자신이 총애하는 사람을 통해 통치하는 '인치'에 의존하게 되었다.

사마천은 혹리의 가장 큰 문제는 법을 가장 잘 지켜야 할 그들이 법을 이용하고 왜곡함으로써 '인치'의 빌미를 제공하는 데 있음을 환기시켰다.

초창기 혹리 모습만이라도 오늘날 살아 있다면

'법치'가 충실하게 이행되지 못하고 '인치'가 만연한 결과, 근대에 들어와 동양이 서양에 밀려 뒤떨어졌다는 평가가 있다. 일리 있는 주장이다. 우리나라도 예외는 아니다. 좋은 법을 만들어 제대로 적용하면 백성이 억울할 일이 없다. 고관대작이라도 나쁜 짓을 하면 법에 따라 처벌해야 하는데 그러지 않았다. 일반 백성에게만 법을 과도하게 적용시켰다. 형평성에 어긋났다. 유전무죄, 무전유죄라는 말이 공연히 나온 게 아니다. 결국 법관을 비롯한 공직자들이 권력자의 눈치를 보았으며 지도층은 서로서로 끼리끼리 봐주는 '인치'가 만연해 나라를 망친 것이다. '인치'에는 전통적인 유가 관념이 큰 역할을 했다.

혹리 장탕은 법관으로서의 문제점을 모두 안고 있었다. 오늘날에도 장탕 같은 공직자가 판을 치고 있다. 그래서 사마천은 '이상적인 관료'의 모습을 보여주기 위해 〈혹리 열전〉〈순리 열전〉을 모두 썼다. 읽을 때마다 급암과 정당시 같은 공직자가 과연 우리에게도 있을까 하는 의문에 휩싸인다. 권세가나 토호에게 당당하게 맞서고 그들을 매우 엄격하게 처벌했던 초창기 혹리의 모습만이라도 살아 있다면 국민이 최소한 절망하지 않고 살 수 있을 것이다.

법원에 가면 법의 여신 리케의 상이 서 있다. 한쪽에는 칼을, 한쪽에는 저울을 들고 있다. 저울은 만민에게 법을 평등하게 적용하겠다는 의미다. 칼은 그

법에 따라 한 치의 사심 없이 정확하게 그리고 엄격하게 처벌하겠다는 의지의 표상이다. 그런데 여신상은 눈을 감고 있다. 왜일까. 흔들리지 않고 공평무사하게 법을 적용하겠다는 뜻이다. 사마천도 리케 상의 정신처럼 공정하게 법을 집행하는 관리를 이상으로 삼았음이 틀림없다.

【제8부】

사마천의 경제 철학

제25강

곳간에서 인심 난다

'부자 되세요'가 최고의 덕담인 세상이다. 너나 할 것 없이 주식과 펀드에 뛰어들어 대박을 꿈꾼다. 부지런히 일해 적금을 붓고 저축으로 돈을 모으는 사람은 바보 취급을 받는다. 그러다 지금 된통 혼쭐이 나고 있다. 온 나라가 난리다. 모두 인간의 이기심과 탐욕에서 비롯된 결과다. 이 전 세계적인 재앙을 막을 방안은 없는가. 인간이 만들어놓은 문물과 제도에 대한 심각한 반성과 인문적 통찰이 필요한 시점이다. 그런 점에서 《사기》는 우리에게 어떤 지혜와 통찰력을 줄 수 있을까.

홍미롭게도 사마천은 《사기》에 2,000여년 전의 부자들을 기록했다. 과연 사마천이 바라보는 부자는 어떤 모습일까. 사마천이라는 사람은 《사기》에서 어떤 모습의 부자를 가장 이상적인 부자로 그렸을까. 또 사마천은 부자 되는 법을 어떻게 이야기하고 있을까. 부와 경제, 경제와 사회, 사회와 국가처럼 복잡하게 얽힌 고리를 어떻게 파악했을까.

2,000년이 넘은 지금 시점에서 보아도 사마천의 경제관은 대단히 새롭다. 회사를 경영하는 사람이나 돈을 벌고자 하는 사람, 돈을 많이 벌었거나 벌고 있는 사람이 가슴속 깊이 새겨야 될 대목이 참 많다. 그래서 사마천의 경제관을 공부하는 사람이 부쩍 늘고 있는 모양이다.

부를 향하는 마음은 본능이다

서양 경제학의 아버지 아담 스미스는 《국부론》(1776년)을 남겼다. 약 230년 전이다. 하지만 사마천은 무려 2,000여 년 전에 '국부'를 말했다. 2,000년의 세월을 건너뛰었지만 그들은 한결같이 '인간이 부를 향하는 마음은 본능이다' '인간이 부를 추구하는 것은 누구도 못 말린다'고 말한다. 곧 부를 추구하는 마음을 국가나 사회가 건전한 방향으로 이끄는 게 중요하며 부를 향한 자연스러운 본능은 억지로 막을 수 없다고 진단한다. 또한 정신, 예절, 인덕이 부보다 중요하다고 강조해도 그것만으로 사람을 교화할 수는 없으며 인간의 부에 대한 욕망을 '올바르게' 충족시켜주는 것이 현명하다고 한다. 이것이 사마천의 경제관이라고 우선 정의할 수 있다.

"천금을 가진 부잣집 자식은 저잣거리에서 죽는 법이 없다"고 했다. 제나라 관중은 "창고가 가득해야 예절을 알고, 먹고 입는 것이 넉넉해야 치욕과 염치 그리고 명예를 안다"고 했다. 우리 속담에도 "곳간에서 인심 난다"는 말이 있다. 예나 지금이나 마찬가지다. 우선 내 주머니가 두둑해야 누구를 만나도 여유가 있다. 경제적 차이가 너무 많이 나면 없는 쪽의 상실감은 그만큼 크다. 인지상정이다. 이런 부분을 사마천은 아주 예리하게 간파해 그 이치를 통찰하고 있다. 냉정하지만 솔직했다. 자본주의 사회인 오늘날은 사회생활이나 인간관계에서 경제와 부가 차지하는 비중이 더욱 높아졌다. 그런 만큼 경제와 부에 대한 차원 높은 인식과 활용의 중요성 또한 더욱 커지고 있다.

경제 철학의 선구자 사마천

《사기》의 부자 이야기 〈화식貨殖 열전〉에서 말하는 '화식'은 '돈을 번다'는 뜻이다. 부자는 하루아침에 나지 않는다. 부자의 기본은 근검과 절약이고 장사꾼의 첫 번째 원칙은 신용이다. 이런 이야기가 〈화식 열전〉에 잘 나타나 있다. 이처럼 〈화식 열전〉에는 21세기를 사는 경영자, 사업가, 자영업자, 봉급쟁이, 주부 모두가 새겨들을 만한 메시지가 적지 않다. 눈은 좋은 것을 보려 하고, 귀는 좋은 소리를 들으려 하고, 입은 맛있는 음식을 먹으려 하고, 몸은 편안함을 추구하고, 마음은 명예를 추구하는 것이 인지상정이다. 인간의 이런 본능은 제도로도 사상으로도 이념으로도 막을 수 없다. 사마천은 그런 본능을 막으려 하지 말고 긍정적인 방향으로 물꼬를 터주는 것이 최선이라고 보았다.

《사기》가 더욱 경이로운 까닭은 경제와 부자를 이야기하면서 〈화식 열전〉으로만 만족하지 않고 '경제 이론서'에 해당되는 〈평준서平準書〉를 한 편 더 보탠 데 있다. 〈평준서〉는 경제에 관한 박사 학위 논문과 같은 성격의 글이다. 사마천은 당대의 경제 상황과 현상을 분석해 〈평준서〉에 남겼다. 따라서 〈화식 열전〉과 〈평준서〉를 비교하고 총괄하면 사마천의 경제관이 선명하게 드러난다.

시대를 앞서 가거나 세상을 이끌고 간 선구자들에게는 박해가 따르게 마련이다. 〈화식 열전〉은 《사기》 총 130권 가운데 유교 정통주의자 및 어용 사학자의 비난을 포함한 악평이 집중된 부분이다. 그러나 지금 《사기》를 연구하는 사람은 누구나 〈화식 열전〉을 '기적'이라고 말한다. 〈화식 열전〉이 없었다면 역사책인

《사기》가 얼마나 삭막했을까. 인간의 가장 중요한 본성과 물질의 관계를 변증법적으로 다룬 이 부분이 빠졌다면 얼마나 공허했을까. 사마천이 남긴 〈화식 열전〉과 〈평준서〉 덕분에 우리는 건전한 경제관, 존경받는 부자에 대해 좀 더 성숙한 고민을 할 수 있다. 〈화식 열전〉은 《사기》 130권 가운데 최고의 선물이다.

일확천금은 모래 위에 쌓은 성과 같다. 허망한 권세와 부정한 부가 무너지는 것은 하루아침이다. 〈화식 열전〉은 힘들게 번 돈을 멋지게 사용하는 방법을 알려주고, 덕분에 우리 인생을 좀 더 보람차게 살 수 있는 지혜를 제공한다. 그래서 어떤 이는 《사기》를 읽지 않고서는 중국 역사에 대해 말하지 말고 〈화식 열전〉을 읽지 않고서는 《사기》에 대해 말하지 말라고 했다.

또한 사마천은 부자들 이야기로만 끝내지 않았다. 그들의 삶을 경제론과 연결시켰다. 다루는 공간의 범위도 중국 전역이다. 중국 전 지역의 특산물을 비롯하여 그 지역에 사는 사람들의 기질, 물산의 성격을 결정하는 기후 등을 세세히 비교하고 있다. 가령 장강 이남의 강남 사람들은 먹고살 자원이 풍족하다. 기후 조건이 좋고 땅도 기름져 산물이 풍부하기 때문이다. 강남은 중국을 먹여살리는 젖줄이나 마찬가지다. 그런데 강남 사람들은 먹고 입는 걱정이 없어 저축을 잘하지 않는 기질이 있다. 하지만 강북 사람들, 특히 관중關中 지역 사람들은 농산물이 잘 나지 않아 절약하고 아껴서 저축을 잘하는 기질이 있다. 조건과 기질을 연계시켜 분석하고 있는 것이다.

중국은 광활한 대륙이다. 동서로 약 6,000킬로미터, 남북으로도 약 6,000킬로미터나 된다. 동서로 시차가 4시간, 남북으로 기온차가 70도 정도 난다. '땅은 넓고 물산은 풍부하다'는 '지대물박地大物博'이라는 말이 괜히 나온 게 아니다. 사마천은 20대 초반에 아버지의 권유로 천하를 주유했다. 주로 역사의 주인공인 인간의 행적을 살피고 기록했지만 그 밖에도 각지의 산물이나 지리, 풍토, 인심까지 자세히 기록했다. 이를 바탕으로 사마천은 '지역 특성에 맞춰 경제개발이 이루어져야 하고 장사도 해야 한다'는 구역 경제론을 내세웠다. 요즘식으로 말하면 외국에서 장사를 하려면 그 나라 풍토와 입맛, 사람의 기질에 맞추어 사업을 현지화해야 한다는 뜻이다.

비싼 물건은 쓰레기 버리듯 내다 팔아라

사마천은 돈을 많이 번 부자나 경제 전문가의 첫 선수로 계연計然을 내세웠다. '계산할 계計', '자연스러울 연然'이다. 이름만 보아도 장사꾼이나 부자 티가 절로 난다. 하지만 계연은 단순히 주판알이나 굴리며 돈을 세는 장사꾼이 아니었다. 그는 시세, 즉 세상 돌아가는 흐름, 경제적으로 말하면 판세를 읽는 대가였다. 대체적인 경제 동향을 예측하는 것은 물론 당시 트렌드를 읽어내 그에 맞는 사업을 한 사람이었다. 당시는 농업이 중심이었기 때문에 한 해 농사의 풍흉 여부가 중요했다. 계연은 이듬해 농사의 작황까지 예측하는 경제 전문가로서의 기질을 유감없이 발휘했다.

계연은 신비한 인물이다. 그의 경제 이론에서 가장 기본이 되는 철학은 물건을 팔되 '폭리를 취하지 말라'는 것이었다. 우리나라 대기업은 전자 제품부터 만두 속까지 손대지 않는 분야가 없다. 문어발식 경영이다. 때문에 중소기업의 경영이 어렵다. 계연은 돈 많은 사람이 물건을 독점해 폭리를 취하는 행위를 비판했다. 사재기에 반대한 것이다. 그는 "비싼 물건은 쓰레기를 버리듯 내다 팔고 싼 물건은 구슬을 손에 넣듯 사들여라"라고 충고한다. 기가 막힌 명언이다. 차원이 다른 사업 철학이다. 물건의 가치는 시간이 흐르면 뒤바뀔 수 있다. 시장을 안정시키기

계연. "비싼 물건은 쓰레기를 버리듯 내다 팔고 싼 물건은 구슬을 손에 넣듯 사들여라." 건전한 경제 논리, 경제 윤리와 관련해 이보다 더 훌륭한 인식은 없다.

위해서는 물건을 돌게 하라는 시장 철학이다. 또한 독점적 폭리는 불황을 불러올 수 있고 소비자의 생활에 지장을 줄 수 있으므로 적당한 때에 팔아야 한다는 물가 안정 철학이기도 하다. 사업가는 돈이 잠자고 있는 것을 가장 싫어한다. 계연도 물건과 돈은 흐르는 물처럼 원활하게 유통시켜야 한다고 주장했다.

계연은 상품의 유통기한을 지적한 최초의 인물이기도 하다. 유통기한이라는 개념이 없었던 시절 유통기한을 언급한 것 자체가 놀랍다. 더욱이 그가 2,500년 전 사람이라는 사실을 고려하면 더욱 경이롭다. 계연은 변질된 상품은 아무리 가지고 있어도 소용없으니 빨리 버리라고 말한다. 변질된 상품은 시장만 어지럽히고 결국 사람들의 건강도 해친다는 논리다.

당시 산업의 기반이 농업이었기 때문에 계연은 쌀 가격의 중요성을 언급하고 있다. 한 말에 20전 이하로 떨어지지 않게 하고 80전 이상 올라가게 해서는 안 된다고 했다. 이는 듣기에는 평범하지만 굉장히 의미 있는 말이다. 한 말에 20전 아래로 떨어지면 농민이 '본전도 못 건지기 때문에' 살기 힘들고, 80전 이상 올라가면 상인이 이문을 전혀 남기기 못해 살기 힘들기 때문이다.

계연은 2,500년 전에 이중 곡가제를 주장한 경제 이론가다. 그는 궁극적으로 경제 논리는 치국治國 논리와 연결된다며 일곱 가지 계책을 내세웠다. 이 일곱 가지 계책 가운데 계연의 제자인 범려가 다섯 가지를 활용했다고 한다. 하지만 구체적인 내용에 대한 언급은 없다.

축적한 부로 덕을 행한 범려

범려는 정치가로 출발했다. 구천을 도와 '와신상담' 한 끝에 회계산에서 오나라에 당한 치욕을 씻은 일은 너무나 유명하다. 하지만 범려는 주군의 속성을 일찌감치 파악하고 절정의 순간에 아무런 미련 없이 정치를 접었다. 그 후 그는 성과 이름을 바꾸고 제나라로 가 농사를 지어 부자가 되었다. 이 소문이 나자 제나라가 그를 재상으로 발탁하려 했다. 그러자 부귀영화가 오래되면 자리가 위태로워진다며 재산을 가난한 사람들과 친지들에게 나눠준 뒤 제나라를 떠났다. 월나라를 떠날 때처럼 종잣돈만 챙겨 오늘날 산동성의 도陶라는 곳으로 이주했다.

도는 교통이 사통팔달하고 길도 잘 닦여 있어 시장이 발달한 곳이었다. 범려는 교역이 활발하게 이루어지던 그곳에서 상인이 되었다. 정치가에서 농사꾼 그리고 마지막으로 장사꾼이 된 것이다. 이름도 도주공陶朱公으로 바꾸었다.

중국에서는 삼국 시대 명장 관우關羽를 재물의 신으로 받든다. 천하의 무장인 관우를 재물의 신으로 모시는 것이 어색해 보이지만 재물을 잘 지켜달라는 의미에서 재신으로 받드는 것이다. 또 한 사람, 범려도 재물의 신 또는 '부의 신'으로 추앙받는다. 그는 실제로 장사를 통해 부자가 된 사람이니 충분히 납득이 된다.

범려는 도에서 장사로 어마어마한 돈을 벌었다. 물자를 쌓아두었다가 시세의 흐름에 따라 내다 팔아 이문을 남겼고, 19년 동안 세 차례나 천금을 벌어들였다. 그는 그것을 두 차례나 가난한 형제들과 먼 형제들에게 나눠주었다. 부는 사회에 환원했고 자식에게는 가업만 물려주었다. 후손들도 가업을 잘 이어 억만금을 벌어들였다.

범려에게 우리가 배울 수 있는 것은 장사에서나 정치에서나 '도道'가 있어야 한다는 점이다. 장사하는 사람은 '상도商道'를 생각해야 하고 정치하는 사람은 왕도王道를 생각해야 한다. 오늘날로 치면 '노블레스 오블리제'를 실천하는 정치가와 경제인이 존경을 받는다는 뜻이다. 그런데 '자발적이고 적극적인 베풀기'라는 관점에서 보자면 '도'라는 표현보다는 '덕'이 더 낫지 않을까. 때문에 필자는 '상도'를 '상덕商德'으로 대체할 것을 제안한다. 사마천 역시 〈화식열전〉에서 정치도 궁극적으로는 가혹한 법만으로는 안 된다고 했다. 덕으로 다스려야 한다고 했다. 장사꾼 또한 부유해지면 덕을 즐겨 행해야 한다고 했다. 사마천이 말하는 덕이 무엇인가. 남에게 베푸는 것을 말한다. 이것이 바로 '상덕'이다. 그리고 상덕을 갖추고 있어야만 건전하고 바른 경영이 이루어진다. 실제로 범려에게서 우리는 상덕, 즉 부의 사회 환원이라는 고귀한 가치를 배울 수 있다.

기업가의 부는 소비자의 구매를 통해 축적된다. 기업가와 소비자 사이의 커뮤니케이션이다. 그 사이에 상품이 개입되지만 기업가는 정직하게 품질 좋고 값싼 물건을 소비자에게 공급하는 상덕의 원칙으로 사업에 임하고, 소비자는 그런 상품과 기업가를 아껴야 한다. 상품이나 기업가의 상덕에 문제가 발생했을

범려 상. '재물의 신'으로 추앙받는 범려는 부의 사회 환원을 몸소 실천해 보였다.

때는 소비자들이 매섭게 비판해야 하고, 당연히 기업의 브랜드 가치도 떨어질 것이다. 이 또한 기업과 소비자의 커뮤니케이션이다. 그 사이에 존재하는 것은 상품이라는 물질이지만 실제로 오가는 것은 교감과 소통이다. 그 관계를 올바르게 유지하는 것이 결국 '상도'고 '상덕'이다.

공자의 이름을 천하에 떨친 부자 제자 자공

자공은 공자의 제자 가운데 가장 큰 부자였다. 그의 감각은 대단했다. 네 마리 말

자공. 유머리스트 공자의 모습을 발견할 수 있는 사람이라면 그가 기꺼이 자공의 기업 모델이 되었다는 사실도 인정할 것이다.

이 이끄는 수레를 여러 대 몰고 제후국을 방문하여 갖가지 선물을 바치면서 교류를 트는데 자공만한 수완을 발휘한 사람도 없었다. 유력자들과 교류하며 자신의 기업 이미지를 고급화하고 가치를 높인 것이다. 또한 자기 밑에서 일하는 사람들을 교육시켜 사업에 임하도록 했다. 곧 사원 재교육을 통해 내부로부터 안정적인 인재 확보를 해결한 셈이었다.

또 하나, 자공은 스승의 브랜드를 이용했다. 공자는 당시 지식인의 대명사였다. 여러 나라에서 명성이 자자했다. 말하자면 자공은 '유명인'을 내세워 자기 사업을 확대한 것이다. 유명 인사를 자사의 광고 모델로 활용한 셈이다. 그 대신 자공은 공자에게 최고의 대우를 해주었다. 어디를 가든 최고급 수레와 음식, 숙박을 제공했다. 자공의 최고 VIP는 스승 공자였다. 사마천은 공자의 이름이 천하에 널리 알려지게 된 까닭으로 자공이 그를 앞뒤로 모시고 도왔기 때문이라고 명쾌하게 진단했다. 결국 공자와 자공은 서로를 도운 동업 관계인 셈이다.

소프트파워를 알아야 비즈니스가 성공한다

계연, 범려, 자공은 저마다 스타일이 다른 부자였다. 계연은 경제 유통의 원칙에서 탁월한 인식을 보여주었다. 범려는 세 번 직업을 바꾸어 세 번 다 성공한 경우로 '부를 사회에 환원할 줄 알아야 한다'는 메시지를 전해주었다. 자공은 모던한 경영 스타일의 부자였다. 스승이자 명망가인 공자를 내세워 자신의 브랜드 가치와 기업 이미지를 높인 광고 전략의 귀재였다.

세 사람의 공통점은 경영자나 사업가로서 '덕을 베풀지(사회적 가치를 생산하지)' 않거나 '다른 분야의 사람들'과 서로 윈-윈 하지 못하면 천하에 이름을 드러내기 어렵다는 이치를 보여주었다. 탤런트가 대기업의 상품 광고에 출현해 기업 이미지를 높이고 자신의 몸값도 올리는 현실이 비근한 예다. 학문하는 사람도 이제는 좋은 기업의 이미지를 위해 광고 모델로 나서는 세상이 되었다. 그것은 결국 문화, 곧 소프트파워로 직결된다. 흥미롭게도 이런 세상의 이치를 2,000여 년 전에 살았던 세 사람의 부자로부터 배울 수 있다. 사마천 덕분이다.

제26강

윤리 없는 경제는 악이다

계연은 경제 이론, 특히 물가 안정에 탁월한 인식을 보여주었지만 실제로 그가 부자였는지는 알 수 없다. 사마천은 그가 뛰어난 경제 이론을 펼쳤기 때문에 〈화식 열전〉에 넣었다. 하지만 백규白圭는 경제 이론과 부를 겸비한 사람이었다.

　백규는 시기 선택, 즉 물건을 사들일 때와 내다 팔아야 할 때, 그리고 사업을 확장해야 할 때와 축소해야 할 때를 정확히 알았던 사업가였다. 시세 변동을 잘 살필 줄 아는 귀재였다. 또한 계연처럼 시장이 안정되어야 자신의 사업도 번창할 수 있다는 건전한 경제관을 가지고 있었다. 안정된 시장 상황에서 수요와 공급이 함께 균형을 이룰 때 시장은 활기를 띠고 규모도 커지고 또한 나눌 수 있는 파이도 커진다는 사실을 잘 알고 있었던 것이다.

　한 사람이 시장을 독점하거나 몇 사람이 독과점을 하거나 가격 담합을 해버리면 시장 전체가 불안해진다. 요즘도 가격 담합을 통해 소비자로부터 폭리를 취하는 부도덕한 상행위가 종종 터져나온다. 기업이나 기업가가 시장 전체를 고려하지 않고 자신의 이익에만 급급하기 때문인데 이는 결과적으로 소탐대실의 우를 범하는 짓이다. 그래서 계연은 "비싼 물건은 쓰레기 버리듯 내다 팔고 싼 물건은 구슬을 손에 넣듯 사들여라"라는 유명한 말을 남겼다. 골자는 시장 안정과 물가 안정이다.

이 점에서는 백규도 마찬가지였다. 그는 풍년이 들면 곡식을 사들이고 실과 옻(당시 최고급 천연 도료)을 팔았으며, 흉년이 들어 누에고치가 나돌면 비단과 풀솜을 사들였다. 곧 물건의 수요 공급뿐 아니라 물가의 안정까지 고려했다. 남아도는 물건은 재빨리 사들이고 모자라는 물건은 얼른 내다 팔아 시장을 안정시킨 것이다. 그런 기업가가 많으면 폭등이나 폭락 현상은 결코 일어날 수 없다. 당연히 시장도 동요하지 않는다. 계연과 백규의 경제관이야말로 상인이 지켜야 할 기본적인 상도이자 상덕이다.

시장 전체를 안정시켜야 개인도 산다

돈을 많이 벌고 싶어 하는 것은 인지상정이다. 주식 투자든 부동산 투자든 더 많은 이득이 남기를 바란다. 하지만 주식과 부동산이 갑자기 폭등하거나 폭락하면 시장은 불안해진다. 특히 생필품은 더 말할 필요도 없다. 백규가 물건이 남아돌면 얼른 사들이고 모자라면 팔아 수요와 공급을 맞추어 물가를 안정시킨 까닭은 시장 전체의 안정을 바랐기 때문이다. 백규는 "남들이 버릴 때 취하고 남들이 취할 때 버려라"라고 말한다. 시장의 수요와 공급이 균형을 이루면 물가가 안정된다. 특히 생필품의 물가가 안정되면 경제가 원활하게 돌아간다. 경제가 원활하게 돌아가면 규모가 커지고, 규모가 커지면 그 이익이 풀뿌리처럼 사회 곳곳으로 골고루 뻗어나간다. 장바구니 물가, 장바구니 심리가 생필품의 가격에 따라 달라지는 것과 마찬가지다. 먼저 그 심리가 안정되어야 다른 분야의 심리적 안정감도 무너지지 않는다. 그래야 경제활동 자체가 위축되지 않는다. 만약 이 심리적인 저지선이 무너지면 문제가 발생한다.

소비 심리가 위축되면 당연히 문화 활동도 하지 않는다. 봄, 가을이 되면 한 벌씩 사 입던 옷도 줄이거나 사 입지 않는다. 텔레비전을 바꿀 때가 되어도 웬만해서는 바꾸지 않는다. 소비가 없으면 투자도 이루어지지 않는다. 그러면 시장이 원활하게 움직이지 않는다. 생필품의 물가 안정이 중요한 이유는 시장에 주는 심리적 영향이 크기 때문이다. 그래서 백규는 수요 공급과 물가 안정에 상인이 큰 역할을 해야 한다고 했다. 부도덕하고 무원칙적으로 물건을 사들여 폭리를 취하거나 물가를 폭락시켜 시장을 불안하게 만드는 행위를 상인 스스로 막아야 한다고 했다.

상덕을 갖춘 경제 행위

백규는 돈을 불리기 위해 값싼 곡식을 사들이고 수확을 늘리기 위해 좋은 종자를 샀다. 풍년이 들어 쌀값이 떨어지면 평소보다 두 배 정도 많이 사들였다. 시장 물가와 수요 공급의 균형을 맞추어 물가를 안정시키기 위해서였다. 곡물을 사들일 때는 1등품, 2등품만이 아니라 3등품도 사들였다. 그러면 1, 2등품도 안정을 찾는다. 1, 2등품만 사들이면 쌀값이 폭락하므로 하등품까지 사들여 폭락을 막았다. 시장 물가의 균형을 배려한 것이다.

곡물의 수확량을 늘리기 위해 품질 좋은 씨앗도 사들였다. 이 씨앗으로 농사를 지으면 생산량을 늘릴 수 있다. 농민은 좀 더 좋은 품종을 만들기 위해 애썼고 결국 농작물의 생산량은 늘어났다. 물가 안정뿐 아니라 생산량의 규모, 농산물 시장의 안정을 염두에 둔 상덕의 실천이다.

〈화식 열전〉은 상인의 상행위와 그 철학을 함께 기록하고 있다. 인간 경제활동에 대한 기록인 셈이다. 특히 백규는 상인의 경제활동을 상나라의 탕 임금을 보좌한 정치가 이윤(伊尹)과 주나라 문왕과 무왕을 잇달아 보좌한 강태공의 정치에 비유했다. 뿐만 아니라 손자와 오기의 병법, 상앙의 개혁 정치(법치)와 같다고까지 했다. 경제활동을 정치·군사·법치의 총체적 활동과 같다고 할 정도로 자부심이 대단했던 것이다.

우리는 백규에게서 미래지향적인 기업인의 모습을 엿볼 수 있다. 백규는 기업인이 경제활동에 자부심을 가져야 한다고 말한다. 자부심은 시장의 건전함을 생각하는 상덕과 상도를 지킬 때에만 가질 수 있다. 그는 사생활에서도 모범적이었다. 근검절약이 몸에 배어 있어 함부로 돈을 쓰지 않았다. 또한 자신을 위해 일하는 사람들과 동고동락할 줄 알았다. 오늘날 모범적인 최고 경영인으로 꼽아도 손색이 없을 만큼 이론에서나 실천에서나 도덕적으로 완벽에 가까웠다. 아담 스미스가 《도덕 감정론》에서 말한 "윤리 없는 경제는 악이다"는 진리를 철저하게 입증한 기업인이었다. 백규는 또한 창조적인 개척자였다. 새로운 물건을 출시하거나 새 시장을 개척하는 데 두려움이 없었다. 창조적인 경영 마인드로 새로운 고용이 창출될 수 있도록 알맞은 시기에 사업을 과감히 확장했다. 기회가 오면 호랑이가 사냥감을 낚아채듯 실행에 옮겼다. 시세에 대한 판단이 정확한 덕분에 그의 사업은 날로 번창했다.

사마천의 통찰

부자가 되는 방법은 헤아릴 수 없이 많다. 대학에 합격해 런던으로 올라온 두 학생이 하숙집을 구하러 다녔다. 그들은 하숙집을 구하느라 몇 달을 고생했다. 각종 관련 정보와 하숙집 주인의 인상과 성격, 하숙집 주변 환경 등을 꼼꼼히 기록하며 런던 뒷골목까지 샅샅이 누비고 다녔다. 그러고는 컴퓨터로 매뉴얼을 작성한 뒤 장난 삼아 100만 달러에 인터넷 경매 시장에 내놓았다. 그런데 10분도 되지 않아 팔려버렸다. 미국 CIA가 그 정보를 사간 것이다. 두 사람이 입수하고 기록한 정보의 중요성을 충분히 인정한 것이다. 농업-산업-정보화 혁명을 거치면서 높은 부가가치를 창출할 수 있는 사업이나 창조적 아이디어를 통해 돈을 벌 기회가 많아졌다. 바야흐로 지적 재산이 가장 큰 재산이 되는 시대가 오고 있다.

사마천도 〈화식 열전〉에서 여러 부자를 소개하며 이렇게 결론을 내렸다. '돈은 아무나 버는 것이 아니다. 머리를 굴려야만 돈을 벌 수 있다. 세상은 유수처럼 흐르고 변화하는 만큼 그에 따른 유행과 시세를 민첩하게 포착하는 아이디어를 내면 누구나 돈을 벌 수 있다.' 도대체 이 말이 2,000여 년 전의 말인지 오늘날 경제 전문가의 말인지 전혀 구분이 가지 않을 만큼 사마천은 경제활동에 대한 뛰어난 직관과 통찰을 보여준다.

진시황이 인정한 부자 과부

진시황 때 파촉巴蜀(오늘날의 사천성 지역)에 살던 과부 청淸의 조상은 단사丹沙가 많이 나는 동굴을 발견해 그 이익을 여러 대에 걸쳐 독점함으로써 억만금을 벌어들였다. 광산업 재벌 집안이었다. 단사는 수은 성분이 포함된 광물로 진정제 효과를 내는 약재로 쓰였다. 특히 진시황 때와 한나라 때, 도교를 믿는 도사들이 불로장생이나 방중술에 써먹기 위해 단약丹藥이라는 약을 만들었는데 이때 단사가 필수 약재였다. 진시황 무덤에도 수은을 흘려 강과 바다를 만들었다는 기록이 《사기》에 있다.

　수은은 매우 비싼 광물이었다. 이를 독점한 과부 청은 사업을 크게 번창시켰다. 일찍 남편을 여의고 혼자 몸으로 많은 재산을 가진 그녀에게 지분거리는 남정네가 부지기수였지만 그녀는 정절을 지키며 온갖 부류의 인간으로부터 자신의 사업을 지켜냈다. 진시황은 그런 그녀를 특별히 초청해 환대하는 한편 그녀를 위해 '여회청대女懷淸臺'를 만들어주었다. 사업가끼리 모여 교류할 수 있는 비즈니스 센터였다. 과부의 몸으로 사업을 크게 번창시킨 여성 사업가에 대한 존경에서 나온 선물이었다.

　여성 재벌인 청은 여자 몸으로 사업을 유지시키기 위해 사람 사이의 커뮤니케이션, 즉 소통에 힘썼고 자기 처신도 훌륭히 해냈다. 그래서 황제로부터 '정조가 있는 부인'이자 '사업 수완이 있는 여성 기업인'이라는 평가를 동시에 받았다. 사마천은 청은 과부였지만 부를 통해 천자와 똑같은 예를 받고 이름을 천하에 드러냈다고 평가했다.

구역 경제론과 시장조사의 중요성을 강조한 사마천

춘추전국 시대와 진나라의 상인을 소개한 뒤 사마천은 중국 전역에 걸쳐 있는 경제 구역에 대한 설명을 곁들였다. 각 지역의 특산물과 기후 및 풍토 등을 분석한 구역 경제론 또는 지역 경제론에서 사마천은 특별히 각 지방 사람의 기질을 강조하고 있다. 가령 중산中山은 땅이 메마르고 사람이 많은 데다 사구沙丘 일대에는 음란함을 좋아하는 은나라 주왕의 후손이 산다고 지적했다. 그 때문에 도박과 투기를 좋아하는 풍습이 많으며, 심지어 남의 무덤을 파헤치는 도굴을 좋아하고, 음주가무를 좋아해 광대가 많이 나왔다고 했다. 또한 여자들은 부귀한 사람에게 꼬리를 쳐 후궁으로 들어가 제후국마다 두루 퍼졌다고 했다. 여자들이 더 잘살기 위해 먼 지방까지 시집을 가는 것을 마다하지 않았다는 것이다. 국제결혼의 풍조가 유행했다는 말인데 사마천은 국제결혼의 성행에는 경제적인 문제가 크게 작용하고 있음을 간파했다.

촉 땅의 탁卓씨는 사천성 지역의 유명한 부자였다. 사마상여와 로맨스에 빠진 탁문군이 바로 사천성 부자의 딸이었다. 신혼 초에는 푸대접을 받았지만 사마상여와 탁문군은 결국 탁씨로부터 재산을 물려받았고 이어 조정에 나아가 한 무제의 총애를 받았다.

원래 탁씨는 조나라의 사업가였는데 진나라가 천하를 통일하면서 재산을 전부 몰수당하고 사천성 쪽으로 이주했다. 미개발 지역인 사천성에 미래를 맡긴 탁씨는 정착한 곳에 만족하지 않고 사천성 지역에서도 외딴 곳으로 보내달라고 청했다. 바로 철이 나는 임공臨邛 땅이었다. 그곳에서 그는 쇠를 녹여 그릇을 만드는 야철업으로 큰 부자가 되었다. 사천성 제일의 광산업과 제철업 부자가 된 것이다. 청동기 시대에서 철기 시대로 넘어가는 시기였기 때문에 무기나 동전, 농기구 등을 쇠로 만들기 시작했는데 철광 산업이야말로 그 시대의 블루칩이었다.

사마천이 소개하는 부자 가운데는 철광업 부자가 많다. 2,000여 년 전 탁씨는 지역에 대한 면밀한 지리적 검토를 거친 다음 한 지역에 머무르지 않고 당시 사천성의 틈새 산업이었던 철광업에 뛰어들어 억만장자가 되었다. 탁씨는 무려 1,000명이나 되는 노비를 거느렸으며 전답과 연못에서 사냥하고 고기 잡는 즐거움을 누렸는데 그 생활이 임금에 버금갔다고 사마천은 전한다.

탁씨의 철광업 진출은 요즘의 부동산 투기와는 차원이 다르다. 투기는 생산적인 치부가 아니다. 생산적인 부가가치를 창출하지 못하기 때문이다. 사마천이 탁씨의 철광업 진출을 칭찬한 까닭은 새로운 일자리를 만들어 고용을 창출했기 때문이다. 또한 철광업 단지를 만들어 백성에게 생활 기반을 제공했기 때문이다.

한편 노나라 사람들은 풍속이 검소하고 절약할 줄 알았는데 조曹 땅의 병邴 씨라는 상인은 특히 자린고비로 유명했다. 앞서 소개한 부자들과는 대조적이었다. 병씨는 대장장이로 시작해 억만금을 모았지만 "고개를 숙여도 물건을 줍고 고개를 쳐들어도 물건을 취하라"는 가훈을 남길 정도로 심하게 아끼고 지나치게 벌어들였다. 그는 또 고리대금업을 했다. 자기 동네에서만 돈을 빌려준 것이 아니었다. 행상을 하며 돈을 들고 다니면서 빌려주었다. 사마천은 그가 행상을 하며 전국의 지역 정보에 밝았다는 점을 강조했다. 2,000여 년 전에 시장조사의 중요성을 각인시킨 사례다. 병씨 때문에 노나라에서는 문학을 버리고 이익을 좇아 나선 사람이 많아졌다는 지적이 나올 정도였다. 史記

제27장
부자의 길

사마천은 정통 학문을 공부한 큰 학자였다. 아버지 사마담도 마찬가지였다. 역사가이자 정통 학자였던 사마천이 부자에 관한 기록을 흥미롭고 의미심장하게 기록했던 까닭은 자신의 쓰라린 경험과 관계가 있을 것으로 추정된다. 사마천은 50만 전이 없어 궁형을 자청할 수밖에 없었다. 아마 그때 누군가 용기 있게 나서서 50만 전을 내주고 사마천을 도왔더라면 사마천은 궁형이란 치욕을 당하지 않았을 것이다. 그랬다면 《사기》의 내용도 지금과 많이 달라졌을 것이고 무엇보다 〈화식 열전〉이 서술되지 않았을지 모른다.

뼈아픈 경험이 있었기에 사마천은 돈과 경제문제 그리고 그것과 인간 본성의 함수관계에 대해 깊은 통찰력을 보여주었다. 단순한 치부의 수단이 아닌 인간의 욕망과 심리, 사회제도 형성의 원리 및 치국의 차원으로까지 경제를 확대, 심화시켜 사색에 사색을 거듭한 것으로 보인다. 개인의 불행이 천하의 명문 〈화식 열전〉으로 거듭난 셈이다. 역설적으로 말해 〈화식 열전〉은 한 개인의 불행을 먹고 자란 고귀하고 소중한 기록이다.

'사람'은 사업의 시작이자 끝이다

제나라는 노예를 매우 괄시했다. 하지만 부자 조간(刀間)만은 노예를 귀하게 대하고 사랑으로 감쌌다. 조간은 당시로서는 특이한 인물이었다. 사람들은 사납고 교활한 노예를 당연히 싫어했다. 하지만 조간은 반대로 그런 노예만 골라 전국 각지로 보내 생선 장사와 소금 장사를 시켰다. 사납다는 말은 제 몸 하나는 확실하게 지킬 수 있는 힘이 있다는 뜻이다. 하지만 완력만 가지고 장사를 하는 것은 아니다. 머리가 있어야 한다. 그래서 조간은 힘깨나 쓰면서도 꾀를 낼 수 있는 '사납지만 교활한' 노예를 기용했다.

조간은 노예를 거느리고 다니면서 고을 태수나 나라의 재상과 교류하여 엄청난 돈을 벌었다. 그는 능력만 있다면 노예라도 신분을 따지지 않고 데려다 장사를 시켰다. 조간의 남다른 점이었다. 그렇게 얻은 이익을 노예라고 해서 나누어주지 않거나 덜 나누어준 것도 아니었다. 오히려 정당한 논공행상을 통해 실적에 걸맞은 대접을 해주었다. 출신과 지위고하를 불문하고 실적을 올린 만큼 확실하게 상을 주거나 성과급을 준 것이다.

신분과 귀천을 뛰어넘어 똑똑하고 능력 있는 자를 인재로 선발해 활용한 조간이야말로 열린 마음을 가진 CEO였다. 학력, 연령, 지역, 신분을 파괴한 인재 관리 시스템의 선구자라고 할 수 있다. 그래서 당시에 '벼슬살이를 하느니 차라리 조간의 노예가 되겠다'는 유행어가 나돌 정도였다. 엄격한 신분제로 인해 관료가 되는 길만이 입신출세의 기준이자 표준이던 시절이었다. 그런데 사람 취급도 받지 못하던 천한 노예들이 사업에 성공하는 것을 보자 관료가 되는 것보다 조간의 노예가 되는 것이 낫겠다는 생각을 하게 된 것이다. 조간의 사업이 어느 정도 번창했는지 충분히 짐작할 수 있는 상징적 표지다.

또한 이것은 직업의 귀천이나 신분의 우열을 떠나 결국 사람 문제에 파고들었다는 뜻이다. 사람을 아는 지인知人의 단계를 넘어 사람을 쓰는 용인用人 단계를 거치고, 그저 쓰는 것으로 끝나지 않고 인재를 배려하는 여인慮人 그리고 새로운 사람을 기르는 육인育人 단계를 확실하게 밟았던 조간이야말로 '모든 사업은 사람 사업'이라는 원리를 터득한 경영인이라고 할 만하다. 미국의 전설적인 부자 강철왕 카네기는 이런 말을 한 적이 있다.

"내 공장, 내 설비, 내 시장, 내 자본을 다 가져가도 내 회사 직원과 내 자리만 남겨놓으면 나는 내년에도 여전히 강철왕이다."

설립 정신이 깃든 회사와 사람만 남겨놓으면 아무리 어려워도 다시 부활할 수 있다는 말이다. 조간도 카네기와 같은 메시지를 던져주고 있다. 사람은 사업의 시작이자 끝이다.

이익이 배 이상이면 목숨까지 건다

사사師史는 시장을 파악하고 시장에 대한 정보를 얻는 정보력의 중요성을 일찌감치 깨달았던 부자다. 시장에 대한 정보를 얻어 주도면밀하게 시장의 동향을 파악해 물건의 수요와 공급을 제때 맞춰 부자가 되었다. 사사는 또 요즘처럼 물류의 중요성을 깨달아 100대의 수레를 확보하여 언제 어디로든 원하는 물건을 공급했다. 묵자는 "상인들은 두 배에서 다섯 배 정도의 이익을 보면 자기 목숨을 걸고 가지 않는 곳이 없다"고 했다. 어떤 의미에서는 상인이야말로 세상을 이끌어가는 선두 주자다. 장사를 위해 방문했던 곳에서 새로운 문물을 가장 먼저 가지고 들어오는 사람도 상인이다. 문화와 인적 교류의 선구자가 상인이었다는 점은 역사가 증명한다. 실크로드를 상징적으로 보여주는 석굴 문화, 예컨대 인도의 아잔타와 엘로라, 중국의 돈황 석굴 등이 모두 상인의 기부로 이루어졌다.

상인은 사업의 안전과 번영을 위해 문화의 후원자로서 막대한 자금을 기부하여 귀중한 문화를 창조할 수 있도록 뒷받침했다. 또한 각 지역과 각 나라에 대한 정보는 물론 최신 제품을 가지고 다니면서 정보와 기술의 교류를 선도한다. 유행에 가장 민감한 사람도 상인이다. 상덕과 노블레스 오블리제의 사회적 책임감까지 갖춘 상인이라면 최고의 존경을 받아 마땅하다. 〈진 본기〉에 이런 이야기가 나온다. 강대국 진秦나라가 약소국 정鄭나라를 공격했다. 이때 현고弦高라는 정나라 상인이 소 열두 마리를 끌고 주周나라로 팔러 가던 도중에 우연히 진나라 군대를 만났다. 현고는 자신의 정보력을 동원해 탐문한 결과 진나라 군대가 자신의 조국을 공격하러 가는 길임을 확인했다. 현고는 즉시 정나라 왕에게 사람을 보내 이 사실을 알려 대비케 했다. 그런 다음 그는 한 가지 꾀를 냈다. 자신이 직접 소 열두 마리를 이끌고 진나라 군영을 찾은 것이다. 그러고는 진나라 장수에게 이렇게 말했다.

"진나라가 정나라를 공격한다고 하기에 우리 왕께서 삼가 조심스럽게 방어를 갖추시면서 소 열두 마리를 저에게 주어 먼 길을 온 진나라 병사를 위로하게 하셨습니다."

현고는 진나라 장수에게 정나라는 이미 공격에 대비하고 있으니 섣불리 행동하지 말라고 경고한 것이다. 진나라 장수들이 머리를 맞대고 논의한 결과 기습 작전이 탄로 났으니 공격한들 성공하기 어렵겠다는 결론이 내려졌다. 진나라는 작전을 바꾸어 정나라 대신 진晉나라의 속국이었던 활滑나라를 공격해 멸망시켰다. 애꿎은 활이 멸망하기는 했지만 현고라는 상인 한 명의 기지와 그의 물건(소)이 멸망의 위기에 몰릴 뻔한 정나라를 구한 것이다.

이렇듯 기업인은 어디서든 사업을 하다가도 자신의 조국에 필요한 정보가 있으면 가장 먼저 전하여 대비하게 한다. 아프리카, 중동, 아프가니스탄같이 정세가 늘 불안정한 지역에 대한 생생한 정보와 시각을 다투는 급한 정보도 그곳에 상주하는 기업인이 제공하는 경우가 많다. 지금 어느 나라에 쿠데타가 일어났으니 교민을 서둘러 철수시켜야 한다거나 급히 어떤 조치를 취해야 한다고 가장 먼저 알리는 사람도 상인인 경우가 많다. 정보에 가장 빠른 사람은 대사관 사람들이 아니라 상인이다.

상인은 장사하는 곳의 정세가 불안정하면 장사에 지장이 있기 때문에 그곳의 모든 정보에 민감할 수밖에 없다. 그런 점에서 '현고호사弦高犒師'라는 고사성어는 의미심장하다. '현고가 군인들에게 먹을 것을 바치다'는 뜻으로 현고가 자신의 재산 소 열두 마리로 나라를 구했다는 내용을 담고 있다. 이렇듯 상인은 이익을 남기고 물건을 파는 역할에 머물지 않고 국제 정세와 국가에 필요한 정보를 알려 국익에 큰 도움을 주거나 나아가 나라를 구하는 막중한 역할까지 할 수 있는 존재다.

부자의 미래 예측

부자 임任씨의 예는 상인이 앞날을 보는 예측 능력이 뛰어나야 한다는 것을 잘 보여준다. 시장 수요 파악이라든지 시장 동향에 대한 예측력을 갖추어야만 얼마나 생산해야 수지에 맞는지 계산이 나온다.

진나라가 망할 무렵 세상이 어지러워지면서 군벌이나 호족이 마구 설쳐댔다. 이들은 곳곳을 돌며 온갖 귀중품을 약탈했다. 그러나 임씨는 보물은 거들떠보지도 않고 곡식만 챙겨 동굴 속에 숨겨놓았다.

그런데 어지러운 시절에 흉년까지 들었다. 임씨는 값이 오를 대로 오른 곡물로 귀중품을 사들였다. 재물은 정해진 주인이 없다. 그것을 잘 활용하는 사람이 실질적인 주인이다. 돈을 장롱 속에 가득 쌓아둔들 무엇을 할 수 있겠는가. 돈은 필요한 사람이나 장소에 가야 경제가 돌 수 있다. 임씨는 돈을 벌어 사치를 일삼던 부자들과는 달리 근검절약했다. 자신의 밭에서 나는 채소만 먹었고 자신의 논에서 나는 곡식만 먹었으며 자신이 기르는 가축의 고기만 먹었다. 철두철미하게 자급자족했다.

임씨는 일이 끝나지 않으면 술과 고기를 입에 대지 않았다. 일이 마무리되어야만 같이 일한 일꾼과 부하와 함께 고기 잔치를 베풀었다. 그만큼 임씨는 자기 일에 투철했다. 개인 사업가도 공사 구분의 개념이 확실하게 서 있어야 한다는 사실을 임씨는 잘 보여준다.

전쟁 특수로 떼돈을 번 무염씨

한나라 초기에 지방 왕족이 황실에 반기를 든 '오초칠국의 난'이 터졌다. 황실 편에 선 제후들은 정벌군에 가담하기 위해 일어섰다. 전쟁 물자와 무기가 필요했다. 하지만 돈이 충분하지 않아 장사꾼에게 돈을 빌릴 수밖에 없었다. 그러나 고리대금업자들은 반란군과 토벌군의 형세를 관망하며 돈을 빌려주지 않았다. 오직 무염無鹽씨만이 황실과 황실 편에 선 제후들에게 천금을 풀어 대출해주었다. 대신 이자가 원금의 무려 열 배였다. 난은 석 달 만에 평정되었고 무염씨는 불과 1년 만에 계산이 불가능할 정도의 돈을 벌었다.

어떤 시장이든 어떤 사업이든 특수한 상황이 발생하게 마련이다. 사업가는 특수한 상황이 발생하려 하거나 발생했을 때 투자의 방향과 그에 따른 모험 여부를 결정해야 한다. 작은 이익을 남기면서 오랫동안 많이 팔아 장기적으로 회수하며 돈을 버는 사업도 있지만 때로는 전쟁 특수처럼 단시일 내에 큰돈을 버는 경우도 있다. 위험 부담율이 크지만 무염씨처럼 전쟁 특수를 이용해 억만금을 벌 수도 있는 것이다.

부자는 모두 한 우물을 파서 성공했다

사마천은 큰 부자를 소개한 뒤 마치 남은 풍경을 스케치하듯 여운을 남기는 작은 사건과 인물을 짤막하게 소개하며 〈화식 열전〉을 마무리한다.

진양秦揚은 농사를 지어 일대에서 제일가는 부호가 되었다. 도굴은 나쁜 일이지만 전숙田叔은 그것을 발판으로 일어섰다. 도박 역시 나쁜 일이지만 환발桓發은 그것으로 부자가 되었다. 행상은 남자가 하기에는 체면 구기는 노릇이지만 옹낙성雍樂成은 그것으로 천금을 벌었고, 장張씨는 하찮은 술장사로 돈을 벌었고, 질郅씨는 칼갈이라는 보잘것없는 기술로 제후들처럼 반찬 솥을 늘어놓고 식사할 정도로 많은 돈을 벌었다. 양의 순대와 곱창을 팔아 돈을 번 탁濁씨는 가마꾼을 거느렸고, 말의 병을 치료하는 수의사 장리張里도 돈을 벌어 하인을 부리며 살았다.

사마천은 이런 부자를 소개하고 난 뒤 결론을 내린다. 부자는 모두 한 우물을 파서 성공했다. 사업을 벌여 어느 정도 성공하면 이런저런 사업을 키우는 것이 일반적이지만 말 그대로 한 우물만 파 부자가 된 사람도 적지 않다는 것이다. 사마천은 칼을 갈아 돈을 번 질씨는 제후 못지않게 살았고 수의사 장리는 밥 먹을 때 제후처럼 편종 연주를 들었다고 정리하면서, 큰 사업을 할 수 있는 엄청난 종잣돈이나 창립 기금 없이도 자기 나름의 재주와 특기로 부자가 된 사람의 사례를 긍정적으로 소개하고 있다.

사람의 욕구를 파악하라

《사기》는 부자가 돈을 벌 수밖에 없었던 이유를 생각하게 만든다. 가령 화장품을 팔아 돈을 번 옹백雍伯이라는 사람이 있다. 한나라에서는 여자들이 머리를 빗어 뒤로 틀어 올리는 헤어스타일이 유행했다. 새까만 머리를 잘 빗어 틀어 올리려면 머릿기름이 필요했다. 옹백은 머릿기름을 팔아 돈을 벌었다. 유행에 따라 필요한 물건이 무엇인지를 정확하게 알았기 때문에 화장품 하나로 부자가 될 수 있었다. '예뻐진다면 양잿물이라도 마신다'는 속담이 있듯 한나라 시대의 고고학 유물을 보면 당시 여성의 헤어스타일이 대단했음을 알 수 있다. 기록에는 분을 비롯해 연지와 곤지 등 여러 화장품과 그에 따르는 필요한 상품이 팔렸다고 한다. 옹백은 그 가운데서도 머리치장에 빠질 수 없는 질 좋은 머릿기름을 팔아 큰돈을 벌었던 것이다.

칼을 갈아 번 돈으로 제후처럼 살았던 질씨의 경우는 도대체 칼을 갈아 돈을 얼마나 벌었겠는가 하는 의문이 들기도 한다. 그가 칼을 갈아 제후처럼 살았다는 것이 사실이라면 엄청나게 갈았다는 의미다. 여기에도 시대적 배경이 있다. 전국시대 이후 남자들 사이에는 너나 할 것 없이 칼을 차고 다니는 것이 대유행이었다. 심지어 문인조차 죽간이나 목간에 글을 새기기 위해 칼을 차고 다녔다. 법 조항과 판결을 새기는 관리를 '도필리刀筆吏'라고 하는데 그들 역시 작은 칼을 차고 다녔다. 여자의 화장품처럼 칼은 남자나 도필리에게 필수품이었다. 다양한 칼이 소비되는 사회에서는 칼 가는 일도 사업이었다. 질씨는 대형 칼갈이 공장을 차려놓고 밀려드는 손님을 상대했을 것이다. 패검이 당대의 대유행이 아니었다면 아무리 칼을 잘 가는 질씨라도 무슨 수로 그런 큰돈을 벌 수 있었겠는가.

결국 사는 모습을 잘 들여다보면 돈을 버는 아이디어가 나올 수밖에 없다. 사람의 욕구를 정확하게 간파하는 것, 이것이야말로 상인이 성공할 수 있는 열쇠다.

부정한 상인을 비판한 평준서

〈평준서〉는 사마천이 살았던 한나라 시대의 경제정책을 다룬 논문으로 부정한 상인이나 각박한 경제 관료에 관한 이야기도 나온다. 한나라 정부의 경제 정책에 대한 비판적인 논문으로 보면 쉽게 이해가 될 것이다.

비판을 논리적이고 합리적으로 진행시키려면 당시 경제정책을 잘못 끌고 갔던 관료에 대한 비판과 더불어 바람직하지 못한 상인의 예가 나올 수밖에 없다. 사마천은 우선 소금 상인, 철 상인 등 가장 돈을 많이 벌었던 부자들의 독과점을 다루었다. 소금과 철은 필수품이었기 때문에 곡물 가격 못지않게 시장에 미치는 영향력이 크고 중요했다. 그래서 소금 상인과 철 상인이 돈을 많이 벌었는데 한무제는 이들을 관리로 등용하는 파격도 서슴지 않았다.

국가 재정을 튼튼히 하기 위해서라는 명분을 내걸었지만 갖가지 부작용이 따를 수밖에 없었다. 다른 분야에 미칠 여파와 악영향을 고려하지 않은 채 무작정 국가 재정을 충족시키기 위해 재정에 밝은 장사꾼을 기용한 것이다. 그 결과 장사꾼이 관료가 되어 경제정책을 이끄는 현상이 나타났다.

이들은 장사꾼답게 백성으로부터 지독한 세금을 거둬들였다. '가을에 가축 털 하나도 빠뜨리지 않고 셀 만큼' 지독했다. 당연히 인심은 각박해지고 법률은 가혹해졌다. 이에 따라 법 만능을 외치는 혹리도 나타났다. 당시 장사꾼 출신의 관료로서 이름을 떨친 자들로는 소금 상인이었던 동곽함양東郭咸陽, 철 상인이었던 공근孔僅, 낙양의 장사꾼 상홍양桑弘羊 등이 있다. 특히 암산을 잘해 불과 13세에 시중侍中이 된 상홍양은 한무제 집권 중반기 이후 경제정책을 흔들어놓은 인물이다. 그는 혹리를 기용해 백성으로부터 세금을 가혹하게 짜냈다. 가뭄이 들어 백성이 기우제를 올렸는데 그때 상홍양을 제물로 바쳐야 비가 온다고 할 정도였다.

상인과 장사꾼이 정치에 개입하면서 한나라는 전성기에서 쇠퇴기로 넘어간다. 무제 시대가 한나라 최고 전성기임에는 틀림없지만 어두운 그림자가 잔뜩 밀려오고 있었다.

진나라에서 한나라로 넘어가는 혼란기에 장사꾼은 많은 돈을 벌었다. 혼란기를 이용해 엄청나게 폭리를 취했다. 갈수록 상인의 위세가 커졌다. 한나라 초창기에는 황제조차 네 마리의 말이 끄는 수레를 타고 다니지 못했다. 하지만 상인은 타고 다녔다. 그래서 한고조 유방은 상인을 억압하는 정책을 실시했다. 상인은 관리가 되지 못하게 법으로 엄격하게 규정했다. 경제적 규제도 가혹했다. 그러다 서서히 자유경제 시스템으로 변화시킨 것이 여태후였다. 이어 문제와 경제를 거치며 경제적 규제는 대부분 풀렸다. 규제를 풀기 시작하니 상업은 자연 활기를 띠게 되었고 빠른 속도로 발전했다.

무제는 중흥 발전을 이룬 경제 호황의 덕을 가장 많이 본 황제였다. 그러나 호황을 믿고 무리하게 대외 원정을 감행해 엄청난 재정을 축냈다. 이와 함께 사치와 향락 풍조가 황실을 중심으로 유행처럼 퍼져나가 국가재정을 야금야금 좀 먹었다. 기득권층과 지배층은 자신들의 재산을 지키고 호화로운 생활을 계속하기 위해 중산층이나 백성을 수탈했다. 가장 큰 기득권층이자 지배층인 황실은 국가권력을 동원해 백성을 쥐어짜는 수밖에 없었다. 그러기 위해 상인을 경제 관료로 임명하고 혹리로 하여금 그들을 보좌하게 하는 기현상이 벌어진 것이다. 상인을 관료로 기용하다 보니 그들에게 돈을 받는 매관매직이 보편화되었고 한 나라는 '관직 장사'로 국가 재정을 메우는 망국의 풍조가 만연했다.

우리나라도 불과 얼마 전까지 이런 풍조가 관례가 되다시피 해서 각종 폐단을 불러일으켰으며 아직도 근절되지 않고 있다. 오늘의 추세는 경제권력이 정치권력을 잠식해나가는 과정에 접어들었다고 볼 수 있다. 사마천이 묘사했던 무제 시대와 닮은 모습이다. 이탈리아 총리 베를루스코니는 거대 미디어 그룹을 소유한 기업가 출신이다. 미국 대통령 부시는 텍사스에 막대한 유전을 가지고 있는 갑부 집 아들이다. 우리나라도 결국 이번 대통령 선거에서 경제인 출신을 국가 최고 권력자로 선택했다. 경제권력이 정치권력을 잠식하는 현상을 놀랍게도 2,000여 년 전 《사기》가 보여주고 있다.

사마천의 경제 이론은 돈을 벌어 부자가 되고 싶은 인간의 솔직한 본성을 인정하고 그 본성을 긍정적인 방향으로 이끌어야 한다는 주장을 가장 큰 특징으로 한다. 많이 벌되 상덕을 갖추고 노블레스 오블리제를 실천할 수 있는 부자가 진짜 부자라는 것이다. 또한 누구나 노력하면 부자가 될 수 있다는 메시지를 던진다. 그래서 사마천은 "1년을 살려거든 곡식을 심고, 10년을 살려거든 나무를 심고, 100년을 살려거든 덕행을 베풀라"고 외치고 있다.

【제9부】

흥망을 좌우하는 인재의 조건

제28장

인재 획득의 조건

사마천은 '인재'에 큰 관심을 가졌다. 사마천 자신이 '나라의 동량이자 지사'로 생각한 이릉이라는 인재를 변호하다가 죽음보다도 치욕스러운 궁형을 당한 경험이 있기 때문에 더욱 그랬다. 《사기》 130편 가운데 사람을 다룬 부분은 112편으로 전체의 86퍼센트에 이른다. 그리고 《사기》에는 불운과 불행 또는 박해 등으로 억울하게 죽거나 평생 뜻을 펼치지 못하고 사라져간 인재만도 120명이 나온다는 통계가 있다. 이는 사마천이 인재에 관심을 크게 기울였을 뿐 아니라 뛰어난 인재나 큰 뜻을 가진 인재가 부당하게 대우받는 현실을 매우 안타까워했다는 증거다.

외국에 나가 공부한 우리나라 인재의 60퍼센트 이상이 귀국하지 않겠다는 생각을 갖고 있다. 안타까운 현실이다. 물론 세상이 달라진 만큼 외국에서도 얼마든지 꿈을 펼치며 훌륭한 일을 해낼 수 있을 것이다. 그러나 선진 학문과 과학기술을 조국에 전하고 발전시키는 일도 매우 중요한 현안이다. 때문에 이런 현실이 슬프게만 느껴진다. 여러 이유가 있겠지만 무엇보다 인재에 대한 대우가 문제다. 단순히 돈만의 문제는 아니다. 눈치 보지 않고 자유롭게 창의력을 발휘할 수 있는 제반 여건이나 합리적인 제도가 마련되어 있지 않아 조국으로 돌아오기를 꺼리는 것이다.

나라의 흥망성쇠는 인재가 좌우한다

미국이 20세기 초강대국으로 성장할 수 있었던 가장 큰 힘은 2차 대전을 전후로 독일 나치의 박해를 받은 유럽 인재를 끌어들인 데 있다. 아인슈타인 같은 인물이 대표적인 예다. 인재 확보가 국가 발전과 직결되는 것이다. 당나라는 중국 역사에서 최고의 전성기를 누렸던 왕조다. 당나라는 외국 사신이 국경을 넘어오는 순간부터 모든 비용을 당 정부가 부담했다. 그러다 보니 자기 나라로 돌아가지 않으려는 사신이 늘어났다. 이들의 수가 늘자 당나라 중후기 이후로는 재정에 부담이 갔다. 당나라 정부는 이들에게 귀국과 귀화 가운데 하나를 선택하게 했다. 그 결과 한 사람도 빠짐 없이 모두 귀화를 선택했다. 당은 이처럼 개방된 국가였고 이러한 개방성에 힘입어 전 세계의 인재가 몰려들어 당의 경제와 문화를 사상 유례가 없을 정도로 발전시켰다.

신라의 당나라 유학생들이 귀국을 거부한 예도 같은 맥락이다. 신라가 배출한 천재 최치원은 당나라 과거에 급제해 지방 장관까지 지냈다. 그는 신라로 귀국했지만 뜻을 이루지 못하고 은퇴해서 산속에 숨어 살다 행방불명되었다. 당시 신라 유학생들이 귀국을 거부한 까닭은 신라로 돌아가도 희망이 없었기 때문이다. 그들은 당나라에서 공부하고 벼슬하는 편이 낫다고 판단했다. 인재를 대접하는 나라는 문화와 경제, 과학 기술이 발전해 부민부국할 수 있지만 인재가 빠져나가는 나라는 쇠락을 면치 못한다. 역사적으로 이런 사례는 헤아릴 수 없이 많다.

《사기》에도 인재를 알아보고 어떻게 대우했느냐에 따라 부국강병의 결과가 달라진 사례가 많다. 또 인재 기용 여부에 따라 개혁의 성패도 결정되었다. 이 때문에 한 나라의 흥망성쇠는 인재가 결정한다고 했다. 인재의 중요성을 한마디로 표현한 사마천의 말이다.

> 나라가 발전하거나 흥하려면 반드시 상스러운 징조가 나타나는데 군자는 기용되고 소인은 쫓겨난다. 나라가 망하려면 어진 사람은 숨고 나라를 어지럽히는 난신들이 귀하신 몸이 된다. 나라의 안일은 군주가 어떤 명령을 내리느냐에 달려 있고 나라의 존망은 인재의 등용에 달려 있다.

〈초원왕楚元王 세가〉와 〈평진후주보平津候主父 열전〉 두 군데에서 똑같은 말을 인용하고 있다. 나라의 존망은 인재의 등용에 달려 있다는 것이 사마천이 내린 결론이다. 지금까지 우리가 일관되게 검토한 주제 가운데 하나는 사람에 관한 문제다. 춘추오패를 보더라도 리더십은 결국 인재 활용의 문제였다. 사람을 적재적소에 배치하는 능력이야말로 리더십의 출발이다.

천하를 위해 남의 자식에게 왕위를 물려주다

요임금과 순임금은 중국 역사상 최초로 왕위를 양보한 '선양禪讓'의 사례를 남겼다. 순임금은 요임금의 친자식이 아니다. 하지만 요임금은 순임금의 능력을 믿고 왕위를 물려주었다. 요임금은 자신의 아들을 추천하는 대신들에게 이렇게 말했다.

"한 사람의 이익을 위해 세상 모든 사람이 손해를 볼 수는 없다. 내 아들 단주丹朱는 그릇이 아니다."

요임금은 순임금을 발탁해 왕위 자리를 물려주었다. 그전에 요임금은 순임금을 시험해보았다. 그 가운데는 요임금의 두 딸 아황娥皇과 여영女英을 순임금에게 시집보내는 프로젝트도 있었다. 지금도 호남성 동정호洞庭湖 쪽 호북과 호남 경계 지점에 있는 구의산九疑山 자락에는 두 딸의 무덤인 이비묘二妃墓가 남아 있다. 순임금이 늙어 남방을 순시하다 그 지역에서 세상을 떠나자 두 부인이 쫓아와 통곡하다 따라 죽었다고 한다. 그때 두 부인이 울면서 흘린 눈물 때문에 대나무에 얼룩이 졌고 그로부터 그곳 대나무는 모두 얼룩 대나무, 곧 '반죽斑竹'이 되었다고 한다.

순임금도 아들에게 자리를 물려주지 않고 우임금에게 선양했다. 우임금은 중국사 최초의 왕조로 인정받는 하나라를 건국했다. 그는 황하의 치수 사업을 성공시킨 인물로 유명하다. 황하 치수에 실패한 아버지 곤의 뒤를 이어 그 일을 맡았고 결국 황하의 물길을 다스리는 데 성공했다. 그 공으로 순임금으로부터 자리를 물려받아 하 왕조를 세웠다.

이렇듯 중국 전설 시대에 두 차례의 선양이 있었다. 이 선양에서 나타나는 용인의 원칙은 '자신과 친하다고 물려주는 것이 아니라 능력 있는 사람에게 물려준다'는 것이다. 재벌 기업이 1퍼센트도 안 되는 지분을 가지고 경영권을 행사하는 것도 모자라 자식에게 기업을 물려주려는 세습 풍조가 만연한 우리의 현실에 비추어 선양의 원칙은 남의 나라 일 같기만 하다. 이는 중소기업도 마찬가지다. 이런 뒤떨어진 인재 의식은 우리 사회의 발전을 막는 큰 장애 요인이다.

요(위)와 순(아래)의 상. 요순 선양에는 유가의 논리가 개입되어 있다. 그것이 의미하는 바는 '능력 있는 자에게 권력을 물려준다'는 것이다.

출신에 집착하지 마라

중국 역사는 삼황오제三皇五帝 전설 시대를 거쳐 하·상·주 그리고 동주 이후 춘추전국 시대로 이어진다. 상나라는 마지막 도읍지가 은殷이었기 때문에 은나라라고도 부른다. 하·상·주 왕조를 삼대三代라고 부르는데 100년 전까지만 해도 상나라 시대를 역사 시대로 인정하지 않았다. 그런데 우연히 갑골문이 발견되면서 사마천이 《사기》에 남겨놓은 〈은 본기〉가 실제 역사를 기록한 것임이 입증되었다.

최근 중국 당국은 '하상주 단대공정斷代工程'이라는 대형 프로젝트를 끝냈다. 지금까지 확정되지 않고 있는 하·상·주 삼대의 건국 연도와 주요 연대를 확정하는 사업으로 1996년부터 2000년까지 5년 동안 수십 개 학과 수백 명의 전문가가 모여 연구한 결과 하나라의 건국 연도를 기원전 2060년으로 확정했다. 또한 '중화문명 탐험공정'으로 사업을 연결해 전설 속 삼황오제 시대까지도 중국사 속에 포함시키려는 야심 찬 역사 '새로 쓰기'를 진행하고 있다. 이 프로젝트가 완성되면 속된 말로 5,000년 중화사가 공식 확정된다. 우리도 여기에 대비해 단군의 건국 연도인 기원전 2333년 이후 1,000년 넘게 비어 있는 역사의 공백과 무수히 비어 있는 역사 연대를 메우는 작업을 서둘러야 할 시점이다. 다만 중국처럼 과학적 검증을 무시하거나 건전한 비판을 허용하지 않는 무리한 연구를 감행해서는 안 된다. 지금 중국이 의욕적으로 벌였거나 벌이고 있는 각종 프로젝트는 세계 학계로부터 호된 비난을 받고 있다. 물론 그 성과물도 인정받지 못하고 있다. 이런 일은 없어야 한다.

다시 인재 문제로 돌아가자. 상나라 왕 무정武丁은 젊어서 백성과 어울려 농사도 짓고 부역도 하면서 백성의 애환을 충분히 경험했다. 왕이 된 무정은 자신

무정(왼쪽)과 부열(오른쪽). 무정은 부열을 스카우트하기 위해 한바탕 쇼까지 벌였다.

이 원하는 인재를 얻기 위해 한바탕 쇼를 했다. 어느 날 갑자기 머리가 어지럽다며 기절해서는 3일 동안 깨어나지 않은 것이다. 신하들은 어찌 할 바를 모르며 발을 동동 굴렀다. 3일 뒤 기절했다 깨어난 무정은 꿈속에서 신이 나타나 이러저러한 사람을 쓰면 나라가 크게 흥할 것이라며 '열說'이라는 이름과 얼굴 생김새를 가르쳐주었다. 그러고는 궁중 화가를 불러 열의 몽타주를 그리게 했다.

신하들은 열을 찾아 나섰다. 열은 이때 부험傅險이라는 곳에서 성을 쌓고 있었다. 신하들은 열을 모셔왔고 무정은 그를 상相으로 삼아 자신의 정치를 보좌하게 하여 중흥을 이루었다. 열은 부험에서 성을 따와 '부열傅說'이라고 불렀다. 그런데 무정은 정말로 꿈속에서 신에게 부열을 추천받는 꿈을 꾸었던 것일까. 사실 무정은 젊은 날 민간에서 살 때 이미 부열을 알고 있었다. 부열은 인재였지만 천한 출신이었다. 만약 무정이 부열을 무작정 발탁했다면 기득권 계층이나 귀족이 가만있지 않았을 것이다. 그래서 무정은 기절한 척하여 '꿈의 신탁 쇼'를 벌인 것이다. 무정은 '인재를 발탁하기 위해서는 출신에 집착하지 말고, 인재라고 판단되면 수단과 방법을 가리지 말고 발탁하라'는 메시지를 던져주고 있다.

낚시꾼 노인을 재상에 기용한 주문왕

주공周公 단旦은 무왕의 동생으로 무왕을 도와 주를 건국하고 그 후 주의 예악을 제정하는 데 결정적인 역할을 했다. 그는 손님이 찾아오면 '머리를 감다가도 머리카락을 세 번 움켜쥐고 나오고, 밥을 먹다가도 세 번이나 뱉어내면서' 손님을 맞이했다는 전설적인 일화의 주인공이다. 이것이 그 유명한 '일목삼착, 일반삼토一沐三捉, 一飯三吐'의 고사다. 주공 단은 이렇듯 사람을 성심껏 만났다.

    인재에 대한 갈망은 주나라를 건국한 무왕의 아버지 문왕도 못지않았다. 특히 문왕은 개인적으로 불행한 일을 겪었다. 상나라의 마지막 임금은 주왕紂王으로 하나라 마지막 임금인 걸桀과 더불어 폭군의 대명사로 남아 있다. 특히 벌겋게 달군 쇠기둥 위를 맨발로 걷게 하여 떨어지면 불에 태워 죽이는 포락炮烙이라는 혹형을 발명한 것으로도 악명 높다. 술로 연못을 채우고 고기를 나무에 매달아 숲처럼 만든 뒤 젊은 남녀로 하여금 벌거벗고 뛰어다니며 놀게 한 '주지육림酒池肉林'도 그의 작품으로 알려져 있다.

    주문왕은 당시 서쪽 제후의 우두머리란 뜻의 서백西伯으로 불렸다. 그는 인품이 후덕해 인재가 몰려들었다. 이를 시기한 주왕은 서백을 7년 동안 유리羑里(오늘날의 하남성河南省 탕음현湯陰縣 일대)에 가두었다. 그 사이 주왕은 서백의 큰아들

옛 유리성 터에 있는 주문왕 상.

을 가마솥에 삶아 곰탕을 만들어 고깃국이라고 속여 서백에게 먹이기도 했다. 나중에 이 사실을 안 문왕은 먹은 것을 다 토했고 그것이 무덤 하나가 되었다고 한다. 지금도 유리성에 가면 문왕이 그때 토했다는 토분土墳이 남아 있는데 1999년 유리성 답사 때 물어물어 찾아냈다.

    주문왕은 유리성에 연금되어 있는 동안 8괘를 64괘로 연역해 풀이했다. 주문왕이 8괘를 64괘로 연역했다고 해서 '주역'이란 이름이 붙여졌다. 문왕은 인간 세상사, 하늘의 이치, 민심의 동향 등을 64괘 속에 넣어 해석했다. 나중에 공자 등이 좀 더 세밀하게 설명을 가하고 주석을 붙여 오늘날과 같은 《주역》이 되었다. 문왕은 유리성에서 풀려난 뒤 자신의 재물 따위를 주왕에게 바쳐 포락형을 폐지시켰다. 이 일로 문왕의 명성은 더욱 높아졌다.

이후 문왕은 주나라 건국에 결정적인 공을 세우는 인재 한 명을 발탁하게 된다. 바로 강태공이었다. 간밤에 사람을 낚을 것이라는 꿈을 꾼 문왕은 위수 가에서 낚시질을 하고 있던 강태공을 만나 그를 발탁했다. 당시 강태공은 백발의 노인이었고 낚시 바늘도 없이 낚시질을 하고 있었다. 문왕이 그 연유를 묻자 강태공은 "고기를 잡는 것이 아니라 나를 낚아줄 사람을 기다리고 있습니다"라고 대답했다. 문왕은 강태공을 스승으로 모셨다. 강태공은 문왕을 보좌해 주나라의 위세를 높이고 무왕과 함께 주나라 건국에 결정적인 역할을 했다. 무왕은 그 공을 기려 강태공을 산동성 제나라에 봉했다.

강태공의 이름은 여상呂尙으로 이 때문에 여씨의 시조로 알려져 있다. 진주 강씨의 시조 역시 강태공이다. 진주 강씨 사당에 가보면 강태공의 초상화가 걸려 있는 것을 볼 수 있다. 병법서의 원조로 알려진 《육도六韜》가 강태공의 작품으로 알려져 있고, 지난날 태공이 인재를 갈망했듯이 문왕이 인재를 오랫동안 기다렸다는 의미로 '태공망太公望'이라는 재미난 별명도 붙었다. 인재도 자기를 알

강태공. 인재는 늘 자신을 알아줄 사람을 목 빠지게 기다린다. 인재가 숨어 있다는 생각은 버려야 한다. 지금 세상에서는 더욱 그렇다.

아주고 써줄 사람을 항상 목 빠지게 기다린다. 마찬가지로 인재를 기용할 사람은 인재를 찾는 데 최선의 노력을 기울여야 한다. 인재는 꼭꼭 숨어 있지 않다. 그도 늘 누군가를 '기다리고 있다'.

그가 원수라 하더라도

'외거불피구, 내거불피친外擧不避仇, 內擧不避親'이라는 말이 있다. '외부에 있는 사람을 추천하되 원수라 해서 피하지 말고, 친한 내부의 인사를 추천하되 친척이라고 해서 피하지 말라'는 뜻이다. 춘추 시대 진晉나라 도공悼公 때 군대를 담당하던 기해祁奚는 은퇴를 앞두고 후임을 추천하라는 도공의 요청에 자신의 라이벌인 해호解狐를 후임자로 추천했다. 해호가 죽자 도공은 다시 추천을 요청했다. 그러자 기해는 자기 아들을 추천했다. 바로 여기서 이 말이 나왔다. 인재의 다른 것을 보지 말고 능력만 보라는 의미다. 하지만 후자는 오늘날의 사회와 어울리지 않는다. 친인척이 정치에 관여하거나 권력층에 들면 비리가 생기기 때문이다. 능력이 있다면 자식도 능력에 맞게 적재적소에 쓰는 것이 잘못된 처사는 아니지만 공사를 구별할 줄 아는 고도의 균형 감각이 전제되어야 한다.

안영晏嬰, 즉 안자晏子는 제나라에서 관중 이후 출현한 최고의 인재였다. 그는 수십 년 동안 정치에 몸담았는데, 젊은 나이에 시작해 죽을 때까지 영공靈公, 장공莊公, 경공景公 등 세 명의 왕을 섬기며 나라에 이바지했다. 다만 세 임금 모두 시원찮은 임금이었다. 그래서 최저崔杼라는 실력자가 장공을 죽이고 실권을 장악하는 쿠데타까지 벌어졌다. 안영은 도망치라는 주위의 권유를 물리치고 왕의 시신이 안치된 곳으로 가 왕 시체에 엎드려 통곡했다. 그러고는 최저에게 임금을 시해한 것은 잘못이라며 당당하게 나무라고 유유히 그곳을 빠져나갔다. 최저가 사람을 보내 해치

안영. 인재는 위기 상황에서 빛을 발하는 법이다. 그것이야말로 인재의 진짜 능력이다. 자기 수양을 게을리하지 않았던 안영은 인재와 능력의 함수관계를 잘 보여준다.

지 않을까 겁이 난 안영의 측근이 빨리 도망치자고 졸랐다. 하지만 안영은 "숲에 사는 사슴이 제아무리 빨리 뛰어봐야 하룻밤이 지나면 그 고기가 주방에 와 있지 않더냐"며 태연해했다. 안영은 이처럼 줏대 있고 통이 큰 대신이었다. 재상이 되고 난 이후에도 고기반찬은 한 가지뿐이었고 처첩에게 비단 옷을 입지 못하게 한 검소한 인물이었다.

당나라의 시인인 백거이는 "옥을 식별하려면 만 3일을 구워봐야 안다"고 했다. "인재를 알아보려면 7년이 걸린다"고도 했다. 당시에는 맞는 이야기였을지 모르겠지만 정보화 시대인 지금은 7년은커녕 7일, 아니 7시간 만에라도 알아볼 수가 있지 않을까. 아니다, 그가 진짜 인재인지 여부는 어쩌면 7년으로도 모자랄지 모른다. 인간은 끊임없이 진화하는 동물이기 때문이다.

제29강

기용한 이상 의심하지 마라

당나라에는 전성기가 두 차례 있었다. 먼저 태종 이세민의 '정관지치貞觀之治(627년~649년)' 시기다. 이세민은 고구려를 침공한 군주로 그의 통치기 때 사용된 연호가 '정관'이라 정관지치라고 한다. 두 번째는 양귀비와 로맨스를 뿌린 현종 이융기李隆基의 '개원지치開元之治' 시기다. 하지만 현종은 초반기에는 나라를 잘 다스렸지만 후반기에 '안록산安祿山의 난'과 '사사명史思明의 난' 등으로 나라를 거의 멸망 직전까지 밀어넣었다. 나라를 잘 다스릴 당시 현종의 모습은 이랬다.

조정에서 신하들은 늘 현종에게 바른 소리를 했고 현종은 조용히 듣기만 했다. 그러다 내전으로 돌아와서는 성이 나 혼자 씩씩거렸다. 환관들이 "폐하, 그러시다가 병이라도 나시면 어쩝니까. 자꾸 말라가시는 것 같습니다"고 하자 현종은 "나는 말랐지만 천하가 살찌지 않느냐"고 대꾸했다. 이렇듯 현명한 군주였던 현종은 집권 후반기로 갈수록 간신배들을 기용하여 정치를 그르쳤다. 그 자신은 밤새 주색에 빠져 조회에도 참석하지 않았다. 신하들이 이 점을 지적하자 현종은 "천하의 제왕이 조회에 꼭 나가야 하느냐"며 면박을 주었다. 통치 초반기 송경宋璟을 비롯하여 유능한 재상을 기용해 전성기를 누렸던 현종은 후반기로 오면서 판단력을 잃고 자신에게 듣기 좋은 소리만 하는 간신을 가까이 하여 나라를 망쳤다. "나는 말랐지만 천하가 살찌지 않느냐"고 말하던 현종과 "조회에 꼭 나가야 하느냐"며 충고하는 대신들에게 면박을 주던 현종이 같은 현종이란 말인가.

아무리 뛰어난 지도자도 오랜 시간 안정을 유지하다 보면 현상에 안주하려는 경향이 강해진다. 이때 자성하지 못하면 판단력에도 문제가 생긴다. 자성과 함께 새로운 인재를 등용해 정치의 신진대사가 원활해지도록 손을 써야 한다. 그때 도리어 간신배들을 기용하는 경우가 많다. 몸에 비유하자면 새로운 영양소를 공급해 피가 원활하게 돌게 해야 하는데 새로운 인재는커녕 간신배에게 의존했으니 나라가 동맥경화에 걸린 것이다.

마부를 대부로 삼은 안영

어느 날 안영은 월석보越石父가 죄수의 몸으로 수레에 갇혀 끌려가는 모습을 보았다. 안영은 속죄금을 주고 월석보를 석방시켜 자기 집으로 데려왔다. 그러고는 월석보를 방에 모셔놓고 아무런 인사도 없이 볼일을 보러 나갔다. 잠시 후 돌아온 안영을 보고 월석보가 절교를 청했다. 안영이 깜짝 놀라 영문을 물으니 월석보가 말했다.

"나를 알아주어 죄인의 몸에서 풀어주었지만 나를 알아주면서도 예를 갖추어 대하지 않는다면 죄수의 몸인 편이 더 낫소이다!"

알아보았다면 그에 합당한 대우를 하라는 월석보의 응대였다. 안영은 월석보를 상객으로 대우했다. 월석보의 행동이 다소 억지스럽기도 하다. 하지만 월석보의 진가를 알아보고 그를 석방시켜 데려온 안영이라면 그다음 조치를 취하는 것이 마땅하다. 귀와 마음이 열려 있던 안영인지라 월석보의 항변에 말없이 사죄하고 월석보를 우대했던 것이다.

사마천은 〈관안 열전〉에서 이 이야기를 들려준 뒤 바로 안영의 마부 이야기를 이어간다. 재상 안영의 수레를 모는 마부가 있었다. 그 아내가 남편과 안영의 행동거지를 보니 마부 주제인 남편은 의기양양 네 마리 말에 채찍질을 하며 거들먹거렸다. 반면 재상 안영은 늘 조심스럽게 처신하며 겸손했다. 마부가 집에 돌아오자 마부의 아내는 이혼을 요구했다. 이유는 다음과 같았다.

"안자는 여섯 자도 안 되는 키로 제나라의 재상이 되어 명성을 날리면서도 겸손합니다. 그런데 당신은 8척 장신에 남의 마부 노릇이나 하면서 거만을 떠니 도저히 함께 못 살겠소."

마부는 그 뒤 자신을 낮추고 겸손해졌다. 달라진 마부의 모습을 본 안영이 자초지종을 듣고는 마부를 대부로 발탁했다. 만약 지금이라면 마부가 아니라 마부의 아내를 기용했을 것이다.

마부 아내의 말대로 안영은 키도 작고 못생겼다. 하지만 그는 유능한 재상이자 타고난 외교관이었다. 외교사절로서 그가 남긴 일화가 많다. 안영이 초나라에 사신으로 갔을 때 일이다. 당시 초나라 영왕靈王은 안영을 골탕 먹이려고 작정하고 있었다. 연회 중에 초나라 군사가 어떤 사내를 제나라 출신 도둑놈이라며 잡아다 영왕 앞에 꿇렸다. 영왕은 제나라 출신 도둑임을 유별나게 강조하며 안영에게 모욕을 주었다. 그러나 안영은 얼굴색 하나 변하지 않은 채 "귤이 회수를 건너가면 탱자가 된다"고 하더니 착한 제나라 사람이 풍토가 나쁜 초나라에 와서 도둑이 된 것 아니냐고 맞받아쳤다. 안영의 반박에 할 말을 잃은 영왕은 감탄했다. 이 장면이 그 유명한 '남귤북지南橘北枳' 또는 '귤화위지橘化爲枳'의 출처다. 또 안영은 자신이 못생기고 볼품없다고 깔보면 그에 맞추어 대응했다. 한번은 초나라 군사가 초나라에 외교사절로 간 자신을 대문으로 들이지 않고 개구멍으로 들어오라는 모욕을 주자 자신은 개를 만나러 온 것이 아니고 왕을 만나러 왔는데 개구멍으로 들어오라면 들어가겠다고 쏘아붙여 상대를 꼼짝 못 하게 만들기도 했다. 이렇듯 안영은 어디를 가든 당당하게 임무를 수행하며 나라의 체면과 자존심을 확실하게 지켰다.

마부를 대부로 발탁하는 등 인재를 누구보다 아꼈던 안영이지만 그가 가장 아꼈던 대상은 다름 아닌 백성이었다. 그는 이렇게 말했다.

"백성을 사랑하는 덕보다 더 큰 덕은 없다. 백성을 즐겁게 하는 사랑보다 더 큰 사랑은 없다."

안영이 중국 역사상 최고의 명재상 관자와 함께 열전의 두 번째에 올라 있는 것도 인재와 백성을 아꼈던 이런 그의 인품 때문이다.

인재 유출을 막아라

정보화 시대에는 인재 유출이 곧 정보 유출이다. 인재를 제대로 대접하지 않는 바람에 인재가 정보를 가지고 다른 나라로 가버리는 경우가 일어난다. 이런 문제에 대해 사마천도 일찌감치 그 심각성을 인식하고 있었다.

채蔡나라의 채성자蔡聲子가 강대국 초나라와 진晉나라를 화해시키는 과정에서 인재 유출 문제에 대한 의견을 피력한 적이 있다. 그가 초나라 재상인 자목子木을 만나 대화를 나누는 과정이다. 채성자는 초나라 인재가 진나라로 자꾸 넘어가는 탓에 초나라가 진나라에 비해 열세이고 언젠가는 초나라가 진나라에게 크게 당할 것이라고 말했다. 그러면서 초나라의 인재가 유출되는 원인을 몇 가지 지적했다.

첫째, 초나라는 법이 너무 가혹하다. 인재가 조금만 잘못해도 가차 없이 중형을 가하기 때문에 못 견디고 진나라로 넘어가는 것이다. 예를 들어 군사 전문가 석공析公은 진나라로 도망쳐 고급 군사정보를 유출시키고 훗날 전쟁에서 초나라가 진나라에 패하는 데 결정적인 역할을 했다. 둘째, 초나라 왕이 귀족 문제를 제대로 처리하지 못하는 경우가 너무 많다. 귀족이나 신하의 사사로운 문제에 지나치게 간섭하거나 불공평하게 처리하는 통에 초나라 인재가 다른 나라로 빠져나가는 것이다. 예를 들어 춘추 시대 최대의 스캔들을 일으킨 하희라는 여자를 장장 15년 기다린 끝에 자신의 여자로 만든 굴무의 가족을 초장왕이 몰살시킨 경우다. 굴무를 미워한 것은 이해가 가지만 그 가족까지 몰살시킬 이유는 없었다. 굴무는 한을 품고 오나라로 가 오나라 군대를 훈련시키는 일을 맡았고 결국 그 군대로 초나라를 괴롭혔다.

인재 발탁과 기용 못지않게 인재 유출도 막아야 할 큰 문제다. 확보한 인재마저도 원망하게 만들어 도망치게 하면 공든 탑이 무너지는 꼴이다. 인재는 제대로 대접해야 한다. 두말할 필요조차 없는 기본이다.

사람을 썼으면 의심하지 마라

위魏나라는 원래 진晉나라에서 갈라져 나온 나라다. 기원전 403년 진晉나라의 대부 조趙, 위魏, 한韓 세 가문이 주나라 왕실로부터 정식 제후로 공인받으면서 전국 시대가 시작되었다. 위문후文候는 경제 전문가 이회李悝, 군사 전문가 오기, 행정 전문가 서문표西門豹, 스승 전자방田子方, 위성자魏成子(위문후의 동생), 적황翟璜, 악양樂羊 등 인재를 대거 기용해 전국칠웅 가운데 가장 먼저 최강자로 부상했다.

단간목段干木은 위문후의 정신적 지주였다. 문후는 단간목에게 끊임없이 구애하며 그를 조정으로 끌어들이려고 애를 썼다. 단간목이 집에 있는지 없는지도 모르고 문 앞에다 대고 큰절을 할 정도였다. 문후의 측근들은 샘이 났다. 이에 문후는 단간목이 아직 자신에게 몸을 맡기지 않았거늘 내가 어찌 거만하게 대할 수 있겠느냐고 대꾸했다. 또한 단간목은 덕으로 사람들의 존경을 받지만 나는 재물만 많을 뿐이라며, 그런 인물에게 절을 하는 것은 당연하다고 말했다. 유비와 제갈량의 삼고초려三顧草廬도 그러하고, 인재를 얻으려면 문후와 같은 자세가 필요하다.

결국 단간목은 문후의 정성에 감격해 그의 신하가 되었다. 그러자 이웃 나라들이 겁을 먹고 위나라를 함부로 넘보지 못했다. 후세 사람들은 문후의 인재 기용술을 '용병술用兵術'의 하나라고 평가했다. 평범한 인재 기용술이 아니라 심리적으로 상대를 압도한 기가 막힌 용병술이라는 것이다. 나라의 정신적 지주와 같은 존재를 군주가 존경하고 존중하면 백성들도 따라 존경한다. 그러면 민심이 하나로 합쳐지고 그것이 곧 강력한 힘이 된다. 그러니 상대가 어찌 감히 공격할 수 있겠는가. 이것이 용병술이 아니고 무엇이겠는가.

문후와 장군 악양 사이에 있었던 일화도 의미심장하다. 악양은 중산국을 2년 동안이나 공격했지만 함락시키지 못했다. 그러자 다른 신하들이 끊임없이 악양을 중상모략했다. 악양의 아들이 중산국과 관계가 좋기 때문에 악양이 일부러 공격하지 않는다는 등 문후가 들어도 솔깃할 만한 중상들이 끊이질 않았다. 하지만 문후는 악양을 끝까지 신뢰했다. 결국 악양은 중산국을 정벌했다. 귀국한 악양을 축하하는 술자리에서 문후는 악양에게 그동안 올라온 상소문이 가득 든 상자를 보여주었다. 감격한 악양은 모든 공을 문후에게 돌렸다. 사람을 썼으면 의심하지 말 것이며, 의심스러우면 쓰지 말라는 용인의 원칙을 절로 상기시키는 일화다.

평등하게 고르되 능력 있는 사람을 쓰라

묵자墨子는 묵가墨家를 창시했다. 묵자는 《사기》에서 〈진시황 본기〉와 〈태사공자서〉 단 두 군데에 언급되지만 중국 사상사에서 큰 획을 그은 중요한 인물이다. 유가, 도가, 법가, 묵가는 제자백가의 4대 학파다. 특히 묵자의 인재관이 최근 주목받고 있다.

묵자의 사상 가운데 가장 주목할 만한 것이 '비공非攻'이다. 비공은 남을 공격하지 말라는 뜻이다. 전쟁하지 말라는 것이다. 묵가의 인물을 다루고 있는 영화 〈묵공〉도 공격을 다룬 것이 아니라 위기에 빠진 작은 나라의 성을 지켜내는 내용이다. 하지만 비공을 주장하는 묵가의 사상은 춘추전국이라는 시대 상황에서는 통하지 않았다. 약육강식이 대세였기 때문이다. 하지만 이제는 묵자의 사상이 주목받을 수밖에 없다. 특히 서로 사랑하라는 묵자의 '겸애兼愛' 사상은 21세기 인류 구원의 메시지 성격이 짙다.

인재와 관련해서 묵자는 '상동常同', '상현常賢'을 주장했다. 이것이 바로 묵자의 인재관으로 '상동'은 동등함, 곧 평등함을 추구하라는 뜻이다. 인재 기용에서 신분이라든지 재산 따위를 따지지 말고 공평하게 사람을 기용할 줄 알아야 한다는 뜻이다. '상현'은 평등하게 인재를 기용하되 능력 있는 사람을 기용하라는 뜻이다. 심지어 묵자는 제왕도 그 자리에 맞는 사람, 재능이 있는 사람, 가장 제왕 재목에 맞는 사람을 시켜야 한다고 주장했다. 지금으로 말하자면 선거로 뽑자는 주장과 비슷하다.

전국 시대 왕들도 묵자를 존중했다. 자기네 나라에 머물게 하려고 여러 번 발탁을 제의했다. 하지만 묵자는 자신을 진정으로 필요로 하는지 확실하게 따져보고 필요로 하지 않다고 판단되면 아무리 높은 자리와 많은 녹봉을 준다 해도 거절하고 떠났다.

중국의 전통적인 인재관과 인재 기용에는 두 가지 중대한 원칙이 있다. 하나 '용인유현用人唯賢'으로 유능한 인물을 기용하라는 것이고, 다른 하나는 '용인유친用人唯親'으로 친한 사람을 쓰라는 것이다. 역사상 용인술은 이 두 가지가 늘 상충된다. 남을 쓰자니 의심스럽고 친척이나 가까운 사람을 쓰자니 능력이 부족한 것이다. 묵자는 '용인유친'을 초월한 '용인유현'의 인재관을 보여준다. 21세기는 용인유현으로 가야 한다. 가깝다고 해서 발탁해서는 안 된다. 그래서 묵자의 '상동상현'은 다시 한 번 주목할 만하다.

인재를 알아본 소하

인재를 알아보는 안목도 중요하다. 유방 밑에는 무장으로는 한신, 후방 보급을 담당했던 소하, 전략가였던 장량 등 한나라를 개국하는 데 절대적인 역할을 한 서한삼걸이 있었다. 세 사람이 없었다면 한나라는 성공하기 힘들었을 것이다. 그런 한신을 발탁한 사람이 소하였다. 한신은 원래 항우 밑에 있었는데 항우가 자신을 알아주지 않자 유방 밑으로 도망을 왔다. 그런데 유방의 반응도 신통치 않자 한신은 또 도망쳤다. 당시 소하가 승상으로 임명된 지 얼마 되지 않은 시점이었다. 소하는 유방에게 보고도 않고 한신을 쫓아 며칠 행방불명되었다가 돌아

한계야창 비석. 한계의 물이 밤사이 불어나는 바람에 소하가 한신을 다시 데려왔다는 일화를 간직하고 있다.

왔다. 화를 내는 유방에게 소하는 천하를 얻으려면 한신을 잡으라고 충고했다. 유방은 목욕재계한 다음 한신을 대장군에 임명하는 의식을 거행했다. 지금도 섬서성 한중시 남문 밖에는 유방이 한신을 대장군으로 임명한 배장대^{拜將臺} 유적지가 남아 있다. 史記

제30강
권력은 나누는 것이다

흔히 권력하면 움켜쥐는 것으로 안다. 그래서 권력을 '잡는다'고들 한다. 하지만 잘못된 생각이다. 권력權力의 '권權'자는 '저울추'다. 저울추는 어떤 사물의 무게를 정확하게 달기 위해 균형을 맞추는 데 필요한 보조 도구일 뿐이다. 권력을 영어로 표현하면 '힘의 균형Balance of Power'이다. 요컨대 권력이란 힘을 나누고 덜어내어 균형을 잡는 행위다. 힘을 분산시키고 나누는 것이 권력이지 움켜쥐고 장악하는 것이 아니다. 역사에서는 권력의 이런 본질을 잘 이해하고 힘을 나눌 줄 알았던 리더만이 성공했다는 사실을 미리 지적해둔다.

군웅축록의 드마라 초한쟁패

중국 대권 도전 드라마 가운데 가장 흥미롭고 극적인 드라마는 초한쟁패楚漢爭覇다. 특히 유방은 열세를 뒤집고 세기의 역전 드라마를 연출한 주인공이 되었다. 당시 항우와 비교해 대략 8 대 2라는 절대적 열세를 만회하고 황제라는 지존의 자리에 오를 수 있었던 원동력은 무엇일까.

유방과 항우는 천하의 대세를 놓고 각자의 삶의 방식과 철학을 총동원한다. 또한 수많은 인간의 선택과 고뇌가 절실하게 투영되어 나타난다. 이것이 초한쟁패라는 대하드라마의 본질이다. 이를 주제로 한 드라마는 지난 세월 수없이 재해석되면서 우리에게 숱한 영감을 불어넣었다. 항우와 유방의 대결은 단순히 권력 쟁취나 대권 싸움으로 정의하기에는 실로 복잡다기한 차원을 내포하고 있다. 동시에 온갖 유형의 인간과 그 삶의 형태가 압축되어 있다. 그것은 단순한 드라마가 주는 말초적 관심이 포착할 수 없는 면모를 보여준다. 이제 이 대하드라마의 전개 과정을 따라가면서 또 다른 지혜와 통찰을 얻어보자.

대권에 도전하는 사람들을 비유하는 말 가운데 '축록逐鹿'이란 것이 있다. 여기서 '사슴을 쫓는다'는 것은 대권을 차지하기 위해 싸운다는 뜻이다. 따라서 '군웅축록群雄逐鹿'은 여러 영웅이 사슴을 쫓는, 즉 여러 영웅이 나서서 대권에 도전하는 상황을 말한다. 특히 유방은 절대적 열세를 뒤집고 최후의 승자가 되었기 때문에 후세에 깊은 영감을 주었다. 마오쩌둥이 이끄는 공산당도 절대적 열세를 뒤엎고 국민당에 극적으로 승리했다. 대장정으로 대변되는 이 드라마는 영락없이 유방과 항우의 재판이었다. 인민, 특히 농민의 가슴속을 파고들며 혁명을 성공시킨 마오쩌둥을 비롯한 초기 공산주의자들도 유방과 그 집단으로부터 큰 영감을 얻은 것이 틀림없어 보인다.

시대가 영웅을 만든다

대권에 도전하기 위해서는 시대적인 상황이 필요하다. 세상이 잘 돌아가고 있는데 느닷없이 튀어나와 정권을 무너뜨리겠다고 할 수는 없는 노릇이다. '시대적

마오쩌둥. 중국 현대사를 바꾼 '대장정'은 항우와 유방의 초한쟁패에서 영감을 얻은 것으로 보인다.

여건'이 필요하다는 말이다. 흔히 시대가 영웅을 만든다고 한다. 항우와 유방이라는 두 영웅이 등장하는 시대적 여건은 진나라의 멸망이었다. 진나라가 잘 다스려졌다면 유방은 패현이라는 작은 마을의 정장으로 허구한 날 술이나 마시고 친구들과 건들거리다 생을 마감했을지도 모른다. 항우 역시 초나라 귀족 출신의 무인 건달 정도로 끝났을지 모른다. 항우는 숙부가 공부하라고 권하자 "공부는 해서 뭣 합니까. 이름만 쓸 줄 알면 됐지!"라고 해 숙부를 머쓱하게 만든 인물이다.

진나라의 멸망을 가속화시킨 사건은 진시황의 죽음이었다. 강력한 카리스마의 독재자 진시황은 천하를 통일하고 불과 11년 뒤인 기원전 210년 순시 도중 하북성 사구에서 갑자기 쓰러져 일어나지 못했다. 그때 그의 나이 51세, 한창 때였다. 제국에 무엇으로도 메울 수 없는 큰 구멍이 뚫린 것이다. 이는 또 다른, 작지만 수많은 구멍이 뚫리는 예고편이기도 했다.

진시황의 죽음이 환관 조고의 사욕을 채우기 위한 기회로 이용되면서 진나라는 급전직하했다. 당시 진시황의 순시에는 조고, 승상 이사, 진시황의 작은아들 호해와 평소 수행원이 따라나섰다. 진시황은 전국을 순시하길 좋아했는데 동쪽을 순시하다 갑자기 쓰러진 것이다. 자신의 죽음을 예감한 진시황은 산서성에 가 있는 큰아들 부소扶蘇를 불러 장례를 치르게 하고 황위를 잇게 하라는 유서를 남겼다. 하지만 이 유언을 받들던 조고는 진시황이 작은아들 호해에게 황위를 물려주는 것처럼 유서를 조작해버렸다. 만약 유능한 부소에게 황제의 자리가 계승되었다면 역사에는 유방도 항우도 없었을지 모른다. 권력에 눈이 먼 조고라는 한 인간의 어처구니없는 행동이 역사를 전혀 엉뚱한 방향으로 몰아갔다.

환관 조고는 교묘한 언변으로 호해와 승상 이사를 끌어들였다. 그리고 진시황의 죽음을 알리지 않고 가짜 유서를 만들어 큰아들 부소에게 거짓 죄를 덮어씌웠다. 바른 소리를 잘하는 부소는 아버지 진시황과 갈등이 있었다. 하지만 진시황은 부소를 미워한 것이 아니라 훗날 제왕의 자리를 물려주기 위해 변방 산서성 쪽에서 흉노족을 방비하던 장군 몽염에게 보내 제왕 수업을 시키던 중이었다. 결국 '불효'라는 죄를 뒤집어쓴 부소는 자살하고 병권을 쥐고 있던 몽염도 자살을 강요당했다.

정치적으로는 부소가 제거되고 군사적으로는 군권을 쥐고 있던 몽염이 죽음으로써 진나라는 제국을 지탱하는 두 개의 대들보를 잃었다. 진나라 백성은 누구나 큰아들 부소가 황제 자리를 이어받을 것이라고 생각했다. 부소에 대한 민심의 향배는 그만두고라도 적자 계승의 정통성 문제가 당장 불거져나올 수밖

진시황 상. 절대적 카리스마의 죽음은 그 자체의 강도는 물론이고 여진도 상상을 초월하는 수준이었다. 권력이 1인에게 과도하게 집중된 시스템의 치명적 약점이었다.

에 없게 되었다. 계승자가 바뀔 경우 민심은 심하게 요동칠 수밖에 없다. 더군다나 부소의 죽음에 석연치 않은 부분이 많았다. 자결이란 것도 논란거리였다. 이래저래 제국은 밑바닥부터 흔들리기 시작했고, 이를 제대로 수습하지 않는 한 제국의 몰락은 시간문제였다.

사실 진시황이 만들어놓은 제국의 시스템은 탄탄했다. 군현제도에 의해 황제가 직접 지방을 관리하는 중앙집권제가 시행되었을 뿐 아니라 수레바퀴·도로·화폐·문자 등이 모두 규격화되어 제국이 일사분란하게 움직일 수 있는 조건을 갖추었다. 당초 이 모든 것에 생소함을 느끼며 거부 반응을 보이던 백성들도 관성의 법칙에 따라 법과 문물을 받아들일 준비에 들어갔다. 그러나 진시황의 급작스런 죽음은 모든 것을 원점으로 되돌려놓았다. 정통성 없는 작은아들이 황제의 자리에 오르자 민심은 심하게 흔들렸다. 제국의 모든 시스템이 갑자기 낯설어지기 시작했다. 마음을 주려던 발걸음이 주춤해진 것이다.

진나라의 법치주의는 방향은 옳았지만 집행 과정이 너무 가혹했다. 따라서 부작용은 이미 예고된 것이나 다름없었다. 다만 일중독의 진시황이란 카리스마가 버티고 있는 한 나름대로 정착될 조짐을 보였다. 그러나 절대 카리스마가 사라지고 미덥지 않은 2세가 즉위하자 민심의 동요는 물론 조정의 권위 자체도 흔들렸다. 느닷없어 보이는 이런 현상은 절대 권력 체제의 근원적 한계를 잘 보여주는 표지다. 2,000여 년 후 우리 현대사도 이와 너무나 비슷한 경험을 하지 않았던가.

진제국에 황혼이 깃들고

2세 황제 호해는 중단된 아방궁 건설을 재개하는 등 방탕한 생활에 빠져들었다. 젊은 나이에 방대한 제국의 조타수가 된 호해에게는 거함을 제대로 이끌 만한 자질이 근본적으로 부족했다. 여기에 편하고 안락한 생활을 부추기는 조고의 사주가 작용함으로써 호해는 거함의 키를 그냥 놓아버렸다. 거함의 선장과 부선장으로서 이 두 사람이 나눈 다음 대화는 앞으로 제국의 배가 어디로 갈 것인지 충분히 짐작케 한다.

호해: 인생이란 것이 어차피 눈 깜짝할 사이에 지나가는 것, 내가 얻은 권력

으로 내가 하고 싶은 것 다하며 살련다!
조고: 현명하신 판단입니다. 폐하가 그렇게 살지 않으면 누가 하겠습니까. 어리석은 인간들은 절대 그런 생각도 못 합니다!

권력을 잡거나 부귀영화를 이루면 누구든 편하게 살고 싶어 한다. 이것은 피하기 어려운 인성의 약점이다. 그러나 책임감을 가져야 하는 지도자는 백성의 문제를 깊게 생각하고 자신의 언행을 조심하지 않으면 안 된다. 자신의 권력과 부귀영화가 어디에서 비롯되었는가를 성찰해야 하는 것이다. 최고 권력자가 되었다는 것이 로또에 당첨된 것과는 다르지 않은가. 호해는 권력을 쥐고 흔들며 누릴 줄만 알았지 나눌 줄 몰랐다. 권력의 속성 자체에 대한 기초적인 인식조차 없었다. 진시황이 죽자마자 기원전 209년 다시 아방궁 건설에 착수해 막대한 인력과 물자를 동원했다. 전국의 건장한 남자들을 징발하기 위해 마을마다 인원을 배당했다. 정한 기일에 오지 않으면 사형에 처했다. 책임자도 함께 죽였다. 가혹했다. 게다가 자신의 권력 가도에 방해가 되거나 위험이 될 것 같은 왕자와 공주까지 모두 죽였다. 피비린내가 코를 찔렀다. 그 피비린내 뒤에 조고가 코를 가린 채 교활한 미소를 흘리고 있었다.

왕후장상의 씨가 따로 있더냐

기원전 209년 호해가 아방궁 재건을 시작한 그해 남의 집 고용살이하던 진승은 징집 명령을 받았다. 연나라 지역에 있는 군대와 교대하라는 것이었다. 진승은 900여 명의 다른 장정과 함께 정해진 장소로 가다가 대택향大澤鄕에서 갑자기 큰 비를 만났다. 진승과 친구 오광吳廣은 둔장屯長(한 소대의 우두머리)을 맡고 있었는데 큰비 때문에 길이 끊겨 정해진 기일 내에 사람들을 이끌고 갈 수 없음을 직감했다. 어차피 가봐야 사형당할 것이 뻔한 상황에서 두 사람은 나머지 사람들을 설득해 거대한 제국에 저항하는 봉기를 일으켰다. 중국 역사상 최초의 농민 봉기로 기록된 일대 사건은 이렇듯 갑작스러운 큰비로 인해 촉발되었다.

겨우 몇 백의 농민 봉기군이 제국의 백만 대군에 맞서리라고는 그 누구도 생각조차 할 수 없었다. 군사훈련도 받지 못한 농민들과 6국의 군대를 차례로 무너뜨리고 통일을 이룬 역전 노장이 이끄는 막강한 제국의 군대는 그 자체로 상대가 될 수 없었다. 그런데 기적과 같은 일이 벌어졌다. 진승의 봉기가 연쇄반응을 불러일으킨 것이다. "왕후장상의 씨가 따로 있더냐"는 진승의 한마디는 어마어마한 폭발력을 가지고 여기저기 화약고에 불을 댕겼다.

제국의 모순이 한꺼번에 터져나오기 시작했다. 자각한 농민 봉기군의 수령이 외친 신분 해방 선언이 중국사 전체를 혼란의 소용돌이로 몰아넣었다. 진승에 이어 유방과 항우가 일어났고 전국 각지에서 봇물 터지듯 죽창의 행렬이 줄을 이었다. 역사는 거꾸로 가고 있었다. 진나라에게 망했던 6국의 옛 터전에서 일제히 왕이 다시 선 것이다. 이것을 역사의 탄력성이라고 한다. 잔뜩 잡아당긴 고무줄을 놓으면 빠르게 튕겨나갔다가 일정 거리를 되돌아오는 원리와 같다.

6개 왕조의 부활은 마치 왕정복고 같았다. 하지만 유방과 항우는 이 회귀에 동참하지 않았다. 적어도 두 사람은 과거 회귀로는 안 된다는 대세를 읽었던 것으로 보인다. 얼마 뒤 두 사람이 천하의 대세를 놓고 다투게 된 이유도 바로 이런 시대를 읽는 최소한의 안목 때문이 아니겠는가. 소농 출신인 진승조차 왕을 자칭할 정도였으니 말해서 무엇 하겠는가. 항우와 유방은 '지금은 (분열하는) 6국으로의 회귀가 아니라 진나라가 추진했던 통일 방향을 좀 더 다듬어 완벽한 시스템으로 가야 한다'는 생각을 공유하고 있던 것으로 보인다. 그런데 대세의 흐름을 파악하기는커녕 역사의 바늘과 시대의 흐름을 완전히 외면한 채 외곬으로 빠져드는 한 사람이 있었다. 바로 호해였다.

6국이 왕정복고를 이루고, 곳곳에서 농민 봉기가 터지는 상황에서도 호해는 진나라 군대가 반란군에게 패했다는 보고를 올리는 자가 있으면 바로 목을 베어버림으로써 불안감을 해소했다. 그것은 차라리 정신병에 가까웠다. 당연히 관리들은 거짓 보고를 올렸다.

"반란자들은 좀도둑에 불과합니다. 벌써 다 진압됐습니다."

호해는 이런 보고에는 상을 주었다. 권력의 단맛에 흠뻑 취해 그 한 자락만이라도 놓치면 어쩔 줄 몰랐던 호해는 좋은 소리만 들으려고 했다. 싫은 소리는 아예 들으려고 하지도 않았다. 호해에게는 무너져가는 진나라 군대의 거짓 승전보만 보고되는 엽기적 현상이 벌어졌다. 그러다 진승과 오광의 봉기군이 함양 근처까지 접근하자 죄수를 풀어 군대에 투입하는 궁여지책까지 동원했다. 이래저래 수십만이 넘는 군대를 이끄는 사령관은 장함章邯이었다. 진나라의 명장이었다. 그러나 폭풍을 동반한 성난 파도처럼 밀려드는 봉기군의 기세를 꺾기에는 명장의 힘도 역부족이었다.

날건달로 살던 유방

진승보다 다소 늦게 봉기한 유방은 정작 본인은 원치 않았지만 봉기군의 우두머리가 되었다. 그 역시 부역을 위해 장정들을 함양 부근으로 호송하던 중 도망자가 속출하여 하는 수 없이 도망자 신세가 되었다. 얼떨결에 어중이떠중이로 구성된 집단의 우두머리가 된 것이다. 기원전 208년 무렵 유방의 세력은 이처럼 보잘것없었다.

유방은 친구의 도움으로 사수정泗水亭의 정장亭長, 오늘날로 치면 이장 자리를 얻어 그럭저럭 살아가던 건달이었다. 남의 술집에 가서 공짜 술을 먹고 외상만 달던 왈패였다. 형님 집에 빌붙어 살면서 형수에게 밥을 얻어먹었다. 동네 왈패를 모아 힘자랑을 하거나 동네방네 건들거리며 다녔다. 고향에서 개를 잡아 팔던 번쾌를 비롯하여 비단 장사하던 놈, 행상하던 놈, 장례식에서 피리를 불던 놈 등 온갖 천한 일을 하던 놈들이 모두 유방의 친구였다. 하지만 그는 친화력이 남달라 어떤 자리가 되었건 그 중심에 서는 묘한 매력을 지니고 있었다. 사마천은 이 대목에서 그가 "명랑하고 쾌활했다"고 기록하고 있다. 또 유방은 성격 자체가 통이 커 가진 것을 전부 나누어주고 큰소리도 잘 쳤다. 이런 유방이 귀족 출신의 인텔리 장량을 만난 것이 기원전 208년이다.

장량은 한나라 출신 귀족이었다. 나라가 진에게 망하자 가산을 털어 창해역사를 고용해 진시황을 암살하려다 실패했다는 이야기는 앞서 했다. 장량은 귀티가 흐르는 귀족 출신으로 대단한 식견을 지니고 있었다. 오랜 수배 생활을 통해 축적된 경험과 통찰력에서 비롯된 안목은 남달랐다. 유방이 이런 장량을 만난 것은 천군만마를 얻은 것보다 중요했다.

초나라 명문의 자제 항우

항우는 유방과 거의 같은 시기에 봉기했다. 숙부인 항량項梁을 따라 봉기했을 당시 그의 나이 24세였다. 초창기 항우의 군대는 항량이 지휘했다. 항량은 조카인 항우를 끊임없이 격려하고 가르치면서 이끈 정신적 지주였다. 항우의 아버지는 일찍 죽었고 할아버지 항연項燕은 명장이었다. 말하자면 항우는 명성 높은 무장 집안 출신이었다. 항우는 삼촌 항량을 따라다니면서 세상 물정을 익히고 군사와 병법을 익혔다.

기원전 208년 삼촌 항량이 진나라 토벌군 대장인 장함과 싸우다 전사했다. 항우는 25세의 젊은 나이로 독립하는 수밖에 없었다. 경험 많고 노련한 항량을 따라다닌 지 불과 1년 만이었다.

항우는 숙부로부터 리더로서의 자질을 전수받을 충분한 시간을 갖지 못한 채 팔팔한 나이에 봉기군의 우두머리가 되었다. 항우의 비극이라면 비극이었다. 훗날 항우가 보여준 독선적 리더십은 젊은 날 너무 일찍 리더가 된 것과 결코 무관하지 않다. 이는 숙부의 이른 사망과도 관계가 있다.

그해 진나라에서는 승상 이사가 죽었다. 이사가 누구던가. 제국의 모든 시스템이 그의 머리에서 나왔다고 해도 과언이 아닐 정도로 특출한 인재였다. 그런 그가 일신의 부귀영화에 잠시 눈이 멀어 조고의 꾐에 넘어가 엄청난 짓을 저질렀던 것이다.

당시 이사는 자신의 힘으로 조고 정도는 충분히 통제할 수 있을 것이라고 자신했던 것으로 보인다. 하지만 환관 조고와 지식인 이사는 물과 불처럼 어울리지 않았다. 출신 성분도 달랐고 기질도 통치 철학도 달랐다. 이사는 후회했다. 하지만 때는 늦었다. 이사는 호해라도 붙들어야 했다. 호해에게 뒤늦은 충고를 시작했지만 판단력을 상실한 호해는 그런 이사를 귀찮아하고 멀리하기 시작했다. 조고는 용도가 다한 이사를 폐기하기로 결정하고 호해를 종용해 이사에게 모반죄를 씌웠다. 이사는 저잣거리에서 아들과 함께 거열형을 받고 처참하게 일생을 마감했다. 제국의 시스템을 고안한 이사의 죽음은 제국을 움직이는 핵심 톱니바퀴의 상실과 다름없었다.

양치기 출신 초회왕의 꼭두각시놀음

기원전 207년 항우의 화려한 등장을 알리는 거록巨鹿 전투가 벌어졌다. 항우는 참모 범증의 말에 따라 초나라 마지막 왕인 회왕의 손자로 민간에서 양을 치고 있던 웅심熊心을 찾아내 초회왕楚懷王으로 받들었다. 초나라 마지막 왕의 시호를 그대로 딴 것이다. 초나라가 진나라에 의해 망하고 왕족들이 뿔뿔이 흩어진 상태에서 항우와 항량이 일으킨 봉기의 명분을 확보하기 위한 적절한 조치였다. '초나라를 재건하자!' 바로 이것이 명분이었다. 진승과 오광이 농민 봉기를 일으킬 때도 나라 이름을 대초大楚라고 했는데, 그들의 명분 역시 초나라의 부활이었다. 그만큼 진나라에 대한 초나라 사람들의 원한은 깊고 깊었다. 진시황 때 일이지만 '초나라에 단 열 사람만 남아도 진을 멸망시키는 것은 초나라다'는 유언비어가 떠돌지 않았던가. 하지만 진승은 초나라의 왕손을 앞세우지 않고 스스로 왕으로 즉위함으로써 초나라 유민들로부터 큰 호응을 얻지 못했다.

양치기에서 벼락치기로 왕이 된 초회왕은 주제넘게도 꼭두각시 역할을 거부하고 나섰다. 권력에 욕심이 생긴 것이다. 초회왕은 항우를 제쳐두고 송의宋義를 상장군으로 임명했다. 항우는 그 아래 자리인 차장次將에 임명했다.

당시 상황은 진나라 토벌군 대장 장함이 이끄는 대군이 반란군을 토벌하기 위해 계속 동쪽으로 진격해오는 중이었고 농민 봉기군은 끊임없이 진나라 수도인 함양 쪽으로 진격하고 있었다. 따라서 두 세력은 언젠가 충돌할 수밖에 없었고 그 지점이 거록(오늘날의 하북성 평향현平鄕縣)이었다. 그런데 봉기군 총사령관인 송의가 문제였다. 나서 싸우기를 꺼리는 것이었다. 이유인즉 진의 군대가 조나라와 싸우고 있으므로 둘이 싸우다 지치면 끼어들겠다는 것이었다. 항우의 생각은 달랐다. 지금 싸워 기선을 제압하는 것이 중요하다고 본 것이다. 항우는 송

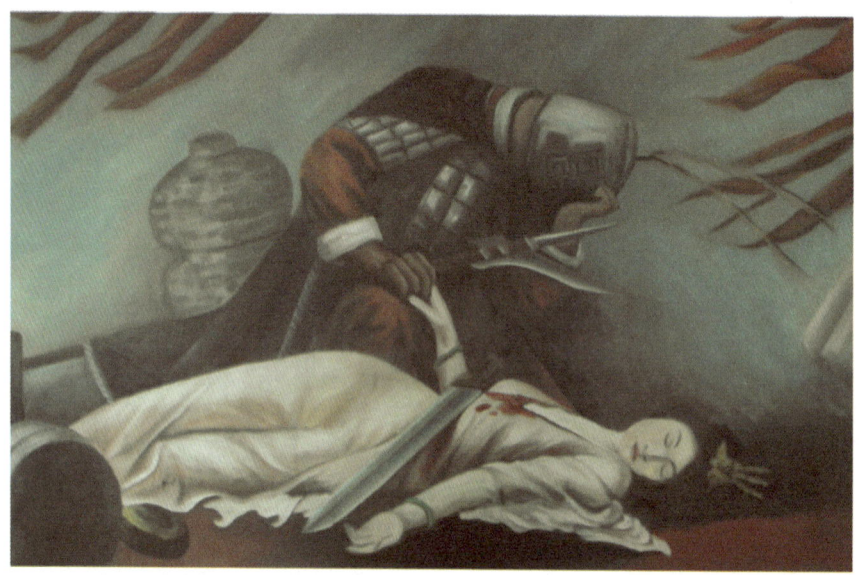
우미인의 죽음 앞에 무릎 꿇은 항우. 거록 전투로 대권에 바짝 다가선 이후 항우가 보여주는 행보는 그의 리더십에 어떤 한계가 있었는지 잘 보여준다.

의에게 따졌다. 그러자 송의는 병법에 관한 한 자신이 한 수 위니 잠자코 있으라며 항우의 반대를 묵살했다. 그러던 차에 송의가 아들 송양宋襄을 제나라 재상으로 보내면서 성대한 송별회를 열어주었다. 화가 난 항우는 새벽에 송의의 막사로 쳐들어가 단칼에 그의 목을 베어버리고는 "송의가 제나라와 함께 반란을 꾀한다는 정보가 있어 초왕께서 내게 그를 죽이라고 명하셨다"고 발표했다. 항우의 기세에 눌린 나머지 장수들은 모두 항우에게 복종했다.

　　기원전 208년 항우가 군권을 쥐고 진나라 군대를 공격함으로써 거록 전투의 막이 올랐다. 이 전투에서 항우는 유명한 '파부침주破釜沈舟' 전술을 구사했다. 군대를 모조리 이끌고 황하를 건넌 다음 '배는 침몰시키고 취사용 솥은 깨버리게' 했던 것이다. 이와 함께 막사도 불태우고 단 3일분 군량만 휴대한 채 전투에 임하게 했다. 옥쇄를 각오한 극단적 전술이었다. 이래 죽으나 저래 죽으나 마찬가지인 상황에 몰린 초나라 군사들은 전력의 열세에도 죽을힘을 다해 싸워 진의 대군을 물리쳤다. 이로써 항우는 대세의 향방을 좌우하는 결정적 주도권을 쥐기에 이르렀다. 그때가 기원전 207년이다. 항우의 강력한 리더십이 가장 빛나는 장면이기도 했다.

거록 전투를 계기로 농민 봉기군 수장이나 제후국이 거의 대부분 항우 밑으로 들어갔다. 그런데 여기서 중대 변수가 발생했다. 양치기 소년 초회왕이 "누구든 관중關中(함곡관函谷關 안 진나라 땅)에 가장 먼저 들어가는 사람을 왕으로 봉한다"는 아주 재미있는 선언을 해버린 것이다. 초회왕의 선언이 대세의 향배를 가르는 또 하나의 변수로 작용한 것이다. 그리고 변수의 와중에 유방이 있었다. 史記

제31강
대권의 향배

기원전 207년 항우는 2만 명의 군대를 이끌고 하루 아홉 번 싸움을 치르며 진나라 왕리王離의 20만 대군을 쳐부순 거록 전투를 통해 대권에 성큼 다가섰다. 제후군 장수가 모두 무릎으로 기어나왔고 감히 항우의 얼굴도 쳐다보지 못했다. 이 전투를 통해 항우는 제후의 상장군이 되었다.

    항우가 이렇게 대권을 향해 성큼 발을 내딛을 수 있었던 원동력은 항우 자신의 용기와 능력에서 나온 바가 크다. 항우는 머뭇거리는 상장군 송의를 죽이고 스스로 상장군이 되어 군권을 일사천리로 장악했다. 하지만 변수가 생겼다. 양치기 초회왕이 누구든지 관중에 먼저 진입하는 사람을 왕으로 봉하겠다는 조서를 내린 것이다. 항우를 견제하기 위한 조치일 수도 있고 진나라 수도를 하루 빨리 점령해 진나라를 무너뜨리려고 한 의도였다고 해석할 수도 있다. 어쨌든 항우의 대권 가도에 생각지도 않았던 변수가 돌발적으로 튀어나온 셈이다. 꼭두각시였던 초회왕이 대권 주자들을 양처럼 몰면서 정국을 좌우할 형세였다.

항우를 제친 유방의 함양 입성

기원전 206년 열세를 면치 못하던 유방이 뜻밖에 함양을 무너뜨렸다. 유방은 진나라 장함의 토벌대가 주로 북쪽을 담당하고 있던 사이 남쪽으로 길을 우회해 진나라의 허를 찌르고 관중에 입성한 것이다. 유방은 그 사이에 장량 등 여러 인재를 발탁했다. 유방은 함양을 접수하자 우선 부로父老들을 모아놓고 민심 수습에 들어갔다. 진나라의 포악한 정치로 민심은 철저하게 이반된 상태였다. 이 점을 간파한 유방은 참모들의 끊임없는 조언으로 함양에서 존경받는 부로들을 모아놓고 민심 수습책을 펼친 것이다. 여러 대권 주자 가운데 이러한 정책을 펼친 이는 오직 유방뿐이었다.

유방은 부로들에게 대권 공약을 발표했다. 진나라의 모든 법률을 폐지하고 세 가지만 남겨놓겠다는 '약법삼장' 이 바로 그것이다. 사람을 죽인 사람은 사형에 처하고, 남을 다치게 하거나 재산을 빼앗은 사람은 그에 상응하는 법에 따라 처벌하며 그 밖의 모든 진나라 법은 폐지한다는 것이 약법삼장의 요지였다. 실질적으로 모든 법률을 폐지하는 것은 불가능하지만 진나라의 가혹한 법을 폐지하겠다는 자체로 상징적인 의미가 컸다. 그리고 유방은 부로들에게 앞으로 자신이 정권을 잡으면 법을 너그럽게 적용하겠다고 약속했다.

유방이 함양에 진입할 무렵 2세 황제 호해는 조고의 압박으로 벌써 자결한 뒤였고 호해의 사촌 형인 자영子嬰이 진왕秦王을 칭하며 조고의 꼭두각시 노릇을 하고 있었다. 그런데 꼭두각시 자영이 일을 저질렀다. 병을 핑계로 조정에 나가지 않자 조고가 자영을 찾았고 미리 무사를 숨겨놓고 기다리던 자영이 조고를 거열형으로 찢어 죽인 것이다. 그러고는 직접 유방을 찾아와 황제 옥새를 내놓으며 항복했다. 장수들은 자영을 죽이자고 말했지만 유방은 항복한 사람을 죽이

부로들 앞에서 약법삼장을 발표하는 유방의 모습. 이 공약은 결과적으로 민심 수습과 여론 반전에 큰 영향을 주었다.

는 것은 상서롭지 못하다며 살려주었다.

소하는 진나라 황궁에서 황실의 중요 문서들만 통째로 들고 나왔다. 그 가운데 호적은 훗날 행정 처리나 세금을 걷는 데 중요한 기초 자료가 되었다. 당초 주색을 좋아하던 유방과 부하들 일부는 진나라 황궁을 한바탕 약탈해 큰 잔치를 벌이려고 했지만 장량과 소하의 간언을 받아들인 유방은 약탈과 살인을 철저히 금지시켰다. 그러고는 조용히 함양성에서 물러나옴으로써 살육을 피했다. 이 무렵 유방은 건달풍의 개념 없는 리더에서 능력 있는 참모의 올바른 충고를 수용할 줄 아는 상당한 수준의 리더로 한 단계 진화해 있었다. 사실 남의 말을 잘 듣는 경청의 장점은 유방이 건달 시절부터 사람들과 어울리며 몸으로 터득한 지혜였다. 그것이 중대한 순간 리더십으로 한 차원 승화되어 발휘되기 시작한 것이다.

그 무렵 항우는 함양 근처까지 40만 대군을 이끌고 왔다. 전력 면에서 절대 열세였던 유방은 항우에게 쓸데없는 빌미를 주기 싫어 패상으로 철수했다. 그리고 항우에게 사신을 보내 자신이 먼저 함양에 입성한 것은 항우를 위해서라고 둘러댔다. 당장 항우와 정면 대결을 할 수 없는 상황이었기 때문이다. 그러자 항우는 유방에게 정식으로 자신을 찾아와 해명하라면서 홍문鴻門(지금의 섬서성 임동현臨潼縣)에 술자리를 마련해놓고 유방을 초청했다. 이 장면이 그 유명한 '홍문지연鴻門之宴', 즉 '홍문의 파티'다.

진나라 황실을 불 지르고 민심을 잃다

유방은 100명 남짓한 기병을 데리고 홍문으로 향했다. 항우의 책사 범증은 이참에 유방을 죽일 작정이었다. 연회가 무르익자 범증은 항우의 사촌 동생 항장項莊을 시켜 칼춤을 추다 유방을 찔러 죽이라고 일렀다. 그런데 항우의 작은아버지 항백項伯이 이 사실을 과거 자신에게 도움을 둔 장량에게 알렸고 장량은 항백에게 도움을 청했다. 항장이 칼춤을 추니 항백도 나와 칼춤을 추면서 항장의 칼을 맞받았다. 이렇게 하기를 여러 차례, 장량의 전갈을 받은 유방은 화장실을 간다며 빠져나와 도망쳤다. 항우는 다시 한 번 기회를 놓쳤고 유방은 또 한 번 위기를 넘겼다. 역사의 주도권이 바뀌는 순간이기도 했다.

이때 만약 항우가 범증의 말대로 유방을 잡아 죽였더라면 유방의 패권 도전은 없었을 것이다. 게다가 항우는 이때 큰 실수를 저지르고 말았다. 유방이 떠난 함양으로 들어가 유방이 살려놓은 자영을 죽인 것은 물론 닥치는 대로 궁을

홍문에서도 항우는 유방을 잡을 기회를 놓친다. 유방을 아직 자신의 적수로 인식하지 못한 항우의 한계를 보여준 장면이다.

약탈하고 불 질렀으며 죄 없는 백성을 살육했다. 진나라 궁궐도 모조리 불바다로 만들었다. 이 불이 무려 석 달을 타올랐다는 이야기가 전할 정도니 항우의 만행이 어느 정도였는지 짐작이 간다. 현재 전문가들은 진시황 병마용갱이 도굴당한 것으로 추정한다. 발굴 결과 병사들이 들고 있던 무기 대부분이 없어졌기 때문이다. 그리고 불에 탄 흔적도 남아 있다. 항우의 군사들이 당시 병마용갱을 도굴하고 무기만 가져갔다는 것이다.

항우는 약탈과 살육으로 민심의 이반을 자초했다. 설령 진나라와 초나라가 원수지간이었을망정 진나라의 민심을 얻지 못하면 천하를 통일해도 통치가 힘들다는 것은 상식에 속하는 일이다. 그런데도 항우는 가는 곳마다 살육을 일삼았다. 진나라 군대를 수습해놓고도 배반할지 모른다고 의심해 야밤을 틈타 몰래 진나라 병사 20만 명을 생매장해 죽이기까지 했다. 소문은 삽시간에 전국으로 퍼져나갔다. 민심을 얻는 자 천하를 얻는다는 논리는 항우에게 한낱 헛소리에 불과한 것처럼 보였다.

역사가 증명하듯 성격이 강퍅하고 마음이 각박한 사람은 지도자로서의 자질이 없다. 함량 미달이다. 그래서 많은 사람이 끊임없이 덕을 강조해왔던 것이다. 항우는 이 점에서 유방에게 크게 밀지고 들어갔다. 유방도 함양을 점령한 후 재물이 탐나고 미녀가 탐나고 한바탕 호화스럽게 놀고 싶었지만 장량과 소하를 비롯한 측근의 충고를 받아들여 자영도 살려주고 진나라의 재물에 손끝 하나 대지 않고 물러났다. 소하가 단지 중요 문서만을 챙겼을 뿐이다.

당시 민초들에게 항우와 유방은 크게 구별되었다. 유방은 악법을 폐지하고 약법삼장이라는 공약을 내걸면서 좋은 인상을 심어주고 갔다. 하지만 뒤이어 들어온 항우는 무자비한 살육을 저질렀다. 24세의 나이에 봉기해 서른 즈음에 대권을 눈앞에 둔 항우는 기고만장했다. 너무나 뚜렷한 차이가 두 사람을 갈랐다. 민심은 이때를 기점으로 완전히 유방에게로 넘어갔다. 전력은 여전히 항우가 우세했지만 유방에게는 사람들이 따랐다.

기원전 206년 항우는 회왕을 의제義帝로 삼고 자신은 잠시 서초패왕으로 있다 얼마 지나지 않아 의제마저 죽여버렸다. 이 일로 유방은 더 큰 명분을 확보했다. 항우는 잔인한 반면 유방은 덕망이 있다는 차별성까지 더욱 부각되었다. 유방은 실리까지 챙겼다. 유방 입장에서도 언젠가는 의제를 제거해야 했다. 그런데 항우가 그 일을 대신해준 것이다.

제후들, 잔인한 항우 곁을 떠나 유방에 붙다

명분과 실리를 하나하나 챙겨가던 유방은 이제 제후국의 왕들을 설득하기 시작했다. '살육의 왕 항우가 언젠가는 우리도 죽일 것이다. 그러니 공동으로 항우를 치자'는 것이었다. 민심이 유방 쪽으로 기울어져 있는 상황에서 제후들이 유방의 제안을 마다할 이유가 없었다. 이제 유방의 대권 장악이 가시권으로 접어들기 시작했다. 게다가 유방은 이 무렵 최고의 명장 한신까지 얻었다. 한신의 용병술은 당대 최고로 말 그대로 신출귀몰이었다. 한신은 가는 곳마다 승리하는 상승장군이었다. 그리고 그 대미를 장식한 전투가 바로 항우와 벌인 마지막 대전인 해하垓下 전투였다. 이 전투에서는 전쟁사에 길이 빛나는 배수진背水陣이 한신에 의해 구사되었다.

항우가 팽성彭城(오늘날의 강소성 서주徐州)을 수도로 정한 것도 패착이었다. 함양을 버리고 자신의 고향인 초나라와 가깝다는 이유로 팽성을 수도로 삼은 것이다. 결정적인 실수였다. 전략 요충지인 관중을 방치한 것이다.

원래 항우는 유방과의 싸움에서 연전연승했다. 항우는 쫓고 유방은 도망갔다. 도망 다니느라 정신이 없던 유방은 부득이하게 부하들에게 권한을 대폭 위임했다. 물론 유방의 성격 탓도 있다. 하지만 항우는 모든 권한을 자기 한 사람에게로 집중시켰다. 그런 와중에 유방은 한신을 얻었고 전세는 역전되기 시작했다. 이제 항우가 쫓기는 신세가 되었다. 문제는 권력이었다. 모든 권력이 항우에게 집중된 상황에서 항우의 군대는 쫓겨다니면서도 장수들이 상황에 맞게 유연하게 대처할 수가 없었다. 모든 상황을 보고하고 명령이 떨어져야만 움직일 수 있었기 때문이다. 유방의 군대는 정확하게 그 반대였다. 쫓기면서 죄다 흩어졌다가도 다시 만나 힘을 결집시키기를 여러 차례 거듭했다. 장수들이 독자적인 권한을 행사해 상황에 맞게 후퇴하거나 치고 빠지는 전술로 작지만 민첩한 몸집을 여럿이 유지할 수 있었던 것이다.

이제 유방은 항우를 물리칠 절호의 기회를 맞이하고 있었다. 그런데 이 중요한 상황에서 한신이 몽니를 부렸다. 자신을 가왕으로 임명해달라고 요구한 것이다. 유방은 화가 났지만 진평 등의 충고를 받아들여 한신을 제왕에 봉했다.

한신을 제왕에 봉하고 항우를 사면초가에 내몰다

이때 재미난 일화가 남아 있다. 한신의 사자가 유방에게 한신의 뜻을 전하자 유방은 순간적으로 '한신, 이 죽일 놈, 살릴 놈' 하며 버럭 화를 냈다. 이 중요한 순간에 느닷없이 왕으로 봉해달라는 한신의 요구가 유방의 성질을 크게 건드린 것이다. 그 순간 진평이 살짝 유방의 발을 밟으며 눈치를 주었다. 그러자 유방은 순간적으로 기지를 발휘해 '그까짓 일은 한신이 알아서 하면 될 일이지 뭘 하러 사자까지 보내고 그래. 그리고 가왕은 또 뭐야. 진짜 왕이면 진짜 왕이지!' 하며 너스레를 떨었다. 사자는 한신에게 돌아가 그대로 보고했다. 제나라 왕에 오른 한신은 곧바로 군대를 출동시켰다.

한신이 적극 나섬으로써 항우는 막다른 궁지에 몰렸다. 해하까지 몰아넣은 한신은 막다른 골목에 몰린 쥐를 사냥하듯 항우를 조여 들어갔다. 여기에 장량의 '사면초가' 전술까지 보태지면서 초나라 군대는 완전히 전의를 상실했다.

항우는 결국 해하에서 패하고 스스로 목숨을 끊었다. 기원전 209년 처음 봉기한 이후 기원전 207년부터 항우와의 대결을 통해 자신의 존재를 천하에 알린 건달 출신의 유방은 기원전 202년 마침내 천하 대권을 차지했다. 봉기 이후 7년 만에 촌동네 건달이 황제가 된 것이다. 반면 항우는 절대 우세를 지키지 못하고 허망하게 패망하면서 스스로 목숨을 끊었다. 그런데 항우는 죽는 순간까지도 자신이 무엇을 잘못했는지 알지 못했다. 그는 하늘이 자신을 버린 것이라며 애꿎은 하늘만 원망했다. 사마천은 이런 항우를 비꼬았다. 자신의 과오를 반성할 줄 모르는 오만이 항우를 패배시켰다고.

유방은 한 왕조 초대 황제로 즉위했다. 그리고 황제로 즉위한 지 7년이 지난 기원전 195년 사망했다. 공신을 비롯한 지방 세력의 반란을 진압하다 부상당한 몸을 회복하지 못하고 죽었다. 그는 처음 봉기한 이래 15년 동안 거의 하루도 쉴 날 없이 전쟁터에서 보낸 고달픈 삶이었지만 후대에 자신이 생각했던 것 이상, 또 그 자신도 생각지 못한 것을 많이 남겼다.

유방과 항우, 무엇이 다른가

항우와 유방, 젊은 두 사람은 거의 같은 경험을 한 적이 있다. 사마천은 당시 두 사람이 보인 반응을 《사기》에 짤막하게 기록해두었는데 이 대목에서 두 사람의 운명을 대략 예감할 수 있다. 사마천의 절묘한 안배임에 틀림없다.

두 사람이 봉기하기에 앞서 진시황의 행차를 각기 다른 곳에서 구경한 적이 있다. 화려하고 장엄한 진시황의 행차를 본 두 사람의 반응이다. 먼저 항우는 "저 놈의 자리를 내가 빼앗아야지"라는 반응을 보였다. 깜짝 놀란 숙부 항량이 항우의 입을 재빨리 틀어막으며 그 자리를 빠져나왔다. 한편 유방은 "사내대장부가 저 정도는 돼야지"라는 반응을 보였다. 두 사람의 각기 다른 반응은 매우 중요한 차이를 보여준다.

유방은 현상을 인정할 줄 알았다. 통일 제국의 황제인 진시황의 위풍당당한 모습을 있는 그대로 인정했다. 유방은 이처럼 포용력 있고 유연했다. 하지만 원한과 시기에 사로잡힌 항우의 반응은 자신의 상황을 좀처럼 변화시키려고 하지 않는 외고집과 폐쇄적인 기질을 반영한다. 사마천은 이런 두 사람의 기질 차이를 진시황의 행차를 보고 난 두 사람의 말투를 통해 선명하게 대조시켰다.

항우는 명문 군인 집안에서 태어났다. 물론 명문 집안의 출신이나 미천한 집안의 출신이나 모두 그 나름의 한계는 있게 마련이다. 전자는 오만에 빠지기 쉽고 후자는 출신의 콤플렉스에 허덕이기 쉽다. 항우는 전자를 대표하는 인물이었다. 특히 측근의 말을 좀처럼 듣지 않았다. 마음에 들지 않으면 살상도 일삼았다. 처음에는 명문 집안 출신들이 비슷한 배경을 지닌 항우에게 몰려들었지만 결국에는 항우의 오만한 기질에 지쳐 떠나갔다. 진평의 이간책으로 범증이 쫓겨난 경우를 보라. 하지만 유방은 건달 출신이었음에도 자기 신분의 한계를 뛰어넘는 유연한 자세를 갖추고 있었다. 아니 시간이 흐를수록 그런 자질을 갖추어 나갔다. 시바 료타료司馬遼太郎는 유방의 이런 기질을 '허虛'라고 표현했다. '비어 있다'는 뜻이다. 남을 받아들일 수 있는 공간이 늘 비어 있다는 것이다.

유방은 자신의 마음속에 누구든 와서 놀 수 있게 자리를 깔아놓았다. 이 점에서 유방을 큰 그릇이라고 하는 것이다. 장량이 유방을 만난 뒤 한 유명한 말이 있다. "폐하는 하늘이 제게 내려준 분입니다!" 이런 말은 황제가 신하에게 하는 말이다. 그만큼 유방의 그릇이 컸다는 이야기다. 장량도 귀족 출신에 천하 경륜이 높아 자부심이 강한 사람이었다. 그런 만큼 군신지간이지만 유방 앞에서 당당하게 이야기한 것이다. 하늘이 내려준 사람이라는 것은 유방의 그릇이 그만큼 크기 때문에 자신의 원대한 포부가 받아들여질 수 있었다는 의미다.

반면 항우는 속이 좁았다. 그릇이 작았다. 한신이 항우에 대해 평가한 말이 있다. 항우는 누가 아프면 이래저래 여자처럼 병세를 물어가며 부하들을 정말로 사랑하는 것 같지만 막상 논공행상을 할 때는 "도장을 찍기 싫어 주머니 속에서 조물조물 만지는 바람에 도장 모서리가 다 닳았다"는 것이다.

항우의 부하가 항우에게 유방과 화의하기보다는 기습 공격을 하자고 주장했다. 하지만 항우는 받아들이지 않았다. 그러자 부하는 "항우는 옷 입고 모자 쓴 원숭이 같은 놈"이라고 욕을 했다. 초나라에 원숭이가 많기 때문에 그렇게 빗댄 것이다. 이 이야기를 들은 항우는 부하를 잡아다 삶아서 죽였다. 비판을 수용할 줄 모르는 작은 그릇이 바로 항우였다. 귀한 집 출신의 한계인 오만한 품성을 극복하지 못한 데서 비롯된 것이었다.

그에 반해 유방은 열린 사람이었다. 역이기酈食其라는 유학자가 유방을 찾아오는 장면이 《사기》에 있다. 유방은 마침 막사 안에서 옷을 벗어젖힌 채 발을 씻고 있었다. 역이기는 체면치레를 하느라 시녀를 시켜 면담을 청했다. 그런데 막상 유방 면전에 가보니 아직도 맨발로 발을 씻고 있었다. 역이기는 유방에게 화를 내며 천하를 도모할 사람이 사람을 정중하게 대하지 않으면 안 된다고 야단을 쳤다. 그러자 유방이 벌떡 일어나 앉아 옷매무새를 고치며 '미안합니다, 잘못했습니다' 하고 싹싹하게 사과했다. 항우라면 아마 역이기의 목을 비틀지 않았을까.

사냥꾼과 사냥개

지도자의 자질로서 필요한 것이 카리스마다. 신학적 용어에서 온 것이긴 하지만 현대적 의미를 부여한다면 아직도 리더십 논의에서 유용한 요소가 될 수 있다. 그렇다면 눈빛만으로도 상대를 압도하는 것이 진정한 카리스마일까. 항우와 유방을 비교 분석해보면 카리스마에도 두 종류가 있다는 것을 발견할 수 있다. 항우의 카리스마는 보는 사람을 떨게 하고 두려움에 사로잡히게 하는 카리스마다. 그러다 결국 사람을 도망치게 만드는 '위압형 카리스마' 다. 반면 유방의 카리스마는 '유방, 저 사람한테는 허심탄회하게 이야기를 해도 받아들여주겠구나' 하는 안도감이 들게 하는 '포용형 카리스마' 다. 그렇다면 유방은 물렁물렁한 사람이었을까. 결코 그렇지 않다. 은근히 압박해 들어가면서 상대가 그것을 하지 않고는 못 견디게 만드는 카리스마다. 어느 쪽이 더 무서울까.

소하는 후방에서 물자 공급을 담당한 공로로 논공행상에서 1등이 되었다. 그러자 나머지 부하들, 특히 무장들이 불만을 터뜨렸다. 그러자 한고조 유방은 '너희들은 사냥개고 소하는 사냥꾼' 이라며 단숨에 논란을 잠재웠다. 이것이 그 유명한 유방의 '사냥개와 사냥꾼의 논리' 다. 사냥개는 사냥꾼이 지시하는 대로 갈 수 있을 뿐이다. 소하가 필요한 물자를 정해진 장소에 갖다놓으면 나머지는 그 물자를 받아 생활하고 전쟁을 치렀다. 소하는 사냥꾼 역할을 했고 나머지 무장들은 사냥개 역할을 했을 뿐이다. 그렇다면 사냥꾼과 사냥개 가운데 어느 쪽이 높은 상을 받아야 한단 말인가. 유방은 그렇게 반문함으로써 다른 공신들의 불만을 깨끗하게 잠재웠던 것이다. 유방의 카리스마가 돋보이는 장면이다.

그런데 훗날 유방은 공신들의 반란을 진압하기 위해 출정하면서 후방에 남아 조정을 돌보는 승상 소하가 미덥지 않았던지 연신 사람을 보내 소하에게 재정 상태와 궁정의 일상사를 물었다. 그러자 소하의 측근이 소하에게 황제가 승상을 신임하지 않는다면서 숙청을 당하지 않으려면 탐관오리 행세를 하라고 충고했다. 소하는 그 말에 따라 탐관오리 행세를 하여 많은 백성으로부터 원성을 샀다. 유방이 돌아오자 소하를 고소하는 고소장이 빗발쳤다. 유방은 소하를 감옥에 가둬버렸다. 그리고 얼마 후 풀어주었다. 소하는 황제 앞에서 통곡했다. 그러자 유방은 소하에게 '나쁜 황제가 좋은 승상을 벌준 것이야' 하며 모두 잊어버리라고 했다. 이 장면은 잘 생각하지 않으면 좀처럼 이해할 수 없는 대목이다.

　공신들의 잇단 반란에 유방은 신경이 매우 날카로워져 있었다. 그런 상태에서 또다시 반란 진압에 나서야 하는데 후방의 소하가 어쩐지 미덥지 않게 느껴졌다. 평생 자신을 위해 충성을 다한 소하였지만 다른 공신들이 계속 반발하다 보니 가장 믿는 소하마저 달리 보일 수 있지 않겠는가. 그래서 유방은 전방에 나가서도 연신 사람을 보내 소하의 일에 간섭했다. 요즘 말로 사인을 보낸 것이다. 소하는 유방의 의도를 눈치채지 못했다. '이 양반이 왜 그러나'라고만 생각하고 자기 맡은 일에 충실했다. 그러자 소하의 측근 하나가 황제가 당신을 의심하고 있으니 의심을 풀려면 탐관오리 행세를 하는 수밖에 없다고 충고한다. 탐관오리 행세를 하라는 것은 소하도 별 수 없다는 것을 황제에게 보여 그를 안심시키라는 것이었다. 아이쿠나, 싶은 소하는 측근의 말대로 탐관오리 짓을 했고 덕분에 백성들의 원망을 원 없이 들어야만 했다.

　원정에서 돌아온 유방 앞으로 그동안 소하에게 쌓였던 원성이 한꺼번에 폭발했다. 이 대목에서 유방의 조치가 아주 중요하다. 눈여겨봐야 한다. 유방은 소하를 불문곡직하고 옥에 가두었다. 일등 공신에 대한 처분으로 심한 처사였다. 이쯤 되자 대신들과 백성도 마음이 풀리고 사태를 다시 보기 시작했다. 소하에 대한 동정 여론이 퍼져나간 것이다. 소하가 누군가. 유방의 천하 통일을 도운 일등 공신에 국내 정치를 안정되게 유지한 명재상이 아니던가. 소하에 대한 동정 여론이 갈수록 확산되자 유방은 소하를 석방했다.

　소하는 유방 앞에서 대성통곡했다. 너무 억울했던 것이다. 그러자 유방은 '나쁜 황제가 좋은 승상을 벌준 것이야' 하는 말로 소하의 섭섭함을 풀어주었다. 유방은 정치를 잘하고 있는 소하를 의심한 것이 미안해서 백성들이 보기에 지나치다 싶을 정도로 조치를 취해 황제가 나쁘다는 생각을 유도한 것이다. 그렇게 해서 두 사람의 서먹서먹한 감정은 풀렸다. 소하도 숙청당하지 않고 적당한 선에서 벌받는 소기의 목적을 달성했다. 유방은 여러 공신이 반란을 계속 일으키는 상황에서 소하까지 삐딱하게 나갔다가는 나라 전체가 큰 위기에 빠질 것이므로 그를 적당하게 관리하는 차원에서 목적을 달성했다. 이것이 유방의 카리스마였다.

절망의 밑바닥에서도 낙천가였던 유방

절망적인 상황을 대면해서도 항우와 유방은 매우 대조적인 반응을 보였다. 항우는 절망에 빠졌을 때 자신의 잘못을 반성하지 않았다. 항우는 70번이나 전투에 나가 한 번도 진 적이 없다. 그런데 어째서 해하 전투에서 딱 한 번 지고 몰락했는가. 항우는 자신의 과오가 아니라며 하늘 탓으로 돌렸다. 하지만 유방은 절망 속에서도 항상 낙천적이며 쾌활하게 부하들의 의견을 경청했다. 재치로 난국을 돌파했다. 참으로 큰 차이다.

항우는 또 영화 〈패왕별희〉에서 잘 보여주듯 전쟁터에 사랑하는 여인 우미인虞美人을 늘 데리고 다녔다. 〈패왕별희〉가 비극이기 때문에 사람들의 심금을 울리는 것은 사실이지만 전쟁터에 나가는 장수가 여자를 늘 데리고 다니면 정에 얽매이기 마련이다. 항우는 죽음을 앞두고도 "우희야, 우희야" 하며 울고불고하다 함께 자살을 선택했다. 여자 입장에서 볼 때는 정말 로맨틱한 남자겠지만 천하의 대세를 좌우하는 대권 주자로서는 치명적인 약점을 지닌 셈이다. 유방은 도망을 다니면서 부모와 처자식을 버리는 비정한 짓도 서슴지 않았지만 상대적으로 냉정했다는 평가를 받는다.

유방은 위기 상황을 늘 기지와 위트로 넘겼다. 항우가 자신의 아버지를 삶아 죽이겠다며 항복하라고 하자 "우리는 초 회왕 앞에서 같이 영지를 받은 형제 사이다. 내 아버지를 삶아 죽이는 것은 네 아버지를 삶아 죽이는 것이나 마찬가지다!"라며 행여 삶거든 자기한테도 국 한 그릇 보내라고 능청을 떨었다. 유방의 배짱에 질린 항우는 결국 유방의 아버지를 죽이지 못했다. 또 두 사람이 서로 마주보며 입씨름을 하다 깐죽거리는 유방에게 화가 난 항우가 비신사적으로 활을 꺼내 화살을 날렸다. 공교롭게도 화살은 유방의 가슴을 맞혔다. 그러나 유방은 항우가 어

유방. 진화하는 리더와 리더십의 표본으로서 유방은 많은 영감을 주는 창의적인 리더이기도 했다.

디를 맞혔는지 알지 못하게 순간적으로 몸을 굽히며 발가락을 만졌다. 그는 "이런 죽일 놈이 하필이면 발가락을 맞히다니!" 하며 너스레를 떨면서 얼른 몸을 돌려 자기 진영으로 돌아갔다. 이렇듯 유방은 건달로부터 끊임없이 대권 주자의 면모로 진화에 진화를 거듭했다. 원래 컸던 통도 점점 더 세련되게 커졌다. 장량과 같은 천하의 귀족도 자기 진영으로 들어와 마음껏 역량을 발휘할 수 있을 정도로 말이다. 또 숱한 고초를 겪으면서 노련한 위기 관리 능력을 키워나갔다. '진화하는 리더와 리더십', 유방에게 가장 어울리는 말이 아닐 수 없다.

한 나라의 최고 지도자든 무명의 필부든 유방과 항우를 통해 배우고 느낄 수 있는 교훈과 영감은, 인간은 발전적인 방향으로 끊임없이 변화하고 진화해야 성공할 수 있다는 것이다. 사마천은 이 점을 항우와 유방에 대한 깊은 통찰과 비교 분석을 통해 생생하게 전달하고 있다. 2,000여 년이 지난 이 시점에도 《사기》가 우리에게 영감과 통찰력을 주는 생명력이 바로 여기에 있다. 《사기》를 읽지 않고 세상과 인간을 안다고 말하지 말라!

에필로그
난세를 건너는 법

2007년 가을 EBS 〈김영수의 사기와 21세기〉 32시간 강의가 끝나자 기업, 협회들에서 적잖이 특강을 요청해왔다. 사마천과 《사기》의 진정한 가치를 알리는 장소라면 마다할 까닭이 없었다. 그러다 보니 본의 아니게 1년 가까이를 대기업, 벤처 기업, 각계 연수원, 공무원 연수 들에 불려 다니며 사마천과 《사기》를 적극 홍보했다. 그런데 특강 때마다 받은 여러 질문을 종합하면 미래에 대한 불안감이 직접 반영된 것들이 대부분이었다. 특히 리더와 리더십에 대한 관심과 불안이 가장 컸다. 필자는 그 막연한 불안감에 공감하면서도 결국 우리 사회를 이끌고 있는 여러 분야의 리더는 물론이고 평범한 우리 국민 대다수가 자신의 삶에 대한 확고한 가치관을 세워놓지 못한 결과로 진단했다.

대통령 선거를 앞둔 시점에서는 이런 불안감이 극도로 증폭되어 나타났고 누구를 뽑아야 하는가 하는 노골적인 질문이 끝없이 쏟아졌다. 그때마다 이른바 '바닷물 논리'를 내걸었다. 즉 바닷물을 다 마셔봐야 맛을 아는가, 한 숟갈만 먹어보면 알지. 질문자들은 무슨 말인지는 알면서도 고개를 갸웃거렸다. 필자는 사회 지도층이나 기득권층은 말할 것도 없고 국민 상당수가 바닷물을 다 마시려 하는 것 같다며, 특정 후보가 우리나라의 최고 리더로 선출될 경우 발생할 문제점을 나름대로 제시했다. 그러나 모두들 반신반의했고 짙은 불안감을 막연한 기대감으로 뭉갰다. 그리고 그 결과는 지금 처절하게 겪고 있는 바와 같다.

이 책의 제목이 '난세에 답하다'로 결정되었다는 연락을 받고 책을 만드는 사람들의 감각이 확실히 필자보다 훨씬 낫다며 감탄했다. 적지 않은 강연을 통해 상당히 격한 표현을 구사해가며 지금 상황을 비판했지만 정작 지금이 난세라는 생각은 하지 못했다. 틀림없는 난세임에도 말이다.

그렇다면 난세란 어떤 세상인가. 국민들이 생활고에 시달리는 세상, 계층 간의 극심한 갈등으로 서로 불화하는 세상, 기득권층의 부도덕이 만연한 세상… 아마 많은 요소가 지적될 수 있을 것이다. 그러나 진짜 난세는 '믿음과 꿈과 희망과 이상을 잃은 세상'이 아닐까. 아무리 힘들어도 힘을 합쳐 난관을 헤쳐나가면 바라는 세상이 기다리고 있다는 믿음만 있으면 웃는 얼굴로 살아갈 수 있을 것이다. 그 믿음으로부터 꿈과 희망과 이상이 나오기 때문이다. 그러나 지금 우리는 꿈과 희망과 이상의 기반인 믿음을 상실한 상태다. 이것이 우리의 난세다. 그럼 사마천과 《사기》는 난세를 헤쳐나갈 명쾌한 해답을 줄 수 있을까. 사마천과 《사기》를 20년 가까이 연구해온 사람으로서야 당연히 해답이 있다고 말할 수 있다. 하지만 '정답'은 아니다.

역사는 수많은 인간이 살아온 흔적에 대한 기록이다. 하지만 그 흔적은 결코 온전하지 않다. 많은 왜곡과 시비가 덧붙여졌고 시대마다 다른 평가가 뒤따른다. 사실 그 자체로 상처투성이라고 할 수 있다. 하지만 그러는 과정에서 맷집이 생기고 내성이 갖추어져 웬만한 충격에는 끄덕도 하지 않는다. 이것이 바로 역사의 힘이다. 우리는 그 맷집과 내성을 익히면 되는 것이다. 다만 역사서마다, 역사가마다 맷집의 강도가 다르고 내성의 깊이가 다르기 때문에 잘 가려서 익혀야 한다. 그런 점에서 사마천과 《사기》는 누구도 따를 수 없는 막강한 맷집과 심후한 내성을 품은 역사가이자 역사서이다. 읽는 분들께 정답은 아니라도 모범답안은 충분히 제시하리라 확신한다.

읽는 이마다 다르겠지만 필자가 사마천과 《사기》에서 얻은 실마리를 간명하게 표현하자면 '지인논세知人論世'가 될 것이다. '사람을 알고 세상을 논한다'는 뜻이다. 글자 풀이는 단순하지만 그 경지는 대단히 높다 하겠다. 사람을 알고 세상을 논할 정도가 되면 달리 걱정할 일이 없지 않을까. 그래서 필요한 것이 이 경지에 이르기 위한 과정이다. 필자는 그 과정의 하나로 지금까지 우리가 은근슬쩍 뭉개고 있던 '성찰省察'을 떠올린다.

성찰은 생각, 사유를 전제로 한다. 그것도 깊은 사유를 요구한다. 또한 스스로 행하는 자기 반성과 강제적 사유를 함께 요구한다. 강제적 사유란 생각하기 싫은 것, 사유하기 귀찮은 것이라도 억지로 생각하고 사유해야 한다는 점을 말한다. 회피하지 말고 적극적으로 달려들어 사람과 세상의 본질을 깊이 파고들어야 한다는 뜻이기도 하다. 지금 우리 사회에 절박하게 요구되는 것이 바로 성찰이다. 지난 1년 동안 벌어진 일과 스스로를 포함해 그 일들을 벌인 사람에 대해 되돌아보고 깊게 사유해야 할 시점이다. 난세를 지속시키지 않으려면.

사마천과 《사기》는 성찰의 기회를 준다. 사마천의 삶 자체가 그렇고 슬프디슬픈 삶이 더할 수 없이 극적으로 투영된 《사기》도 그렇다. 52만 6,500자 하나하나가 성찰의 결실이다. 성찰만 된다면 52만 6,500자 한 글자 한 글자가 모두 일어나 이 난세를 이겨내고 믿음을 회복할 힘을 불어넣어줄 것이다.

　이 책은 〈김영수의 사기와 21세기〉를 1년 넘게 다듬은 것이다. 거친 녹취록을 알마의 식구들이 달려들어 다듬고 다듬었다. 어지럽게 내뱉었던 말이 글로 정리되는 과정 역시 성찰의 과정이 아니었나 하는 생각을 해본다. '난세'에 대한 성찰로부터 시작해 우리 모두가 스스로를 믿는 자신自信을 회복하길 간절히 바랄 뿐이다.

　　정권을 잡으면 반드시 인덕으로 다스려야 한다. 정권이 무엇으로 튼튼해지는지를 잊어서는 안 된다.(자산)
　　가장 못난 정치가는 백성과 다투는 자다.(〈화식 열전〉)

　　　　　　　　　　　　　　　2008년 12월 광설狂雪이 몰아치는 날
　　　　　　'겨울의 추위가 심한 해일수록 오는 봄의 나뭇잎은 더욱 푸르다.'

난세에 답하다

1판 1쇄 펴냄 2008년 12월 19일
1판 18쇄 펴냄 2022년 7월 8일

지은이 김영수
펴낸이 안지미

펴낸곳 (주)알마
출판등록 2006년 6월 22일 제2013-000266호
주소 04056 서울시 마포구 신촌로4길 5-13, 3층
전화 02.324.3800 판매 02.324.7863 편집
전송 02.324.1144

전자우편 alma@almabook.com
페이스북 /almabooks
트위터 @alma_books
인스타그램 @alma_books

ISBN 978-89-92525-41-1 03900

이 책의 내용을 이용하려면 반드시 저작권자와 알마 출판사의 동의를 받아야 합니다.

알마는 아이쿱생협과 더불어 협동조합의 가치를 실천하는 출판사입니다.